以思想为栖橹

商务印书馆(杭州)有限公司出品

# 14 社会思想丛书
刘东 主编

# The Shadow of God

Kant, Hegel and the Passage
from Heaven to History

# 康德、黑格尔
# 与从天堂到历史之路

〔英〕迈克尔·罗森（Michael Rosen） 著
李仙飞 译

THE SHADOW OF GOD

Kant, Hegel, and the Passage from Heaven to History

by Michael Rosen

Copyright © 2022 by the President and Fellows of Harvard College

Published by arrangement with Harvard University Press

through Bardon-Chinese Media Agency

Simplified Chinese translation copyright © 2025

by The Commercial Press, Ltd.

ALL RIGHTS RESERVED

根据哈佛大学出版社贝尔纳普分社 2022 年版译出

# 总　序

刘　东

就这套丛书的涉及范围而言，一直牵动自己相关思绪的，有着下述三根连续旋转的主轴。

第一根不断旋转的主轴，围绕着"我思"与"他思"的关系。照我看来，夫子所讲的"学而不思则罔，思而不学则殆"，正是在人类思想的进取过程中，喻指着这种相互支撑的关系。也就是说，一副头脑之"学而时习"的过程，正是它不断汲取"他思"的过程，因为在那些语言文字中结晶的，也正是别人先前进行过的思考；而正是在这种反复汲取中，这副头脑才能谋取相应的装备，以期获得最起码的"我思"能力。可反过来讲，一旦具备了这样的思考力，并且通过卓有成效的运思，开辟了前所未有的新颖结论，就同样要付诸语言文字，再把这样的"我思"给传达出来，转而又对他人构成了"他思"。——事实上，在人类的知识与思想成长中，这种不断自反的、反复回馈的旋转，表征着一种最基本的"主体间性"，而且，也正是这种跨越"代际"的"主体间性",支撑起了我们所属的文明进程。

正因为这个缘故,思想者虽则总是需要独处,总是怕被外来的干扰给打断,可他们默默进行的思考,从来都不是孤独的事情,从来都不属于个人的事业。恰恰相反,所有的"我思"都无一例外地要在交互的思考中谋求发展,要经由对于"他思"的潜心阅读,借助于周而复始的"对话性",来挑战、扩充和突破心智的边界。正因如此,虽然有位朋友好意地劝我说,"五十岁之后,就要做减法",可我却很难领受这类的告诫。毕竟,我心里还有句更要紧的话,那正是夫子就此又说过的:"朝闻道,夕死可矣。"——有了这种杜鹃啼血的心劲儿,就不要说才刚活到五十岁了,纵是又活到了六十岁、七十岁,也照样会不稍松懈地"做加法",以推进"我思"与"他思"的继续交融。

这意味着,越是活到了治学的后半段,就越是需要更为广博的阅读和更为周备的思虑,来把境界提升得更为高远。事实上,正是出于这种内在的企求,自己多少年来的夜读才得以支撑,以便向知识的边界不断探险。因此,跟朋友对于自己的告诫不同,我倒是这样告诫自己的学生:"为什么文科要分为文学、史学、哲学,和经济学、政治学、法学,还有社会学、人类学,乃至语言学、心理学、人文地理学?本是因为人类的事务原是整体,而人类的知识只能分工前进。这样一来,到最后你们才能明白,在所有那些学科中间,你只要是少懂得一个,就势必缺乏一个必要的视角,而且很可能就是那种缺乏,让你不可能产生大智慧。"

接下来,第二根连续旋转的主轴,则围绕着"个人阅读"与"公共阅读"的关系。自从参与了"走向未来丛书"和"文化:中国与世界"丛书,乃至创办了"海外中国研究丛书"和"人文与社会译丛",我就一直热衷于这种公共的推介。——这或许与自己的天性有关,即天生就热衷于"野人献曝",从本性上就看不惯"藏着掖着":"以前信口闲聊的时候,曾经参照着王国维的治学三境界,也对照着长年来目睹之怪现状,讲过自己所看到的治学三境界……而我所戏言的三种情况,作为一种不太精确的借用,却在喻指每况愈下的三境界,而分别属于'普度众生'的大乘佛教、'自求解脱'的小乘佛教和'秘不示人'的密宗佛教。"(刘东:《长达三十年的学术助跑》)

不过,这个比喻也有"跛足"之处,因为我在价值的选择方面,从来都没有倾向过佛老。因此,又要把这第二主轴转述一下,将它表达为纯正的儒家话语。一方面,如果从脑化学的角度来看,完全可以把我们从事的教育,看成"催化"着乐感元素的"合成":"先要在自由研讨的氛围中,通过飞翔的联想、激情的抗辩、同情的理解,和道义的关怀,逐渐培训出心理学上的变化,使学生在高度紧张的研讨中,自然从自己的大脑皮层,获得一种乐不可支的奖励。只有这样的心理机制,才会变化他们的气质,让他们终其一生都乐学悦学,从而不光把自己的做学问,看成报效祖国的严肃责任,还更把它看成安身立命的所在。"(刘东:《这里应是治学的乐土》)可另一方面,一旦拿到孟子的思想天平上,又马上就此逼出了这样的问答:"曰:'独乐乐,与人乐乐,孰乐?'曰:'不若与人。'曰:'与少乐乐,与众乐乐,孰乐?'曰:'不若与众。'"(《孟子·梁惠王下》)——这自然也就意味着,前面所讲的"个人"与"公共"的阅读,又正好对应着"独乐"与"众乐"的层次关系。

无论如何，只有经由对于一般学理的共享而熔铸出具有公共性的"阅读社群"，才能凝聚起基本的问题意识和奠定出起码的认同基础。缘此就更应认识到，正因为读书让我们如此地欢悦，就更不应只把它当成私人的享乐。事实上，任何有序发展的文明，乃至任何良性循环的社会，都先要来源和取决于这种"阅读社群"。缘此，作者和读者之间的关系，或者学者和公众的关系，就并不像寻常误以为的那般单向，似乎一切都来自思想的实验室，相反倒是相互支撑、彼此回馈的，——正如我曾在以往的论述中讲过的："一个较为平衡的知识生产体系，似应在空间上表现为层层扩大的同心圆。先由内涵较深的'学术界'居于核心位置，再依次扩展为外延较广的'知识界'及'文化界'，而此三者须靠持续反馈来不断寻求呼应和同构。所以，人文学术界并不生存和活跃于真空之中，它既要把自己的影响逐层向外扩散，也应从总体文化语境中汲取刺激或冲力，以期形成研究和实践间的良性互动。"（刘东：《社科院的自我理由》）

再接下来，第三根连续旋转的主轴，则毋宁是更苦痛和更沉重的，因为它围绕着"书斋生活"与"社会生活"的关系。事实上，也正是这根更加沉重的主轴，才赋予了这套丛书更为具体的特点。如果在上一回，自己于"人文与社会译丛"的总序中，已然是心怀苦痛地写到"如此嘈嘈切切鼓荡难平的心气，或不免受了世事的恶刺激"，那么，再目睹二十多年的沧桑剧变，自然更受到多少倍的"恶刺激"，而这心气便觉得更加"鼓荡难平"了。既然如此，虽说借助于前两根主轴，还是在跟大家分享阅读之乐，可一旦说到了这第三根主轴，自己的心也一下子就收紧了。无论如何，"书斋"与"社会"间的这种关联，以及由此所带来的、冲击着自己书房的深重危机感，都只能用忧虑、愤懑乃至无望来形容；而且，我之所以要再来创办"社会思想丛书"，也正是因为想要有人能分担这方面的忧思。

歌德在他的《谈话录》中说过："要想逃避这个世界，没有比艺术更可靠的途径；要想同世界结合，也没有比艺术更可靠的途径。"换个角度，如果我们拿"学术"来置换他所讲的"艺术"，再拿"社会"来置换他所讲的"世界"，也会得出一个大体相似的句子。也就是说，"做学问"跟"搞艺术"一样，既可以是超然出世、不食人间烟火的，也可以是切身入世、要救民于水火的。至于说到我自己，既然这颗心是由热血推动的，而非波澜不起、死气沉沉的古井，那么，即使大部分时间都已躲进了书斋，却还是做不到沉寂冷漠、忘情世事。恰恰相反，越是在外间感受到纷繁的困扰，回来后就越会煽旺阅读的欲望，——而且，这种阅读还越发地获得了定向，它作为一种尖锐而持久的介入，正好瞄准千疮百孔的社会，由此不是离人间世更遥远，反而是把注视焦点调得日益迫近了。

虽说九十年代以来的学术界，曾被我老师归结为"思想淡出，学术淡入"，但我一直不愿苟同地认为，就算这不失为一种"现象描述"，也绝对不属于什么"理性选择"。不管怎么说，留在我们身后的、曲曲弯弯的历史，不能被胡乱、僭妄地论证为理性。毕竟，正好相反，内心中藏有刚正不阿的理性，才至少保守住了修正历史的可能。正因为这样，不管历史中滚出了多少烟尘，我们都不能浑浑噩噩、和光同尘。——绝处逢生的是，一旦在心底守住了这样的底线，那么，"社会生活"也便从忧思与愤懑的根源，转而变成"书斋生活"中的、源源不断的灵感来源。也就是说，正是鼓荡在内心中的、无休无止的忧思，不仅跟当下的时间径直地连接了起来，也把过去与未来在畅想中对接了起来。事实上，这套丛书将稳步移译的那些著作，正是辉煌地焕发于这两极之间的；而读者们也将再次从中领悟到，正如"人文与社会译丛"的总序所说，不管在各种科目的共振与齐鸣中，交织着何等丰富而多样的音色，这种"社会思想"在整个的文科学术中，都绝对堪称最为响亮的"第一主题"。

最后要说的是，就算不在这里和盘地坦承，喜爱读书的朋友也应能想到，我的工作状态早已是满负荷了。可纵然如此，既然我已通过工作的转移，相应延长了自家的学术生涯，当然就该谋划更多的大计了。而恰逢此时，商务印书馆的朋友又热情地提出，要彼此建立"战略合作"的关系，遂使我首先构思了这套"社会思想丛书"。几十年来，编辑工作就是自己生命的一部分，我也从未抱怨过这只是在单向地"付出"，——正如我刚在一篇引言中写到的："如今虽已离开了清华学堂，可那个梁启超、王国维、陈寅恪工作过的地方，还是给我的生命增加了文化和历史厚度。即使只讲眼下这个'办刊'的任务——每当自己踏过学堂里的红地毯，走向位于走廊深处的那间办公室，最先看到的都准是静安先生，他就在那面墙上默默凝望着我；于是，我也会不由自主默念起来：这种编辑工作也未必只是'为人作嫁'吧？他当年不也编过《农学报》《教育世界》《国学丛刊》和《学术丛刊》吗？可这种学术上的忘我投入，终究并未耽误他的学业，反而可能帮他得以'学有大成'。"（《中国学术》第四十三辑卷首语）

的确，即使退一步说，既然这总是要求你读在前头，而且读得更广更多，那么至少根据我个人的经验，编辑就并不会耽误视界的拓宽、智慧的成长。不过，再来进一步说，这种承担又终究非关个人的抱负。远为重要的是，对于深层学理的潜心阅读、热烈研讨，寄寓着我们这个民族的全部未来。所以，只要中华民族尚有可堪期待的未来，就总要有一批能潜下心来的"读书种子"。——若没有这样的嗜书如命的"读书种子"，我们这个民族也就不可能指望还能拥有一茬又一茬的、足以遮阳庇荫的"读书大树"，并由此再连接起一片又一片的、足以改良水土的"文化密林"。

正所谓"独立不迁，岂不可喜兮……苏世独立，横而不流兮"。——唯愿任何有幸"坐拥书城"的学子，都能坚执"即一木犹可参天"的志念。

2022 年 12 月 16 日于浙江大学中西书院

献给我的学生们!

我并非一位教徒,但忍不住从宗教的角度看待每一个棘手的问题。

——路德维希·维特根斯坦

# 目 录

参考文献和缩略语　vii

第一章　引言：一个不那么世俗的时代？　1

　　一个侦探故事　1

　　世俗化　4

　　信仰与理性　8

　　子孙后代　9

　　无形的教会　11

　　自由　13

　　黑格尔与宗教　15

　　哲学作为生活方式　19

　　虚无主义的威胁　24

　　支持和反对黑格尔　25

　　总结和几点备注　27

　　文本和译文　32

## 第二章　唯心主义者的历史理论　　35

马克思与接受问题　　35

利益 – 输入 – 合法化 – 输出，

　　抑或合法化 – 输入 – 合法化 – 输出？　　40

黑格尔的唯心主义　　46

苏格拉底主义与宗教传统　　53

迷失的宗教　　59

恶的问题　　63

游叙弗伦困境　　72

意识形态史　　79

## 第三章　康德的反决定论　　83

应得与惩罚　　83

宿命论　　86

实践和理论自由　　90

先验唯心主义　　93

一系列表象的始因　　101

## 第四章　免于任性的自由　　105

积极自由　　105

自律与任性　　107

自由论述的两个阶段　　110

神的自由　　114

自由的形而上学　　118

黑格尔的自由必然性　　122

## 第五章 康德伦理学与康德的伦理学　　126

康德伦理学的诉求　　126

《道德形而上学探本》：一个大纲　　133

康德伦理学的四个问题　　135

普遍法则　　139

宽泛的义务　　146

人性公式　　148

康德主义需要一种限定的抉择程序吗？　　152

内在的无条件的价值　　159

内在的、无条件的价值作为行动的指南？　　163

作为一个系统的道德规范　　171

结论　　174

## 第六章 从天堂到历史　　178

"世界历史就是最终审判"　　178

康德与"至善"　　179

康德的"法权"与"无形的教会"　　183

席勒　　188

赫尔德　　192

费希特　　197

《最古老的体系-纲领》　　202

《对德意志民族的演讲》　　207

黑格尔与不朽　　211

精神与个体　　223

## 第七章　自律与异化　233

神正论　233

异化困境　235

上帝之善和魔鬼　239

存在的孤独　246

任性与异化　249

自律　251

作为同一性的道德　255

叔本华　258

黑格尔《基督教的精神》　263

爱与异化　267

在他物之中与自身同在　272

## 第八章　历史中的哲学　284

康德和黑格尔：一个简要的回顾　284

黑格尔与马克思论哲学与历史　289

哲学作为一种生活方式　294

悖论的路径　299

黑格尔之后　302

不朽、自由和道德分歧　305

潮流的转向　309

一些疑问　314

## 第九章　不朽之后　321

彗星　321

《最后一个人》 328

伯克与保守主义 331

穆勒 334

现代伊壁鸠鲁派 339

价值的消亡? 347

"我们这个时代的绝望" 352

纯然理性界限之外的宗教 358

这世界的王 364

作为一个欺骗系统的社会 369

里斯本和奥斯维辛 373

后　记 379

致　谢 388

注　释 392

参考文献 486

索　引 502

# 参考文献和缩略语

对康德作品的引用采用如下方式。缩写"Ak."(代表科学院版)后面跟着两个用冒号隔开的数字,第一个代表卷号,第二个代表页码。在所引参考文献第一次出现时,我将同时用英语和德语给出标题,但之后出现的同一参考文献将只是简略地给出英语标题。唯一的例外是《纯粹理性批判》,页码引用标准采用该著作的前两个版本(A 和 B)。

在几乎所有的情况下,对黑格尔作品的引用都来自苏尔坎普版的德文版《黑格尔著作集》(20 卷本)。同上,在所引参考文献第一次出现时,我将同时用英语和德语给出标题,但之后出现的同一参考文献将只是简略地给出英语标题。

马克思和恩格斯的作品引用的是《马克思恩格斯全集》德文版(*MEW*, Marx-Engels-Werke),其优点是既完整又可在线获取。同上,在所引参考文献第一次出现时,我将同时用英语和德语给出标题,但之后出现的同一参考文献将只使用英语标题缩写。

# 第一章

## 引言：一个不那么世俗的时代？

> 写书时最后确定的东西，
> 往往是应该被置于首位的。
> ——帕斯卡尔

### 一个侦探故事

故事是这样开始的。

一个穿着廉价西装的男人火急火燎地穿过一片工业废弃地。他神经质地用手指梳理着头发。他的头发看起来像是他自己用指甲钳剪出来的。最后，他来到一堵墙前，伸手抽出一块松动的砖头。紧接着，他从口袋里掏出一个小东西（小笔记本？抑或是小胶卷？），把它塞进洞里，然后把砖头摆放到原来的位置。随后他走开了，同时扫视四周，确认一下自己是否被人盯梢。突然地，不知从何方冒出来一辆黑色的大轿车，两个壮汉从里面跳了出来。他被塞进车里运走了，再也没有出现过。

现在，场景发生了变化。两个戴着圆顶礼帽的时髦中年男子正在圣詹姆斯公园散步，一边假装喂鸭子，一边聊得津津有味。"所以，到了那儿你就会明白了，乔治，"其中一个对另一个说道，"里面可能什么也没有,但部长想让你看一看——当然,要不动声色、小心翼翼地查看。"

到此我们暂告一个段落。我们知道,约翰·勒卡雷(John le Carré)或不管是谁写的,在接下来的几百页的结尾,经过一些意想不到但似乎合理的曲折和转折,在圣詹姆斯公园所描述的事件和那个发型糟糕的可怜家伙将被联系在一起,成为一个令人满意的整体。简而言之,此即情节与故事之间的分离(以及最终的巧合),亦即你花钱买惊悚小说或犯罪小说之所获。

乔纳森·沃尔夫(Jonathan Wolff)(我对情节与故事之间的对比有这样的见解要归功于他)评论道:"一位有说服力的哲学研究者写的侦探小说的开头是:'在这部小说中,我将证明罪魁祸首是男管家。'余下的不饶费舌,只需填写细节。"[1] 然而,几人相信真实情况会是如此这般呢?我怀疑哲学家的侦探小说更有可能这样开头:"在这部小说中,我将挑战'罪魁祸首是男管家'这一流俗的看法。我将质疑关于什么是管家的公认假设,以及什么可以作为证明管家(如果他确实是管家的话)'做过'这件事的证据。"或者类似的事情。

即使哲学不是一种侦探小说,它仍然是某种神秘之旅:其目的是改变人们司空见惯的理解,那么我们如何在到达目的地之前充分描述这一目的地呢?更糟糕的是,究竟是什么让我们确信自己真的在朝着那个目的地前进呢?正如休谟所担心的:"即使命运女神最终会指引我跟上它的步伐,我该用什么标准来辨清[真情实况]呢?"[2]

大多数英美哲学家在处理这些令人烦恼的问题时,往往会对它们不予理会。然而,有一位哲学家肯定不会如此行事,他就是黑格尔,它们让他对哲学著作的序言或引言发表了一些贬损这类构思的言论。他在《精神现象学》的开头说,在序言中呈现上述种种思虑是不适宜的,

是与哲学的目的相悖的,不啻南辕北辙:

> 因为在一篇序言里,无论对哲学进行怎样周详的陈述——比如说,给哲学的趋势、观点、一般内容和结果做一种历史性的叙述,或就真理问题上各家各派的主张和断言做兼容并蓄的罗列,如此等等,——但是,这些做法都不能算是适合于陈述哲学真理的方式和办法[3]。

当然,如果读者不觉得这令人鼓舞,也情有可原。无论黑格尔有什么其他优点,他都很难成为读者友好型的典范。更重要的是,他自己接着给《精神现象学》写了一篇序言——长达50页的极其密集又非常令人费解的哲思散文。

然而,黑格尔指出的困难是真实存在的。我们——作者和读者——需要从对哲学论证如何发生的共同理解开始。但任何对哲学史稍有了解的人都不会认为,这是一个轻而易举就能达成的任务。诚然,哲学也曾有过类似托马斯·库恩(Thomas Kuhn)的"常规科学"的短暂时期(这些时期通常被认为是"形而上学终结"的时期),但是,尽管专业机构尽了最大努力来强求规则性,事实却证明,这种正统观念并不持久。

在这方面,哈佛哲学家蒯因(W. V. Quine)的一种不屑之语(虽然稍显滑稽)需要被考虑在内。据说,蒯因曾说过,有两个类型的人对哲学研究感兴趣:对哲学史感兴趣的一类人和对哲学感兴趣的另一类人[4]。然而,本书的出发点恰恰相反。它的目标既是哲学的又是历史的:不仅哲学史本身是哲学的,而且哲学式的历史亦是哲学的。我相信,哲学式的历史代表了理解我们(作为哲学家和公民)所面临的一些最深刻和最复杂的问题之最富有成效的方式。这意味着,本书的写作及其论证方式,将与那些更传统的说英语的哲学家所提出的观点有很大的不同[5]。

如此看来,本书应该有一个"引言"。作为第一步,我将简要介绍和讨论读者稍后将在本书中再次遇到的一系列引文。这个想法是为了让我们的旅程有一种使命感,它将带我们穿越时而晦涩深奥、时而纷繁复杂的旅程。

## 世俗化

让我们从这本书的书名《上帝的阴影》(译者注:本书英文版的主标题为 The Shadow of God)所援据的一句话说起。它出自尼采的《快乐的科学》第 108 节:

> 自从佛陀寂灭后,他的影子仍然在某个洞穴中显现,达数世纪之久——一个巨大而可怕的影子。上帝死了;但考虑到世道人情,在未来的几千年里,可能仍会有各式各样的洞穴,让他的影子在其中显现。——我们仍然必须战胜他的影子[6]。

尼采的格言足以证明这是一部涉及世俗化的著作。然而,我们所说的"世俗化"是什么意思呢?在某种理解的维度上——这种理解在说英语的社会最为普遍,但并不局限于此——世俗化只是传统宗教实践的退却。例如,它可以通过公众拜神行为的减少、教会成员人数的减少和政党政治中忏悔派的生活方式来衡量[7]。

然而,在那些同意这种变化是随着现代世界的到来而发生的人当中，对于如何评价这种变化，却有着纷繁杂呈的观点。一端是那些自称"启蒙运动"思想家的人，他们认为宗教的退却是一场运动的一部分，通过这场运动，理性和科学逐渐清除迷信的蛛网，进而促进人类福祉[8]。另一端的那些人认为，世俗化是某个进程的一部分，在这个进程中，技术能力提升的代价是失去真正重要的事物：某种对真正要紧的事物的稳定感知。一句来自芝加哥施特劳斯派学者艾伦·布鲁姆（Allan Bloom）的评述，非常简洁地表达了这一观点。众所周知，布鲁姆曾说过，现代美国人被承诺拥有生命、自由和追求幸福的权利，而古人却有战争、奴隶制……和幸福[9]。在这两个极端之间，人们发现了无数得失交织的故事——例如，席勒的神话世界（entgötterte Welt）、马克斯·韦伯的祛魅（Entzauberung）或马修·阿诺德的《多佛海滩》（Dover Beach）中的潮水"悠长而退的咆哮"[10]。这就是"世俗化"，即从一个社会环境到另一个社会环境的转变——无论这种转变是好是坏，还是两者兼而有之。

然而，理解德语的人可能知道，还有另一种几乎完全相反的"世俗化"意义。卡尔·施密特（Carl Schmitt）的《政治神学》第三章开始写道："现代政治思想的所有重要概念都是世俗化的神学概念。"[11] 换句话说，按照这种解释，宗教远未消失，依然存续，尽管发生了转变。这种观点在英语国家不太常见，但有一个著名的例子值得注意。卡尔·贝克尔（Carl Becker）的《18世纪哲学家的天城》（The Heavenly City of the Eighteenth-Century Philosopher）[12]，正如书名所揭示的，是对启蒙政治思想的一种论述，其目的在于表明，18世纪的历史学家和政治理论家，尽管他们自己公开表示对宗教怀有敌意，却在重复一种古老的神学传统，即从解脱和救赎的角度来看待政治过程。

尼采的比喻并不完全符合这两种理解中的任何一种，然而，它传达的信息是连续性和非连续性中的一种。是的,沧海已变桑田("上帝死了"),但与此同时,宗教的残留部分仍然存在(上帝的"影子"),而且这并不是平白无故的。我们仍然"必须战胜"那个影子。当然,对尼采来说,上帝本身始终是一种影子——一种虚构或幻觉。那么,"上帝的影子"和"上帝"有何不同呢?

上帝的影子可能指的是思想和实践,在一些重要的方面,类似于传统宗教。然而,它们不被认为是宗教的,很可能是因为它们不包含一些人们最熟悉的宗教特征——例如神迹故事、仰仗启示或拜神的实践。尽管如此,它们仍然扮演着宗教的角色,为短暂的生命和这样的生命中所包含的苦难而对我们进行抚慰。本书特别关注传统宗教的一个特征:对个人不朽的信仰,以及人类通过历史共同体实现自我超越的新概念,这些新概念最初(在康德和费希特那里)与对个人不朽的信仰并存,但后来替代了后者。

我们已经注意到,尼采认为上帝的影子是我们现代人仍然需要"战胜"的事物。然而,为何如此呢?我们应该怎么做呢?一个就事论事的答案是,人类应该按照理性和真理的标准生活。一旦根据这些标准进行鉴别和检测,那种后宗教的思想和实践就应该因未能符合这些标准而被弃绝。但是正如我们将要看到的,尼采提出了一个更加激进和令人不安的建议。如果"按理性生活"和只相信有坚实基础的东西本身就是一个神话呢?如果是这样的话,那些相信自己已经从宗教中解放出来,拥抱"现代的、科学的世界观"的人,本身就是"上帝的影子"之威力的完美例证。尼采在另一句格言中写道:

> 一位理想主义者是无可救药的:如果他被逐出天堂,他就会在

地狱中把自己塑造成一种理想[13]。

在这种情况下,将一种信仰与其宗教起源或动机联系起来的后果,就变得不那么一目了然了。当然,一种信仰的力量可能取决于它被认为没有这样的来源,一旦这种联系被发现,它就会失去它的权威。但事实并非如此。

举个例子,人们相信,人仅因为是人就拥有"某些不可剥夺的权利"。不可否认的是,现代关于人权的观念起源于西方宗教——无论是直接的(人类被"造物主""赋予"了这些权利),还是源于"人的尊严",即人类是"按照上帝的形象"形成的[14]。但是一旦这些宗教来源被揭露,权利的观念会发生什么变化呢?当然,如果权利独立于宗教之外,许多问题就会突然变得困难重重——最显而易见的是,权利的承担者是谁(或什么)。如果没有共同的宗教基础来解决这个问题,人们如何就胎儿、动物或人工智能机器人的权利进行理性的探讨?[15]但这并不意味着权利的观念会随着宗教信仰的变化而变化。对于世俗思想家来说,保持对人权的信仰,同时又充分意识到这种权利信仰起源的宗教背景,这是可能的——尽管很复杂[16]。

另一个重要的观点是,本书没有将世俗化视为外部发展的影响("科学世界观"的出现、需要新意识形态的社会结构的变化,或诸如此类的外部状态),而是从思想本身的内部视角来构建其叙事框架。一神论宗教面临着一个长期存在的问题。它们把世界呈现给信徒,认为世界是无所不能、无所不知、无所不包的神之造物。如果这不仅仅是盲目地相信上帝是善的(尽管人类还无法理解上帝如何是善的),信徒就必须对世界以及上帝在世界中的地位做出合理的解释,而这种努力——

把信仰与理性结合起来——给一神论带来了巨大的困难。

## 信仰与理性

这就带出了我的下一条引文。在《华尔街日报》的一篇文章中,英国保守主义哲学家罗杰·斯克鲁顿(Roger Scruton)援引康德来反驳斯蒂芬·霍金,声称"上帝仍有一席之地"。斯克鲁顿总结道:

> 康德摧毁了所有的形而上学体系,为神学挖了一个坟墓,可他也是一个信徒,正如他所说,"攻击理性的主张,以便为信仰的主张腾出空间"。在我看来,他是对的[17]。

斯克鲁顿错误地引用了康德的话。他脑海中的那句名言,实际是这样写的:"因此,我发现有必要戒绝知识,为信仰腾出空间。"[18] 事实上,这个明显的小失误代表了一个极其重要的意义变化。要理解我们在世界上的位置,并通过将它与仁慈的创造者建立联系来证明它,需要理解和解释,以及情感承诺,这意味着,对康德来说,宗教并未超越理性。

1755 年的里斯本地震夺去了数万人的生命(其中包括地震发生时在里斯本教堂做礼拜的许多信徒),引发了 18 世纪的一场思想危机,深刻影响了当时的许多重要思想家,尤其是康德。它促使人们寻找新的方法来捍卫"世界是仁慈的造物主之产物"这一说法。对康德而言(正如塞缪尔·贝克特在他的诗《你好吗?》["ainsi a-t-on beau"]中所描绘的那样,"康德冷冰冰地俯视着烟尘弥漫的里斯本"[*sur Lisbonne fumante Kant froidement penché*]),解决方案是认为世界之善在于人类的自由——自由使人类在来世理所当然地接受奖励,(尤其是)承受应得的惩罚。[19] 这进而涉及一种上帝和人类之间关系的观念,这种观念要求神圣的正义为人类所理解。然而,将神圣的善与道德如此紧密地联系在一起——人类可以通过自己的理性来认识道德——会使上帝本身变得多余。这样,当理性主义宗教被逼到极限时(就像康德所做的那样),结果是自我瓦解。

## 子孙后代

康德对来世的描述是对那些在人间逃罪的恶人施以惩罚,这可能不利于那些不认同他毫不妥协的报应主义的人相信个人不朽,但我们也在康德身上发现了一种关于人类自我超越的新概念,它以个人在历史共同体中的成员身份为中心——这种概念逐渐取代了对个人不朽的信仰。我的下一个引语预示了这一点。它来自狄德罗写的一封信,包含了对子孙后代的慷慨激昂的呼吁:

> 哦,神圣的子孙后代!支持那些受压迫的不幸的人,你们是公正的,没有腐化的,你们为善良的人复仇,揭露伪君子,驯服暴君;稳妥又令人欣慰的信念,永远不要放弃我的信念!对哲学家来说,子孙后代如同宗教人士的另一个世界。[20]

这是一个令人费解的信念。为什么一个公开宣称不信教的人要在一个无神的宇宙中寻求寓言般拟人化的安慰?"后代"究竟可能"做"些什么呢?然而,本书认为,这是一个我们应该认真对待的观念。

一神论宗教的一个重要主题是,人类的生活是在审视之下度过的。在无数次布道中,牧师、拉比和毛拉警告他们的教众,他们的恶行虽然可能逃过人类的察觉,但上帝绝不会对之视而不见。

然而,审视本身就是审视者与被审视者之间的一种联系——当然是一种单方面的联系。对于柯勒律治来说,他在我们所聚焦的时代的核心时期写作,这既是一种承诺,也是一种威胁:

> 沉默的眼睛仰望着上帝,这是多么的令人欣慰啊!"你是无所不知的。"啊!多么奇妙的想法!永远不会孤独,永远不会难以理解!全知全能的存在通常被描绘成密探,有点像边沁的环形监狱。啊,去体会那种完全无法被理解的痛苦,然后——"啊,上帝,你洞若观火!"[21]

仅仅是被审视——被观察和被理解——就可以是一种慰藉。

人类在其后继者的记忆中"活下去",这一观念绝不是什么新观念——这对罗马人来说非常重要。然而,它的现代复兴则有些不同。罗马人希望自己的光辉事迹被同胞们铭记,而现代版本更具普遍性,承继基督教的做法,宣扬一种不那么尚武的美德观念:在子孙后代的注视下生活,我们作为整个人类的一部分而团结在一起。这不仅是因为后人会公正地评判我们,给予我们应有的公众荣誉。即使我们没有做过什么杰出的事情,也没有被任何人铭记,我们也参与了人类历史上正在上演的伟大戏剧——在一条永不停息的人类链条中,我们的所作所为将彼此联系在一起。

## 无形的教会

我的下一段引述来自年轻而激进的黑格尔写给同样激进但更年轻的谢林的信的结尾:

> 让理性和自由成为我们的口号,成为我们的集结点——无形的教会[22]。

黑格尔和谢林在图宾根神学院(位于图宾根的新教神学院,为符腾堡公国培养律师、行政人员以及牧师)的同窗时期成了好友。那时,他们对神学的历史非常熟悉。根据最传统的解释,"无形的教会"对应于生者和死者之间的划分——那些在现世构成基督教牧师之一部分的人,以及那些已经获得救恩、在来世享受与上帝同在的教会成员。与此密切相关的观点是,教会是一个"神秘主体"——基督的神秘身体。这些关于基督教团体性质的观念在宗教改革运动中有了新的意义。

宗教改革,起初是一场改革教会的斗争,很快就变成了一场关于教会自身神学意义的争论。最初的改革者在大多数方面都是正统的奥古斯丁教徒,他们相信原罪的教义和神圣恩典的必要。他们与奥古斯丁的不同之处在于,恩典如何被授予人类:是只能通过教会的圣礼,抑或是以更直接的方式。

人们常常从这个简单的故事中假定,奥古斯丁关于教会作为一个团体的观念从新教中消失了,剩下的只是信徒个人与上帝之间的直接关系。但事实并非如此。对于大多数新教徒来说,旧的教会观念——通过有效地接受圣礼而成为教会成员的信徒群体——需要被一种新的、更复杂的观念所取代。因此,对加尔文来说,既有"有形的教会"——那些按照实践和习俗的标准表面上是基督徒的人,也有"无形的教会"——因神恩宠而神圣化的真正的基督徒。不用说,这个概念是有很大问题的:谁是真正的教会成员,谁只是表面上的成员?有什么办法进行辨别吗——即使是以它自身的方式?然而,当黑格尔和谢林开始使用"无形的教会"这个词时,问题已不再是谁真的因神的恩宠而"处于共融之中",谁只是看起来如此,而是关于人类共同体的一个更广泛的概念。

对于康德来说,道德共同体的理想形式在于一个由无一例外地遵循道德法则的人类组成的世界,他在《道德形而上学探本》中把这个世界称为"目的王国"。他在《纯粹理性批判》的末尾对这种理想做了较早的阐述。然而,在这一点上,非常重要的是,康德将其称为"神恩王国"——一个来自莱布尼茨的短语(A812, B840)。在蒙格罗维乌斯(Mongrovius)抄录的1785年康德的《伦理学讲义》中——在《纯粹理性批判》第一版和《探本》出版之间的讲座——康德解释说,这两种表述是等价的:"莱布尼茨也把目的王国的道德原则称为神恩王国的道德原则。"(Ak. 29:610)他在《纯粹理性批判》中写道,神恩王国是"有理性的存在者的神秘主体,因为每个存在者的自由意志在道德法则之下,与自身和其他每一个人的自由处于完全的系统统一中"(A808, B836)。教会的神秘主体就这样转变了,按照康德的隐喻,变成了一个先验的道德共同体。

无论它被称为"神恩王国"还是"目的王国",重要的是,这不仅仅是一个假定的测试,以评估我们所处的世界上的行动。它也给了康德(正如他在《纯然理性界限内的宗教》中所解释的那样)一个视角,通过这个视角，我们可以看到人类在历史上朝着实现"美德共和国"的方向前进。黑格尔和谢林对"无形的教会"这一理念的接受，体现了他们对一种进步的伦理政治理想的共同承诺，这种理想将体现康德哲学和法国政治学中最好和最有价值的东西。

## 自由

黑格尔对谢林的告别致敬也引用了理性和自由的思想，本书的中心目的是呈现首先由康德阐明，并由他的继任者费希特、谢林和黑格尔在其本质之上发扬光大的独特的自由概念。卢梭的一句名言（虽然也很令人费解）预示着这一概念：

> 仅有欲望的冲动就等同于奴役，而唯有遵从一个人为自身制定的某种法律，才是自由的[23]。

一个人如何"遵从"自己的法律？当然，你可以承诺遵循你自己决定的原则，但是，如果你是一项法律的来源——如果你给自己"规定"了它——难道你就不能也选择不受它的约束吗？那么，在这种情况下，你所遵循的法则是"遵从"吗？它真的对你有权威吗？我们可以说，这就是自主性的悖论。唯心主义者是如何处理的呢？

下面是黑格尔致信谢林30年之后写的一段话：

> ……自然不是自由的，而只是必要的和偶然的。因为必然性是不同的规定的不可分离性，而这些规定又表现为彼此无关；但由

于这种抽象的外在性也有其应有的表现,所以在自然里就有偶然性,即外在的必然性,而不是概念(*Begriff*)的内在的必然性[24]。

一个明显令人困惑的引用!我们通常假设两件事:自由与必然性相对立,必然性与偶然性相对立。然而黑格尔在这里否定了这两种观点。一方面,自然被说成是不自由的,因为它"只是必然的和偶然的"。另一方面,概念被说成是自由的,但同时又是"必然的"。显然,对黑格尔来说,必然性必须有不止一种形式:一种来自外部的"坏的"必然性("外在的必然性")和一种来自内部的"好的"必然性。"坏的必然性"同时也是"偶然的"。

这种内在必然性和外在必然性的对立,可以追溯到斯宾诺莎。他在给他的通信对象舒勒(Schuller)博士的信中写道:

> 我说,凡是仅仅由自身本性的必然性而存在,其行为仅仅由它自身决定的东西叫作自由。反之,凡一物的存在及其行为均按一定的方式为他物所决定,便叫作必然或受制。例如,上帝虽然是必然地存在的,却是自由地存在的,因为他的存在完全是出于他自己本性的必然性。因此,上帝也自由地理解他自己和绝对的万物,因为他完全是出于自己本性的必然性而理解万物的。因此,你看,我不是把自由放在不受阻碍的决定之上,而是放在受准许的必然性之上。[25]

在斯宾诺莎看来,内在必然性是上帝独有的东西。德国唯心主义者的独特贡献在于,他们宣称人类本身既有一种"受准许的必然性",也有一种"不受阻碍的决定"。这样,"自主的悖论"就可以解决了:我们"赋予自己"的法律对我们有约束力,不是因为我们已意愿或已选择它,而是因为它表达了我们真实的、理性的本性。由此产生的自由概念使得"理性"和"自由"几乎同义。

## 黑格尔与宗教

在黑格尔1803年至1806年的笔记中(当时他在耶拿大学执教,着手写作之后出版的《精神现象学》)有一段评论,让人强烈地想起尼采关于上帝之阴影的格言:

> 公众在哲学中关心的是宗教——失落的宗教;不是科学——那是以后的事。人类想要体验他们自身的处境,他们想要自我满足;这是人类在这个时代的真实关切[26]。

当然,其中有一个重要的区别——黑格尔指望哲学来恢复随着宗教意识的衰落而失去的东西,而尼采则呼吁我们完成破坏的工作——然而,将两者联系在一起的是,宗教格局发生了根本性的变化,这会产生十分重大的后果。那么,黑格尔哲学和基督教之间有什么关系呢?

在黑格尔1831年去世后的几年里,他的学生和追随者分裂成两派,被称为"左"和"右"黑格尔派或"青年"和"老年"黑格尔派。最初,这种分裂是政治性的——黑格尔主义者应该对现存的普鲁士国家采取什么态度?——但很快便显现出,这一分歧背后真正的问题核心是宗教。

可以说,黑格尔主义和基督教是一致的。黑格尔哲学并不与公认的宗教教义竞争，它是阐明其内容的一种方式。这似乎确实是黑格尔自己公开的观点。

> 没有什么比推翻宗教或认为宗教的内容本身不能是真理更能远离哲学的了。相反，宗教有着实质的内容，尽管是以"表象"（*Vorstellung*）的形式。哲学并不是第一个给出实质真理的；人类也不是非得等待哲学才能获得对真理的意识[27]。

然而，问题在于黑格尔所称的宗教的"表象"（*Vorstellung*）与哲学的"思想"（*Denken*）之间的区别究竟涉及了什么。当宗教在"转译"的过程中被改造为思辨哲学的更基本的话语时，它的内容会发生什么样的变化？宗教是会得到辩护，还是会被解读并隐含着批评呢？

黑格尔是柏林大学很有名望的教授——事实上，他被柏林大学校长选中，在《奥格斯堡忏悔录》（Augsburg Confession）发表300周年纪念之际发表赞扬新教的公开演讲——毫无疑问，他非常清楚自己的角色，不愿冒任何被普鲁士当局认为有悖于公共秩序和良好道德的风险。然而，在有些地方，新教正统的面具似乎会滑落。例如，下面是黑格尔《宗教哲学讲座》中的著名段落：

> 上帝就是这个运动本身，只有通过这个运动，他才是活的上帝。但是这种有限性的坚持不应被固定，而应被扬弃（*aufgehoben*）：上帝是向着有限事物的运动，因而作为有限事物的扬弃，也就是向他自身的运动。在自我中，作为扬弃自身有限的存在，上帝回归到他自己，并且只有在这种回归中，上帝才作为上帝而存在。没有世

界,上帝就不是上帝[28]。

黑格尔的语言难以捉摸。尽管"扬弃"在日常德语中是一个常见的词(与英语中人们对"扬弃"的熟悉程度有所不同),但它是模棱两可的——它可以意味着去除(例如,解除禁令)、保存(为以后保存)或提升(字面意思是"举起"),所有这些似乎都是黑格尔使用这个术语时的组成部分。尽管如此,我们还是很难不把这个段落和类似的段落解读为把宗教教义从传统的神圣超越性思想转向更内在和泛神论的思想——上帝在世界中,世界是上帝自我实现的必要条件。

当人们加入他所说的神性必须被人类理性所认识的方式时,黑格尔将上帝视为世界之一部分的描绘就更显得栩栩如生。

在《历史哲学讲座》中,黑格尔写道:

> 但是,在提到关于神圣天意的知识时,我想起了我们这个时代最重要的一个问题:认识上帝的可能性——或者更确切地说,这个问题已经不再是认识上帝的可能性,而是关于上帝不可能被认识的成见。那直接违背了《圣经》中作为最高义务的命令——不仅要爱上帝,而且要认识他。如今占主导地位的观点恰与《圣经》所言相反——精神(*Geist*)导致真理,它知道每一件事,它甚至渗透到神圣本性的深处[29]。

因此,左派黑格尔主义者认为,对于黑格尔来说,宗教信仰必须符合理性的标准,这一观点有强有力的文本支持。

其中,有一种宗教教义值得我们关注。康德相信最终审判,人类在来世将面临赏罚。黑格尔呢?当谈到黑格尔关于个人不朽的观点时,我们有一个并无绝对可靠来源的故事。海因里希·海涅曾在柏林学习,认识黑格尔。在回顾他的《告白》(*Geständnisse*,写于1854年)时,他描绘了这样一幅图景:黑格尔几乎病态地、谨慎地不愿透露他的私人观点——因此,海涅推测,黑格尔与作曲家雅科布·迈耶比尔的兄弟、头脑有些简单的海因里希·比尔(Heinrich Beer)建立了友谊,黑格尔与后者在一起时可以放松,知道自己不会被要求讨论任何复杂或有争议的事情。在这方面,海涅讲述了下面的轶事:

> 在一个美丽的星光灿烂的夜晚,我们站在窗前,我,一个二十二岁[在1820年]的年轻人,刚刚吃完一顿丰盛的晚餐,喝完咖啡,热情地谈论着星星,称它们为逝者的居所。但大师自言自语地说:"星星!哼!哼!星宿不过是天空表面的一种光亮的疮疤。""看在上帝的份上,"我叫道,"难道天上就没有美德在死后得到奖赏的乐土吗?"但是他,用他苍白的眼睛盯着我,尖刻地说:"所以你想要奖赏,因为你照顾了你生病的母亲,没有毒死你可敬的兄弟?"因为这些话,他焦虑地环顾四周,但当他看到身旁只有来邀请他玩牌的海因里希·比尔时,他似乎马上就安心了[30]。

正是从这个角度出发,我建议我们将黑格尔在《法哲学原理》中对世界历史的著名论述称为"最终审判"(事实上,引用的是弗里德里希·席勒的一首诗中的一句话)[31]。黑格尔的思想含蓄地抛弃了传统的宗教教义——最终审判,这是对基督教正统教义的重大突破,是从天堂走向历史的决定性的一步。

## 哲学作为生活方式

没有哪个伟大的艺术家会像歌德那样,选择更公开地展示自己的生活,留下如此丰富的记录。我们不仅有他自己大量的自传作品和信件,而且有那些有幸与这位伟人见面的人所仔细记录的谈话。约翰·彼得·埃克曼(Johann Peter Eckermann)的《歌德谈话录》在19世纪中叶成为国际畅销书,勤奋的编辑们为这部回忆录文集添枝加叶,最终为魏玛版歌德作品集增编了多卷本。其中包括约翰·大卫·法尔克(Johann David Falk)的《亲密的私人交往中的歌德》[32]。它含有以下令人印象深刻的回忆:

> 歌德不喜欢死记硬背的东西或临时抱佛脚,同时他还主张,所有的哲学如果要获得对生活的意义,就必须被热爱和实践。"可是在这个时代还有人在过着生活吗?"他补充道,"斯多亚派、柏拉图派、伊壁鸠鲁派——每个人都必须以自己的方式与这个世界打交道(mit der Welt fertig werden)。这是人生的任务,任何人,无论他属于哪一派,都无法逃脱。至于哲学家,他们所能给予我们的只能是生活方式(Die Philosophen können uns ihrerseits nichts, als Lebensformen darbieten)。"[33]

这段对话很快就广为人知(克尔凯郭尔把它一字不差地抄进了他的笔记本里)。但是,说哲学是一种"生活方式"是什么意思呢?文章继续写道:

它们如何适合我们,以我们的本性和能力,我们是否能够提供它们所需的内容,这都取决于我们自己。我们必须考查自己,仔细检查我们从外界吸收的每一样东西,就好像它们是营养一样;否则,我们将从哲学中消失,或者哲学将从我们中消失。

在歌德看来,一种生活方式(*Lebensform*)似乎是某种私人的、为个人量身定制的东西。他继续思考康德哲学与康德自身的"严格节制"(*strenge Mäßigkeit*)特征之间的对应关系。如果哲学以这种方式被主体化,我们就必须放弃它对理性和正当性的主张吗?我认为不是这样的。将这两个维度放在一起是可能的:解释世界和使权威服从正当性要求的哲学驱动力是人类"与世界打交道"的方式之一。

在《理想国》中,柏拉图告诉哲学家们,他们应该让自己被"像风一样"的论辩所引导[34]。是的,但是它们导向哪里呢?哲学问题的典型表现是,当一些单独被认为是令人信服的承诺放在一起时,会导致明显的冲突。仅从逻辑的角度来看,如何应对这种不一致是一个悬而未决的问题。"p 导致 q"的事实,是支持 q 的论证还是反对 p 的论证?正如希拉里·普特南(Hilary Putnam)所说,"一个哲学家的肯定前件式(*modus ponens*)就是另一个哲学家的否定后件式(*modus tollens*)"[35]。

不同的应对策略——放弃一种或另一种信仰;声称这些信仰是模棱两可的,经过适当的重新解释,可能会被视为一致的;声称它们是不完善的,因此应该被抛弃;论证冲突是进一步的、未加说明但有问题的前提的产物;声称我们可能不得不忍受冲突——是哲学辩论的核心。

出于这个原因,道德理论中罗尔斯式的"反思的平衡"思想在哲学中得到了更广泛的应用[36]。简单地说,正如罗尔斯所理解的那样,"反思的平衡"指的是我们试图阐明我们的一阶道德判断和更广泛的道德原则("反思")并使它们达到均衡("平衡")的过程。与众不同的想法是,虽然在经验理论形成过程中(至少从常识的角度来看),观察具有优先地位———旦我们看到一只黑天鹅,就无法挽救"所有天鹅都是白色的"这一命题——但在道德理论中,当原则和一阶判断之间存在逻辑冲突时,要挽救哪个、牺牲哪个,这是一个悬而未决的问题。

在这一点上,有必要回顾一下威廉·詹姆斯(William James)发人深省的文章《相信的意志》("The Will to Believe")。[37] 詹姆斯说,我们经常面对不相容的信念,每个信念都满足证据和一致性的要求。詹姆斯称这种信念为"活选项"(lives options)。詹姆斯认为,当现实的选择具有"重大"重要性,并且在它们之间做出选择不可避免时,以我们的"激情本性"为导向在它们之间做出决定并非不合理:

> 我们的激情本性不仅合法地可以,而且必须在命题之间做出一种选择,只要这是一种真诚的选择,就其本质而言,不能以理智的理由做出决定;因为在这种情况下,说"不要做决定,让问题继续讨论",本身就是一种感情用事的决定——就像决定是或否一样——而且同样有丧失真相的危险。[38]

正如詹姆斯所认识到的,这在很多方面都是一个非常反直觉的想法。当然,事实信仰不是那种可以随意接受的东西,不是像超市货架上的商品那样可以随意选择的东西。然而,当我们考虑到哲学承诺不仅仅是"信仰"时,情况就不那么乐观了。它们可能包括对价值的信念、看待世界的方式以及与经验事实无关的实践。为了反映对哲学有重要意义的不同种类的承诺的广度，让我把它们称为种种信念（*doxai*，*doxa*的复数）。正是种种信念之间的冲突使得将哲学视为"生活方式"变得合理。

这个术语来自柏拉图式的信念（*doxa*）和知识（*episteme*）之间的对比——日常意见是虚幻的，而真正的知识不是。最近，社会学家皮埃尔·布尔迪厄（Pierre Bourdieu）用它来指那些社会实践中未经反思就被接受的底层认识，在布尔迪厄看来，这些底层认识构成了所有社会制度的基础。我将以一种不预设任何立场的方式来使用它。种种信念可能是真或假的信仰（"世界是在七天内创造的"；"人类是从非人类动物进化而来的"），但它们也可能是态度、实践和评估性的承诺。同样，种种信念可能是那些持有它们的人完全意识到的事情，但同样，他们也可能对此一无所知。我选择这个词只是因为它能保持这些问题的开放性。

在历史文学批评的经典作品之一《镜与灯》中[39]，艾布拉姆斯（M. H. Abrams）考察了18世纪末和19世纪初欧洲文学和文化的转变。艾布拉姆斯声称，这一时期见证了一种转变，即从思想直接反映世界的观点转变为知识过程涉及主动参与的观点。因此，摹仿（*mimesis*）的美学理想——艺术表征世界的理想——从复制的理想变成了艾布拉姆斯所说的"异质宇宙"（heterocosm）：艺术作品是一种人工制品，其"实在论"在于艺术家的创造性行为在有限的范围内与隐藏在整个现实背后的创造性力量相对应。艾布拉姆斯研究的主旨是，存在不同的、相互竞争的"让世界变得可理解"的方式。他写道：

> 关键的区别在于我们推理的初始前提的选择（通常，如果我没有弄错的话，是类比前提），而这种选择的有效性是通过其连贯推

理的后果在使宇宙易于理解和可管理方面的充分性来衡量的。如果这个标准包含了我们在情感上和智力上都需要让宇宙易于管理的需求,这难道不是最重要的要求吗? [40]

我坚信,我们最终应该把哲学看作"生活方式",这让我回到了黑格尔。科恩(G. A. Cohen)在他关于罗尔斯的书的序言中,讲述了哥伦比亚哲学家莫里斯·拉斐尔·科恩(Morris Raphael Cohen)的一件轶事,G. A. 科恩通过类比来解释他自己与罗尔斯《正义论》的批判性联系:

> 我的朋友马歇尔·伯曼(Marshall Berman)告诉我,哥伦比亚大学的哲学家莫里斯·拉斐尔·科恩每年都会开一个关于黑格尔的《精神现象学》的研讨会,科恩对研讨会的贡献就是无情地批评黑格尔,以至于到学期末,这本书被撕成了碎片。其后,当拍摄哥伦比亚哲学系的合照时,科恩腋下夹着《精神现象学》出现在照片中。一位惊讶的同事说:"可你总是攻击它!你为什么带着那本书?"科恩的回答是:"还有别的书吗?" [41]

这本书与莫里斯·拉斐尔·科恩有着更深层次的巧合:黑格尔本人从第一页到最后一页都萦绕其中。黑格尔的所有著作(尤其是《精神现象学》)都探讨了人类通过科学、信仰或政治与世界达成妥协的各种方式,并询问哪些方式在今天对我们而言依然是悬而未决的:正如他恰如其分地称之为"和解计划"[42]。然而,我不相信黑格尔(声称)对精神的必要结构的先验哲学发展,以及他声称,就目前所知,它们是历史和自然的基础,代表了当今任何明智的人的有效选择。此外,我同意霍布豪斯（L.T. Hobhouse）、罗素（Bertrand Russell）、波普尔（Karl Popper）和阿多诺（Theodor Adorno）等人的观点，认为黑格尔的政治观点是令人反感的。但是，在我看来，即使一个人拒绝接受黑格尔的形而上学和他的国家崇拜，对哲学的本质和思想在社会中的地位采取一种可以合理地称之为唯心主义者的理解是有说服力的。

意识形态的唯物主义理论认为思想是利益的产物，他们不得不面对这样一个难题：人们是如何接受违背自己利益的思想的。唯心主义者的方法从另外一个角度出发，即意识形态是赋予存在意义的方式，它们是黑格尔所说的和解形式——尽管我们不应该被这个词误导，以为它们总是一团和气、对现实逆来顺受的。相反，意识形态可能既在科学上是荒谬的，现实中又具有可怕的破坏性（想想纳粹主义就知道了）。正如黑格尔所认识到的那样，它们也并非没有内在矛盾。然而，重要的一点是，意识形态不是简单地通过欺骗或洗脑强加给那些持有它们的人，而是被这些人出于某种原因所自愿采用，因此不能随意地抛弃它们。通过"从内部"观察意识形态，我们或许能够理解它们的力量。

## 虚无主义的威胁

西奥多·阿多诺在他有生之年出版的最后一部重要作品《否定的辩证法》（*Negative Dialektik*）中，对奥斯维辛集中营的形而上学意义做了如下陈述：

> 里斯本大地震足以消除伏尔泰的莱布尼茨式神正论，而这种可以理解的"第一自然"的灾难与社会这一第二自然的灾难相比

微不足道,后者超出了人类的想象,用人类的邪恶制造了一个真正的地狱[43]。

这种说法再一次令人费解。为什么奥斯维辛——如此邪恶和恐怖——会有特殊的神学意义?里斯本地震是一个不可预测的事件,它的起因与人类行为没有任何关系——是一种"自然之恶"。它给人类造成的痛苦与人们的道德品质无关。因此,它对这样一种观点提出了质疑,即全能、全知、仁慈的上帝创造了这个世界,目的是通过促进人类福祉来表达他的仁慈。然而不幸的是,相比之下,人类的邪恶已不是新鲜事。正如亚历山大·蒲柏(Alexander Pope)在《论人》中所言:

若天意未因瘟疫或地震而改易,
为何会有波吉亚或喀提林?

我认为,如果我们把奥斯维辛集中营看作一个挑战,不是对"世界是全知、全能、仁慈的造物主之产物"这一观念,而是对"历史作为集体自我实现的工程"这一人文主义观念——这一观念在某种程度上取得了成功,并取代了全知、全能、仁慈的造物主——的挑战,那么阿多诺的陈述就最有意义了。如果蓄意的、持续的、高度技术化的种族灭绝的恐怖,使人们关于人类集体进步的信念不可持续,那么还剩下什么?

## 支持和反对黑格尔

我以黑格尔的思想作为引言。因为哲学的目标是改变我们的思想——不像律师那样试图说服我们,被告似乎有罪,实际上却是无辜的,而是改变我们看待事物的视角——很难预先描述哲学的行程究竟将在何处结束。这就是为什么我在引言中引用了一些引人注目的、显然自相矛盾的语录,并承诺会回过头来更详细地探讨它们。

在另外两个问题上,我也同意黑格尔的观点。和黑格尔一样,我相信哲学是整体的。最后,它的主题是我们的种种信念(*doxai*),以及它们如何维持或保持相互之间紧张的状态。此外,由于哲学不仅仅关于对种种信念的评价,而且关于应该如何评价它们(有人可能会说,是关于信念的信念),因此把哲学的方法从其实质中孤立出来是不切实际的。

然而,在其他方面,我完全不同意黑格尔的观点。

对黑格尔来说,哲学是有方向性的:哲学"科学"(*Wissenschaft*)是内容的展开,不可避免地从一个阶段移动到下一个阶段。这种方向性与一般的历史,特别是哲学史相匹配。

同时,对黑格尔来说,哲学与人类的共同理解之间存在着一种反差。虽然哲学表达的是构成人类共同理解基础的真理,但它也与人类共同理解有所差别。它将日常的表象(*Vorstellungen*)转化为哲学的"思想"。[44] 因此,黑格尔的特点是把对必然性和普遍性惊人的雄心勃勃的主张与极其深奥的语言混合在一起——许多读者对此感到不快,但另一些读者(也许是私下里)却觉得相当诱人。

这本书采用了不同的方法。尽管,本书像黑格尔(事实上,还有柏拉图)一样,接受了一种辩证的哲学概念,即哲学始于种种信念的冲突,但它并不认为有一种独特的、不可避免的理性的方式可以应对这些冲突。相反,本书的目的是着眼于我们文化中根深蒂固的冲突,以及那些考虑周全的男男女女所发现的令人信服的回应,同时含蓄地要求读者自行决定自己的立场。因此，虽然这本书是历史性的，但它不是一个事件的叙述序列，更不是一个单一的论点如何随着时间的推移而令人信服地展开的目的论叙述。在可能的情况下，作者也无意掩饰自己的立场，而是坦率展示，这并无不可。

## 总结和几点备注

我希望在这个阶段告诉读者，我是如何做出我必须要做出的决定的，这会对读者有所帮助。让我先简要介绍一下接下来的章节。

第二章首先是为我所称的对社会思想进行理解的方法（合法化－输入－合法化－输出，LILO）进行辩护，以对抗基于利益的叙述（工具性－输入－合法化－输出，IILO）和我所称的"话语先验主义"（人类在与世界交往时，总是受到预先设定的概念网络的限制）。接着，它描述了构成这本书叙事框架的两个问题：神正论问题和游叙弗伦困境（Euthyphro dilemma）。

这些问题中的每一个都有广义和狭义的形式。在一个层面上，神正论的问题在于，一个善良的（全能的）上帝如何允许世界上存在显而易见的邪恶。但是，更广泛地说，神正论的问题在于，我们如何找到我们在世界上可以接受的地位，尽管死亡和痛苦是不可回避的事实。同样，游叙弗伦困境开始于一个问题，即某物是因为上帝爱它而虔诚，或是上帝因它虔诚而爱它，但这一问题扩展到如下问题：道德主张如何对我们具有约束力。如果道德仅仅是意志行为的结果，那么它又如何具有理性的力量呢？另一方面，如果它反映的是客观道德事实的领域，那么，它不正是出于这个原因才远离了我们的能动性吗？本章的结论是，康德对这两个问题都甚为关切,并且他有一个独特的回应。对于康德来说,道德既不是人的创造,也不是上帝的创造,而是将人与上帝联系在一起的东西。世界之善在于人类的自由及其创造的负责任的人类能动性的可能性。

因此,第三章转向了康德哲学中最晦涩的部分之一,在我看来,也是最容易被误解的部分:他的先验自由理论。与康德的许多诠释者相比,我并不认为康德对先验自由可能性的哲学"辩护"是多余的或明显不能令人满意的。相反,我认为,这是一种巧妙而复杂的尝试,试图利用先验唯心主义的更广泛的学说来调和自由的人类行为与物理学和自然科学的主张。如果没有这样的辩护,康德关于"自由赋予人类生命以价值"的观点将是站不住脚的,人类因其恶行而遭天谴也将是不言而喻地有失公允。

不过,第四章解释说,这只是唯心主义自由概念的一部分:自由包括从任性(arbitrariness)中解放出来,而"任性"可以存在于纯粹偶然的意志行使("*Willkür*")中,也可以存在于外生因果力量的支配中。我认为,这种康德式思想贯穿了后来的德国唯心主义者——费希特、谢林、黑格尔——并构成了他们看似非康德哲学筹划的阐释要诀。

第五章回到康德,对通常被认为是康德道德哲学核心的部分进行诠释:康德对体现在"定言命令式"中的道德法则的理解。我认为,不仅把绝对命令作为解决道德困境的理性程序的尝试是不成功的,而且认为康德致力于寻找这样一种程序也是对康德哲学筹划的误解。

相反,康德是一个"道德一致主义者":他认为,除非我们被私利蒙蔽了双眼,否则我们会在道德判断上保持一致。如果,正如我所相信的,康德被这样一种思想所驱使,即人类面临着一位公正的上帝的奖赏或惩罚，那么，还有什么别的可能吗？怎么可能有一些人对道义上的要求熟稔于心，而另一些对此一无所知呢？那种认为需要哲学来帮助解决基本道德分歧的观点，是现代的、后康德的观点。

第六章描述了本书标题所称的"从天堂到历史之路"。除了康德关于人类在神圣正义的指导下生活的叙述之外，还有一种观点认为，人类作为集体，他们可以认为自己参与了一项创造一个公正世界的历史工程。受康德的启发，但也受他的影响，这一时期的德国思想家（特别是赫尔德、席勒、费希特和黑格尔）提出了"历史不朽"的现代概念。随着个人不朽观念的消退，它给了人类一个认同和希望的对象。

第七章回到了自由作为对任性的克服的观点，并探寻它是否不需要付出高昂的代价。如果所有的权威关系（包括上帝和人类之间的关系）都必须是完全入情入理的，那么这些关系的人格特征会与什么相称呢？在克服"任性异化"的过程中，我们付出了"非人格性异化"的代价。此外，如果人类唯一完全理性的部分是我们内在的道德能动性，那么我们的身份就会缩小成一个狭窄的内核。或者，如果只有精神是完全自由和理性的，那么各种个体必须找到一种方式使自己与它保持一致，要么通过哲学思辨，要么对我们大多数人来说，通过毫无怨言地沉浸在我们自己的社会及其"伦理"（*Sittlichkeit*）要求之中。

第八章汇总了我重新诠释康德和黑格尔的结果，并讨论了哲学与历史之间的联系。康德笔下人类在共同的道德法则下自由行动的图景，代表了"苏格拉底式"宗教的顶峰。而黑格尔的体系把苏格拉底主义推得更远：当从哲学的立场来看，整个现实是开放的，人们可以理性地把握世界，从而实现和解。然而，当和解计划和对现实的理性把握，在黑格尔所谓的"思辨"理性概念中，不再能结合在一起时，会发生什么？

我的观点是,哲学研究仍在继续,但其调和人类与他们的生活的野心必然会受到遏制。

最后,在第九章中,我将讨论这一演变影响。我试图确立的是历史不朽的思想,尽管它自然地源于康德的人类历史作为人类自由史的思想,但并不局限于德国。相反,我们可以在(一些)法国启蒙哲学家和革命家身上看到它的作用;我们也可以在伟大的抵制革命人士埃德蒙·伯克(Edmund Burke)身上看到它的端倪;我们还可以在19世纪英国进步自由主义的守护神约翰·斯图尔特·穆勒(John Stuart Mill)和乔治·艾略特(George Eliot)身上看到这一点。对历史不朽的信仰有各种各样的形式。为什么狄德罗在250多年前声称,人类在1000年后灭绝的前景对现在的人类来说是一场道德灾难,当我们考虑上述问题的原因时,就会发现这一点。

除此之外,还有一个"后苏格拉底式"宗教的问题。苏格拉底式宗教的衰落是否为一种可以与竞争对手和平共处的体验式宗教开辟了道路,抑或是导致某种崇尚教会权威和启示的唯我独尊的宗教的复兴?在现代世界,难道没有其他宗教传统在起作用吗?比如,"谎言之父"撒旦是"这个世界的巨人"?但这些都是思想的小插曲和灵光乍现。如果读者对这些问题意犹未尽,那么我亦会觉得天下高见多有暗合之处。

关于后续章节要探讨哪些内容就介绍至此了,但谈谈如何描述这些内容也不无裨益。

本书篇幅很长,它涉及的问题往往是抽象的,而且它所探究的文本是出了名的难以捉摸。因此,作者旨在尽己所能使读者觉得易于理解。即使是最自负的作者也无法想象,一本诠释康德和黑格尔的书可以是轻而易举的,但我想让它尽可能地清晰简洁,但不至于单薄。

当然,这本书的各个章节是互为基础、相得益彰、不断深化的。但我也尽量让这本书模块化(以少量重复为代价)。每一章都可以独立阅读,尽管我希望它能引导读者提出其他章节可以帮助回答的问题。

当然,尽管这本书是为了挑战那些已被普遍接受的见解而写的(否则为什么会有人写一本哲学著作呢?),但是我想尽可能避免采用一种吹毛求疵和咄咄逼人的表述。这对于援引哪些研究和舍弃哪些材料有重要的影响。一般来说,我尽量不与当代作者争论我的不同意见,除非我相信这样的论战对读者有所帮助。因此,我很乐意让自己与其他许多同样题材的作者的不同之处,通过文本的暗示自然显现出来。

实际上,只有在第五章中,不同解释的分歧才处于突出地位。为什么如此?在那一章中,我主张,对于康德的现代解释者来说,"在康德身上寻找一种'伦理学的裁决程序',就是把他强行纳入我们的研究,而非忠实于他的研究"。原则上,我相信这种哲学重建的努力没有错——如果它们在实践中起作用的话。但对于在康德身上寻找一种"伦理学的裁决程序"这件事,我不相信那些致力于此的研究会行之有效。这就是为什么我认为展示我所看到的它们的不足之处是很重要的,这是为我认为更有启发性的解释做铺垫的一种方式。

无论如何,我相信读者会同意,那些我用来与自己观点形成对比的作家,例如弗雷德里克·拜泽尔(Frederick Beiser)、黑尔(R. M. Hare)、克里斯蒂娜·科斯嘉德(Christine Korsgaard)、艾瑞斯·默多克(Iris Murdoch)、奥诺拉·奥尼尔(Onora O'Neill)、德里克·帕菲特(Derek Parfit)、约翰·罗尔斯(John Rawls)、昆廷·斯金纳(Quentin Skinner)和伯纳德·威廉斯(Bernard Williams)都非常杰出,我的批评无甚紧要。

虽然这本书最初源于一系列的讲座，但从那时起它已经走过了很长的一段路。在与福尔克的一次又一次谈话中，歌德把阅读大学教授的著作以及他们的引文和脚注，比作坐着一辆狗车旅行，每隔几分钟就不得不在路边停下来，让狗解手。我对此也难辞其咎，至少部分如此。在原初的各个讲座中，它们很少使用引文，而这本书用大量的引文来支持它的诠释性主张。我认为，这就是学术完整性的要求：读者有权要求作者将论证的依据充分地呈现出来。另一方面，我也尽我所能把歌德的苛求牢记于心，并自觉避免利用注释去偏离正题。尽管在哲学中总是有"是的，但是"或"如果"，或者"是否话中有话？"的空间。我已设法把我想提出的所有实质性观点都包括在正文的主体部分，并保留注释，以供读者查阅所援引的文献之出处。

## 文本和译文

引文让我想到了文本和译文的问题。意大利人常说"翻译即背叛"（*Traduttore, traditore*），但是，无论译者如何小心翼翼地保持对作者的忠诚，一定程度的转译都是不可避免的。对于那些遣词造句像康德和黑格尔一样独特的作家来说，尤其如此。在某些情况下，问题只是将语义困惑从一种语言转移到另一种语言：作者使用了母语中不常见的词（"统觉"[*Apperzeption*]或"活回自身"[*Beisichsein*]），而困难只是如何在译者的语言中找到对应的词。更困难的是，当作者使用了一个熟悉的词而这个词在另一种语言中确实有对应的词的时候，此时如果没有进一步的解释，这些对应的词就失去了作者原初所要表达的意蕴。以此方式，黑格尔使用"概念"（*Begriff*）和"思想"（*Gedanke*）这两个词的方式对他而言是有着非常明确的所指的。还有一些单个德语词可以用好几个英语单词来表示，但没有哪个能单独地完全表达德语的意思。黑格尔的术语"扬弃"（*Aufhebung*，这一术语同时具有取消、保留、提升的含义）恶名昭著；其他重要示例包括："规定"（*Bestimmung*，这一术语同时具有规定、天命、目标的含义）、"教化"（*Bildung*，这一术语同时具有教育、发展、形成、文化的含义）以及最重要的"精神"（*Geist*，这一术语同时具有心灵、精神、上帝的含义）。

当然，这些问题在书中会在相关的地方进行讨论。至于英译，是我自己完成的：我或多或少地偏离了现有的译文，因为我觉得有必要，并突出或保留了非常重要的德语术语（例如 *Willkür* 和 *Geist*），以便让读者自由地做出自己的决定。我还在注释中提供了德语原文。

就康德而言，这是相当直截了当的。由普鲁士科学院开始并由其不同名称的继承者（*Akademie-Ausgabe*）继续出版的版本，为康德的作品提供了标准页码和文本。更重要的是，几乎所有其他版本，无论是英语版还是德语版，包括极好的《伊曼努尔·康德著作选（剑桥版）》（*Cambridge Edition of the Works of Immanuel Kant*），都在页边空白处标注了科学院版《康德全集》的卷数和页码。所以我遵循了这种做法，除了《纯粹理性批判》用第一、二版边码（A/B）表示，这也是标准的做法。《伊曼努尔·康德著作选（剑桥版）》的诸多优点之一是每卷都提供了术语汇编。我很少偏离它的翻译，除了一个非常重要的词 *Persönlichkeit* 之外，剑桥版将之译为"人格"（personality），但出于我行文的推断，应该将它译为"人格性"（personhood）。

黑格尔的情况就不那么简单了。在波鸿大学的赞助下出版的历史考订版《黑格尔全集》（*Gesammelte Werke*）在德国以外的少数图书馆中可以找到。苏尔坎普出版社出版的20卷《黑格尔著作集》更容易获得而且几乎能满足所有需求,所以我使用它作为引用和参考的基础。至于译文,有很多可供选择。一些较古早的书(很多可以在网上找到)是可读的,但通常都是随意的,几乎等同于改写。我试图让自己的译文更接近原文。但是,在把黑格尔的著作翻译成英语时,要做到既准确又地道,确实是一项艰巨的任务,恐怕我的努力并不总是成功的。

# 第二章

# 唯心主义者的历史理论

> 教皇！他有几个师？
>
> ——斯大林

## 马克思与接受问题

从外部审视哲学，一个原因是哲学体系的构建者们屡屡失败的令人沮丧的记录。卡尔·马克思认为，这足以表明哲学是一种意识形态：他写道，哲学"只不过是引入思想并在思想中发展起来的宗教"。[1] 因此，不存在真正的、独立的哲学史。"道德、宗教、形而上学和其他意识形态，以及与它们相适应的意识形式……它们没有历史，没有发展。"[2] 历史学家不应直接研究思想，而应着眼于人类的"现实生活过程"，"意识形态"只是这一现实生活过程的"反射"或"回声"。

本书持相反观点：从哲学向下（或至少向外）审视社会变化是可能的和卓有成效的。本章的任务是以马克思和其他人的方法为对照，进而为我所陈述的方法辩护，并阐明一个解释康德及其继任者的框架，这将在接下来的章节中提出。

马克思在出自《德意志意识形态》的名篇中写道：

如果在全部意识形态中,人们和他们的关系就像在照相机中一样是倒立成像的,那么这种现象也是从人们生活的历史过程中产生的,正如物体在视网膜上的倒影是直接从人们生活的生理过程中产生的一样。

德国哲学从天国降到人间,和它完全相反,这里我们是从人间升到天国。这就是说,我们不是从人们所说的、所设想的、所想象的东西出发,也不是从口头说的、思考出来的、设想出来的、想象出来的人出发,去理解有血有肉的人。我们的出发点是从事实际活动的人,而且从他们的现实生活过程中还可以描绘出这一生活过程在意识形态上的反射和反响的发展。甚至人们头脑中的模糊幻象也是他们的可以通过经验来确认的、与物质前提相联系的物质生活过程的必然升华物。[3]

与这一段落相左的三个意见立即显现了出来。

(1) 马克思直接游走于我们所称的形而上学或认识论唯物主义——物质高于精神或外部现实高于我们对它的认知,和社会学或历史唯物主义——人类的实际经济活动高于道德、宗教和形而上学("意识形态")之间。但显而易见的是,这两者是不同的,同样一目了然的是,你可以在不接受后者的情况下相信前者(实际上,反之亦然)。
(2) 马克思认为,由于透镜的光学作用,在视觉过程中发生的倒置引发了一种"虚假的"或"虚幻的"知觉。但是,我们凭借自身的经验也能知道,这是不可能的。因为人类视网膜上的"颠倒"图像正好是我们进化后的大脑能处理的,所以人类毫不费力地在世界各地移动并以正确的方式看待事物。

（3）最后，还有一层言外之意，即思想是附带现象（epiphenomenal）："反射""回声""幻影"。但是，如果在因果过程中，思想实际上"位于末端"，那么思想本身如何在使社会秩序合法化方面发挥有效作用呢？

马克思没有单一的意识形态理论。在他的研究过程中，他提出了几个截然不同（而且基本上互不相容）的模型，而每个模型都面临着各种困难[4]。无论如何，甚至在《德意志意识形态》中，马克思也为读者提供了另一种理解思想在社会中的地位的模式。他说，唯物史观"不是从观念出发来解释实践，而是从物质实践出发来解释观念的东西"[5]。简而言之，思想是利益的产物。

思想史上充斥着这样的工具主义观点——而且并非仅为政治左派所独有。将微观经济学方法引入政治学，导致对政治过程做出"理性选择"解释的尝试激增（通常被称为"实证的政治经济学"）。否认利益在理解政治中的作用当然是愚蠢的。当大公司雇用说客并为政治运动捐款时，我们应该假定，这并非旨在推进美好生活的愿景。然而，即使在这里，人们也必须注意例外情况。美国霍比罗比工艺品商店寻求免除向员工提供包括节育在内的健康保险的义务，快餐连锁店福来鸡支持反对同性恋婚姻的运动，这些行为似乎并非出于经济动机，而是某种强烈的宗教动机。

但是工具主义存在着非常根本的困难。最明显的是，因为缺乏一种自洽的"利益"定义，这种方法可能有陷入空虚的危险。用西季威克（Sidgwick）的话语来描述，说人们在行动中追求自己的利益，无非是在转述"同义反复的命题",即"我所渴望和追求的就是我所瞄准的"。[6] 阿玛蒂亚·森(Amartya Sen)非常尖锐地表达了反对意见:

> 还有另一个非经验的——可能更简单的——原因,为什么经济学模型中的人的概念往往是某种自私自利的自我主义者的概念。有可能如此定义一个人的利益以至于无论他如何行事,他的每一个孤立的选择行为都能被看作是在增进他自己的利益。虽然这种方法是最近才在显示性偏好理论的背景下正式形成的,但它的历史悠久,约瑟夫·巴特勒(Joseph Butler)在两个半世纪前就已经在劳斯教堂提出了反对意见。在这种方法中,把人简化为自私自利的动物取决于缜密的定义。如果你被观察到选择 x 而拒绝 y,你就被宣布"显示"了对 x 而不是 y 的偏好。然后,你的个人效用被定义为仅仅是这种"偏好"的数值表现形式,将更高的效用指派给了某种"首选的"替代方案。除非依靠前后不一致的做法,否则使用这组定义,你几乎无法避免最大化自己的效用。当然,如果你在某个场合选择了 x 而拒绝了 y,然后立即进行完全相反的操作,你可以阻止显示性偏好理论家给你指派某种偏好顺序,从而限制他在你身上盖上一个效用函数,由此你必须被视为正在致力于效用最大化。然后他将不得不得出这样的结论:要么你前后矛盾,要么你的偏好在改变。你也可以通过更复杂的矛盾来挫败显示性偏好论者。但是,如果你是前后一致的,那么无论你是一个一心一意的利己主义者、一个疯狂的利他主义者,还是一个有阶级意识的战斗者,你都将在这个充满定义的魔幻世界里致力于将自己的效用最大化。[7]

正如森所解释的那样,新古典经济学最初表现为对人们的欲望和价值持不可知论的效用观。说个人最大化他们的效用不过是在说,他们把自己置于最高可用效用的边界之上,给定他们所拥有的偏好,而这些偏好原则上可能包括各种各样的想法、理想和意识形态。当我们转到企业层面时,追求利润最大化的目标也是合理的。但是,一旦假设——这是最常见的假设——政治主体,像公司一样,从事类似于利润最大化的行为,这种方法就会立即变得极有倾向性。在这一点上,关于人类主体的还原论个人主义在默认情况下被偷偷地带进来了[8]。

然而,也许某种形式的还原论的个人主义是正确的,并且可以找到对自我利益的非循环解释——霍布斯、尼采和弗洛伊德的确是这样认为的。如果是这样的话,人类心理学的一个令人惊讶的事实是,它与人类行为中明显的、可观察到的特征相悖——人类通常是合作的、相互同情的、忠于理想的,等等——而不是某些简单地从"效用"的定义方式中推导而出的特征。

即便如此,基于利益的思想理论还面临着另一个非常棘手的问题。

就马克思主义而言,这是一个显而易见的问题。马克思主义的意识形态理论(在这个模型中)不仅声称思想是利益的产物,而且(在所有版本中)思想在确保大多数人接受不平等和剥削性社会方面发挥着不可或缺的作用。换句话说,意识形态的观念并不仅仅是个人在理性地追求自身利益的过程中形成的观念。它们是违背(某些)持有它们的人的利益的观念,并以这种方式增进了其他人的利益。这些想法是如何被接受的呢?我权且把这叫作"接受问题"(Acceptance Problem)。

马克思在《德意志意识形态》中对"接受问题"的回答是,"统治阶级的思想在每一时代都是占统治地位的思想"。——也就是说,他声称:

……一个阶级是社会上占统治地位的物质力量,同时也是社会上占统治地位的精神力量。支配着物质生产资料的阶级,同时也支配着精神生产的资料,因此,那些没有精神生产资料的人的思想,一般的是受统治阶级支配的[9]。

但这并不是一个令人满意的解决方案。它把社会分成两部分:思想的创造者和接受者。为什么人们会认为统治阶级能够有效地促进自己的利益,并根据这些利益形成自己的思想,而被统治阶级却接受"精神生产资料"提供给他们的东西(不管这些资料究竟是什么)? 这一问题导致马克思主义者——尽管他们官方相信被压迫阶级的解放作用——反复陷入一种观点,即认为那些生活在统治之下的人缺乏能动性,是被动的、不加思考的宣传接受者[10]。

## 利益-输入-合法化-输出,<br>抑或合法化-输入-合法化-输出?

然而,面对接受问题的不仅仅是马克思主义者。任何历史学家或社会科学家都认为,思想在维持社会秩序方面发挥着重要作用,否则这些秩序将不会被为数众多的成员所接受。因此,伟大的"剑桥学派"历史学家昆廷·斯金纳,在阐明一种他认为适切的思想史的历史方法方面,功勋卓著。他写道,"任何社会成功地建立、维护、质疑或改变其道德身份,在很大程度上都是通过对[评价性-描述性]术语的修辞操纵来实现的"。在阐明他所认为的一种正确对待思想史的历史方法方面,他比其他任何作家都做得多[11]。他说,这些术语在为"通常被认为有问题的社会行为形式"提供"合法性"方面起着重要的作用[12]。

斯金纳用一个例子说明了这一点。他写道,早期现代欧洲的企业家"有一种显而易见的动机,希望不受阻碍地从事自己的事业……出于某种意识形态上的紧迫性,他们需要将自己的所作所为合法化,以回应那些对他们的生活方式的道德性表示全面怀疑的人"。[13]然而这是否可能,取决于他们社会的"道德认同":

> 正是通过描述并因此赞扬某些行动是(比如说)勇敢或诚实的,同时描述并谴责其他行动是不可信赖的或背信弃义的,我们得以维持我们所希望予以否认或合法化的行动和事态的图景[14]。

既然如此,他继续说道:

> ……创新意识形态的拥护者的任务之艰巨性是公认的。顾名思义,他的关注点在于使一系列新的社会行为合法化,就社会中盛行的道德词汇的现有应用方式而言,这些社会行为目前被认为在某种程度上是棘手的或不正当的。因此,他的目的必须是表明,一些现有的和有利的评价性-描述性术语可以以某种方式适用于他那明显地不合时宜的行为。如果他能以某种方式耍好这个把戏,他就能据此主张,那些原本倾向于对他的行为进行谴责的描述可以因此能有些许收敛[15]。

然而,这样的描述如何被接受为合法的,尤其是在斯金纳这里使用的(宽泛的)马克思主义意义上的"意识形态"语境中?这里,"接受问题"

摆在了我们面前。如果某个词汇促进了某一特定群体的利益,那么它同时很可能会以牺牲其他群体的利益为代价。而且如果一种合法性要有所见效,就必须让那些利益相关的他者接受它。怎么会这样呢?在斯金纳看来,答案就在于,在任何特定的社会背景下,作者和发言人可能的意图所受的惯例约束:

> 我们需要关注的不仅是我们所感兴趣的特定文本,还有处理文本所涉及的议题或主题的普遍惯例。这一禁令之所以具有效力,是因为任何作者通常都会涉足一种有意的交流行为。由此可见,无论作者可能会有什么样的意图,他们都必须具有强烈的传统意识,即他们必须被视为在论证中持有维护某种特定立场的意图,为处理某些特定主题做出贡献,等等。接下来,要理解一个作者在使用某个特定的概念或论点时可能做了什么,我们首先需要掌握在特定的时间,在处理特定的主题时,通过使用特定概念可以识别出已经完成的事情的性质和范围。简而言之,我们需要准备好将柯奈留斯·卡斯托里亚蒂斯(Cornelius Castoriadis)所描述的社会想象中的全部作为我们的领域,即将构成一个时代主体性的全部继承符号和表征作为我们的研究对象[16]。

把斯金纳关于"社会想象"("构成一个时代主体性的全部继承符号和表征")的主张与他关于支配语言和说话者意图的"普遍惯例"的讨论结合起来,可以看出,他坚持一种我称之为"话语先验主义"的形式。

话语先验主义的前提是,智识历史学家的最终目标是背景结构,正是在这种结构中,特定的言论、言语行为和文本才被赋予其意义。正如制定游戏规则的人对玩家拥有权力一样,制定语言规则的人权力更大,因为尽管我们可以拒绝玩我们认为对我们不公平的游戏,但当涉及我们的语言时,我们别无选择。因此,语言作为一个先验的框架起作用,尽管不是以康德思考范畴的方式(可以说,作为一套先验的眼镜,通过它的镜片,我们情不自禁地审视我们与世界的相遇),甚至限制了人们的言论和(及由此而来的)思想。

然而,话语先验主义恰恰受到了早先对马克思提出的反对意见。很明显,一些人是如何设法在话语框架设定的水平上运作,并为自己的利益操纵它,而其他人的利益因此受到限制,仍然被困在其中?斯金纳使用的短语("如果他能以某种方式演好这个戏法")非常具有启发性:它确实看起来像魔法!

把"话语先验主义"这样一个宏大的理论归于斯金纳似乎是不公平的,因为它可能仅仅是对卡斯托里亚蒂斯和"社会想象"的一个间接引用。事实上,斯金纳还使用了另一种听起来更像是工具主义的词汇,来描述他认为在语言变化时期正在发生的事情。因此,他在谈到莱因哈特·科泽勒克(Reinhart Koselleck)的工作时写道:

> 科泽勒克和我都认为,我们需要把规范性概念当作意识形态辩论的工具和武器,而不是对世界的陈述。我们两人可能都受到了福柯式尼采的影响,他认为"承载和决定我们的历史具有战争的形式"。[17]

然而,斯金纳对福柯的引用并不能帮助解决"接受问题"。的确,从

下面这段纲领性的陈述来判断,福柯本人所认可的,如果有的话,是一种话语先验主义的极端表达:

> 我的问题是……这样的:在真理话语的生产过程中,权力关系所实施的权利规则是什么?或者换句话说,在我们这样的社会中,什么样的权力能够产生具有如此强大影响力的真理话语?我的意思是:在我们这样的社会中,乃至基本上在任何社会中,都存在着多种权力关系,它们渗透、表征并构成了社会有机体,而这些权力关系本身如果没有话语的生产、积累、流通和运作,就无法确立、巩固或实施。没有真理话语的某种系统性,就不可能行使权力,真理话语通过这种关联并在这种关联的基础上运作。我们通过权力服从于真理的生产,而我们只有通过真理的生产才能行使权力。每个社会都是如此,但我相信,在我们的社会中,权力、权利和真理之间的关系是以一种高度特定的方式组织起来的。如果我要描述的不是权力的机制本身,而是它的强度和稳定性,我会说,我们被迫生产出社会所需要的权力真相,而社会也需要权力真相才能发挥作用:我们必须言说真理;我们被强制或被迫使承认或发现真理。权力从来没有停止过对真理的审问、调查和登记:它使真理的追求制度化、专业化并得到奖励。归根结底,我们必须创造真理,就像我们必须创造财富一样,事实上,我们首先必须创造真理才能创造财富。在另一种意义上,我们也服从于真理,因为正是真理制定了法律,产生了真正的话语,而真正的话语至少部分地决定、传播并延伸了权力的影响。最后,我们被审判、定罪、归类,被规定某种生活或死亡的方式,而作为真实话语的功能,这一切都取决于这些话

语承载着特定的权力效应[18]。

值得注意的是,至于"权力"是否像尼采的《权力意志》(*Wille zur Macht*)一样,是某种地下的、叔本华式的、在表象领域之下起作用的驱动力,或者它是否属于行为者本身,是人们在追求自己的利益时实际上"行使"的某种东西(正如福柯认为自己有资格说的那样),这篇文章是模棱两可的。福柯在这里雄辩地用"权力关系"(正如他所宣称的那样"渗透、表征并构成了社会有机体")代替了马克思主义的"生产关系"思想,将其作为支配社会现实的无形基础——我得说,这样做并不会提高精确度。在令人印象深刻的彩色烟雾和反光镜背后,真正支撑福柯话语先验主义的只是一种粗糙的社会功能主义:"我们被迫生产我们的社会所需要的权力真理,以发挥作用。"社会本身(在某种程度上)是创造者,而我们其余的人(也许除了在认识论上更胜一筹的智识历史学家之外)都是接受者。

毫无疑问,福柯在其他地方引用了一种不同的、更明显的矛盾的模型。但这将面临与其他形式的工具主义同样的困难,即无法处理"接受问题"。如果说话语先验主义是一个无人能逃脱的框架(但是,有些人又如何有能力为了私利而塑造它呢?),如果思想的历史是一场"战争",那么是什么决定了结果?社会上的一小部分人怎么可能比其他人拥有更强大的武器呢?

任何以利益为基础的社会观念都面临这样一个问题:观念是如何产生力量的。我们不仅要问这些思想为谁的利益服务,还要解释为什么人们——无论这些思想是否符合他们的利益——会觉得这些思想有说服力。就人们的"利益"而言,对人们的潜在动机给出一个经验上似是而非的解释已经足够困难了,但在我看来,解释人们如何接受违背他们利益的种种思想,对于所有将合法化视为"工具性-输入-合法化-输出"(IILO)的意识形态方法来说,是一个致命的困难[19]。

这将我引向我所称的 LILO 方法——"合法化-输入-合法化-输出"。我在这里所说的"合法化"是最广义的——最终根植于人类在面对令人难以忍受但又不可避免的死亡和痛苦的事实时,寻找方法让自己的生活被接受的需求。那些追随(显然)违背自己利益的思想的人,不仅是被愚弄者和受害者,而且应该被视为接受了一种思维方式,这种思维方式也会通过为他们提供使世界及他们在其中的位置合法化的方式来奖励他们。

反对这种"合法化-输入-合法化-输出"方法的一个直接理由是,它显然是循环论证的。然而,这并不意味着它在解释上是空洞的。目标是解释如何以各种不同的方式满足持续的需求,以及为什么在某些情况下满足这种需求的一些方式是"活选项",而在其他情况下则不是。这些合法化的可能性是如何发挥作用的——它们是如何耗尽的,新的又是如何发展的——对于我所设想的观念史来说至关重要(当然,这并不是否认经济利益、制度权力以及个人心理问题也发挥了作用)。正是出于这个原因,我把我所提出的理论称为一种**唯心主义者**的历史理论。

## 黑格尔的唯心主义

什么是唯心主义者的历史理论?从它不是什么入手最容易,因为唯物论者的历史理论的含义,至少在它的马克思主义版本中,是相当一致的。尽管马克思对哲学有自己的唯物论观点,而且正如上文所述,他经常把这些观点写得似乎与历史唯物主义理论密切相关,但历史唯物主义作为一种历史理论,是独立于作为认识论或形而上学的哲学学说的唯物主义的。

马克思主义形式的历史唯物主义认为历史是阶段性的。社会生产力水平有提高的总趋势,与此同时,社会关系也从一种合适的生产关系结构过渡到另一种合适的生产关系结构。然而,在每一个阶段,以剥削和阶级斗争为标志的社会纽带都是由制度和思想的"上层建筑"维系在一起的,这些"上层建筑"可以通过它们与现有经济"基础"的功能关系来解释[20]。

因此,我们可以说,马克思主义版本的历史唯物主义有两个主要成分:一个关于历史变化的"历时性"理论和一个关于社会(在稳定时期)如何联系在一起的"共时性"理论。

对比一下历史唯心主义。在黑格尔的版本中,唯心主义也有社会变化的历时理论和社会凝聚力的共时理论。社会关系的变化是因为,最终,它们都是精神(Geist)的载体,因为它开始意识到和认识自己。但是黑格尔所说的"精神"是什么意思呢?有一种解读认为,在这些带有宗教色彩、与基督教的圣灵教义相呼应的词汇背后,隐藏着一个更为世俗的社会学现实。根据《斯坦福哲学百科全书》中关于黑格尔的词条,黑格尔关于客观的精神的表达方式,指的是"社会互动中具有文化差异的客观模式,要根据它们所体现的相互认可模式进行分析"。[21]

然而,这种受限制的、更不用说淡化的对黑格尔的理解,显然与黑格尔自己的文本不一致。黑格尔说得很清楚,精神就是绝对(Absolute)本身。

真理只有作为一个体系才是现实的,或者说实体在本质上是一个主体。这在绝对作为精神的表述中得到了表达,"精神"是一个最崇高的概念,它属于近代和近代宗教。唯有精神性的(geistig)东西才是现实的[22]。

他说,承认上帝为精神是基督教的特殊成就:"上帝只有在被称为三位一体的情况下才被承认为精神。"[23] 精神是现实的本质内核——包括感性的和超感性的:

> 发生在天上或地上的一切——永恒地发生——上帝的生命和发生在时间上的一切——只朝着这一点努力:精神认识自己,使自己客观,发现自己,为自己而存在(für sich),与自己合并。精神是分化和异化的,但只是为了能够回到它自身[24]。

精神与人类历史有着特殊的、统一的关系:黑格尔将其描述为"精神在时间上的展开(Auslegung)"[25],就像"无形的教会"和"神秘主体"(corpus mysticum)被认为在时间上赋予了基督教信徒群体集体身份一样。历史是神圣目的的实现:

> 世界历史是精神的最高形式的神圣的、绝对的过程的呈现,这一阶段性的过程使精神达到它的真理,达到它对自身的自我意识[26]。

但精神的意义并不仅仅局限于历史和社会。黑格尔断言,自然也必须被看作精神的表现:

自然是上帝之子，但不是作为圣子，而是作为一种存在于他者之中的神圣理念，只是在神圣之爱之外暂时被牢牢把握着。自然是自身异化的精神；精神被释放到自然中：一个放荡不羁的酒神，忘乎自己。自然界里隐藏着概念的统一性。……自然从理念异化出来，只是知性处置的尸体。然而自然仅仅自在地是理念，所以谢林称自然为僵化的理智，其他一些人甚至称之为冰封的理智。但上帝并非永远僵硬冰冷的石头：正是这一石头会呼喊起来，使自己超升为精神[27]。

自然和历史最终是相辅相成的：

> 我们认为，世界史只是精神在时间上的展开（*Auslegung*），正如自然是理念在空间上的展开[28]。

简而言之，考虑到黑格尔文本的晦涩难懂，这很明显是一个需要诠释的问题——精神不仅仅是个体之间的一系列社会关系：它是神圣的灵性统一，包含了个体和其他一切。

精神为了"获得真理"而经历的不同形式，导致许多社会以根本不同的方式与世界联系（理解世界并在其中行动）。在这个过程中的每一个阶段，社会都被团结在一起，因为它们共同体现了精神走向自我认识的一个阶段：

> ……[世界精神（*Weltgeist*）发展的]每一个阶段都不同于其他阶段，都有其具体和特定的原则。在历史上，这样的原则成为

精神的特殊裁定(*ein besonderer Volksgeist*)。正是在这里,它具体地表达了它的意识和意志的所有方面,它的全部实在性;正是这一点给它的宗教、政治制度、社会伦理(*Sittlichkeit*)、法律体系、习俗(*Sitten*),以及科学、艺术和技术技能,都打上了共同的印记(*das gemeinschaftliche Gepräge*)。这些特殊性必须被理解为源于一般性的特殊性,即一个民族的特殊原则[29]。

特定的文化就像单株植物一样生长和死亡:

> 一个民族的生命结成一种果实,因为民族活动的目的在于贯彻它的原则。然而这一个果实并不回归到孕育它和促成它的那个民族的怀中去;相反地,它却变成了那个民族的鸩毒。那个民族又不能撒手放过这种鸩毒,因为它对于这样的鸩毒具有无穷的渴望:这个鸩毒一经入口,那个民族也就自取灭亡——然而同时却又有一个新的原则涌现[30]。

在它们年轻的时候,这些文化充满活力和激情,以新颖和创造性的方式向前推进。然而,到最后,它们变得疲惫而机械:

> 这种单纯的习俗生活(上足发条的钟表,一秒秒地自己行进)带来了天然的死亡[31]。

但黑格尔唯心主义并不仅仅是马克思历史唯物主义的反面。黑格尔这里不是说"上层建筑"决定了"经济基础"。对黑格尔而言,没有什么"经济基础"或"上层建筑"。社会存在的每一个特定领域之所以如此，是因为在它的背后，有一个单一的原则可以表达：

> ……一个民族所采取的宪制（Verfassung）是同它的宗教、艺术和哲学（或者，至少是同它的种种观念以及种种思想（Vorstellungen und Gedanken）——即其总体文化［Bildung］）……形成一个实体，一个精神。……一个国家是一个独特的整体，不能只取出它一个特殊的方面，即使是极其重要方面——如像国家宪制方面——进而把它孤立地加以审查和估定[32]。

在黑格尔看来，每一个社会都是理性的表现——但这里的"理性"是最广义的理性。黑格尔使用"文化"（Bildung，"教育"或"形成"，但也有"发展"之意）和"伦理"（Sittlichkeit，通常译为"伦理实体"）这两个词来传达这样一种观点，即法律和政治根植于实践、传统和不加反思的价值观，渗透到社会生活的每一个角落和缝隙中——他的继任者将其称为"文化"[33]。

这导致黑格尔对"接受问题"给出了一个新颖的（对自由主义者来说，这是极其令人不快的）答案。黑格尔认为，思想不是由利益工具性地产生的。相反，人类看似不假思索的欲望和奋斗，体现了在社会现实表面下起作用的精神的一种意识——这种意识最常见的是非反思性的。这样，所有持久的社会关系都是"普遍意志"的合法表达：

> 国家的起源一方面依靠的是专断的领主，另一方面依靠的是本能的服从。但是，即使是服从——领主的权力，以及统治者本身

所激发的恐惧,也暗示着某种程度的自愿联系。即使在野蛮的国家也是如此;占主导地位的不是孤立的个人意志;个人的自负被放弃了,普遍意志成为政治联盟的基本纽带[34]。

然而,在黑格尔看来,文化的一个领域确实具有特殊的地位。精神在许多领域都有其表达,但在哲学中表达得尤为清晰,因为哲学特别关注阐明人类与世界的联系方式:

> [所有的]发展(*Bildung*)都归结为范畴上的差异。科学上的一切革命,正像世界历史上的革命一样,都源于这样一个事实:精神,为了它自己的理解和自我意识,为了占有它自己,现在已经改变了它的范畴,并且更深刻地、更内在地、更统一地把握了它自己[35]。

因此,尽管哲学并不是孤立于社会之外发生的,但它也不仅仅是发生在其他地方的更基本的社会过程的副产品。事实上,哲学是理解社会整体的钥匙。黑格尔说,哲学史就是

> ……最充分的绽放,精神的全部形式的概念,所有事物的意识和精神本质,作为精神本身呈现于其中的时代精神[36]。

黑格尔对历史变化和社会团结的宏大构想,因此回答了社会如何为其成员提供一种在智力和情感上都具有说服力的世界观的问题。但这一做法在某种程度上依赖于他的形而上学,即无处不在的逻各斯

（*Logos*）在历史中走向自我实现。"不依赖于黑格尔的黑格尔主义"会存在吗？[37]

对黑格尔方法的反对，不仅仅与它的形而上学基础有关，尽管这些基础是令人生畏的。它以一种非常强烈的社会团结为预设。从最高的、最抽象的话语形式（法律、科学、哲学），一直到最显而易见的边缘社会实践——事实上，甚至直达个人最私密的经验，精神都渗透并构建着社会。海因里希·海涅在他为法国报纸撰写的众多文章中，有一篇回忆了他与黑格尔的另一次对话：

> 我伟大的导师，已故的黑格尔曾经对我说：如果人类在某一特定时期所做的所有梦都被记录下来，那么从阅读这些收集的梦中就能完全准确地描绘出这一时期的精神[38]。

"以利益为基础"的意识形态研究方法的优势在于，它至少能够认识到，不同的群体有着互不相同的、相互冲突的利益，社会中的意识形态差异是真实存在的——并非仅仅是表面上的分歧，可被追溯到一种潜在的精神统一或被置于一个单一的、话语-构建的超越性框架内。任何一种站得住脚的历史唯心主义必须正视这一点。

## 苏格拉底主义与宗教传统

为了呈现自己的观点，我将从一位思想家的见解出发。他当然不是一位历史唯物主义者，也绝不是一位思辨的唯心主义形而上学家：弗里德里希·尼采。我将要引用的观点在《悲剧的诞生》中表达得最为清楚,尽管许多主题在他后来的作品中得以延续。但我这里的目的并非阐释尼采。

众所周知的是,尼采在《悲剧的诞生》中指出,希腊悲剧体现了两种动力的融合,他称之为"日神精神"和"酒神精神"。然而,很少有人注意到,但就目前的目的而言具有决定性的是——根据尼采的说法——取代悲剧文化的动力:他称之为"苏格拉底主义"。尼采的出发点是,所有的人类文化都面临着一个长期存在的问题,即面对死亡和痛苦的不变事实。很久以后,他在《道德的谱系》中写道:

> 人是最勇敢的动物,也是最习惯于受苦的动物,他并不否认受苦本身;他渴望它,他甚至寻求它,只要他看到它的意义,一个受苦的目的。迄今为止,笼罩人类的诅咒是痛苦的无意义,而不是痛苦本身[39]。

日神主义和酒神主义是处理痛苦的两种策略。它们(如尼采所描述的)分别集中体现在梦境和陶醉中。酒神会找到方法——通过药物、舞蹈、仪式、狂热的战斗或其他什么——来改变他或她的心灵,使其变得对痛苦无动于衷或漠不关心。日神通过思考一个超越我们自己的秩序、美丽和幸福的领域来安慰自己——这是典型的审美态度。希腊诸神,至少最初是日神;与其说是人类世界的明智和公正的统治者,不如说是更高国度的美丽居民:

> 使艺术成为存在的静观和圆满,使人向往生命的延续的那种冲动,也是希腊人的"意志"将奥林匹斯世界作为一面美化现实的

镜子的原因。众神就这样证明人类的生命是正当的:他们自己也这样活着——唯一令人满意的神正论!⁴⁰

然而,继酒神主义和日神主义之后,"苏格拉底式"对苦难的反应是完全不同的。苏格拉底主义不是通过狂喜的自我改造或对另一个国度的审美思考来逃避苦难,而是试图将接受苦难作为其更广泛的计划的一部分,使世界变得可理解——以更狭隘和更直接的意义来赋予苦难一个"意义"。尼采说,正是在苏格拉底那里,"深刻的幻觉……第一次看到世界之光":

> ……一种不可动摇的信念,认为思想利用因果关系的线索,可以穿透存在的最深深渊,认为思想不仅能够认识存在,而且甚至能够纠正存在。这种崇高的形而上的幻觉作为一种本能伴随着科学,并一次又一次地引导科学达到它必须变成艺术的极限——此乃这种机制的真正目的⁴¹。

苏格拉底主义自然地与基督教中全能、全知、仁慈的上帝联系在一起。一神论的上帝是宇宙的明智作者,他保证宇宙不仅对知识开放,而且分享造物主的善良和(最终的)正义。此外,至少在基督教、伊斯兰教和后来的犹太教形式中,一神论带来了更深一层的重要因素。神圣的造物主为人类提供了来世的前景。传统的基督教正统教义并不是简单地提供未来天堂的承诺。基督教设想人类生活在天堂和地狱的阴影下:诅咒和救赎一样是真实的前景。天堂是为善良、忠诚或被选中的人准备的。个人不朽在回应人类终有一死的事实方面所起的作用似乎太明显了,不需要逐字逐句地细加说明。然而,这是尼采令人不安的洞察力的一部分,即使没有造物主——上帝或个人不朽的信仰,苏格拉底主义在更广泛的意义上仍然是宗教性的:它通过相信世界是可理解的,在满足人类对和解和宽慰的需求方面发挥着作用。

在 2006 年 9 月访问德国期间,教皇本笃十六世向他在雷根斯堡大学的前同事发表了讲话。本笃十六世以中世纪基督教和伊斯兰教之间的一场争论开场:拜占庭皇帝曼努埃尔二世(Manuel Ⅱ Paleologos)反对伊斯兰教通过暴力传播信仰。教皇这方面的讲话引起了丑闻——这并不奇怪,因为本笃没有提到,类似的做法在基督教历史上几乎是无法避免的。

然而,较少得到探析的是,演讲的焦点是信仰和理性之间的联系。虽然本笃十六世承认这个问题在基督教历史上一直是一个有争议的问题(相当保守的说法!),但他坚持认为,教会的中心教义是人的理性和神的理性必须一致:

> ……教会的信仰坚持认为,在上帝和我们之间,在他永恒的创造者精神和我们被创造的理性之间,存在着一种真正的相似性。在这种相似性中,正如 1215 年第四次拉特兰会议所指出的那样,不相似性仍然远大于相似性,但还没有到废除相似性及其语言的地步。当我们以一种纯粹的、不可逾越的唯意志主义把上帝从我们身边推开时,上帝并没有变得更加神圣;更确切地说,真正神圣的上帝是那位以逻各斯的形式显示自己的上帝,作为逻各斯,已经并将继续慈爱地代表我们行事[42]。

他断言,基督教基于这样一种说法,即世界作为希腊理想的"逻各斯"——理性的神圣善——的一种表达而被创造出来。因此,科学和宗教最终是一致的。显然,对于本笃十六世来说,基督教本质上仍然是一种苏格拉底式的宗教:"科学的精神,"他总结道,"是……服从真理的意志,因此,它体现了一种属于基督教精神的基本承诺的态度。"

退回到纯粹经验的宗教概念,超越理性的腐蚀力量,这是对宗教所面临的挑战的典型的现代反应———一种免疫策略。如果有关宗教的问题只是主观的东西——信仰者的信仰和对神圣的感觉——那么对经验事实问题的怀疑就毫无意义。

然而,在将基督教与苏格拉底计划如此紧密地捆绑在一起的过程中,本笃十六世让信仰暴露在来自"理性"的困难之下——原则的争论和经验事实都是如此。在某种程度上,宗教是苏格拉底计划的一部分,即通过使世界变得可理解而使世界变得可接受,它包含了它自身对于争论和反对的辩证理解:一个因逻各斯而生的超自然教义也会因逻各斯而死。更重要的是,鉴于尼采的洞见,即在生活中寻找意义是人类的首要需求,这种辩证法的力量将是根本的和深远的,而不仅仅是哲学课堂或神学院的问题。

然而,本书与尼采有两个重要的不同之处。

正如尼采所见,苏格拉底主义陷入了认识论-形而上学的僵局。在追求苏格拉底主义方案,即试图只相信合理的东西时,两位英勇的德国哲学家康德和叔本华,不仅削弱了我们最令人安心的偏见,甚或如尼采所言,彻底动摇了实在论的根基:

　　……具有普遍天赋的伟大人物,以令人难以置信的思考,设法利用科学本身的工具,指出一般知识的局限性和相对性,从而果断地否定科学具有普遍有效性和普遍目的的主张。而且他们的论证第一次证明了一种虚幻的概念,这种概念假装可以借助因果关系来了解事物的最深层本质。康德和叔本华非凡的勇气和智慧成功地取得了最艰难的胜利,战胜了隐藏在我们文化中的乐观主义。这种乐观主义,显然是建立在毫无异议的永恒真理(aeternae veritates)的基础之上的。它相信宇宙中的一切谜团都是可以被认识和理解的,它把空间、时间和因果关系看作完全无条件的、最普遍有效的规律。康德指出,这实际上只是把单纯的现象、幻觉(maya)的产物,提升到唯一的、最高的实在,仿佛它是事物最内在的、最真实的本质,从而使人不可能认识事物的本质,或者用叔本华的话来说,使做梦的人睡得更香[43]。

然而,令人惊讶的是,尼采在关注苏格拉底主义的认识论方面的同时,却忽略了它的伦理-辩护层面,即相信世界不仅是可知的,而且是作为善可知的。正是这种信念持续追寻其结论时产生的强大而破坏性的紧张关系,勾勒了本书的叙述框架。

尼采也认为,当苏格拉底主义走到尽头时,艺术和神话的日神/酒神世界的复兴之路将打开(如瓦格纳的整体艺术 [Gesamtkunstwerk] 所体现的那样)。非常令人惊讶的是,尽管尼采对历史和历史意识给予了如此多的关注,他却没有注意到一个独特的自我超越的新概念正在出现。人类没有融解在酒神狂欢的陶醉中,也没有逃到梦幻世界中,而是开始将自我认同于历史上延续下来的人类集体。

## 迷失的宗教

为了集中理解德国唯心主义如何试图满足宗教曾经回应的需求，我们将通过哲学和神学边界上两个古老而非常普遍的问题来审视它：神正论问题和游叙弗伦困境。

尽管"神正论"是一个（相对）现代的术语，但在西方宗教中，对于信徒而言，罪恶的存在需要一个理性回应，这一想法至少可以追溯到《创世记》。事实上，汉斯·布鲁门伯格（Hans Blumenberg），这位伟大的学者，在运用广义尼采的框架来理解思想史方面做得最多，他甚至断言整个西方文化的历史都是一系列试图解决神正论问题的尝试。正如他所说，这个问题被"诺斯替主义的威胁"所困扰，也就是说，基本上是一神论的宗教框架，在解决罪恶的问题时不断地被拉向二元论，使罪恶成为一个与神的内在本质相悖的独立原则[44]。

西方传统应对"罪恶的问题"的基本举措比较容易概括。从《创世记》到圣奥古斯丁，包括新教创始人路德和加尔文，最主要的回答就是堕落的故事——死亡和痛苦只是对原罪的惩罚。但究竟是谁的罪行呢？亚当的吗？如果是这样，为什么一个公正的上帝要因为我们（非常遥远的）祖先的恶行而惩罚我们？

在早期的现代世界，特别是在文艺复兴人文主义和17世纪的科学革命中，这种观点受到了另一种乐观主义的观点的挑战（尽管从未被完全取代）：我们生活在一个应该被视为上帝仁慈已然实现的世界里，在这个世界里（用洛克的话来说），每个人都得到了尽可能多的保护。原罪的故事让我们怀疑上帝的仁慈（为什么他惩罚我们？这显然是不公正的），乐观主义让我们怀疑上帝的全能——它真的拥有名实相符的善吗？这就是为什么人们常说，神正论随着里斯本地震而终结。

构建我们叙事框架的第二个问题是柏拉图的《游叙弗伦篇》（*Euthyphro*）中的困境。同样，游叙弗伦困境可以用非常简单的方式来表达。它最初的形式只是这样一个问题："虔诚为众神所爱，是因为它是虔诚吗？还是因为它受到众神之爱，因而成了虔诚？"[45] 然而，这个问题很自然地扩大到一个关于道德的更普遍的问题，并在尼采的基督教的苏格拉底主义世界之中特别适用：道德对上帝有约束力吗？还是说，上帝的全能使得善本身是它至高无上的、命令的意志的产物？

这两个问题显然是在有神论框架内产生的，也是理解康德作品的核心——他感受到它们的力量，并给出了独特的答案。此外，我相信，它们为我们理解康德之后德国哲学的转变提供了一个重要的视角。事实上，我认为，即使那些不接受这些问题的有神论形式的力量的人，也能感受到它们的遗产，不管我们是否意识到这一力量的本质。在这个意义上，它们构成了现代性以太（*aether of modernity*）的一部分。这里所描述的康德无疑是一位极具创新精神的思想家。然而，我的观点是，当我们看到他致力于完成一项继承而来的事业时，他思想的激进主义表现得最为明显。这使我的解释与许多学者不一致，他们对康德的描述使康德与之前的情况出现了更加明显的脱节。

例如，用英语写作的最杰出的德国唯心主义哲学历史学家之一，弗雷德里克·拜泽尔在他的著作《启蒙、革命和浪漫主义》中对康德的自治概念提出了两项断言。首先，他声称，自主性的意义主要是政治性的，而不是形而上学的。

> 重要的是要认识到，康德关于自主性的新概念主要是在政治

意义而不是形而上学的语境下构想的。困扰康德的不是决定论问题,而是压迫问题。威胁自由的是暴政和不公正,而非自然秩序的因果关系[46]。

其次,他将康德的"新伦理"与自然法传统进行了对比:

> 这种传统认为,道德价值的来源不是人的意志,而是天意的秩序。自然法是一件事物的目的,是上帝为之安排的目的。因此,要了解我们的道德义务,我们需要了解"人的天职",即我们在创世中的位置或在神的旨意中所扮演的角色。尽管普芬道夫和沃尔夫坚持认为,自然法仅凭自然理性就可以证明其合理性,但他们从未停止将上帝视为自然法的创造者和执行者。与这一传统相比,康德的新伦理学是革命性的。道德价值的来源是我们内在的理性意志,而不是外在于我们的天意。这就是康德"哥白尼式革命"的真正深度和影响所在。这不仅发生在认识论上,而且发生在伦理学上。正如自然界依赖知性的法则一样,道德世界依赖意志的法则。伦理学和认识论都已转向以人为中心。
>
> 康德新伦理学的政治意蕴是……极端激进的。如果人类的意志创造了道德价值,使其反而遵守自己制定的法律,那么它就有权重新创造整个社会和政治世界。现在,责任是社会和国家在担当,而不是个体。与其说芸芸众生必须遵守某种被神一般的力量认可的社会和政治秩序,不如说这个秩序必须符合人们意愿的要求[47]。

在这一章和接下来的章节中,我将阐述和捍卫一种对康德全然不同的解读。为了引出这一观点,首先有必要概述,在我看来,康德是如何从道德的角度看待上帝和人之间的关系的。

(1)世界由唯一的上帝统治:一位全能的造物主,他是绝对善良的。
(2)上帝是公正的:也就是说,他奖励好人,(我们将看到,更重要的是)惩罚恶人。
(3)正义要求人们只因其应负的责任而受到惩罚。

这意味着:

(3.i)人类不应该因为别人的行为而受到惩罚(因为亚当一个人的罪而惩罚整个人类是不公平的)。
(3.ii)人类应该知道对他们的要求是什么。如果对与错是遵循道德法则的问题,那么道德法则必须适用于它的每一个人所知,这意味着(假设它适用于整个人类)道德不能依赖于特定的宗教启示或特定信仰团体的成员。
(3.iii)人类对被要求去完成的任务应该力所能及。如果他们意识到所谓的选择自由仅仅是对现实的既主观又有限的解释,一旦他们有条件充分了解现实,就会发现这些选择是由他们无法控制的因素预先决定的,那么惩罚他们违反道德就像惩罚地震一样没有意义。

这就导致我对康德的诠释和拜泽尔的诠释之间出现了一些明显的差异。首先,根据人应该有能力采取负责任的行动这一要求,请拜泽尔见谅的是,自由的形而上学问题对康德来说确实是最重要的,我们将在第三章和第四章探讨这些问题(当然,这并不是否认康德也非常关心人与人之间的不公正)。其次,康德认为道德意志是"一种自身的法则",虽然否认这一点是错误的——康德对此有非常明确的表述(Ak. 4:40)——但这并不包含拜泽尔的断言,即"人类意志创造道德价值"。假设上帝是道德价值的创造者,或者假设人类是道德价值的创造者,都是不正确的。最后,拜泽尔声称康德的哲学标志着与自然法的"深刻决裂",我不相信这一点。在他漫长的职业生涯中,康德将自己的工作描述为致力于延续自然法传统[48]。这是他的自我误解吗?我认为没有理由这样认为。相反地,如果人类要负适当的责任,那么他们必须能够通过理性而不仅仅是启示来获得道德知识——这正是自然法传统所坚持的。

如果康德的伦理学是"以人类为中心的",那么在我的阅读中,它只是在这样的意义上:道德是人类所知的,并且他们能够在没有神圣恩典的帮助下遵循它的要求,这种恩典对一些人来说是可行的,而对另一些人来说是不可行的。但是,正如上面所给出的图式所表明的那样,这并不是来自对宗教的拒绝,而是来自理性的要求。苏格拉底的宗教要求上帝不应该喜怒无常,时而对人类大发雷霆,时而对人类宽豁大度;它也不应该因人类祖先的罪过而惩罚人类。然而,采取这种宗教形式的后果是削弱了人类对上帝的依赖,以至于它不再可见。

## 恶的问题

现在让我们看看康德对神正论问题的回应。

关于恶的问题,首先要注意的是恶有两种:一种是人类行为的结果,另一种不是。我们在"苏格拉底式"一神论者(如康德)身上发现的处理人类之恶的"伯拉纠主义"(Pelagian)策略似乎很直截了当。上帝给了人类自由意志和分辨善恶的能力,上帝这样做是对的。但是,当然,这份恩赐可能会被受赠者可怕地滥用,结果导致不公和痛苦。

另一方面,所谓的"自然之恶"也存在着很大的困难。一种回答是简单地否认我们有可能做出某种解释——上帝的目的超越了人类知识的极限。但这也有它的困难。我们怎么能指望人类去爱和崇拜一个给予我们理性却不让我们用理性看到他的善的造物主——事实上,一个允许在人类理性看来显然是坏的事情发生的造物主呢?约翰·斯图亚特·穆勒在其一段非常罕见的文章中精彩地阐述了这一点,穆勒行文通常显得刻板、生硬而不带个人色彩,但在这段散文中,穆勒爆发出了激情:

> 说上帝之善在性质上可能不同于人类之善,这只不过是说,稍微改变一下措辞,上帝可能不是善的?……如果我被告知的不是这样一些"喜讯",即存在着一种存在,他拥有人类最高思想所能构想的一切优点,而且以我们无法想象的程度存在着;如果我被告知,世界是由一个有着无限属性的存在统治的,但我们无法了解这些属性是什么,对他进行统治的那些原则也一无所知,而"我们能够构想的最高人类道德"不认可那些原则;如果我自己能确证有这样一种存在,那么,我会尽我所能承受我的命运。但是,当有人告诉我,我必须相信这一点,并同时用那些表达和肯定人类最高道德的名字来称呼这样一种存在时,我会直白地表达我的异议。无论这样一种存在对我有什么样的权力,有一件事是他不能做的:他不

能强迫我崇拜他。我不会称任何存在为善,如果他不是我用来称呼同类时所指的那样一种存在;如果这样的存在因为我没有这样称呼他而判我下地狱,那我愿下地狱[49]。

正如我说过的,人们通常认为,对神正论进行理性解释的筹划随着里斯本地震而结束。因此,像黑格尔那样宣称:

> 我们[对历史]的考察是一种神正论,一种对上帝的辩护,就像莱布尼茨以他的方式试图在抽象的、不确定的类别中进行形而上学的研究,以便理解世界上的恶,并使思维着的精神与恶和解[50]。

因此,像黑格尔这样的主张(也许黑格尔的哲学也是如此),被视为是向着前启蒙时代的倒退。

然而,在里斯本地震之后的几年里,至少有一位思想家对恶的问题提出了一个极具原创性和激进的回应,他就是卢梭。在《爱弥儿》(1762)的第四册中,导师和爱弥儿遇到了一位"萨瓦牧师"。作为卢梭本人的一个乐于助人的虚构喉舌,"牧师"向他们介绍了哲学和自然神学的广泛内容。以下是"牧师"对恶的看法:

> 正是滥用我们的权力使我们变得不快乐和邪恶。我们的忧虑,我们的悲伤,我们的痛苦都是我们自己造成的。道德上的疾病无疑是人的作品,而身体上的疾病则是我们的恶习造成的,正是这些恶习使我们容易受到道德上的疾病的影响。大自然不是让我们感受到我们的需要是一种保护我们的手段吗?身体上的痛苦难道不

是机器出故障需要注意的标志吗?死亡……不是恶人对他们自己和我们的生命的毒害吗?谁会希望不朽呢?死亡是治疗你给自己招来的邪恶的良药;大自然不会让你永远受苦。生活在原始状态下的人是多么没有痛苦啊!他的生活几乎完全没有痛苦和激情;他既不害怕死亡,也感觉不到死亡;如果他感觉到了,他的痛苦使他渴望得到它;从今以后,在他眼中,它再也不是什么恶事了。如果我们满足于自身,我们就没有理由抱怨我们的命运;但是在寻找一种想象的美好的过程中,我们发现了一千个真实的弊病。不能忍受一点痛苦的人,必将承受巨大的痛苦。如果一个人因为放荡而损害了他的体质,你可以用药物来治疗他;他所害怕的疾病加重了他所感受到的疾病;死亡的念头使它变得可怕,加速了死亡的临近;我们越想逃避它,就越能意识到它;我们一生都在对死亡的恐惧中度过,埋怨大自然,因为我们忽视了她的法则,给自己造成了不幸。

人啊!不要再寻找恶的始作俑者;你就是他。世上没有恶,只有你所做的恶和你所承受的恶,而这两者都来自你自身。一般来说,恶只能产生于紊乱,而在世界的秩序中,我发现了一个永不失败的系统。在特殊情况下,恶只存在于经历它的人的头脑中;这种感觉不是自然的馈赠,而是拜人类自己所赐。对于那些既缺乏深思熟虑,又不瞻前顾后的人,痛苦的影响甚微。去掉我们致命的进步,去掉我们的缺点和恶习,去掉人为的弄巧成拙的操作,一切就都会好起来的[51]。

这段话的含义非同寻常。如果我们能回归"顺其自然"的生活,自然之恶就不会存在——死亡就不再是恶,痛苦就会变得微不足道——

由此神正论的核心困难就会消失。造成这个问题的是现代社会及其膨胀的自我意识。

我们都熟悉康德教授的著名故事,他非常有规律地在中午后散步,柯尼斯堡的市民都要按他的行程来对表,只有一次他的散步被打断了——那是当康德收到《爱弥儿》时,读得着了迷,以至于他一反常态地一口气读下去没有中断。不太为人所知的是,康德对里斯本地震非常感兴趣。地震不久之后,他发表了三篇文章,试图对所发生的事情做出科学的、地质学的解释[52]。我必须承认,我过去常常认为康德关于自然之恶的观点与卢梭的观点大致相同。我认为,提出我以前的观点并解释为什么我现在相信它不完全正确将是不无裨益的。

在我看来,我们确实可以把世界理解为一个善的造物主的产物,最终(表面上相反),对于康德和卢梭来说,没有真正的自然之恶。关键在于,上帝之善与其说是创造了一个幸福的世界,不如说是创造了一个自由的世界。因此,康德和卢梭一样,并没有因死亡或身体疼痛而质疑上帝之善或对上帝之善大打折扣,因而否认死亡或身体疼痛是坏的。这并不是简单地说,自由是一种善,它超过了痛苦和苦难的坏处,而痛苦和苦难是为自由付出的必要代价;而是说,自由本身就内在的是善的,所以痛苦和苦难甚至不能望其项背。

在这方面,康德非常接近古代的斯多亚主义。例如,在《实践理性批判》中,他写道:

> 因此,人们总是要嘲笑那个斯多亚主义者,他在痛风极剧烈地发作时喊道:疼痛,你尽管还这样折磨我吧,但我永远不承认你是某种恶(*kakon, malum*)! 他毕竟是有道理的[53]。

众所周知,康德很少有时间研究亚里士多德或(作为一个伦理思想家的)柏拉图。他说,"严格地说",希腊伦理学只有两派:伊壁鸠鲁主义和斯多亚主义,这两派"在他们不承认德性和幸福是至善的两个不同的要素的情况下,遵循的是同一种方法"。[54] 伊壁鸠鲁派认为美德是幸福的一部分,而斯多亚派则在美德意识中寻求幸福。我曾经对康德的解读是,他会追随斯多亚派,认为美德是至高无上的(在他看来,美德被理解为自由的道德行为),尽管他会拒绝将幸福作为美德的一部分。

支持这种解读的是,它解释了康德毫不妥协的反享乐主义。我并不是说他反对那些将道德等同于追求幸福的观点,也不是说他反对那些将道德理性等同于感觉的观点,而是更激进的观点:他显然拒绝承认感官愉悦具有内在价值。如果痛苦本质上不是坏的,那么感官上的快乐本质上也不是好的。如果我的观点是正确的,那么康德这种对感官快乐价值的反对,其根源远不止于我们所熟悉的老学术单身汉的偏见和克制。

但是,正如我已经说过的,我现在明白这种对康德的解读是不充分的。为了解释它的局限性,让我们看看康德在 1791 年(也就是《纯粹理性批判》第一版 10 年后)发表的一篇文章,题为《论神正论一切哲学试探的失败》。

在这篇文章中,康德将因恶的存在而对神性的反对分为三种。前两个是我们熟悉的,康德称之为"道德反合目的性"(morally counterpurposive)和"物理反合目的性"(physically counterpurposive)。它们对应于我所说的人类之恶("恶"是指某些事物是坏的,因为它是邪恶行为的结果)和自然之恶(非人类行为所导致的坏事)。但康德指出了第三种"反合目的性",这一事实具有特别重要的意义。康德称之为"正义的反合目的性"（counterpurposiveness of justice）。康德所说的"正义"意在何指呢？

众所周知，依康德之见，出于义务而且仅仅是出于义务而行动才具有道德价值：

> ……一个人应当完全无私地履行他的义务，他必须把他对幸福的渴望同义务的概念完全分开，以便使这一概念纯之又纯：他非常清楚地意识到这一点，或者，如果他认为自己没有做到这一点，人们可以要求他尽可能地做到这一点。因为道德的真正价值是在这种纯度中找到的，因此他也必须能够做到这一点[55]。

然而，在康德的道德论述中，并非完全无视幸福的存在。他在《实践理性批判》中写道，道德理论"不是我们如何使自己幸福的学说，而是我们应当如何配得上享有幸福的学说"。[56] 按照康德的说法，"最高的善"要求幸福与来自道德行为的价值"以最精确的比例"结合起来[57]。他在书中说，正是这一点将道德与宗教联系起来。只有当宗教与道德结合在一起时，人们"也才有希望有朝一日获得与自身道德价值相称的幸福"[58]。因此，我希望从那些不以幸福为目标的行动中获得幸福，实际上，如果这些行动要使我配得上幸福，就不能以幸福为目标。

但是，如果最高的善是由幸福与应得的比例构成的，那么对它的偏离就有两种情况：要么是好人得不到适当的幸福，要么是坏人没有承受他们应得的不幸。康德所关心的正是后者。他说，正义与目的的相悖性是，"世界上放荡的人不受惩罚和他们的犯罪之间的不和谐所表现出的弊端"[59]，这是我们不得不怀疑世界之善的最重要原因。他写道：

值得注意的是,在使世界事件的进程与其创造者的神性相协调的所有困难中,没有什么比这些事件中缺乏正义的表象更明显地冲击人的心灵了。如果有这样的事情发生(尽管很少发生),一个不公正的、特别是暴力的恶棍没有逃脱惩罚,那么公正的旁观者就会高兴,因为他们现在与上天和解了。没有一种自然的合目的性会通过对世界秩序的惊美而如此使他肃然起敬,甚至上帝之手仿佛已可以在此发现。为什么呢?因为在这里,自然本身展现出了道德性,而这正是我们在现实世界中难得一见的[60]。

康德声称,好人的幸福缺失和恶人的得享幸福之间存在着不对称:只有后者是不公正的。相信上帝是仁慈的,我们就必须假定他在这个世界上所安排的一切都是为了增进我们的幸福。同时,我们也受到道德的要求。在满足这些要求时,我们遵守了上帝的律法,因为我们有义务这样做,但我们并没有因此对上帝提出要求。因此,相信上帝的仁慈,对好人来说,创造了对幸福的希望,甚至是对幸福的期待,但它并没有创造获得幸福的权利。相反,坏人不受惩罚是错误的:

> 人类在地球上的命运是不公正的,对这种不公正所表现出来的悲叹,不是针对好人没有得到的幸福,而是针对坏人没有得到的灾祸(尽管如果坏人得到了幸福,那么这种对比就会使冒犯更大)。因为在神的统治下,即使是最优秀的人也不会希望得到上帝的恩惠,因为一个仅仅履行自己应尽义务的人是没有资格要求得到上帝的仁慈的[61]。

需要我们注意的是,这样的惩罚并非指坏人亏欠其他人的补偿——那些他们所伤害的人——甚至不是对整个社会的补偿。康德说得很清楚,我们应该将惩罚本身视为善:

> ……在正义的实施中,惩罚也绝不是单纯的手段,而是作为目的在立法的大智中建立的:罪过者被厄运缠身,这并不是为了得出另一种善,而是因为这种结合自身就是善,即在道德上是必要的和善的[62]。

说到惩罚,康德是最纯粹的报应主义者。把我们引向宗教的不是这样一种想法,即好人应该得到公正的上帝的幸福奖励,而是一个恶人不受惩罚的世界是不可容忍的。正如康德在《道德形而上学》一书末尾的一个令人不寒而栗的脚注中所指出的那样,"从惩罚的必然性推论到一种来世的生活"。[63]

康德对未来世界正义的设想,强调惩罚的首要地位,这很难说是一个令人愉快的前景。如果我们看一下《道德形而上学》的结尾,很明显,康德也被他自己的论证结果深深困扰着。他解释并支持这样一种观点,即古人也把报应放在首要地位,并把正义(像命运一样)视为"按照铁一般的、不可扭转的、对我们来说无法进一步探究的必然性做出的判决",甚至高于朱庇特的力量[64]。康德承认,这种对正义的坚定不移的理解,很难与上帝既公正又慈爱的原则相调和:

> 因为考虑到最终会有大量的罪犯,且他们的罪行会被不断地记录下去,那么,惩罚的正义就不会把创造的目的设定在世界创造

者的爱中(尽管人们必然这样设想),而是设定在对法权的严格遵循中(使法权本身成为被设定在上帝的荣耀中的目的),而既然后者(正义)只是前者(仁慈)的限制性条件,这就显得与实践理性的原则相矛盾,按照这些原则,如果创造世界的结果与其创造者的意图(只能是出于爱)背道而驰,那么这种创世就必定不会发生。

由此可见:在作为内在立法的纯粹实践哲学的伦理学中,只有人对人的道德关系对我们来说才是可理解的;但在上帝与人之间这方面存在怎样一种关系,却完全超出了伦理学的界限,而且对我们来说是绝对无法理解的。这就证实了上面所主张的:伦理学不能扩展到相互的人类义务的界限之外[65]。

康德就这样结束了这本书! 报应主义的严厉口号总是:即使世界灭亡,也要伸张正义(*fiat justitia, pereat mundus*)。康德的立场甚至更严厉——让正义得到伸张,即使我们必须创造一个地狱来实现正义。

## 游叙弗伦困境

现在让我转向游叙弗伦困境。我们似乎很难特别认真地对待这种困境,原因有二。首先,现在越来越少的人相信仁慈而全能的造物主——上帝,游叙弗伦困境是针对上帝而形成的。其次,从表面上看,最好的论点似乎是(当然,正如柏拉图自己所相信的那样)反对这样一种观点,即善之所以为善,是因为它受到众神(或单一的神)的喜爱。毕竟,如果没有理由相信某种存在不仅是强大的,而且是善的,那么如何相信这种存在的积极态度,不管它是多么强大,会让某物变成善的呢?

当然，这就引出了一个问题。正如维特根斯坦在与朋友德鲁里（Drury）的谈话中所言：

> 如果我认为上帝是另一个和我一样的存在，在我自身之外，只是比我强大得多，那么我就会把违抗他视为我的责任[66]。

然而，尽管游叙弗伦困境起源于有神论的形式，但如果我们不从神圣的造物主的角度来看待道德，它也许会以更让人揪心的形式出现。如果道德是人类的产物，是我们社会生活的产物呢？在这种情况下，它似乎是我们人类选择的生活方式。但是，如果我们选择了它，我们难道不能轻易地选择放弃吗？它有什么约束力来超越我们的选择？由于这些原因，在缺乏有神论框架的情况下，游叙弗伦困境之朝着柏拉图主义方向的拉力似乎愈发强烈。

然而，也有另一种观点。如果道德是终极现实的超越性特征，那么它就有可能变成另一个事实——一个永恒不变的事实，也许（就像数学和逻辑的真理一样），但无论如何都是事实。当然，从这个角度来看，我是否认为它对我有约束力是一个悬而未决的问题。游叙弗伦困境迫使道德在两个方向上出现异化：如果我们把道德当作一种选择（上帝的或我们自己的），它的约束力就取决于这种选择的力量（上帝的或我们的）；如果道德是客观现实的一个特征，甚至超越了上帝，那么我们就很难理解为什么道德对我们来说不是一件完全无关紧要的事情。

康德站在哪一边呢？根据拜泽尔的说法，上帝从画面中消失了：伦理学变成了"人类中心主义"，是人类的意志"创造"了道德价值。当然，这是一种解读康德的不寻常的方式，尤其是——例如，艾瑞斯·默多克[67]——在那些认为康德对他们所厌恶的现代性负有责任的人中（通常是：用抽象的个人意志论代替上帝、传统和共同体）。但更有趣的解释可以从康德道德哲学最伟大的现代倡导者约翰·罗尔斯的作品中找到。

在《正义论》之后的作品中，罗尔斯在多处强调并支持一种对康德的自治思想的独特解释，众所周知，他称之为建构主义。正如罗尔斯自己所提出的，康德的"道德建构主义"应该通过与他所谓的"理性直觉主义"——古代世界里柏拉图和亚里士多德的道德观（正如罗尔斯所相信的那样），离康德最近的前辈莱布尼茨和沃尔夫的道德观，以及英国传统中的西季威克、摩尔（G. E. Moore）和罗斯（W. D. Ross）的道德观——对比来理解。罗尔斯在他的文章《康德道德哲学的主题》中写道："就我们的目的而言，[理性直觉主义]的独特论点"是"第一原则……被视为正确或错误的，取决于一种道德价值秩序，这种秩序先于且独立于我们对个人和社会的概念，以及道德理论的公共社会作用"。[68] 理性直觉主义错在哪里？对于康德，罗尔斯声称，理性直觉主义无论以何种形式都是"他律的"。对于理性直觉主义，他写道：

> ……基本的道德概念在概念上独立于自然概念，理性直觉所掌握的首要原则被认为是先天综合的，因此独立于任何特定的自然秩序。它们给出了创造伦理学的内容，可以说：上帝会用这些原则来确定哪个是所有可能的世界中最好的。因此，对康德来说，这些原则似乎不是他律的。[69]

但是，按照罗尔斯的说法，它们确实是他律的：

然而,在康德的道德建构主义中,他律只需满足以下条件:首要的原则是通过客体之间的关系获得的,这些对象的性质不受我们作为明智的理性人(拥有实践理性的力量)的观念的影响或决定,也不受道德原则在理性人所处的社会中所产生的公共作用的影响……如休谟所述,当这些首要原则不仅被人性的特殊心理结构所固定,而且被某种普遍的秩序所固定时,或被理性直觉所把握的道德价值所固定时,如柏拉图的理念王国或莱布尼茨的完美等级,他律就得到了实现。因此,康德道德建构主义的一个基本特征是,权利和正义的首要原则被看作由建构过程所规定的……它的形式和结构反映了我们自由的道德人格,既合情又合理[70]。

在这里,我们可以看到,康德以一种极具原创性的方式回应了游叙弗伦困境:道德既不超越人类,也不是显而易见的人类选择的问题。正如罗尔斯晦涩地表达的那样,道德的客体是"受我们作为明智的理性人的观念的影响或决定",但它们也不仅仅是由我们所选择或创造的。这个叙述前后一致吗?符合康德的本意吗?我认为这两个问题的答案都是否定的。

将康德与"理性直觉主义"对立起来,显然是对其文本的曲解——这是斯金纳和剑桥知识史学派所谴责的那种历史诠释中的"预设未来论"的典型例证。然而,对我而言,将文本投射到作者自己尚未享有的理论空间的解释,原则上是无可厚非的。相反,考验在于,我们如何运用这种模式来指导我们对文本的理解。尽管这一方法在应用中有明显的实际困难,但我认为我们能够很清楚地分辨出康德对待游叙弗伦困境的立场。据我所知,关于这个问题最广泛的讨论来自《伦理学讲义》。

我将完整引述这段话：

> 即使不预先假定上帝的存在和他的专断权（*arbitrium*），我们能从内部推导出所有的义务吗？答曰：不仅是肯定的，因为这在某种程度上，是根据事物的性质（*ex natura rei*）的，我们由此推断出上帝的选择。
>
> 除非事先假定道德上的善的概念，否则我自己无法从神圣的专断权（*arbitrium divinum*）中获得与善相关的概念；除此之外，上帝的绝对专断权只是物理意义上的上帝。简而言之，关于上帝专断权的完善性的判断以道德完善性的考察为前提。
>
> 假设我知道上帝的专断权，如果我还没有从事物的性质中推断出义务，我又有什么必要采取行动呢？上帝意愿如此——我为什么要如此行事呢？他将会惩罚我；在这种情况下，我的不作为是冒犯性的，但其本身并非是恶的；我们就是这样服从暴君的；在这种情况下，从严格意义上讲，如此行事并非是恶的，只是政治上的短视；为什么上帝意愿如此呢？为什么他要惩罚我的不作为呢？因为我有义务这样做，而不是因为上帝有惩罚的权力。将神圣的专断权作为根据适用于事实（*factum*），本身就预设了义务的概念；由此构成了自然宗教，自然宗教便是道德的部分原则，但并非道德的基本原则。很可能，既然上帝凭他的专断权是一切事物的根据，那么这里的情况也是如此；他的确是它的根据，但并非凭借专断权，因为既然他是可能性的基础，他也是几何真理和道德的物质基础（因为在他之内所有的东西都是给定的）。因此，在他之内就已经有了道德，所以他的选择不是根据。

改革者和路德教徒之间关于神圣的专断权和绝对法令（decretus absolutus）的争论是基于这样一个事实：即使在上帝中，道德也必须存在；如果不以道德为前提，关于神圣的专断权的一切观念就会消失；然而，这一点不能通过世界万物获得证明（在那里道德仅仅是可能的），因为世界万物的善可能仅仅是源于自然法则。然而，一个没有道德的上帝是多么可怕[71]。

我认为这段话确立了两件事：第一，康德被游叙弗伦困境强烈震撼；第二，他坚定地站在柏拉图的一边。如果你是罗尔斯主义者，你可能会争辩说，后者并不像他拒绝神学唯意志论那样明确。然而，我不认为这段话让我们对一件事有任何怀疑。与罗尔斯的主张相反，康德在这里所描述的道德，确实给出了一种"创造伦理学"——事实上，它甚至对上帝也有约束力。请注意，人类道德的优先性和独立性是在认识论上提出的：我们无须诉诸上帝也能确知道德，但这当然不意味着道德是人类的创造，或者像罗尔斯更谨慎（也更含糊）地宣称的那样，道德是人类"建构"的问题。

但是，我们应该给予我刚才引用的这段话多大的分量呢？尽管它很引人注目，但它来自康德的讲座笔记，而不是一本出版物。此外，这些讲座是在1762年至1764年进行的，比《纯粹理性批判》的出版早了近20年，而记录笔记的人不是别人，正是约翰·戈特弗里德·赫尔德（Johann Gottfried Herder）——你可能会认为，他不是康德思想最公正的见证者。也许这只是康德还在教条主义的魔法城堡中沉睡时的想法。如果你是这么想的，我还有一段话要告诉你：

> 正是道德观念产生了我们现在认为是正确的神圣存在的概念……因为恰恰是这些道德法则,其内在的实践必然性把我们引领到一个独立原因或者一个智慧的世界统治者的预设,为的是给予那些法则以效用。因此,我们不能根据这种效用又把道德法则视为偶然的、派生自纯然的意志的,尤其是不能视为派生自这样一个意志,我们对于这个意志根本没有任何概念,除非我们根据那些法则来形成其概念。就实践理性有权利引领我们而言,我们之所以把行动视为义务性的,将不是因为它们是上帝的诫命;相反,我们之所以把它们视为神的诫命,乃是因为我们在内心中感到对此有义务[72]。

在我看来,这段引文显然采取了同样的立场。道德不应被视为因为上帝的命令而成为上帝意志的产物;道德对上帝和人类一样有效。这段话并不是来自康德早年的一些存疑的课堂笔记,而是来自整个"批判哲学"文集的核心文本——《纯粹理性批判》,该书出版于1781年,并于1787年修订。

因此,对于康德来说,上帝确实扮演了一个非常重要的角色——但是用尼采的话来说,康德的上帝是一个苏格拉底式的上帝。也就是说,他是一位神,他的善良必须是我们可理解的——而不是一位通过神圣的命令力量创造了善的不可捉摸的行动者。正如康德所认为的那样,道德当然是"在我们心中"的,但道德对我们具有约束力,并非源于它究竟是上帝意志的产物,还是我们由自己所创造或"构建"的。我们假定一个超越的上帝,不是为了获得道德的来源——相反,是我们对道德的独立知识将我们引向上帝——而是为了处理不公正的现实:存在于道德(应得的赏罚)和幸福之间的矛盾。康德会赞同罗马哲学家塞涅卡的警句:"我并非服从上帝,而是与他意见一致。"

## 意识形态史

然而,这种"唯心主义者"或 LILO(合法化-输入-合法化-输出)的视角,对理解更广泛的历史进程有多大帮助呢?

对黑格尔来说,人们会回忆起,哲学在理解历史方面是卓越的,因为历史本质上是精神(*Geist*)的各种存在方式自我认识之路上的序列,而在哲学中,精神以最清晰、最明确的方式得以显示。当然,这是黑格尔形而上学唯心主义的一部分(非常核心的一部分)。没有它,哲学在更广泛的历史关系中的地位将成为一个悬而未决的问题。根据这里所采用的观点,哲学的更广泛的力量将来自它与宗教的接近——在尼采的更广泛的意义上理解的"宗教",也包括那些显然是非宗教的"生活形式",它们有助于使人类与他们的处境和解。

那么,回到本章题词中提出的问题,教皇有几个师? 有人可能会回答:比斯大林还多! 斯大林和布尔什维克现在不过是一段历史记忆,然而,无论存在何种困难,教皇的职位仍是一种强有力的建制,正如麦考利(T. B. Macaulay)所描述的那样,"当长颈鹿和老虎在福雷维安剧场(罗马圆形大竞技场)中跳跃时",它就已经是如此[73]。谁会忘记天主教会——特别是"波兰教皇"约翰·保罗二世——在为苏联共产主义阵营的终结的运动中做出巨大贡献呢? 必须承认,这样的证据或许过于印象化。尽管如此,我还是想用我认为更有力的例子来结束本章。

任何想过这个问题的人——只要是读过利顿·斯特雷奇(Lytton

Strachey)的经典著作《维多利亚名人传》(*Eminent Victorians*)——一定会被维多利亚人的生活方式所震撼,嗯……多么传神的维多利亚时代的风格。这个时代在其礼仪与端正、自觉的宗教热忱(以及众多丧失信仰者所经历的精神痛苦)方面,似乎与前一个时代和后一个时代都相去甚远。这种文化和社会的转变是如何以及为什么发生的,无疑是一个谜。

当然,法国大革命给英国社会上层带来了巨大的冲击。望向英吉利海峡对岸,他们看到的是一个放荡不羁的统治阶级,对既定宗教充其量只是口头上表示支持,而面对社会下层人士的愤怒,他们没有任何道德权威,也无力来为自己辩护。因此,自我利益——自我保护的基本需要——会给统治阶级一种强烈的动机去改变自己的行为方式。但这种外部动机只适用于社会的统治者;而新的道德认同则更为广泛,被统治者和统治者都坚信这一点。

马克思主义历史学家汤普森(E. P. Thompson)在他的巨著《英国工人阶级的形成》[74]中记录了维多利亚时代的工业是如何伴随着高度纪律化的宗教形式(主要是卫理公会派)的传播而发展的,并认为它们在稳定和合法化工业资本主义令人不安的新现实方面发挥了不可或缺的作用。但就目前的情况而言,这只是一种纯粹的功能主义解释:一种新的、具有高度破坏性的经济秩序需要稳定,而一种新型的有纪律的宗教出现了,就像魔法一样,它对这种需求做出了回应。尽管汤普森自己(令人叹服)致力于书写历史,以公正地记录那些经历重大历史变革的人的经历,但这儿存在着一个解释上的缺口:为什么新的宗教信仰会出现并取得如此广泛的成功?

正是在这一点上,人们看到了博伊德·希尔顿(Boyd Hilton)关于

19世纪早期英国的极具启发性的著作《赎罪时代》中所阐述的叙事的重要性[75]。希尔顿的书是一部意识形态史作品——尽管他自己可能不喜欢这个标签。它追溯了18世纪末和19世纪初一系列宗教信仰的出现和强化，所有这些宗教信仰都以基督教关于人类堕落的教义为中心。然而，这并非仅仅着眼于对奥古斯丁图景的回归，即人类困在一个被神圣恩典隔绝的世界中，只有指向彼岸世界的救赎才是希望所在。正如希尔顿所阐明的那样，当代对人类罪恶的强调带来了一种信念：对自我控制和惩罚的神圣性，乃是这个世界正确秩序的一部分。

有一个耳熟能详的"辉格党"故事，讲述了洛克、佩利和史密斯在17世纪和18世纪的天赋论是如何被19世纪的自由进步主义继承的。然而，希尔顿却揭示了另一种更晦暗的社会神学传统，其代表性人物是巴特勒主教（《宗教的类比》[The Analogy of Religion] 中的巴特勒主教）和马尔萨斯。根据巴特勒的说法，观察自然世界，我们可以发现美德（远见和自制）得到回报、恶习（挥霍和放纵）受到惩罚的生动例子。他声称，以这种方式，自然世界映照了宗教教义的神圣正义。把马尔萨斯的权重计算在内，性放纵就成了"恶习"的典型例子，马尔萨斯严峻地描述了性放纵带来的恶果——人口过剩。

在这里，宗教和经济生活之间的关系凸显出来。或者人们是这么认为的，资本主义代表了一种道德学派，它奖励节俭和远见，惩罚懒惰和自我放纵，使人类社会化的秩序映照神圣正义的原则。由于其对快乐的敌意和不屈不挠的报应主义，人们很容易将其视为一种毫无乐趣和令人反感的信条（而且，必须说，这一信条与康德惊人地相似）。然而，正如希尔顿所指出的那样，它显然对当时许多思考人类在社会中的地位的人非常有说服力。事实上，我们可以看到它的轮廓贯穿于宗教信仰的各个领域,从福音派和不从国教派(non-conformism),到英国国教,甚至到 19 世纪的天主教。因此,通过宗教激发的文化转型,可以在宗教叙事和对资本主义的拥护之间找到一种顺理成章的联系。

这并不是要回归话语先验主义。话语先验主义认为,存在一个单一的框架,它限制了社会中什么是可以想象的东西。但报应主义的基督教文化并不是无可争议的。相反,它作为一套文化实践和一种初级的《正义论》而发挥作用,在造物主的意志和人类社会制度之间建立了一致关系。关于 19 世纪的英国,确实还有其他非常不同的意识形态故事。例如,以"哲学激进主义"为中心的故事——边沁、穆勒、刘易斯、乔治·艾略特和《威斯敏斯特评论》;格林(T. H. Green)的基督教理想主义;卡莱尔(Carlyle)的反民主浪漫主义;达尔文和赫胥黎的生物进化论;马克思的社会主义;等等[76]。但这些并不是在单一的意识形态框架下的不同观点;事实上,它们是相互竞争的意识形态。希尔顿的成就是恢复了某些(至少对现代哲学家和政治理论家而言)不太知名和不太受欢迎的思想家的思想,并通过他们的观念帮助我们理解为什么这是一个基督教在科学进步面前没有退缩——至少不只是——并以强大的方式进行变革和坚持自己的时代。

希尔顿本人并未从他的书中提炼出关于社会理论的普遍结论。他说,他的书"不是理论著作",并且"并不假装解决灵魂之鸡和尘世之蛋所提出的问题"。[77] 我斗胆认为,我们可以从中学到,不要低估哲学和神学自我理解的力量,也不要将其简单地归结为经济过程的附属现象,或仅仅为谋求自身利益而进行的世俗斗争中的策略工具。

# 第三章

# 康德的反决定论

> 我认为康德关于自由与必然共存的学说,是人类思想最伟大的成就。
>
> —— 叔本华

> 康德的自由理论……更像是"三牌猜王后"的拙劣表演,而不是严肃的哲学论证。
>
> —— 布罗德(C. D. Broad)

## 应得与惩罚

第二章认为,对康德来说,道德在人与神之间建立的联系并不取决于神对人的启示。正如康德所言,上帝的身份在于他是世界的立法者、统治者和审判者(《实践理性批判》,AK.5:131),但如果你愿意的话,他行使这些主权职能就像一个开明的专制者——依据理性进行统治,而不是任性地行使他压倒性的优越权力。

一个明白无误地公正的上帝,必须以人类能够理性地接受的方式审判和惩罚人类。这一要求的一个核心后果是,人类必须有一种能动性,让他们能对自己的行为负责。解释康德如何认为这是可能的,将是本章的主题。

对于现代主流康德诠释者来说,证明人类在神圣的审判席前要承担责任的想法并不重要。如果康德最好被理解为以尊重个人和捍卫道德权利为基础的世俗人文伦理的创始人,那么这种对责任主体的描述就没有必要了。因此克里斯蒂娜·科斯嘉德告诉我们:

> 康德的意志自由理论既不涉及过分的本体论主张,也不涉及似乎从这些主张中得出的严格责任理论[1]。

根据艾伦·伍德(Allen Wood)的说法,"我们应该相信我们实际上是自由的,但我们没有理由在此基础上持有与之相关的关于本体世界的任何信念"。虽然伍德承认康德确实"落入了超自然主义的窠臼",但他认为"关于本体自由的实证学说在康德伦理学中没有任何地位",事实上,它应该"像清除瘟疫一样严格地与康德伦理学隔离"。事实上,在删除本体自由主义的过程中,我们正是在忠实于康德自己的核心承诺:"任何理性主义者——而理性主义正是康德伦理学的核心——都不应该对此有丝毫的容忍。"[2]

否认哲学原理的深层问题与道德的相关性的观点在现代哲学中很常见。据说,人类有着某些"回应性的态度",这些态度对他们之间的互动至关重要[3]。这些态度有助于执行和强化行为规范。它们对我们来说不是可有可无的——我们无法想象没有它们的社会生活。因此,无论物理学、心理学甚至形而上学如何告诉我们人类行为的决定性条件,最终都无关紧要:与道德实践相关的回应性的态度将仍然是我们生活中不可或缺的一部分。科斯嘉德和伍德等评论家在否认关于决定论或表象与物自体之间的区别的形而上学问题在康德对人类道德生活的描述中发挥了重要作用时,也将类似的观点归因于康德。

这些解释者之所以认为本体自由学说的"过度本体论"是不必要的，其原因在科斯嘉德的文章标题中得到了非常简洁的表达，我刚刚引用了这篇文章的标题："道德即自由"。如果我们在康德所阐述的道德观范围内运作，那么我们必须认为自己实际上是自由的，这足以让我们在任何真正重要的意识上都是自由的。

这一解释显然得到了《道德形而上学探本》中以下著名段落的支持：

> ……每一个只能按照自由的理念去行动的存在者，正因为此而在实践方面确实是自由的，也就是说，一切与自由不可分割地结合在一起的法则都适用于它，正好像它的意志就自身而言也被宣布为自由的，而且这在理论哲学中也是有效的。[4]

最常见的解读认为，康德的观点是，我们必然在自由的理念下行动，这一事实足够说明关于自由的一切。

但这还不是全部。我们必须在自由的理念下行动，这似乎是我们对自由唯一所能言说的，因为康德曾非常明确地声称，我们无法解释自由如何可能：

> ……如果理性胆敢去说明纯粹理性如何能够是实践理性，它就逾越了自己的所有界限，这与说明自由如何可能的任务完全是一回事[5]。

例如，罗杰·斯克鲁顿在其康德导论中写道，康德对自由问题的解决方案"论及超验的视角，我们只能理解它的不可理解性"。[6]

这种对康德的解读与本书所呈现的康德图景背道而驰。虽然我同意伍德的观点,即理性主义是康德哲学的核心,但我认为,康德理性主义是一种宗教理性主义——或者理性主义宗教。[7]如果我们自己的自由感和责任感仅仅是我们人类有利地位的产物(即使这个有利地位不是我们有限的生命可以超越的),那么从终极的、神圣的角度来看,我们是否应该得到奖励或惩罚的问题仍然存在着疑问。因此,尽管有《道德形而上学探本》中的两段话,但对自由的理论解释对康德来说既是必要的,在他看来也是可能的,因此,本章为自己设定了任务,即对康德的自由理论解释进行令人信服的重建。

## 宿命论

不可否认的一点是,康德确实对围绕自由的形而上学问题有很多论述。据我所知,在康德成熟的著作中,有五次关于意志自由的广泛讨论。按时间顺序来看,它们分别是:《纯粹理性批判》(1781、1787)中的第三个二律背反、《道德形而上学探本》(1785)的第三节、《实践理性批判》(1787)中的"纯粹实践理性分析的批判性阐释"、《伦理学讲义——维吉兰提斯(Vigilantius)》(1793)和《纯然理性界限内的宗教》(1793、1794)第一部分的讨论。(我省略了《道德形而上学》,因为它没有包含与自然必然性相关的意志自由的扩展讨论,尽管它确实包含了一些关于任性[*Willkür*]和意志[*Wille*]之间的差异,以及意志如何"自我决定"等非常重要的评论。)

在所有这些著作中,除了《道德形而上学探本》之外,康德关注的是将他的自由观作为对"宿命论"和"斯宾诺莎主义"的回应,并且这一回应是以先验唯心主义的核心学说为基础的。正如他在《实践理性批判》(Ak.5:101—102)中所写的,"如果不假定时间和空间的那种观念性,所剩下的就只有斯宾诺莎主义了"。

当然,考虑到康德写作的时间,他应该认为对"斯宾诺莎主义"的回应是紧迫的(他也关心对约瑟夫·普里斯特利[Joseph Priestley]的回应,他称之为"真正的宿命论者")[8]。在18世纪80年代,德国知识界被后来所谓的泛神论之争所困扰——这场争论由雅各比(Jacobi)和摩西·门德尔松(Moses Mendelssohn)发起,主题是关于莱辛是否(如果是,在什么意义上)是斯宾诺莎主义者。利害关系的问题(当然)很复杂,但正如当时所有人都知道的那样,在这些问题的背后,是对斯宾诺莎主义,即对人类能动性的观点的认同,这似乎与正统宗教信仰明显不兼容,并导致了泛神论,如果不是彻底的无神论的话。无论康德多么不情愿地让自己卷入争论,他都会意识到这个问题已经摆在他的读者的面前。

在《实践理性批判》中关于自由的讨论中,没有迹象表明康德为了捍卫人类自由的信仰而试图将人类能动性的(不可或缺的)视角与自然因果关系视角的潜在腐蚀力隔离开来——恰恰相反。康德明确指出,人类对自身自由的信念并不是自我验证的:"[主体的]自身自发性的意识"可能会变成"纯粹的妄想"。

> 人可能不过是木偶或者一个沃康松式的自动机,由一切工艺制品的那位至高的大师来制作和上紧发条;而自我意识虽然确实能使他成为一个能思维的自动机,但在其中当它的自发性被视为自由时,其自发性的意识就会是纯然的错觉,因为既然决定它的运动的最接近的原因以及一长串决定性原因的序列实际上是内在

的,但最终的和最高的那个决定性原因却毕竟被发现完全在一只外来的手中,那么那种自发性就只配被称为相对的。因此,我看不出那些坚持认为时间和空间属于物自体存在之规定性的人,如何避免陷入行动的宿命之中[9]。

康德在这次讨论中考虑并明确拒绝的"相对"的自由概念,与现在所说的"相容主义"非常相似。从这个观点来看,如果某事"在我的能力范围内",我就是自由的——也就是说,如果它是由我而不是由我外部的东西引起的,我的行为就是自由的,就像时钟可以说是"自由"地移动它的摆手,如果没有任何阻碍的话,当然,尽管时钟的移动是完全可预测的、不可避免地确定的、一系列机械原因引起的。因此:

> 尽管人类的行动在时间上由先行的决定性因素所必然决定,却还是被称为自由的,因为这毕竟是一些内部的、由我们自己的力量产生的表象,从而是按照种种诱发状况而产生的欲望,因而是按照我们自己的心愿造成的行动[10]。

然而,康德说,这是一个"可悲的诡计",一些哲学家通过这种手段"认为这样稍加咬文嚼字就解决了那个困难的问题,那个人们数千年来都在劳而无功地寻求答案的问题"。[11]

康德继续说,无论因果关系是在主体内部还是在主体外部,机械的还是心理的,直觉的还是理性的,都没有什么区别。如果"这些决定性的表象在时间中,确切地说在先前的状态中有自己实存的根据",那么,当主体要行动时,必然的条件是在过去的时间内,因此"不再由他控制"。康德说,这可能会带来"心理自由"(如果人们要把这个词用于灵魂诸表象的一种内在联结的话)[12],但这种心理自由实际上仍然是"自然的必然性"。因此,那些坚持心理自由概念的人"没有留下任何先验的自由,先验的自由必须被设想为独立于一切经验的事物,也独立于一般的自然,无论这自然是被视为仅仅在时间中的内部感官对象,还是被视为同时在空间和时间中的外部感官对象"。[13]

真正重要的是先验自由。如果我们的意志自由是"心理上的、相对性的,但并非同时是先验的,即绝对的",那么"归根结底,它一点儿也好不过一把自动烤肉铲的自由,后者一旦上紧了发条,也会自行完成自己的运动"。[14]

很明显,至少在《实践理性批判》中,康德对自由概念的要求比最初提出的解释要强烈得多。我们不能仅仅通过关注相信我们实际上自由的必然性,来避免处理本体论主张(无论是否"过度")。我们讨论过的段落表明:

(1)康德在行动方面受到"宿命论"的挑战,他认为必须在哲学上反对宿命论,这需要我们接受先验唯心主义的核心学说:表象和物自体的区别。

(2)自由不能仅仅是"心理的"(仅限于主体的内部视角)或"相对的"(根据生物体内部原因和外部原因之间的对比来定义)。它必须是"先验的,即绝对的"。[15]

(3)无法通过将我们自己限制在受试者必然看待他们自己的方式上来隔离我们免受自然必然性威胁的说法——主体的"自发意识"可能会被证明是"纯然的错觉"[16]。

因此，在我看来，有四种可能性：

（1）我刚才引用的文本是误导性的，或者我对它们的解释是错误的。
（2）在《道德形而上学探本》和《实践理性批判》出版之间的两年里，康德彻底改变了他对自由本质的看法。
（3）康德关于自由的观点极不一致。

或者：

（4）我们应该回过头来重新审视《道德形而上学探本》中前述引用的段落。

一切迹象都指向后一个方向。

## 实践和理论自由

首先要注意的是，康德在《道德形而上学探本》中断言，"每一个只能按照自由的理念去行动的存在者，正因为此而确实是自由的"。这段话接着说，这个存在者是真正自由的，"在实践方面，也就是说，一切与自由不可分割地结合在一起的法则都适用于它，正好像它的意志就自身而言也被宣布为自由的，而且这在理论哲学中也是有效的"。[17]但是，说在自由的理念下的行动就是"在实践方面"的自由，并不等同于说在自由理念下行动才是真正的自由。

正如我所解读的那样，康德并不是说我们不必关心本体自由和宿命论的问题，也不是说道德能动性的实践立场满足了我们的自由概念所要求的一切。他所说的只是，认为你是自由的，就足以让你受到与自由"密不可分"的法则的约束。还有一个进一步的问题：事实上，你是否能被理论哲学"有效地……宣告为自由的"。

事实上,康德在刚才引用的句子中添加了一个脚注,内容如下:

> 我遵循这条路线——假设自由足以达到我们的目的,只由理性的人仅仅在理念中为他们的行动奠定基础——这样我也就不必在理论方面为自由佐证。因为即使让这后一点悬而未决,会对一个真正自由的存在者有约束力的那些法则,毕竟也适用于只能按照其自己的自由的理念去行动的存在者。因此,我们在这里就能够摆脱理论所压下来的负担[18]。

请注意,康德说自由问题在其理论方面是"悬而未决的"——这并不等于说,在自由思想下行动对我们来说是不可避免的这一事实,使自由问题在理论方面变得多余。重要的词是"在这里"——"我们在这里就能够摆脱理论所压下来的负担"。没有理由认为我们不必在其他地方承担这个负担。阅读本文的最佳方式是:在自由的理念下行动,足以在实践中确立自由——也就是说,满足《道德形而上学探本》相对受限的目的——而不是声称它更普遍地解决(或消除)了自由问题。我们必然地是在自由的理念下行动的这一事实,这并没有解决这个更深一层的问题,也没有使它变得不再重要。

后来,在《道德形而上学探本》的第三节中,康德将自由与必然之间的明显冲突呈现为两条路线之间的选择。他说,一方面,这是一条"熙熙攘攘"的自然的必然性之路。自然必然性是"由经验所证实的,而且如果经验亦即感官对象依照普遍法则联系起来的知识应当是可能的,那么这一概念就甚至不可避免地必须被预设"。[19]另一方面,我们必然要走"自由之小路",以便在我们的行为中利用理性。每一种观点都是独立有力的。但是,我们不能把自己局限在自由的立场上,排除必然性的立场,也不能只是根据情况在两者之间左右摆动。相反,康德断言,"这种表面上的矛盾必须以令人信服的方式予以消除,即使我们永远无法理解自由是如何可能的"。

康德说,除非我们找到一种方法来做到这一点,否则自由将不得不被放弃,无论我们在实践中如何被它所吸引。"因为如果甚至自由的思想也与自己或者与同样必然的自然相矛盾,那么,自由就必须相对于自然必然性而完全被放弃。"[20] 这不取决于哲学家:

> ……他是想要清除这个表面上的冲突,还是要使它原封不动,这是由不得他的。因为在后一种情况下,有关的理论将是"无主的财产"(*bonum vacans*),宿命论者就能够理所当然地占有这笔财产,把一切道德逐出它们不合法地占有的自以为的财产[21]。

出于这个原因,康德继续说,解决这种冲突是"思辨[注意这个词!]哲学不可或缺的任务"(Ak.4:456)。尽管它不是在《道德形而上学探本》中进行的,但从实践自由的角度来看,它远不是多余的。但是,如果捍卫自由的思辨任务是必然的(在康德看来),这可能吗?毕竟,他写道,"我们永远无法理解自由是如何可能的"(Ak. 4:456),如果理性胆敢"去说明自由是如何可能的"(Ak. 4:459),那么它将"逾越自己的所有界限"。

然而,如果认为康德在这里告诉我们,哲学对解决自然必然性和自由之间的明显冲突毫无帮助,那将是一种误解。是的,自由的可能性是无法被说明的,但说明(正如康德立即说的那样)涉及将"在某些可能的经验中"可以给出的东西"还原为法则"。在这个狭义的"说明"概念上,说明实际上在哲学中几乎没有什么作用。只有科学才能将事物简化为一些可能的经验所能给出的法则。"在依照自然法则的规定终止的地方,一切说明也就终止了;剩下的就只有捍卫。"[22] 然而,"捍卫"确实是哲学的应有之义。简言之,在我的诠释中,即使是《道德形而上学探本》本身也清楚地表明,康德认为对自由的理论捍卫是必要的("思辨哲学责无旁贷的任务"[23])和可能的,尽管这本书中没有进行这样的捍卫。我现在要谈的是这种捍卫的结构。

## 先验唯心主义

人们会记得,康德坚持认为,他为应对宿命论和斯宾诺莎主义而提供的解决方案取决于先验唯心主义——我们对物理世界的认识是对表象的认识,而不是对物自体的认识,与此相关的是,先验唯心主义否认空间和时间本身就是物自体。让我们以这个思想为指导。

先验唯心主义并不否认一个确定且完全的因果秩序的存在。相反,康德断言,"如果经验,即感官对象依照普遍法则联系起来的知识是可能的,那么经验本身就必须不可避免地被预先假定"(Ak.4:455)。然而,先验唯心主义所做的是将基于自然必然性的说明置于更广泛的背景之中。当我们询问自然为什么会受制于它本身的特定规则时,先验唯心主义者的部分答案是,如果自然不是系统的和规律的,我们就无法拥有我们所拥有的连贯且自觉的体验——简而言之,《纯粹理性批判》中心部分的内容包含在"先验演绎""第二类比"和(第二版中的)"对唯心主义的反驳"中。

但是,如果我们坚持追问:为什么自然只有这些定律(而不是另一套可能的同样满足了为我们提供连贯和自觉体验的条件的法则)?然后,先验唯心主义者的答案,在提到物自体时,显示出了人类说明的局限性。在某种程度上,说事物是根据物自体的方式赋予我们的,这是不可能的。为什么黄油融化了?我们可能会问。因为黄油被加热了,我们可能如此回答。可为什么黄油加热后会融化?当然,化学和物理学会解释这一点,但最终,当我们问为什么那些法则成立时,我们只能会回到一个基本的解释,唯一的答案是:世界自当如此。物自体代表着一种给定性的基石,这就解释了为什么,无论我们在体验并建构现实的过程中,在多大程度上必须赋予人类思维积极的作用,而世界的本然状态最终却并不完全取决于我们。

现在考虑一下人类行为领域中的一个类似问题。为什么那个红心武士偷走了馅饼?因为红心武士是个小偷,我们可以回答。也就是说:红心武士的性格是这样的,在自身利益和财产权之间起了冲突的特定情况下,红心武士就会漠视财产权。红心武士的行为由他的性格来加以说明,正如黄油的融化是由物理法则来加以说明的一样。而对于先验唯心主义者来说,每一种行为都是由物自体的方式来加以说明的。当然,这是有区别的。我们不认为物理事物需要对统治它们的法则所不可避免地产生的后果负责。如果一块石板从屋顶上掉下来,砸在哲学教授的头上,我们不会责怪石板。但是,我们似乎确实责怪这个红心武士基于自己的性格规定的所作所为。这不和指责石板一样荒谬吗?

啊!先验唯心主义者说,这就是事与事相异之处,因为先验唯心主义否认空间和时间本身就是物自体。因此，尽管红心武士的行为完全由他的性格和他在经验现实中所处的环境所决定，但我们应该将这种性格视为从红心武士永恒的本体自我中产生的东西，正是基于此，我们择定责任评判的对象。那些认真对待康德在意志自由与表象和物自体之间的区别建立联系之尝试的人，都以这种方式对它进行了惯常的诠释。

例如，叔本华对它的说明如下：

> 由于他不可改变的先天性，在所有表现形式中都是由因果律严格决定的，在这里被称为通过智力媒介发挥作用的动机，个人只是一种现象。现象背后的物自体超越空间和时间，不受一切连续性和多样性的制约；它是一体的，是不可改变的。它的构成本身就是易于分辨的性格，它同等地存在于个人的所有行为中，并显示在每一个行为上，就像相同的印章呈现在一千枚信封上那样[24]。

叔本华说，自由不是一个人之所为的问题——这不可避免地取决于他的性格——而是取决于其所是：

> 然而，在他的本质（其之所是）中，自由是存在的。他可能是一个与众不同的人，罪恶或美德正植根于他的本质之中[25]。

但是，尽管叔本华肯定此一主张，但这个解决方案看起来并没有多少吸引力。我们似乎又回到了两个视角的对立之中。从实践的角度来看，我们受制于道德能动性的观点，通过道德能动性（长话短说），红心武士必须将自己视为受制于对他有约束力的道德法则，他实际上可以对此做出回应。因此，他必须相信，在这个特定的时刻，他对偷馅饼有着某种真实的选择。然而，从理论角度来看，我们不得不承认，作为一种心理因素，考虑到他所具有的性格，这个红心武士定当偷走馅饼。因此，那种实践的见解是错误的，红心武士和石板之间不具备产生预期结果的实质性区别。

然而，根据叔本华的说法，红心武士是应受谴责的，因为他以某种不受时间影响的方式选择了自己的性格。他引用了波斐利（Porphyry）诠释柏拉图的一段话，并称其为"这是康德在其抽象的纯粹性中提出的伟大而深刻的知识寓言，作为可理解和经验性性格的学说"：

> 依据这一诠释，柏拉图的意思似乎如下。灵魂在进入身体和不同的生命形式之前，有选择一种或另一种生命形式的意志自由，然后通过一种合宜的生命和一种与灵魂相宜的身体来实现。（因为他说，灵魂可以选择一头狮子的生命形式或一种人类个体的生命形式。）然而，一旦灵魂滑入任何一种这样的生命形式，意志自由就会被废除。因为在灵魂进入身体，从自由的灵魂变成生命之后，他们只有当前讨论的生命本质所特有的自由。因此，他们往往非常聪明，充满活力，就像人一样；或者，另一方面，几乎一动不动，而且很简单，就像几乎所有其他生物的情况一样。但是，这种自由取决于每种情况下的本性和性格，因为尽管它确实经由自身变得清晰可见，但它仍受制于源自有机体的性格倾向[26]。

叔本华倾向于东方和柏拉图的转世思想,他可能会发现,我们恒定地选择自己角色的想法是可以理解的(甚至是有吸引力的),尽管在经验世界中,这些角色是一劳永逸的。但是,如果这是超验唯心主义对宿命论的最好回应,那么我认为,就不难理解像科斯嘉德和伍德这样的现代康德主义者为何会对此持拒斥态度。

然而,我有一个我认为能更好地重建康德理论的建议。现在,让我来谈谈康德在《纯粹理性批判》中对自由的看法。在第三个二律背反中,他举了一个人撒谎的例子。当我们解释为什么有人会做他们所做的事情时,我们首先像实证科学家一样:

> ……我们将行为的经验性性质追溯到其根源,发现这些根源在于糟糕的教育、不良的社交,部分原因还在于对羞耻感不敏感的天性的恶毒、轻浮和轻率,以及那不可忽视的诱发的偶因[27]。

然而,奇怪的是,不同于自然科学家,康德认为,我们并没有说这一事件必定发生。我们认为行为主体应负责时:

> 这种责备根据的是理性的一项法则,此时人们把理性视为一个原因,这个原因能够并且应当不顾上述一切经验性的条件已然或应然的规定,主体却以别的方式行事[28]。

请注意,康德在这里不仅是说主体不得不认为自身本来可以采取其他行动,也不是说她本来已然可能具有某种截然不同的经验性性格。该解释指向一项"理性法则",根据该法则,理性作为一种原因,实际上可能会导致万千事物与其实际的样貌殊异。怎么可能会这样呢？这并不是说，对这一行动的最初解释在某种程度上是不完整的。康德显然排除了这种可能性。他在 A550、B578 中写道，"如果我们能穷根究底地调查人类各式各样决断的所有起源，将不会有任何一种人类行为是我们无法可靠地预言并且从其先行的条件出发认识为必然的"。因此，我们被迫接受这样的可能性，即尽管解释是彻底的，这些条件并没有以这样一种方式使所讨论的事件成为必然，以至于它们排除了原本可能以另外的方式发生的可能性。这很容易说出来，但这可能意味着什么呢？

第一步是要明白，从先验唯心主义者的角度来看，让我们看到所有行动都是决定的，并不是意志背后的某种机制。我们对行为过程的一般解释并不比我们自己所做的特定行为过程更"真实"和"固定"。相反，它们形成了一个围绕行为过程的解释框架。它们是必要的，不是因为它们被视为预先确定的，而是因为我们有哲学上的理由相信这些条件一定是可发现的。

在这里，关于客观存在的对象之因果关系的先验唯心主义和关于行为过程的先验唯心主义之间的重要相似之处变得显而易见。关于客观存在的对象之因果关系的先验唯心主义认为，为了使一个事件完全能够被感知为一个事件，必须有可能将其纳入根据规则进行先行确定的系统背景之中——坦率地说，它一定有一个原因。在这种情况下，先验唯心主义所做的是证明我们对因果过程自然地采取的恰如其分的态度：我们自然而然地认为，对于我们所看到的一切发生的事物，都有某种机制，因为它必定会发生。

但先验唯心主义并没有告诉我们这一点。事实上，它所说的是，除非我们能够将起源纳入一个系统的解释背景中,否则我们根本无法将我们的感知确定为对事件的感知。很明显,这相当于一种观点,即无论发生什么,其之所以会发生,是因为有一种机制使它必当如此。然而,这两种观点为我们提供了实践中自然必然性的同等解释。它们都支持这样一种说法,即依照定律每一个事件都必然源自另一个事件——也就是说,它有一个起因。

然而,当它不是对象之间的因果关系问题,而是行为过程的系统决定问题时,先验唯心主义和一切由机制决定的信念之间的区别就变得至关重要。因为在后一种情况下,重要的是能够为行动可能会以另外的方式发生的想法留出空间。先验唯心主义并不认为,无论发生什么,都是由于某种铁定的、不可阻挡的必然性而被迫发生的;它只接近于这样一种观点,即无论发生什么,都必须被视为是在系统法则的背景下发生的。对于符合自然法则的事件,我们可以确信它们之间存在着各种系统性的联系,尽管我们无法观察到可能存在的任何机制来维持它们,因为否则我们将无法保证持续自我意识的要求得到满足。在能动性的情况下,我们可以确信存在着各种系统性的联系,使我们能够解释它们,即使我们有独立的理由全然拒绝接受它们背后有着某种强迫机制的存在。

正如我所说,这是对康德立场进行同情性重建的第一步,但只是第一步。因为有人可能会说,为了捍卫意志自由,宣称存在我们可以用以解释人类行为的条件的系统结构,并不意味着有一种机制将这些条件与它们所解释的联系起来。但是,尽管如此,如果有可能从一组先前的条件提前预测会发生什么,这无疑是对自由的普遍信念的破坏,就好像承认存在着某种机制一样,那么我们充其量只能退回到叔本华的解释之中：我们的行为是由我们的性格决定的，但我们的性格不知何故，被永恒且超验地决定了。

但是，谁说我们的性格必须被视为预先决定的呢？先验唯心主义者所致力于的是，无论发生什么，都一定可以在一个可解释的框架之背景下加以解释。迄今为止，这与"在采取某些特定行动之前，该框架实际上是开放的"这一想法是完全一致的。想想某个处于道德"十字路口"的主体——馅饼盘前的红心武士。到目前为止，他的所有行为都将符合一个解释框架；它们将符合他的性格。但那个性格究竟是什么？

事实上，与他迄今为止的行为相对应的心理解释（对他所做的事情进行了正确的推导）并不是唯一的。尤其是，既有（对红心武士性格的描述）预测他会拿馅饼的各种解释，也会有预测他不会拿馅饼的各种解释。假设他拿走了馅饼。然后，我们也许会把红心武士看作一个恶棍（好吧，还有用来描述一个只偷了一些馅饼的人的粗话，比如说一个流氓），他正在继续走上道德毁灭之路。但如果他不这样做，那么也许他会被理解为一个有能力改造自己的人。我们对他的行为的一套解释将得到证实，而另一套则将被驳倒。

在解释行为时，我们的做法有点类似在以数据来构建不具备完全确定性的理论。事实上，正是我们所采取的行动，使观察者能够确定两套相当相似的普遍经验法则中的哪一套更为适用。这种开放性还在继续。同样的问题也适用于红心武士的下一个抉择，等等。如此一来，宿命论者总是可以说，这只是一个认识问题。红心武士的性格是被确定的，我们所做的就是利用他的各种行为的证据，来发现那个性格事实上会有怎样一种始终一贯的品质。但我们不必这样看待问题，事实上，正是解释的开放性使自由和解释性框架的必然存在得以相互兼容。

## 一系列表象的始因

在康德的第三个二律背反中提出的一个看似神秘的主张之中,这种解释获得了支持:我们可以将行动视为一系列表象的始因。我们至少必须接受世界有着某种起源的看法,这一点已经得到辨明,借此我们能够推断,或者正如康德在"第三个二论背反的说明"中所声称的那样,世界过程中的特定自发起源也是可能的:

> 但由于这样一来,毕竟就证明了(尽管还不被理解)完全自行地开始一个时间中的序列的能力,所以我们现在也被容许在世界的进程中间让各种不同的序列在因果性上自行开始,并赋予这些序列的实体以从自由出发行动的能力。但是,我们在这里不要让自己被如下的误解所阻止:既然世界上的一个渐进的序列只能有一个相对最初的开端,因为世界上毕竟总是有事物的一种状态先行,所以在世界的进程中,就不可能有一个序列的绝对最初开端。因为我们在这里所谈的不是时间上的、而是因果性上的绝对最初开端。例如,如果我此刻完全自由地从椅子上站起来,而不必受自然原因的影响,那么一个新的序列,其所有自然后果都是无限的,在这个事件中有其绝对的开端,尽管就时间而言,这个事件只是前一个序列的延续。因为这个决定和行动根本不在单纯自然结果的序列之中,不是它的一个纯然的延续;就其发生而言,自然原因对其没有任何决定性的影响。其发生虽然继那些自然原因而起,却不是从中产生的。因此虽然不是在时间上,但就因果性而言必须被称为一个表象序列的绝对最初开端。[29]

如果我们想想这个红心武士,他吃馅饼的决定创造了一个序列,我们可以说,该序列"承继"了他生命的前一个过程,而没有"从中产生";因为,即使他没有拿走馅饼,那一系列的事情依然会接踵而至。因此,我们可以对康德说,自然原因对事件的作用"没有任何决定性的影响"。因此,请叔本华见谅的是,我们的行为从我们的各式各样的性格中产生,并非预先固定的,因为那些性格并不是一成不变的。

在《纯然理性界限内的宗教》一书中(尽管不可否认,只是在脚注中),康德对"决定论"(一切都可以通过充分的理由来解释的论题)和"预先决定论"(认为相关的"决定依据"在时间上先于事件的观点)进行了比较[30]。在同一部作品中,康德对性格进行了揭示性的讨论,他认为,我们必须将其视为能够改变的。根据康德的说法,当我们行动时,我们会面临一系列感官冲动("偏好"),这些冲动在我们面前可能是行为的动机。然而,在我们的偏好背后,有我们选择行动的原则——康德称之为我们的"准则"。他认为,这些始终关乎我们可以在道义上承担责任的问题。

通常,我们中那些有着"坏"性格的人会以两种方式表现出来。我们会有不良的偏好,而且我们也会依照坏的原则行事。那么,一个坏人怎么会变成善人呢?"然而,义务要求他做善人,而义务也仅仅命令我们做自己力所能及的事情。"[31] 这里所需要的是我们性格中的某种"革命"。"如果他通过唯一的一次不可改变的决定,扭转了他曾是一个恶人所凭借的准则的最高根据(并由此而'塑造新人'),那么就原则和思维方式而言,他就是一个能够接纳善的主体。"[32] 我们无法观察到这一点,但上帝可以。"对于能够看透心灵的(任性 [*Willkür*] 的所有准则的)理知根据的他来说,……也就是说,对于上帝来说,这件事就等于说他现实地是一个善人(为上帝所喜悦的善人)。在这种意义上,这种改变可以被视为一场革命。"[33]

简言之,在人类个体的生活过程中,角色的根本变化是可能的,尽管我们作为经验观察者,可能不易对之进行识别。尽管如此,它们仍然可以提供给对康德来说真正重要的观察者——当然,正如本书所说,就是上帝。因此,我们有了一幅人类能动性的画面,人类通过它做出了真正的选择——而不仅仅是那些他们必须从有限的人类角度认为是真实的选择。这一描绘得到了捍卫——当在先验唯心主义的框架下理解自然必然性时,这一观点被证明是一致的——但没有得到证实。就我们所观察到的情况而言,从心理宿命论的角度来看,没有什么是不可接受的——尽管我们不得不猜想我们有着真实的选择,但就我们所能观察到的而言,我们的行为可能是我们固定角色的必然结果。

本章中对康德自由意志辩护的解释与大量关于康德的既定学术结论背道而驰——也许,事实上,与所有(关于康德的既定学术结论)背道而驰。(请斯克鲁顿见谅)本章认为对自由意志的哲学辩护是可能的;(请科斯嘉德见谅)康德认为,这种辩护需要的不仅仅是道德立场;(请伍德见谅)将自由意志与先验唯心主义联系起来的自由意志辩护与康德筹划的基本动机并不矛盾(实际上恰恰相反);(请叔本华见谅)本章并没有导致一种本体宿命论,这种宿命论无法容纳人类在做出决定时不受制于时间的先后;最后(请布罗德见谅),这是一部微妙而巧妙的哲学作品,尽管在许多方面都与直觉相悖,难以理解——远非"无须为之多费时费力"[34]。

这种辩护是康德自由论的重要组成部分,因为没有它,我们就只能拥有"自动烤肉铲式的自由"。但这仅仅是问题的一部分。要想完全自由,人们必须是自治的,我们将在第四章中转向这一点。正是康德的"自由即自治"思想,在他的德国唯心主义继任者的作品中引发了如此强烈的共鸣。

# 第四章

# 免于任性的自由

> 那片绝对(非常)科学的超新星之地,
> 在那里自由是强制的,
> 而唯一的上帝便是人。
> ——卡明斯(E. E. Cummings)

## 积极自由

一个公正的上帝不会因为个体的行动,即出于人类视角的局限性而看似自由的行为,就惩罚人类个体:既然人类的痛苦是真实的,那么选择也必须如此。上一章解释了康德如何调用先验唯心主义的最重要的信条,来论证那足以让人类对自己的行为负责的自由是可能的。但这就是我们人类自由应该正确领会的全部吗?

《道德形而上学探本》的第三部分开始如下:

> 意志是一种因果性,属于作为理性的生命存在者,而自由则是这种因果性在能够有效地独立于决定它的外来原因时的那种属性,就像自然必然性是一切无理性的存在者的因果性被外来原因的影响所规定而去活动的那种属性一样。

以上对自由的定义是消极的,因而无助于看出它的本质;然而,由它却产生出自由的一个积极的概念,这个概念更为丰富、更富有成果[1]。

本章的目的是呈现这种"更为丰富、更富有成果"的积极自由概念。刚才引用的这段话接着说:

> 自然必然性是动力因的一种他律;因为任何结果都唯有按照以下法则才是可能的,即某种别的东西规定动力因而导致因果性;然而,除了自律之外,亦即除了意志对于自己来说是一个法则的那种属性之外,意志的自由还能够是什么东西呢?[2]

这种"自由即自律"的概念,可能是康德和他的德国唯心主义继任者之间最重要的连续性线索。这也是理解康德属神的自由的关键。上帝与人类(以及所有其他理性的存在者,康德显然认为有很多理性的存在者)联系在一起,是因为人类知道上帝给他们规定的法则。然而,道德法则不能被认为是上帝选择行为的结果。正如康德在《道德形而上学》中所写:

> 先天地和无条件地通过我们自己的理性约束我们的法则,也可以被表述为产生自最高立法者的意志,亦即产生自一个只有法权而没有义务的立法者的意志(因而是属神的意志);但是,这仅仅指的是一个道德存在者的理念,其意志对所有人而言都是法则,不过无须把它设想为法则的创作者(*Urheber*)[3]。

然而,如果道德法则可以被认为是独立于属神的意志,这难道不限制上帝的自由吗？康德的回应是，一旦从自律的角度理解了属神的自由，答案就是"否"。

自由概念对后来的德国唯心主义者的重要性是毋庸置疑的。关于这一点的陈述十分丰富。费希特将他的哲学描述为对自由概念的长期探索；[4]谢林表示，自由的概念是"哲学的 A（起点）和 Ω（终点）"；[5]《德国唯心主义最古老的体系－纲领》（Oldest System-Programme of German Idealism）的作者（可能是谢林、黑格尔或荷尔德林——无可争辩的是，文本存在于黑格尔的手迹中）写道，"第一理念当然是自我作为一个绝对自由的存在的表现"；[6]而根据成熟期黑格尔的说法，"哲学教导我们，自由赋予精神所有品质；其所有品质都只是实现自由的手段；所有品质都只是为了寻求和创造自由"。[7]

## 自律与任性

众所周知，卢梭在《社会契约论》中已经表达了如下观点，即自由在于服从于一种出于自我的法则。卢梭在那里写道：

> 仅仅受本能驱使便是受奴役状态，而唯有服从自己为自己所制定的法律，才是自由[8]。

但是，自我的自由意味着人们为自己立法，这如何避免自律的悖论呢？[9]一个有能力制定法则的自我，当然也有能力免受法则约束。为了使它制定的法则对它具有约束力，自我必须在制定法则时放弃部分主权——如聪明的古希腊英雄那样，把自己绑在桅杆上。也许我们在过去某个时候曾经可以自由地接受或不接受法则,但一旦我们承诺服从法则,我们就不再自由了。这样的法则怎么能说是对自由的实现呢?

自律可以被认为有两个部分:自我(*autos*)和规范(*nomos*),即自我和法则。任何将自由视为自律的概念都必须解释这两个要素,即自我和规范是如何结合在一起的。我刚才提到的困难在于规范方面。很难想象一个主权自我如何通过它特有的选择或承诺行为,为自身创建具有约束力的法则。正如我们所见,康德坚定地站在"游叙弗伦困境"的柏拉图一边。因此,我们通过意志行为"选择"受道德法则约束的想法与此无关:在康德看来,道德不是由我们甚至不是由上帝选择的。然而,在这种情况下,"自律性"的问题掉转了方向。与其说问题在于规范方面(我们如何创建一个对自己有约束力的法则),不如说在于自我方面。一条有约束力的法则怎么能同时被认为是自我自由的表达呢?

本章的中心主张是,在唯心主义者将自由视为自律的概念中,推动自由与法则之间联系的触点是自由必须反对任性。

当然,英语单词"任性的"(arbitrary)来自拉丁语 *arbitrium*(仲裁者),这是用来表达"意志"的两个拉丁语单词之一(另一个是 *voluntas*[愿望])。说某件事是"任性的",一度只意味着它是由个人意志决定的(因此,仲裁者是指在争议中具有决定性意志的个人)。但还有另一种更现代的含义,出现在 17 世纪中期到 18 世纪之间的某个时候。似乎是在那时,某种东西是任性的(在个人选择的意义上),在英语中的意思是,它也是反复无常或随机的。(也许现代的必然性和可能性思想是现代"任性"思想出现的必要条件。)根据这种现代理解,可以说选择是自愿的,但仍然是任性的。

为了了解任性概念所带来的问题,让我们看看一个经常与自由意志主义有关的简单论证(例如,在 A. J. 艾耶尔的著名文章《自由与必然性》中有一个描述)[10]。这个论点如下:

(1)如果行动如自由主义者所设想是自由的,那么它们是不确定的,
(2)但是,如果它们是不确定的,那么它们是任性的,
(3)因此,它们是随机的和难以捉摸的。

这一论证应该表明,即使自由意志主义是正确的,它也没有像丹尼尔·丹尼特(Daniel Dennett)所说的那样,为我们提供了一种值得追求的自由意志[11]。我认为,正是因为德国唯心主义者感受到了这一论证的力量,他们的自由观才采取了这样的形式:对唯心主义者来说,自由必须是没有任性的自由。事实上,我们可以走得更远。德国唯心主义者不仅认为,反对任性排除了某些常见的自由意志概念,而且他们认为,类似的考虑也可以用来反对决定论。

这可能看起来令人惊讶,但请考虑以下论点:

(1)如果决定论是正确的呢?在这种情况下,我们作为人的所有行为都是由一套法则的结合和这些法则适用的初始条件决定的。
(2)但这些法则恰好是特定的;那些初始条件恰好是因果故事开始时的条件。
(3)因此,尽管对行为的解释几乎不可思议地可以追溯到更久远的时间,但在确定性宇宙中,主体的处境与自由意志主义中令人反感的观点相同:对行为的解释有赖于某种最终是任性的东西。

因此，需要提供一种摆脱任性的行为概念，这在两个方面激发了个人层面的唯心主义自由概念：它既需要拒绝决定论，也需要拒绝自由意志主义中的某些类别。

## 自由论述的两个阶段

在已经引用的《道德形而上学探本》第三节开头的讨论中，康德就自由和法则概念之间的联系提出了一个论点：

> 既然一种因果性的概念带有法则的概念，按照此类法则，由于我们称为原因的某种东西，另一种东西亦即结果必然被设定，所以，自由尽管不是意志依照自然法则的一种属性，却并不因此而是根本无法则的，反而必须是一种依照不变法则的因果性，但这是些特殊种类的法则。因为若不然，自由意志就是胡说八道（ein Unding）[12]。

康德在这里声称，这种联系是通过因果性的概念来实现的：自由主体必须是因果有效的；因果有效的主体需要法则；这些法则必须是"不可变的……却是特殊种类的"。然而，这一论点似乎并不奏效。当他为自己的行为选择一个或另一个可用的原则时，红心武士践行着因果律，因此他的行为并非无法无天（它适合一个无所不包的解释框架）。但这并不意味着红心武士的选择本身屈从于法则的约束。我们应该说，在选择所作所为的过程中，有着一种自发的行为，其中红心武士可以自行决定哪些法则适用于他。

事实上，正如从《道德形而上学探本》出版时就已经注意到的那样，自由作为自决权的概念可能潜在地会给康德带来一个严重的问题。如果正如康德所断言的那样，只有那些遵循"特殊""不变"自由法则的原则是不受束缚的，那么红心武士偏离道德道路而不根据这些法则进行选择的情景会是什么样的呢？这是否意味着他根本没有自由选择？如果自由在于按照理性的要求行事，那么很难想象一个康德主义者会接受我们要为自己的恶行负责的观点。因为如果责任需要自由，如果自由包括理性行动，如果理性行动需要服从道德法则，那么偏离道德法则的种种行动就不是自由的，因此我们不对它们负责。

康德在后来的两部作品《纯然理性界限内的宗教》（1793）和《道德形而上学》（1797）中特别明确地提出了这个问题的解决方案，其中涉及意愿两个层面的区别：任性（*Willkür*）和意志（*Wille*）[13]。将这些术语翻译成英语是困难的，因为两者似乎都最好用"意志"来表达。虽然 *willkürlich* 的含义相当于英语中的"任性的"，但至少在18世纪末和19世纪初，名词形式的"任性"承载着选择的权力这一含义，但无论选择的权力是否是"武断的"，它都是尚未有定论的。

康德在其早期关于自由和道德的著作中，无疑并未在两者之间清晰地划定楚河汉界。正如刘易斯·怀特·贝克（Lewis White Beck）所指出的，在这些著作中，尽管康德从未在他表示 *Wille* 的意思时用 *Willkür* 来表达，但他经常在表示 *Willkür* 的意思时用 *Wille* 来表达[14]。因此，二者之间的区别经常被忽视，尤其是被康德的英美读者和那些过于狭隘地关注《道德形而上学探本》的人所忽视，这是可以理解的。然而，一旦掌握了，就很清楚了。任性是选择的权力，意志赋予选择的权力以它的原则。正如康德在《道德形而上学》中所说："法则来自意志，准则来自任性"。[15]

任性和意志之间的区别非常重要,因为它表明康德有一个包含两个阶段的自由理论。一方面,人类是自由的——足够自由,可以对自己的行为负责——只要他们在没有因果约束的情况下行使选择的权力,亦即任性。但是,只有我们的选择权是由一个原则决定的,这个原则本身就是意志的产物,一个理性法则,即绝对命令,我们才是完全自由的——"自发的":

> 任性的自由是不受感性冲动规定的那种独立性。这就是消极的自由概念。积极的自由概念是:纯粹理性有能力自身就是实践的。但这是不可能的,除非将每一项行动的准则置于其符合普遍法则的条件之下。[16]

康德认为,消极自由——仅在任性层面上的自由——就足以担责。为了获得这样的自由,任性必须能够在不受各种因果条件决定的情况下让我们决意采取行动——就我们而言,这些因果条件是一套任性的法则和初始条件。但是,即使我们的任性以这种消极的方式而言是不受束缚的,也不足以让我们完全自由。除非任性是由一个内在理性的原则所决定的,否则无论碰巧由什么动机来决定意志——即使它是自发的——都将再次是任性的。我们可以说,责任体现了自由概念的一部分,即要获得自由,我们必须有能力(其他条件相同且在适当的情况下)以另外的方式行事,但这另外的方式不包含那任性的另一部分。

但康德的两阶段理论是连贯的吗? 回想一下,康德提出了两个主张。首先,在某种程度上,主体在任性的事物影响下行事,他或她就是不自由的。其次,出于这个原因,任性的主体是不受束缚的,有着足够的自由,可以对自己的行为负责。但是,仔细想想,这两种说法显然是相互冲突的。如果第一种主张真的成立——正如我们所看到的,它是康德立场的基础——那么它肯定会削弱根据任性进行的行动是充分自由的,以证明主体对其负责的主张的效力。

反对因果决定论的论点是,仅仅从经验领域的倾向——其法则和初始条件——中产生的行为是不自由的,因为这些行为植根于偶然性。但任性(当它遵循自己的偏好,而不是道德法则时)也植根于偶然性。那么,为什么任性的行为应该被视为自由的——当然,这种自由不是完全的、积极的意义上的,但仍然足以担责——而因果决定的行为却不是?

如果我们暂时把康德抛在身后,似乎就有了一个显而易见的答案。根据偏好所采取的行为——即使它们不是可接受的行为——只要它们不是先前因果过程的结果,仍然是我的(行为)。既然它们是我的一部分,那么,无论它们多么偶然,我都应该为它们承担责任,同样确定的是,不应该期望我为我之外不可避免的因果过程的后果承担责任。但康德方法的逻辑消除了这种论点的可能性。当然,我的行为偏好确实是我的实践理性过程的一部分,它们导致的行为是我身体力行的。但是,出于那种原因,它们在完完全全的意义上就是我的(行为)吗?从真正自由的角度来看,它们只是真实情况的偶然特征:就我的能动性而言,我可能有强烈的偷馅饼的欲望,如同我对滑雪有热情,喜欢吃龙虾,天生是男性,或者我身高178厘米一样,都是偶然的。从某种意义上说,这些都是我的特征,但从康德的角度来看,它们真的是我的本性的一部分吗？

康德的回答——或者看起来是这样——是因为它们只是意愿发生的环境的特征——在我决定如何行动时，我必须考虑的许多事实中的一些。但是，在这种情况下，除了我纯粹的道德能动性之外，我的本性的一部分是什么？主体显然已经消失，或者缩小为一个没有任何个人特征的节点。如果康德给了我们一个关于自由的描述，那么它是否是对具体人类个体自由的描述就不甚了了。因为自由与任性是对立的，个体的所有偶然性特征都位于他或她的自由所包含的先验内核之外。这就是康德自由观的核心深处的深层困境：自由要想被理解，就必须置于法则之下；但如果自由如是的话，那么我还始终如一吗？

## 神的自由

当我们考虑一个根本没有偶然特征的主体（宇宙的创造者，上帝）的自由时，在不陷入任性的情况下构思自由的问题再次出现。

如果上帝真的是上帝，那么他是全能的，而不受制于某种更高的力量。然而，如果上帝所造之物仅是他随意决定的结果，那么人和上帝之间的一个重要联系就被打破了。仅仅凭人类的理性不可能洞察到上帝所造之物之为善，因为使这个特定的创造物为善的东西不是理性所能发现的。这个特定的创造物之善是次级的，它从神圣意志中产生。正是这一点导致康德选择了游叙弗伦困境的柏拉图式的立场：理性必须能够将我们与上帝之善联系起来。但是，尽管这样的创造者会以一种不任性的方式行事，但在常识上，他有能力以另外一种方式行事，那么他是否仍然是自由的？显然，这就是唯心主义的自由观在牵涉到上帝时所造成的困境。因此，康德的自由观必须在两个层面上解决问题：在证明人类如何在不任性的情况下自由行动时，它必须捍卫我们的行动是自由和可理解的；在证明上帝是如何自由而非任性地创造时，它必须捍卫苏格拉底的理念，即人类可以理解神圣创造之美善。

康德对自己解决神的自由问题的方案如此自信，以至于他声称自己根本不认为这是个严重的问题：

> 将自由的概念与上帝作为必然的存在者的概念相调和一点也不困难：因为自由并不在于行动的偶然性（即它根本不为任何根据所规定），即并不在于非决定论（即便是对于上帝来说，为善或者为恶也必然同样是可能的，如果人们把他的行动称为自由的话），而是在于绝对的自发性。这种自发性只有在预定论那里才会遇到危险，因为对于预定论来说，行动的规定根据存在于过去的时间之中。因此，行动现在已不为我所支配，而是落到了大自然的手中，我被不可抗拒地规定着；然而由于在上帝那里并不存在时间的序列，所以这一困难也就除掉了[17]。

然而，乍一看，康德在这一段落中提出的论点似乎很糟糕。他声称，只有"行动的规定根据存在于过去的时间之中"，自发性才会受到威胁。这似乎与我们大多数人对自由的直觉看法正好相反。

想想牢房里的一个囚犯。对她来说，重要的不是她以前被锁在牢房里，而是她现在不能随心所欲地离开牢房。换句话说，时间上过去的事件（锁上门）解释了为什么与她的自由相冲突的状态（不能离开牢房）

会在这个时候出现。康德在这里假设的是,一个主体——上帝——服从于法则,而法则不是过去事件的结果。但事实上,无先行事件似乎与该法则是否限制自由的问题无关。

然而,对康德来说,威胁自发性的不是单纯的某个事实,即一个行动的"规定根据"是时间上的过去因素,而是他从这个事实中展现的如下内容:这种规定根据,在过去,不"在我的能力范围内"。要想弄清楚这一点很困难。当既没有行使任性意志(根据假设,上帝不是这样),也没有行使"权力"的时间序列时,我们如何想象某件事是否处在自己的力量范围之内?

这个解决方案(在所有的人中偏偏)是由斯宾诺莎制定的。在给舒勒的一封信中,斯宾诺莎对他所说的"不受阻碍的必然性"和"不受阻碍的决定"进行了对比,给出了以下自由的定义(当然,对斯宾诺莎来说,这是一种可以单独归因于上帝的自由):

> 我称那一物是自由的,它的存在和行为完全是出于其自身本性的必然;但那一物若由其他事物决定其存在,并以一种确定不移的和被规定的方式行动,那么它是被迫的。例如,上帝,尽管他是必然存在的,但他是自由存在的,因为他只是依他自己本性的必然性而存在。因此,上帝也可以自由地理解自己并绝对地把握万物,因为这完全是出于他自己本性的必然,他应该把握一切。因此,你看,我不是把自由放在不受阻碍的决定之上,而是放在不受阻碍的必然性之上[18]。

至于唯心主义者(显性地是指后来的德国唯心主义者,隐性地是指康德），我们必须区分两种必然性，两种"决定"。一方面，存在一种"外在的"、约束性的必然性。这是一种与机械因果过程相关的必然性：一组事件序列所遵循的法则。另一方面，有一种"内在的"必然性，在这种必然性中，必然性和必然性之间的联系不是外在的，而是内在的——它是必然的，但同时又是不受阻碍的和"自发的"。

这将我们带到唯心主义自由观的核心地带。似乎任何法则——即使是"自我赋予"的法则——都必定意味着对我们的自由的某种限制。如果自由意味着我们得具有以另外的方式行事的能力，那么仅因法则的存在这一点就排除了自由：在这样一个法则对我们有约束力的范围内，我们除了服从它之外，无法另行他事。但是，如果我们追随德国唯心主义者的话，这个未必真实的论点是不令人信服的。请注意我用过的比喻——我说过，法则约束着我们。故而，唯心主义者认为，那仅是意指某种类型的法则：那些从它们行使的强迫中获得力量的法则。还有——或者他们是这么认为的——一种不同类型的法则：法则的力量来源于它能够引起我们的同意，不是通过命令、力量或约束，而是通过领悟。如果实现我们自由的自我赋予的法则是我们的法则，那么它就是属于我们的法则——这并不是因为我们通过任性意志的某种行为选择了它：它是某种我们有着深入把握的法则。事实上，我们的把握可以（在人类的情况下）并且必须（在上帝的情况下）与我们的意志相一致，这使得这个法则成为自由的法则。

从这一点上，我们可以看到唯心主义者解决人类自由问题和神的自由问题所采用的共同思路。就人类而言，我们必须找到一种我们可以深入把握的法则。只要我们根据这种法则行事，我们就可以说是自由的，而这种自由不会被谴责为任性的。对于神意，解决方案是一样的。

如果上帝根据真正理性的法则进行创造,那么他就不会受到约束,因为他在实际上进行创造之时没有被强迫去创造的感觉。如果他以另外的方式行事,那就违背了他的本性。但他"不能"以另外的方式行事的原因,并不在于他自己之外的某种约束。因此,自由作为自我赋予的法则的概念提供了一条共同的线索,连接着从康德到黑格尔、贯穿德国唯心主义的自由概念。

## 自由的形而上学

鉴于形而上学中可能存在"常识"这样的东西,这意味着,最多有两种必然性:演绎推理中举例说明的逻辑必然性——这使我们能够从"所有单身汉都未婚"的命题中推断出伊曼纽尔作为单身汉是未婚的——以及将因果联系起来的自然必然性。现在,人们可能会认为,康德偏离了公认的观点,以至于他(人所共知地)否认我们可以了解任何一种形而上学上独立的因果必然性,并声称即使是因果必然性也要从主观上理解,根据支配感知杂多的连续性的规则来理解[19]。因此,对康德来说,就像演绎必然性一样,因果必然性变成了一个从一般规则到特定实例的问题。

但是,如果在康德手中,必然性被转移到主体的一边,它也会发生重要的变化。除了演绎推理之"分析的"必然性,还有"综合的"先验必然性,它(正如康德所认为的)无可争辩地存在于数学之中,并位于先验哲学的先验理性背后。这种综合必然性的概念在康德的道德哲学中也起作用。如施尼温德(J. B. Schneewind)在他的《自律的发明》(*The Invention of Autonomy*)中提出了这一点:

> 康德……意识到莱布尼茨的分析必然性不适合解释道德所涉及的那种必然性。直到他提出了先验综合必然性的概念，他才认为自己已拥有所需的东西。他接着可以说，道德法则构成了所有理性意志的综合必然性，无论是上帝的意志还是我们的意志[20]。

然而，如何准确理解这一点，是一个悬而未决的问题。在一种解释中，数学论证推理中明显的必然性导致了存在于先验哲学概念理性中的必然性，这反过来又导致了人类道德理性中出现的必然性。从中我们可以推断出神意的本质。从这个角度来看，连接线是理性的本质：从数学到理论哲学再到道德（无论是人还是神）。

然而，对于后来的德国唯心主义者来说，问题的关键是主体性。通过提请我们注意将自由主体与他或她的行为联系起来的独特的必然性的存在，康德已经确定了一个可能最具重要性的形而上学事实。从某种意义上说，这一事实是基本的或原初的：它不能以另一种现象为基础来进行解释。自由行动的必然性的要点是，它不同于任何其他可能类型的必然性。然而，一旦被意识到，它就可以在任何地方见效——从自然的基本过程到人们想象中的与人类经验相距甚远的东西：全能的神圣创造者与其创造的经验领域之间的关系。

对激进的主体概念的需求与后康德德国唯心主义的一个基本主题有关，因为它是通过莱因霍尔德（Leonhard Reinhold）和费希特发展起来的。简而言之，部分地由于制度性的原因，部分地由于机缘巧合，莱因霍尔德在18世纪80年代末和90年代初很大程度上被理解为康德理论哲学的代言人。因此，莱因霍尔德提出的对康德的批评——康德的理论哲学仍然是不完整的，必须找到一个原则（道德原则 [*Grundsatz*]），这个原则将是批判哲学的基础,而不是批判哲学的一部分——引起了很大的共鸣,尤其是费希特。正如费希特所想象的那样,将他带到自己哲学立场的是一种突破性的见解,这种见解将使他能够应对莱因霍尔德的挑战。正如费希特在《评埃奈西德穆》(*Aenesidemus* Review)中的一个著名的段落中所言:

> 最初的错误预设,以及导致[莱因霍尔德的]意识原则被认为是所有哲学的第一原则的预设,正是一个必须从一个事实开始的预设。我们确实需要一个实质性的而不仅仅是形式性的第一原则。但这样的原则并不一定非要表达一种事实;它也可以用来表达一种行为[21]。

因此,对于费希特和他的德国唯心主义继任者来说,主体性思想成为打破理论哲学僵局的关键——作为心理表征表达的一个原则,如何能成为整个心理表征系统的基础?这种主体性不是任性完全反复无常地选择的自我,而是一种将必然性与理性洞察力的自由结合在一起的主体。因此,在这个意义上的自由思想渗透到费希特的整个知识学(*Wissenschaftslehre*)之中。下面是一个典型的例子:

> 自由(或与之相同的事物)是自我的直接行动,就是理想和现实结合在一起之处。自我是不受阻碍的,因为它认定自己是自由的,或者把自己设定为自由的。具体的决定和存在是一体的。自我是在决定行动之时行动着,通过行动决定了它自身[22]。

弗里德里希·谢林在他的《论人类自由的本质》(1809)中阐述了与自由相关的独特必然性[23]。他从自由的定义开始,以一种定然会让我们想起斯宾诺莎的方式,将卢梭的自由视为自决:

> 只有根据自身本质法则行事的自由,才不受其内部或外部任何其他因素的决定[24]。

当然,考虑到斯宾诺莎对谢林的深刻影响,这并非偶然。

谢林认为,根据自己本质的法则行事的自由概念与"偶然性的反复无常"[25]是对立的,就像它与"经验的、基于强制的"必然性形式是对立的一样[26]。事实上,他说,后者(使我在本章早些时候提出的观点得以明确)本身"只是伪装的偶然性"。那么,我们应该如何理解这种"本质的内在必然性"及其与自由的联系呢?引用谢林本人的论述是最好的,因为我认为他的答案正如人们所希望的那样清晰:

> 这是必然性和自由必须结合之处,如果它们能够结合的话。如果这个本质是一个麻木不仁的存在,而对于人类来说,它仅仅是一个基准,由于只有在必然的情况下人类才会据此采取行动,那么责任和所有自由都将被剥夺。但这种内在的必然性本身就是自由;人类的存在本质上是他自身的行为。必然性和自由作为同一个存在相互渗透,只有从不同的角度来看之时,它才表现为其中之一——就其本身而言,它是自由,但从形式上看,它是必然性[27]。

一旦我们看到了这一点,德国唯心主义的一个非常令人困惑的特征就变得更加容易理解,即人们常说的"实践至上"。正如《最古老的体系－纲领》的作者所言,"在未来,整个形而上学都属于道德范畴"。[28] 对于德国唯心主义者而言,或者至少依我所见,人的自由行动和神的能动性之间的联系是非常紧密的:上帝以完美的形式展示了一种创造性的能动性——既是自发的,又是必然的——个体也意识到了这一点,因为他或她成功地按照理性的道德原则行事。在宣布第一个理念是将自我视为一个自由的、有自我意识的存在之后,《最古老的体系－纲领》的作者继续写道:"有了自由的、自我意识的生命,整个世界从无到有,成为唯一真实的、可思考的从无到有的创造。"[29] 换言之,自由是一个基本的形而上学原则。

## 黑格尔的自由必然性

我已主张,我们在康德那里找到的自由的基本概念,代表了贯穿德国唯心主义的一条共同主线。为了说明这一点,我想在结论中介绍黑格尔关于自由和意志论述的一些最重要的特征。在我看来,他的立场与康德立场的相似之处远比不同之处重要。

这一论断与关于康德和黑格尔之间关系的许多公认观点不一致,根据这些观点,黑格尔的整个实践哲学建立在对康德主体性和自由图景的"抽象"特征的批判之上。当然,黑格尔确实对康德提出了这样的批评——而且是相当激烈的。但他的批评主要集中在康德对绝对命令的表述上。在我看来,黑格尔同意康德的观点,即自由意志是由理性法则决定的,但两位哲学家在这些法则的性质上存在分歧——而且是彻底的分歧。黑格尔和康德一样,认为自由需要一种特殊的必然性——

这种必然性与自然因果过程中起作用的必然性不同(实际上是根本性的彼此相左)。例如,想想《哲学科学百科全书》中的以下一段:

> ……自然界不是自由的,而仅仅是必然的和偶然的。因为必然性就是不同条件所具有的不可分离性,这些不同的条件还显得互不相干;但因为外在性的这种抽象的状态也会取得其正当地位,所以自然界中存在偶然性——外在必然性,而非概念(des Begriffs)的内在必然性[30]。

根据本章的论点,这段话再也无须显得神秘:自然既是必然的又是偶然的,这一说法,并不像人们可能认为的那样,是辩证双重思维中某种令人不快的矛盾修辞法或演练。对于黑格尔和康德来说,自由要求必然性,并排除偶然性或任性。但自然的必然性并不是自由的必然性,它是一种低级的必然性:一种"外在的",即偶然的必然性。

黑格尔的观点与康德的观点的接近性,也体现在黑格尔在《法哲学原理》开篇时对人的能动性进行的最广泛的讨论之一中(另一次出现在《哲学史讲演录》的导论之中)。黑格尔把意志的发展分为三个阶段。首先是抽象普遍性阶段——超然意志的不确定自由;然后是特殊性阶段——跟随这个或那个冲动而产生的确定行动;最后是具体普遍性阶段,即自决意志。然而,在这种辩证图式的背后,康德对意志(Wille)和任性(Willkür)的区分起着重要作用。就像康德一样,黑格尔否认任性可以是真正的自由,原因相同,它是任性的:

> 任性暗指这些内容不是因为我的意志的本性而成为我的,而

是出于机缘巧合。因此,我依赖于这个内容,这就是在任性之中潜藏着的矛盾。常人以为,如果他可以任性行事,他就是自由的,但恰是他的任性表明他不是自由的[31]。

正如我们所看到的,对康德来说,任性是一个与意志相关的任意性领域:它由一系列冒着完全失去与自我联系的危险的偶然冲动组成。黑格尔也认为,特定的本能需求和欲望的领域是自由的一部分,但只是自由的一个从属部分:自由的自我必须以这样一种方式规定自己,即它必须以一种"在自身之中"(bei sich)的方式自我规定。他举了一个意志在感情层面运作的例子——在友谊或爱情中:

> 在这里,我们并非生来是片面的;我们很乐意在对他物的关系中限制自己,但在这种限制中,我们知道自己本身。在这一规定性中,人不应当感到自己是被规定的,相反地,由于他把他者作为一个他者来观察,正是在这一点上他才第一次具有自我感。……自由是希求某种被规定的东西,却是在这样一种规定性中:既守住自身而又重新返回到普遍性[32]。

有了这一点,黑格尔似乎扭转了险些导致自我丧失的力量:自我不是将自己从一切偶然中脱离出来,而是将自己重新确立为具体的和日常的一部分。当然,这是黑格尔计划的一部分(无疑,这也是他的实践哲学经久不衰的部分原因)。然而,我们不能误解这一过程。虽然黑格尔希望重申行动和具体化是自由的一部分的必要性,但做出这一断言的立场——对黑格尔和康德来说——都是理性的立场。对于康德而言,

也对黑格尔而言,赋予自由行动其内容的是道德行动的普遍要求,而不是个人个性和主体性的特殊性:

> 当我希求理性之物时,我不是作为特殊的个体而是依据整体性的伦理(*Sittlichkeit*)概念而行动的。在伦理性的行为中,我所实现的不是我自身而是所虑之事。但当一个人做出某种与正道相反的事情时,他最容易表露出他的特异性。理性之物是人人所共走的康庄大道,在这条大道上谁也不显得鹤立鸡群[33]。

简言之,唯心主义者将自由视为自律的概念必须调和两个要素:自我(*autos*)和规范(*nomos*)。如果我们接受缺失规范的自我,结果只能是任性——一种反复无常的自由,无法成为理性洞察力的主体。无论我们如何看待个人层面的自由,它都不可能满足苏格拉底对一种神的自由概念的要求,即通过可理解性的要求将上帝与人类联系起来。

但是自我怎么样呢?我们服从法则这一事实难道不约束我们吗?正是在这里,斯宾诺莎对内在必然性和外在必然性的区分发挥了十分重大的作用。我只被我本质之外的种种规定所约束。哪些规定于我的本质而言是内在的?就上帝而言,回答这个问题易如反掌;根据斯宾诺莎的说法,上帝必须把所有的规定都包含于他自身之内。但是人类呢?我们理性所把握的一切,是否正是因为这个原因,才被视为"我"的一部分——构成我"实际身份"(借用克里斯蒂娜·科斯嘉德的术语)的一部分?或者,用黑格尔的语词来说,理性的洞察力是否足以让我保持"在他者中的自在"?

# 第五章

# 康德伦理学与康德的伦理学

> 哦,难道会有一位少女的胸脯感受不到道德之美吗?
> 那将世俗利益置于责任感之下的道德之美?
>
> ——吉尔伯特(W. S. Gilbert)

> 穆齐:得了吧,什么,什么?
>
> 迈耶:永远做正确的事。
>
> 穆齐:就这些?
>
> 迈耶:就这些。
>
> 穆齐:我懂了,我走了。
>
> ——斯派克·李(Spike Lee)

## 康德伦理学的诉求

什么是"通过我们自己的理性先验地、无条件地约束我们的法则"?毋庸置疑,它是道德法则,是绝对律令。

现代哲学的任何其他部分曾得到过比如上问题更多的解读吗?在提出针对如上问题已被一致认可的理解的全新挑战之前,先问问为什么这样是不无裨益的。确实,康德的道德哲学艰深难懂:康德的许多术语都很新颖,而且他的论辩的结构难以捉摸。但是过往大量的哲学也一样是难啃的硬骨头。不同寻常的是,康德的道德哲学仍然以不容忽视的紧迫感吸引着当代读者。这种关注既有积极的一面,也有消极的一面:对一些解释者来说,康德提供了一剂灵丹妙药;对于另外一些人来说,他们得到的却是一块鸡肋。

在一定程度上,这是迫切地想要为那被视为康德的指导性问题——我应当做什么?(*Was soll ich tun?*)——寻得一个答案[1]。这吸引了他的现代拥护者。这是一个功利主义似乎也足以清晰回答的问题:为最大多数人带来最大幸福。然而,对许多读者来说,康德承诺的解读给出的答案是合理的,而功利主义则不然。著名的康德学者奥诺拉·奥尼尔在她的第一部著作《按原则行事》(*Acting on Principle*)的"序"中解释了是什么吸引了她进入康德的道德哲学,她非常清楚地表达了这一点:

> 我最初是从对功利主义的短暂而强烈的热情中反弹出来,才开始思考按原则行事。这一伦理理论的广度、丰富性和精确性给我留下了深刻印象;然后,我为其强有力且难以置信的前提而感到苦恼。欺骗我的精确性现在看来是虚假的,因此是危险的。但我仍然确信,一个不结果实的、不能指导行动的道德理论是不得要领的[2]。

因此,奥尼尔的兴趣是研究各种普遍性检验的"生产性或指导行动的能力",并询问这种检验是否可以作为某种"挑选道德上可接受的原则的抉择程序"。[3]

像奥尼尔这样的现代康德主义者在功利主义中发现不足,并非因为(或者不仅仅是因为)功利主义与一种明显过于简单的享乐主义的联系——边沁认为人类"处于痛苦和快乐两个君主的统治之下"。[4] 毕竟,后果主义和"完美的功利主义"有许多非简化版本。一个更玄奥的障碍是功利主义对总量计算的本质依赖。如果唯一重要的是一些独立有价值的目的,那么无论特定个人的代价如何,任何导致该目的净额增加(或使人们更接近该目的)的重新分配都是合理的。通过这种方式,功利主义被指责忽视了(正如奥尼尔的老师约翰·罗尔斯著名反对的那样)"人际区分",即人本身在道德上具有重要意义,而不仅仅是作为对国家或其他有价值事物的承担者的手段或载体[5]。

但这还不是全部。一个道德理论应该是确定的,并与坚定的道德信念相匹配,这是不够的。它不仅应该告诉我们做什么,还应该告诉我们为什么这样做是正确的。正如奥尼尔的标题(《按原则行事》)所表明的那样,如果道德判断被视为康德所说的"实践理性"的一种表达,它应该能够表明它的判断是基于本身具有说服力的原则。从这个意义上说,它应该是"系统的",能够使整个道德筹划变得清晰易懂。希望将这些愿望体现在一个作为行动指南仍然富有成效的理论中,这解释了为什么对许多当代解释者来说,对康德伦理思想的研究也是对康德伦理学的探索。

熟悉文献的读者会在最后一句话中认出艾伦·伍德的两本书的标题[6]。根据伍德的说法,"康德伦理学""是对正确的道德理论和伦理问题的思考规范负责,而不是对解读康德文本的精确性或注释性的规范负责"。[7] 然而,伍德的书看起来也很像是解读康德作品的又一贡献:"这是因为我不认为康德伦理学最有说服力的版本需要像最近的康德伦理学实践者那样远离康德的思想和著述。相反,在许多情况下,所需要的只是更好地理解康德自己的思想。"[8] 奥尼尔同样写道:

> ……我的兴趣与其说是注释,不如说是论辩。正是因为我相信我在康德的伦理学中发现了一个富有成果、详细而有用的理论,我才认为我有充分的理由写一本关于伦理学的书[9]。

对于像伍德和奥尼尔这样的解释者来说,解释和辩护是紧密相连的。然而,正是这种积极的抱负吸引了哲学家对康德的解释。对其他人来说,它是排斥。据称,康德的道德哲学体现了一种存在着严重问题的现代主体性概念。萨默维尔学院的另一名校友艾瑞斯·默多克在她的演讲《善的主权》中生动地表达了这一观点:

> 这种后康德道德哲学的核心是作为价值创造者的意志观念。以前在某种意义上刻在天堂里并得到上帝担保的种种价值观念坍塌为了人类的意志。没有超验的现实。善的概念仍然是无法定义和空洞的,因此人类的选择可以填补它。完全独立的道德概念是自由,或者可能是勇气,在某种意义上,它与自由、意志和权力相一致。这个概念存在于人类活动的一个相当独立的最高层次,因为它是由选择所创造的次生价值观的担保者。行为、选择、决定、责任和独立性在这一源自清教主义和明显地带有禁欲主义色彩的哲学中得到了强调[10]。

从表面上看,默多克的孤苦的意志主义者与奥尼尔的理性指导的实践理性者相去甚远。然而,有人认为两者是相辅相成的。因此,阿拉斯代尔·麦金泰尔(Alasdair MacIntyre)在《追寻美德》(*After Virtue*)中就坚持这样的观点。麦金泰尔认为,一旦主体像默多克所描述的那样变得曲高和寡,与道德实践可以在其中得到理解的共同体隔绝,就会出现自然的、合乎情理的——但注定要失败的——尝试,通过将启蒙理性的世俗、普遍主义方法应用于道德问题来弥补这一断裂。康德就是这种启蒙普遍主义的一个典型例子。因此,现代道德哲学被谴责在怀疑主义(唯意志主义、表现主义)和理性主义(无论是康德主义的还是功利主义的)之间的辩证法中游走不定[11]。

然而,在一件事上,康德的批评者和"康德伦理学"的倡导者达成了一致:在某种程度上,康德援引了一种独立于经验世界的本体行动者的自我观,这必须被拒绝。艾伦·伍德毫不客气地表达了这一点:

> ……不幸的是,在某些地方,康德本人似乎想在实证的意义上利用本体自由——作为先验唯心主义的又一证明,或者作为我们在自然感官世界之外的超自然世界中的成员身份的某种暗示(或者甚至作为某种认知)。显然,康德也发现,正如我们经常认为人类具有绝对价值或尊严一样,我们也必须认为人类具有某种超自然(或本体)的命运,将他们与所有命运只是自然一部分的低等生物区分开来,这在道德上是恰当的。这种观念至今仍吸引着一些人。但是,任何理性主义者——而理性主义正是康德伦理学的核心——都不应该接受这一点。它在我心中激起的唯一道德情感是愤怒——竟然有人可能认为,超自然主义的迷信论调是道德高尚的必要条件。我完全同意那些人的观点,这些人认为,本体自由概念对康德式道德规范不可或缺的观念是康德伦理学被接受的一个不可逾越的障碍。我只想补充一点,关于本体自由的实证学说在康德伦理学中也没有任何地位。无论康德本人在这个问题上说了

什么，他对超自然主义关于自由的调侃是超验形而上学的异想天开，与批判哲学的基本认识论约束不一致[12]。

约翰·罗尔斯也持同样的立场，尽管他的语言更温和：

> 康德的观点有许多二元论的特征，尤其是必然与偶然、形式与内容、理性与欲望、现象与本体之间的二元论。对许多人来说，放弃他所意指的二元性就是放弃他理论中的独特之处。我不这么认为。他的道德观念有一个特征结构，当这些二元性不是按照他赋予它们的意义来理解，而是在经验理论的范围内重新解释和重新表述它们的道德力量时，这种特征结构会更加清晰。《正义论》的目的之一就是说明如何做到这一点[13]。

本章介绍的关于康德的论述将是截然不同的。

刚刚介绍的解读康德的两个流派，都将康德视为一位完全世俗的思想家。对于伍德、奥尼尔、罗尔斯和其他许多以类似方式对待康德的人来说，康德已经形成了一种道德理性的概念，这种概念不依赖于任何关于上帝或本体领域的前提，即使康德有时令人遗憾地允许这种思想模糊了他的基本见解。同样，对默多克和麦金泰尔来说，康德思想的要旨是以人类为中心的：一个人类在某个道德共同体的总体形式被摒弃的世界中创造自己价值观的形象。

相比之下，在我的解释中，人与神之间的联系对康德来说是必不可少的。道德必须使人类倾向于被一个无所不知、绝对公正的法官追究责任（并在必要时受到惩罚）。这意味着，正如我们在前几章中看到的那样,人类必须拥有承担责任所必需的自由,他们所遵从的法则不应通过绕过其道德主体性的某种权威行为从外部强加给他们。道德和自由通过自律的概念联系在一起。

我将证明,把"康德伦理学"理解为对道德理性的正式描述——罗尔斯不甚得体地称之为"CI程序"——为道德问题提供确定的(可信的)答案,是不成功的[14]。这种否定的说法不易证明,就像人们不易证明某种国际象棋策略注定会失败一样。在一个有限的经验领域中,更不用说在一本书的章节中,不可能穷举为捍卫它而动员起无数解释性的策略。相反,我将对康德伦理学的任务做一个大致的说明;在我看来,提出解释的可能性,以及这种解释所面临的各种反对意见——原则上,其中大多数都相当脸熟;看看哲学家们对这些反对意见的各种反应,我认为他们是承担解读康德伦理学任务的哲学家中最具创造性和穿透力的(主要是奥诺拉·奥尼尔和克里斯蒂娜·科斯嘉德);并解释为什么我得出的结论却是,它的困难是如此严重,以至于无法克服。

那么,我是否也加入了康德批评者的行列———一方是布拉德雷(F. H. Bradley)和麦金泰尔等黑格尔主义者,另一方则是穆勒和黑尔等后果主义者——他们认为康德的筹划本身就是失败的?我还不至于如此。我将呈现康德道德理论的一幅截然不同的画面,它始于这一信念,即先验自由的人类能动性的绝对价值。在我看来,康德之道德义务图景的核心是自由(但具体化的)道德主体必须以不同的方式相互敬重——敬重,既敬重自己又敬重他人。这是解决罗尔斯和他的学生们由以起步的问题的另一种方法吗?再一次,不完全是这样,因为它没有体现道德理性的程序性说明。因此,它回到了早期解读康德的那一脉(人们可能会提到佩顿[H. J. Paton]、邓肯[A. R. C. Duncan]、威廉斯[T.

C. Williams］和罗尔斯自己的老师格林［T. M. Greene］），他们以不同的方式强调了"直觉"在康德道德判断中的作用。

我们应该从中得出什么结论？康德伦理学的倡导者和评论家如默多克、安斯科姆（Elizabeth Anscombe）或伯纳德·威廉斯等都认为，康德无论如何都是现代伦理思想家的典范。我的解读从另一方面揭示了他与现代道德哲学之间的距离。这一点之所以显而易见，不仅是因为我的解读解释了为什么康德极力坚持他的道德思想（例如，报应主义和绝对禁止自杀），以至于让现代自由主义者感到厌恶。更深一步，我将要表明，在康德身上寻找一个"伦理抉择程序"[15]，就是将他纳入一个属于我们的筹划，而不是他的筹划。

## 《道德形而上学探本》：一个大纲

康德在《道德形而上学探本》一书中写道：

> 因此，绝对律令只有一个，那就是：要只按照你同时能够愿意让它成为一个普遍法则的那个准则去行动[16]。

然后，他解释说，"这唯一的律令作为义务的一切律令的原则，从它推导出所有这些律令"（alle Imperativen der Pflicht als aus ihrem Prinzip abgeleitet werden können），并用他的话说，继续"列举"（herzählen）其中的一些义务。事实上，康德给出了四个例子，以对应他沿着两条轴线划分义务时产生的四种不同类型的道德义务：对他人的义务和对我们自己的义务，以及他称之为"严格的"义务和"宽泛的"义务。

四类义务是不承诺本没有打算履行的义务和不自杀的义务(严格的义务);帮助有需要的人的义务和培养自己才能的义务(宽泛的义务)。康德声称,在所有这些情况下,我们都不会使用"准则"(主观行动原则)来否定作为普遍法则的推定义务,尽管严格的义务和宽泛的义务的原因不同。

> 一些行为具有这样的性状:它们的准则绝不能被没有矛盾地设想为普遍的自然法则;更不用说人们还能够希求它应当成为这样一个法则了。在其他行为那里,虽然不能发现那种内在的不可能性,但希求它们的准则被提升到一个自然法则的普遍性,这毕竟是不可能的,因为这样一种希求就会与自己矛盾。人们很容易看出:前一种行为与严格的或者较狭隘的(不宽纵的)义务相抵触,第二种仅仅与较宽泛的(值得赞扬的)义务相抵触……[17]

接着,或者你可能会这么认为,就这样吧。但康德并没有把它停在那里。几页之后,他从另一个角度来处理这个问题。他回到了《道德形而上学探本》开篇的主张,即善良意志被无限制地视为善的[18]。他问道,如果"假定有某种东西,其存在自身就具有一种绝对的价值",会怎样?[19] 那么,"在它里面,并且唯有在它里面,就会有一种可能的绝对律令亦即实践法则的根据"。[20] 每个人,只要他或她是理性的,都作为"目的自身而实存,不仅仅作为这个或者那个意志随意使用的手段而实存"。[21]

通过这种方式,康德把我们带到了另一个同样著名的绝对律令的公式中:

因此，你要如此行动，即无论是你人格中的人性，还是其他任何一个人的人格中的人性，你在任何时候都要同时将之当作目的，绝不仅仅当作手段来使用[22]。

之后，他又回到了以前的例子，但这一次他解释说，此处讨论的每一个行为都是一种义务，因为以另外的方式行事就会将他人或自己视为"手段"。康德说，自杀和虚假承诺"仅仅作为手段"利用人（自己或他人）。另一方面，不增长自己的力量是违反了将自己视为目的的义务。

最后，康德增加了第三种提法，它超越了人类必须根据普遍法则行事并将自己和他人视为目的的信念，表达了理性的存在应该"通过共同的客观法则……在一个系统的联盟中"——正如康德所言，在一个"目的王国"中共同生活的信念。[23] 这也是道德原则"完全确定"的一部分："所有的准则都应当从自己的立法出发而与一个作为自然王国的目的王国协调一致"。[24]

然而，也许重要的是，康德并没有根据第三个道德公式回到他的四个例子。相反，他让我们回到第一个道德公式。在道德评判（*Beurteilung*）中，他说，"更好的是……始终按照严格的方法行事，并且以绝对律令的总公式为基础：要依照能使自己同时成为普遍法则的那种准则而行动"。[25]

我希望，这些会得到《道德形而上学探本》的所有读者的认可。

## 康德伦理学的四个问题

因此，康德伦理学的倡导者面临四个问题：

（1）康德关于绝对律令的总公式是否对一个人应该做什么的问题给出了确切的答案？
（2）它们给出的答案相同吗？
（3）它们给出的答案可信吗？
（4）它们给出的答案是康德的本意吗？

当然，第一个问题至关重要，理所当然地成为解读的主要焦点，但在转向它之前，值得注意的是其他问题的分量。

第二个问题，可以说，意义不大。如果康德伦理学能够仅从这三个道德公式中的一个来对伦理学的基本问题给出确定而有说服力的答案，那么这将是一个非常深刻的成就，即使其他两个公式不支持它（正如我们所看到的，康德本人建议，为了"道德评判"的目的而专注于普遍法则的公式）。

但不应忽视问题（3）和问题（4）的重要性。康德伦理学的绝大多数倡导者（其中许多是约翰·罗尔斯的学生）都是现代自由主义者，对个人道德和公共道德持有家族相似的观点。在许多情况下，他们认为得到康德伦理学支持的伦理信仰与康德的本意大相径庭，我们该如何看待这一事实？康德伦理学的倡导者显然面临着两难的处境。要么康德从他的基本原则中得出自己的伦理判断是错误的，要么他是对的，而从该原则中得出的许多伦理判断都是他的现代追随者所排斥的。

康德关于性道德问题的观点是众所周知的，在他的现代读者中的几乎所有人看来都是难以置信的，甚至是令人愤慨的。例如，这里有一段这样的话：

在任何情况下,一个人都不会天然地被决定成为另一个人享受的对象,除非性意愿是其基础。这就是为什么我们为拥有这种冲动而感到羞耻,也是为什么所有严格的道德家,以及那些希望被视为圣人的人,都试图压制和消除这种冲动……由于性冲动不是一个人对另一个人(作为人)的一厢情愿,而是对他们性别的一种期待,因此,它是贬低人类的一种机理,是偏爱一种性别而不是另一种性别的根源,以及通过满足这种偏爱而羞辱该性别的根源。一个男人对一个女人的欲望并不是针对作为一个人的她;相反,他对女人身上的人性漠不关心,他唯一渴望的对象就是她的性别[26]。

他说,从原则上讲,肉欲快感是"食人的":男人的性欲"消耗"女人,女人的性欲消耗男人[27]。至于"同性性交",就其实践而言,"我抛弃了我的人格,因此把自己贬低到野兽之下,侮辱了人类"。[28]

尽管如此,还是有可能认为,这些声明是康德伦理学的外围内容,它们的根本动机值得称赞,是保护人类在性关系中免于陷入堕落的危险。康德关于性贬低人性的假设,更多地归功于一个生活在压抑社会中的老年单身汉的经历(或缺乏这种经历),而不是其基本的哲学原则。

然而,不太容易被忽视的是康德禁止某些行为的绝对原则,无论在什么情况下。最广为人知的两件事是自杀和撒谎。没有人会认为这两件事中的任何一个是康德关于道德义务的外围案例,每一件事都让他的现代倡导者付出了巨大的心力。

然而,最后,对于我在这本书中的论点来说,也是最关键的一点,是康德关于惩罚之正义的报应观。康德对死刑的热衷在他那个时代并不罕见,但他对死刑的坚持与社会福祉的工具性考虑无关。即使社会即将解散,杀人犯也必须被处死[29]。这不仅仅是谋杀这一极端罪行的问题,而是源于他对激进和毫不妥协的报应主义的普遍信奉。如下是康德关于惩罚的观点,表达得既简洁又明确:

> 惩罚的原则是一种绝对律令,凡是爬行通过幸福学说的羊肠小道,为的是寻找通过其所承诺的好处使罪犯免于被惩罚,或者哪怕是减轻其量刑的人,都是不幸之士。按照法利赛人的格言,"最好让一个人去死,免得全体人民堕落"。因为如果正义消失了,人活在尘世上就不再有任何价值了……但是,是哪种方式的惩罚和什么程度的惩罚使得正义成为原则和准绳呢?不是别的,就是平等的原则,即(在正义的天平上指针的状态中)不偏不倚。所以:你使人民中的任何一个他者遭受什么无辜的灾祸,就等于你把灾祸加诸己身。你辱骂他,就是在辱骂你自己;如果你打了他,就等于打了自己;如果你杀了他,就等于杀了你自己。只有报复法权(*ius talionis*),但听好了,是在法庭面前(而不是在你的私人判断中)的报复法权,才能明确地规定惩罚的质和量;所有其他原则都是不稳定的,不适合纯粹和严格的正义判决,因为这些原则中夹杂着无关的考虑[30]。

因此,对康德来说,赏罚报应在正义方面是至高无上的——最重要的是,要求恶人为自己的恶行付出代价。我们应该记住《道德形而上学》结尾那句令人毛骨悚然的脚注:"从惩罚的必然性推论到一种来世的生活"。[31]

如果康德的报应主义得到认真对待(当然,读到上面所援引的段落的,没有一位会做不到这一点),那么很明显,康德的道德理论与任何版本的后果主义都是不可调和的。如果康德放弃了他的报应概念,他的理想之处依然是一个我们所有人都既善良又幸福的世界,我们可以向德里克·帕菲特认输[32]。毫无疑问,这是真的,但在这种情况下,他将是帕菲特,而不是康德。

## 普遍法则

让我们从康德对绝对律令的第一个公式,即所谓的普遍法则公式开始。正如我们将要回忆的那样,康德区分了两种不同类型的矛盾:通常被解释为"概念上的矛盾"和"意志中的矛盾"。正如他在谈到第一个公式时所说,"一些行为具有这样的性状:它们的准则绝不能被没有矛盾地设想为普遍的自然法则"。[33] 他谈到有人借钱却无意还钱的例子时指出:

> 其普遍性就会使承诺和人们在承诺时可能怀有的目的本身成为不可能,因为再也没有人会相信对自己承诺的内容,而是会把所有这样的表述当作空洞的借口而加以嘲笑。[34]

矛盾在哪里? 问题似乎是,如果没有承诺通常会得到遵守的假设,承诺制度就不可能存在。作为回应,康德的批评者提出了我称之为"开放性问题异议"的问题。

评论家认为,是的,如果没有人信守承诺(或被期望遵守),承诺制度将是不可能的。但其他制度也是如此。比如贿赂或决斗。如果没有人接受贿赂或决斗的挑战,这些制度也会从内部崩溃。但这会是一件坏事吗?

从这个角度来看,康德的普遍性标准至多是一个必要条件。它并没有解决所考虑的制度是否有维持价值的问题。为此,还需要进一步的东西——对实践和制度的价值进行测试。这种反对意见的变体可以在两个完全对立的伦理思想流派中找到——功利主义和黑格尔主义。[35]

然而,康德伦理学对此异议有一个回应。

康德伦理学的捍卫者将指出,矛盾不仅在于制度的存在或不存在,还在于它们与参与其中的人的目的之间的关系。一个人做出一个撒谎的承诺,取决于使她撒谎成功的承诺制度的存在。另一方面,如果你不想参加决斗,即使决斗制度消失,你也可以避开决斗,实现你的目的。

克里斯蒂娜·科斯嘉德将这一观点解读为绝对律令客观存在的矛盾:"根据矛盾客观存在之解读的支持者的说法,准则实现其目的的效力将因其普遍性而削弱。"[36]

"矛盾客观存在之解读"在多大程度上可以作为理解绝对律令的普遍法则公式的指南?

当应用于康德的另一个"狭义的"或"严格的"义务的例子——禁止自杀时,它似乎确实做得很糟糕。从潜在自杀的"准则"成为普遍自然法则的角度来看,我们应该考虑究竟什么是潜在自杀的"准则"? 当然,这并不是说我们都应该直截了当地结束我们的生命! 康德并没有假设这一地步。相反,正如康德所描述的那样,此准则表明:"如果生命因期限的延长将面临的灾祸多于它将带来的安逸,那么,我就出于自爱,把缩短它当作我的原则。"[37] 当然,人们可能会认为,人们很容易想象存在着这样一个世界,在这个世界里,这条准则是普遍适用的。康德

说,情况并非如此:

> 但人们在这里马上就看出,如果一个自然的法则是凭借以敦促人增益生命为使命的同一种情感来毁灭生命本身,则这个自然就与自身矛盾,从而就不会作为自然存续;所以,那个准则就不可能成为普遍的自然法则,因而就与一切义务的最高原则相抵触[38]。

这一说法很有说服力。这种情况下的"矛盾"——就其本身而言——取决于对什么是"自然法则"的一种非常特殊的解释——并非仅仅是经常和必然发生的事情,而是一种关于自然现象之用途的目的论主张:导致生命"毁灭"的感觉与其"促进"生命的"规定"(Bestimmung)之间的对比[39]。如果没有这种目的论,那么争论就不会奏效。如果问题是主体自己所理解的目的是否会像矛盾客观存在之解读所坚持的那样,因普遍化而受挫,那么答案显然是"远非如此"。

事实上,如果我们看看康德最著名的道德主张之一,也是如此:他绝对禁止撒谎。认为撒谎是可以接受的人,其准则并不是"总是撒谎"。(如果是这样的话,我们只需反向理解他所说的一切就可以了。)有时骗子的准则更像是:只要对我有用,我就会撒谎(利己主义准则);或者,只要它有重大的社会利益,我就会撒谎(功利主义准则)。这两条准则中的任何一条都会破坏人类沟通体系吗?很明显不是,因为它们类似于我们实际生活的世界——在这个世界里,我们必须警惕江湖骗子、冒充内行者、假新闻、诈骗犯和垃圾邮件发送者,但在这个世界上,有用的沟通仍然是可能的。也许一个康德式真诚的理想世界会更好(甚至考虑到门口有一个奇怪的潜在杀人犯),但如果真正的考验是一个体现了这样一条准则的世界能否存在,那就并非我们讨论的重点了。

因此,人们可能会怀疑,康德给出的第一个例子——撒谎的承诺——有一些特别之处,它似乎效果更好些:它告诉我们更多关于承诺的特殊实践,而不是道德原则的一般运作方式。

大多数人都不是康德式绝对主义者:他们认为有时承诺是不能(实际上,不应该)遵守的。其他因素可能会介入。但即使在这种情况下,做了承诺的事实是有意义的:它提供了另一个独立的需要考虑的理由。也许我有某个充足的理由带女儿去公园。这个理由本身可能会让我据此给她一个承诺。另一方面,我不得不等待水管工来修理坏了的锅炉,这可能是我留在家里的一个很好的理由。然而,她的责备"但你答应了!"为这种情况增加了一个额外的因素——至少她更有理由感到失望。承诺不仅仅是预测("我会带你去公园")或表达对道德要求的看法("综合考虑,我带你去花园是正确的");它表达并由此创造了一种承诺。

正如康德所设想的那样,在撒谎的承诺这一情况下,当事人一开始就没有遵守承诺的意图。她的准则是让她的承诺几乎没有任何分量,而不是更常见的准则,即如果出现某些可以被谅解的条件,就得准备违背她做出的承诺。但如果是这样的话,而且准则真的是承诺本身无足轻重,那么人们肯定会同意,如果它被普遍采用,人们对承诺本身的信心将受到致命的破坏。在那些心照不宣无意信守承诺的人中,创造义务的条件——据信他们已经做出了承诺——根本不存在。然而,这不仅仅反映了一个并不令人惊讶的事实,即如果没有合理的合规预期,一些社会实践——似乎是有希望的——就会失去意义吗?

然而,康德伦理学的倡导者声称,这个例子揭示了道德更深刻、更

基本的东西。依照奥尼尔的说法:

> 普遍性检验可以提供道德可接受性的标准,这一想法背后的直观见解可以扼要地表达为这样一种想法,即如果我们要作为有道德价值的人行事,我们就不应该让自己特立独行以得到特殊的考虑或待遇[40]。

科斯嘉德做了几乎完全一样的表达。她承认,在处理诸如禁止自杀等问题时,康德的方法疑难重重,她写道:

> 我并不是说康德不能给我们一个交代。但是,构建这种观点所关涉的实例,也是它处理得最好的情况,是让自己成为一个例外:自私、卑鄙、占便宜和不尊重他人的权利[41]。

这是怎么回事?正如奥尼尔所解释的那样,正是在这一点上,我们看到了检验一条准则是否能够普遍化并被每个人采用的重要性。以奴隶制为例:

> ……采用与奴隶相称的准则不存在矛盾。但这句准则有着作为其普遍性的对应物——我们必须尝试"希求一种作为普遍性的法则"——每个人都成为奴隶的准则。但是,如果每个人都成为奴隶,就没有人拥有财产权,因此就没有奴隶主,因此也就没有人能成为奴隶[42]。

完全相同的论点适用于奴隶制的另一个方向。如果每个人都是奴隶主,每个人都会有一些财产权,那么就没有人会是奴隶——因为从定义上讲,奴隶缺乏财产权。

但这个原则是否过于笼统呢?我们生活在一个资源匮乏的世界里。那些政治左派可能会对我们社会中人们如此激烈地争夺资源感到遗憾,但这总是不道德的吗?

我有一个侄女,她非常想参加一场规格极高的音乐会。所以,一个星期天早上,我起得很早,一直在排队,直到9点开始售票。我的所作所为值得赞许吗?在奥尼尔对康德的诠释上,似乎并非如此。她写道:

> 经济进步的准则与仅仅通过竞争战略实现进步的特定意图相结合是不可能得到普遍化的,就像人群中的每个人都可以踮起脚以俯瞰人群的意图得到普遍实现一样是不可能的[43]。

根据奥尼尔的说法,体育比赛是允许的,前提是该比赛不要成了"对某种获胜的潜在意图的附庸":

> 竞争性游戏一定有失败者。如果获胜不是这些活动的首要目标,如果它们的举办有着其本身的益处,那么这项活动始终是普遍的。但是,以获胜为根本目的进行竞争,就等于是某种唯利是图,使私利成为必要的例外[44]。

而我潜在的意图是在其他人之前为我的侄女买票——我当然不会

为了一张票本身而在一条无趣的人行道站上几个小时。然而,我发现很难相信我的所作所为是不道德的。

我们"不应该让自己成为特殊考虑或特殊待遇"的想法,单凭直觉是有说服力的(尽管并不新颖),但将准则的普遍性作为检验"概念之中的矛盾"的基础,作为表达这一想法的一种方式,则面临着两个非常根本的困难。

首先,竞争只是差异化的一种方式。差异化是社会生活的本质。即使没有把其他人排除在外,普遍性检验能否容纳它?我正在学习单簧管,但如果每个人都学会了单簧管呢?这难道不会让管弦乐队变得不可能吗?那么,也许我应该修改我的准则——说我正在学习一种在管弦乐队演奏的乐器。但争论的链条是可以延伸的。如果每个人都学习乐器并在管弦乐队演奏呢?这难道不等于将排除其他有价值的艺术项目吗?而且,一旦我们走上了这条路,为什么每个人都需要致力于一个艺术项目?带薪工作之外的其他形式的个人成就感呢,比如运动或旅行?最终,你可能会怀疑,我们在道德原则方面只剩下最乏味的通则:做正确的事!

其次,如果重要的只是公正性——我们不要让自己成为接受特殊待遇的人——那么康德伦理学的本质特性是什么:它承诺保护个人免受不适当的集体主义的侵害?因为最激进的功利主义也符合公正的标准。想想那些可怕的想象中的医院,在那里,一个健康的病人被无痛地处死,这样他们的器官就可以被摘取,为其他几个本来会死亡的人造福。它是把任何人挑出来进行特殊考虑或待遇吗?不。这些考虑是完全客观的:这只是什么能带来最大的总效用的问题。

## 宽泛的义务

那么,什么是"宽泛的"义务呢?在这种情况下,根据康德的说法,尽管行为没有"内在的不可能性",即"它们的准则绝不能被没有矛盾地设想为普遍的自然法则;但希求它们的准则被提升到一个自然法则的普遍性,这毕竟是不可能的,因为这样一个希求就会与自己矛盾"。[45]

康德举了一个生动的例子,说明一个天资聪颖的人"宁可沉溺于享乐,也不愿努力去扩展和改进自己幸运的自然禀赋"。[46] 康德写道:

> 但他仍然自问:他的荒废自己自然禀赋的准则,除了与他对欢娱本身的癖好一致之外,是否还与人们称为义务的东西一致?现在他明白:虽然,尽管(就像南太平洋岛民一样)人类可能任其才能荒废,并且只想把自己的生命用于闲荡、欢娱、繁殖,一言以蔽之,用于享受;他唯独不能使这成为一条普遍的法则,也不可能通过自然本能将其作为普遍的法则置于我们之内。因为,作为一个理性的存在,他必然希求自己的所有能力都得到发展,因为这些能力为他服务,并为了各种可能的有益用途而赋予他[47]。

但希望自己的所有能力都得到发展真的会那么困难吗?这种说法必须是,这不仅仅是心理问题(南太平洋岛民的生活听起来对许多人来说足够有吸引力),而且"这样一种希求会自相矛盾"。以何种方式(自相矛盾)呢?

根据奥尼尔的说法,这个事例被她所称的理性意图原则所涵盖,根据该原则,"我承诺愿意为我所承诺的任何目的采取一些手段"。[48] 从中可以看出：

> 一个主体如果不愿意在自己或他人身上培养出所需的、足以胜任一系列行动的最起码的才能，那么他就会致力于内部不一致的意图。这样的主体既希望行动成为可能，也希望通过忽视培养哪怕是最少量的才能而使行动的效力降低，从而为行动的某些可能性留下余地[49]。

这是否证明了康德的主张是正确的？当然不是。

无疑，那些选择南太平洋岛民生活的人需要一些足以支持他们享乐生活方式的技能：能够爬树摘椰子、制作长矛和捕鱼，或许甚至能够制作鼓和鼻笛。但这几乎不需要发展一个人的所有能力。而康德认为，作为一个理性的存在，他必然希求自己的所有能力都得到发展。（这个想法显然是不可能的——将我们的某些能力发展到极限，必然意味着留下一些未完全开发的能力。）岛民将自己限制在他们想要的生活方式所需的才能范围内，而不走得更远，这似乎没有自相矛盾之嫌。康德似乎又一次在他的人性图景中依赖于一种隐含的目的论。正如自杀（据称）与对生命的"规定"相矛盾一样，才能也被认为是为了发展而给予我们的，即使严格来说，这些才能不是我们真正的筹划所需要的。

因此，这些困难使得普遍法则的公式——至少在通常的解释中——似乎不可能成为富有成效的行动指南。

## 人性公式

让我们现在转向人性公式——要求"无论是你人格中的人性,还是其他任何一个人的人格中的人性,你在任何时候都要同时将之当作目的,而绝不仅仅当作手段来使用"。[50]

这个公式同时包含一个"为"和一个"不为",至少在最初,将它们分开是有意义的。把某人当作一种手段意指什么,这似乎很清楚。我们总是这样做,社会生活(尤其是经济生活)取决于把某人当作一种手段。更多问题在于把某人仅仅当作一种手段之所指。将此作为道德正确性的标准面临两种反对意见。

首先,在所有可能的情况下,将人仅仅视为一个"手段"直觉上并非是不道德的。想象一下,这是一个刮风的日子,一群人站在公共汽车站。我把自己放在适当的位置,让他们在一定程度上保护我免受风的伤害,这错了吗?抑或骑自行车时利用了别人的滑流(低压气流),何错之有?或者,如果我出发穿过茂密的丛林时注意到,一个小时前,你用你的大砍刀为你自己开辟了一条道路,那么幸运的是,我现在所需要做的就是跟随你的轨迹,此举错在何处?

从非康德的立场来看,很容易理解为什么只在这些情况下使用人作为手段是可以接受的。在每一种情况下,我都会利用别人来增加自己的幸福感,但我并未因此减少别人的幸福感。我的收益不是以牺牲他们为代价的。

其次,一个人不把另一个人当作"手段",这一事实不足以让他们的所作所为在道德上被接受。(下面的例子取自弗朗西斯·卡姆[Frances Kamm]。)如果奴隶主允许他们的奴隶在安息日休息和做礼拜呢?这样就让他们的奴隶所有制可以被接受了吗？当然不是。仅仅因为你本可以严重剥削他们，但选择较轻的剥削，并不能使剥削本身成为正当的。

另一方面，将人类"视为某种目的"的含义远未明确。目的通常是一个人追求的东西——金钱、权力，甚至是一般的福利。存在着可以增加、达到或至少接近这些目的的途径。但是，将人类（在自己或他人身上）视为某种目的无法以那样一种方式进行解释：它不是一个人为之采取行动之物。如何最好地理解它，将在稍后再次进行研究，到时我会呈上自己对康德伦理思想的解读，但在现阶段，让我们看看康德伦理倡导者对人性公式的解释。科斯嘉德根据这一路径解释道，我们应该只通过检验这种对待是否征得人们的同意来检验某人是否被视为"目的"而不是"手段"。科斯嘉德写道：

另一个人是否同意你的行为方式，可以作为判断你是否将此人视为一种纯粹手段的标准[51]。

同样，奥尼尔写道：

当我们的行为总是排除真正的同意或异议时，我们就会视他人为手段，这样的想法有其可信之处。例如，如果我们胁迫或欺骗他人，原则上等于排除了他们的异议以及他们的真正同意。在这里，我们确实利用了其他人，将他们视为我们自己筹划中的道具或工具。即使是最理性和最独立的人也不能真正同意他们被欺骗或被迫接受的提议[52]。

因此，对奥尼尔来说，胁迫和欺骗的影响十分重大。科斯嘉德同意：

> 根据人性公式，胁迫和欺骗他人是不法行为的最基本形式，是一切邪恶的根源[53]。

这种基于同意的解释似乎得到了康德文本的支持。康德在其关于人性公式的撒谎的承诺的讨论中写道：

> 因为，我想通过这样的承诺来达到我的目的的人，不可能同意我对他的行为方式，因而甚至包含着这个行为的目的[54]。

然而，这是基于对康德文本的一个重要误解（和误译）。被翻译为"同意"的德语单词是"einstimmen"。einstimmen 确实被恰当地翻译为"同意"。但人与人之间的一致（同意）可以有多种形式。你和我可以通过拥有相同的判断，在某种程度上达成一致——就像我们的手表可以节奏一致一样。相比之下，我可以通过别的方式同意你的意见，借此与你提出的建议达成某些一致。我们可以说，前者是巧合的一致，而只有后者是同意的一致。

然而，Einstimmung 的意思是巧合的一致，而不是同意的一致。这就是康德在其著作中一贯使用它的方式。例如，他在《纯粹理性批判》（B320）中将判断描述为 Einstimmung 或 Widerstreit——一致或冲突。这句话应该正确地翻译为"一致"，而不是"同意"，这是我解读他的方式。事实上，有一个不同的德语单词可以恰当地翻译为"同意"——zustimmen，意思是径直"同意"。Einstimmen 在道德著作中很少使用（上面的引文是它在《道德形而上学探本》中唯一一次出现),而 *zustimmen* 则根本没有被使用过。

无论如何,有人强烈反对通过同意的概念来解读人性公式。当然,我们可以同意(心甘情愿)上当受骗。我们每次去看魔术表演都会这么做。事实上,我们也可以同意被胁迫——想想尤利西斯(Ulysses)在他的船驶过塞壬(译者注:古希腊神话中半人半鸟或半人半鱼的女海妖,以美妙歌声诱使航海者驶向礁石或进入危险水域)时把自己绑在桅杆上。

如果康德主义要通过同意的概念来解释,那么它必须是假定的同意——它不是某种默认的承诺。如果是这样的话,在很大程度上取决于同意是在什么情况下发生的,特别是它的时间范围。也许我不能(理性地)同意你现在欺骗我,如果理性同意的条件是我现在应该确切地知道我同意什么,但我肯定可以理性地同意别人将来可能对我做什么吗?然而,在这种情况下,为什么一个给特定个人带来极端负担的效用最大化计划的捍卫者(举个明显的例子,就是"靠碰运气来幸存"的恐怖医院)不能声称,这是该个体(如果是在正确的阶段被问到)本可以同意的事情?士兵们同意服从命令,并被派往极端危险的境地,等等。针对这些反对意见,已经提出了微妙而巧妙的解决方案,但这里不是追究它们的地方[55]。

如果我们转向所谓的宽泛的义务,很明显,康德自己对将某人视为某种目的而非手段的描述在这种情况下与同意无关。在讨论我们对自己的各种义务(一个忽视自己才能的人的例子)时,他写道:

> 单是行为不与我们人格中作为目的自身的人性相冲突是不够

的,二者还必须相一致。在人性中有达到更大的完善性的禀赋,这些禀赋就我们主体中的人性而言属于自然的目的;忽视这些禀赋,也许会与作为目的自身的人性的保存相容,却不能与对这一目的的促进相容[56]。

康德这里的论点对目的论的依赖,在其语言中是显而易见的。我们的行动必须超越纯粹的一致性,以与"我们主体中的人性"相协调,我们必须进一步完善人性中属于自然的目的的达到更大的完善性的禀赋。

简言之,除了实质性的困难外,对人性公式的基于同意的解读没有得到文本的支持。

## 康德主义需要一种限定的抉择程序吗?

显然,迄今为止讨论的反对意见尚未详尽无遗,其中一些可能会以未经考虑的方式得到满足。然而,如果这些反对意见被接受,它们似乎会对康德伦理学的筹划非常有害,因为康德伦理学将绝对律令视为道德选择与功利主义竞争的一种限定程序。然而,令人惊讶的是,当代康德伦理学的主要倡导者似乎确实承认了这一点。例如,艾伦·伍德写道:

> 关于伦理理论的概念,我们可以在康德身上找到例证……道德基本原则的作用不是告诉我们该做什么,而是提供一个基本的框架或价值导向的背景,以供证明、修改和应用更具体的道德规则或戒律,这些规则或戒律确实为我们显示此一基本的框架或价值

导向。正如我们现在将看到的那样,它们只能在有限的范围内做到这一点[57]。

同样,芭芭拉·赫尔曼(Barbara Herman,另一位师承约翰·罗尔斯的康德学者)认为,"绝对律令程序"应限于"审慎推定原则的推导":[58]

> 如果以这种方式来看,实际的最大值不是CI[绝对律令]程序的输入,也不是其输出的各种义务。我们可以将CI[绝对律令]程序拒绝的内容——一种出于某种原因的行动——视为以推定的形式设定了一项审慎原则。审慎推定可以通过不同类型的理由(正当理由)予以反驳[59]。

事实上,即使是奥诺拉·奥尼尔,在后来的著作中,也将绝对律令的作用与效用原则进行了对比,因为它不是一个完全确定的行为指南:

> 绝对律令断然没有被认为是一项本身会产生或包含普遍道德准则的原则。它不是一种道德算法(与效用原则不同),而是(据推测)自由行动的主体的道德行动标准,因此可以从各种可能的行动提议开始。常见的假设是,主体可以通过某种方式过滤这些最初的提议,以检查它们在道德上是否可接受[60]。

康德伦理学的现代倡导者将绝对律令限定为提供"一个基本的框架或价值导向的背景",创造"审慎推定原则",或提供一个并非"道德算法"的"道德行动标准",似乎正在回归一种早期解读康德的流派,与T.

M. 格林、H. J. 佩顿、A. R. C. 邓肯和 T. C. 威廉斯尤其相关。[61]

T. C. 威廉斯通过对比两种方式总结了他们的观点,在这两种方式中,绝对律令可能被认为是"实际有用的"。在威廉斯所称的传统解释中,绝对律令在某种意义上被认为是"一种精确的逻辑标准或通过参考准则的逻辑形式,对拟议行动的道德价值进行的一种检验"。[62]然而,"即使在这种解释的支持者中,也普遍认为这一原则实际上无法以这种方式进行实际应用"。[63]因此——威廉斯、佩顿和邓肯认为——我们应该将绝对律令理解为只有"在一种更宽松的陈述意义上才是实际有用的,这种陈述可以理解道德行为的本质,并允许主体采取一种有利于(而不是说是必要的)道德生活的意愿态度"。[64]换句话说,我们根本不应该把绝对律令视为道德抉择的限定程序。

这难道不是放弃了康德道德哲学最初感兴趣的东西吗?早期的奥尼尔说"追求对指导道德选择没有帮助的原则是浪费时间和精力",这不是对的吗?[65]但在文本上,还有一个案例需要从另一个方向提出,正如我将继续争论的那样,还有更广泛的解释依据。

当然,我们知道康德对卢梭作品的关注,以及他对卢梭的亏欠,因为卢梭治愈了他的学究精英主义和对粗俗大众的蔑视。谁能忘记他在写给自己的一封著名信中所说的"卢梭纠正了我"?[66]下面所援引的是卢梭的《致达朗贝尔的信》(*Lettre à d'Alembert sur lesspectacles*),卢梭在信中针对道德判断的本质,表达了一个非常引人注目的观点:

> 凡是与他的人格无关的事,人心总是对的。在那些我们纯粹是旁观者的争吵中,我们会立即承担起正义的责任,只要我们没有从中获利,任何邪恶的行为都会引起我们的强烈愤慨。可一旦我

们的利益交织其中,我们的观点很快就会被扭曲,当且仅当彼时,我们才会更喜欢对我们有用的坏东西,而不是大自然让我们喜爱的好东西[67]。

换言之,道德判断为人心所共有,除非判断被自身利益所掩盖。

让我们把这种观点称为道德一致主义。对于道德一致主义者而言,问题不在于从某种外部来源——道德哲学——找出我们应该做什么,而在于创设条件,让人们能够了解他们在某种意义上已经熟知之物。如今,道德一致主义对当今我们来说似乎关系较远。然而,康德和卢梭一样,是一个道德一致主义者吗?

在这方面,《道德形而上学探本》第一节的最后几页很有启发性。

在第402页,康德介绍了道德法则的概念,其原则是"仅仅遵守法则本身"(*die bloße Gesetzmäßigkeit überhaupt*)。他给出了该法则的一个公式,该公式与后来提出的普遍法则公式非常一致,并用虚假承诺的例子加以说明。然而,这不仅仅是哲学家的法则。康德说:"普通的人类理性(*die gemeine Menschenvernunft*)","在其实践的判断中也与此完全契合,在任何时候都牢记上述原则"。[68]

康德确实重复了"普通的人类理性"与"道德知识"的"原则"之间的重合的说法:

这样,我们就在普通人类理性的道德认识中达到了它的原则;普通人类理性尽管当然不会在一个普遍的形式中如此抽象地思维这一原则,但毕竟在任何时候都现实地牢记着它,并把它奉为自己的判断的圭臬。在此,如果人们不教给普通人类理性丝毫新东西,只是像苏格拉底所做的那样,使它注意自己的原则,那就很容易指出,它手拿这个罗盘,在一切出现的事例中都能够清楚地知道如何分辨什么是善、什么是恶、什么是合乎义务的或什么是违背义务的;因而不需要任何科学和哲学就能够知道,为了成为诚实的和善的,甚至成为睿智的和道德的,人们就必须如何行事[69]。

"普通的人类理性"不需要"科学和哲学"就能区分何谓善、何谓恶,这一观点显然非常接近卢梭的立场。究竟是否需要道德哲学呢?康德本人非常尖锐地提出了这一挑战:

> 据此,在道德事务上难道不是只要有普通的理性判断就够了?而且搬出哲学,难道顶多不是为了更为完备地、更易理解地展现道德的体系,此外更方便地展现其应用原则(但更多的是其讨论原则)么?而不是为了甚至在实践方面使普通人类知性脱离其幸运的淳朴,通过哲学把它带上一条研究和教导的新路,这岂不是更可取吗? [70]

但他回答说,仅仅依靠"普通的人类理性"是有危险的:

> 清白无辜是一件美好的事情,只不过很糟糕的又是,它不能被很好地保持,容易受到诱惑[71]。

"引诱"普通人类理性的清白的,是人类性格中未被承认的"利己主义"的存在:

人在自身中，感觉到一种强大的抵制力量，反对理性向他呈现得如此值得尊重的所有义务诫命；这种抵制力量就在于其需要和偏好，他把这些需要和偏好的全部满足，统统归摄在"幸福"的名下[72]。

因此，对康德来说，就像对卢梭一样，道德生活的危险不在于对该做什么的无知，而在于私利对普通道德判断的扭曲。在《纯粹理性批判》中，康德指出了他所说的理论理性领域的"自然辩证法"，这是人类"思辨"自然倾向的结果，即试图将知识扩展到"意义的界限"之外的倾向。同样，他在《道德形而上学探本》中声称，义务和自身利益之间的内在冲突在道德领域产生了"自然辩证法"。这种冲突导致了对严格的义务法则的"合理化"（*vernünfteln*）的依赖（*Hang*）。正是为了应对这种情况——出于未被承认的私利，而不是在面临道德困境时真正无法决定该做什么——才产生了对道德哲学的需求。

然而，康德不是卢梭——或者至少不完全是。

对卢梭来说，道德判断是一个感觉的问题——清除了私利的"心"，只是向其自然的怜悯（*pitié*）敞开心扉，并做出相应的反应。对康德来说，道德，即使是由普通人，而不是受过良好教育的人来实践，也是一种关乎"普通的人类理性"和"道德知识"（*die moralische Erkenntnis*）的事务。在这种道德知识的背后是一种"原则"，即普通的人类理性，尽管它"不以普遍的形式抽象地思考"，但"在任何时候都现实地牢记着它，并把它奉为自己的判断的圭臬"。那么，如何最好地解释康德的道德判断观呢？我们可以看到，有一系列的可能性。

一端是假设，对康德来说，道德推理与其他领域的推理非常相似——科学、数学,尤其是法律。紧盯住康德自己对道德原则"普遍性"和"形式性"的论述,最重要的是,对"矛盾"的概念及其与逻辑之间联系的论述,人们将康德的理论解读为一种扩展的实践三段论或"公共理性"的实践,其主要任务是提出一个潜在的一般道德原则、绝对律令和特定行动背后的原则之间的相互一致。它的独特之处在于它的"自律性"——它不适用于他律的目的,就像实践理性的纯粹工具性类型一样。在解释光谱的另一端,T. C. 威廉斯强调了他所说的康德道德判断观点的"直觉主义"方面——"纯粹实践理性的自发创造性活动的学说,致力于主体经验的'内容'层面,并通过'敬重'和'义务'的'感觉'让他知道他应该如何行动"。[73]

T. C. 威廉斯引用了约翰·罗尔斯在普林斯顿的老师 T. M. 格林的介绍性论述。格林介绍了他对康德的《纯然理性界限内的宗教》的翻译。威廉斯由此将格林视为先驱。格林在那里写道:

> ……道德直觉,即对道德价值的直接和不可抗拒的领悟,取代了感性直觉和"实践"理性,或至少构成了感性直觉和"实践"理性的基本补充,其法则(道德法则)与知性的范畴相似,将盲目的道德直觉组织成理性的道德领悟[74]。

到目前为止,本章论点所聚焦反对的——对绝对命令的"普遍性测试"解释以及康德限制哲学作用旨在对抗利己主义的哲学意识形态,而非帮助告知或纠正"人类的共同理性"——强烈指向威廉斯和格林的那一端。但我认为,反对的分量还需要一些条件。

"直觉"是你要么直接把握,要么把握不住的东西。然而,康德强调推理在道德中的作用，即使他在谈论"普通的人类理性"时也是如此：

> 但在实践的判断能力中，只有在普通知性把一切感性的动机从实践法则中排除掉的情况下，判断力才开始表现得十分优越。在这种情况下，无论普通知性是想用自己的良知，或者用与应当被称作对的东西相关的其他要求做出刁难，还是也想真诚地为了教导自己而规定行为的价值，它都变得愈加敏锐起来[75]。

此外，如果我们把道德判断解释为"直觉"的问题，那么道德的系统性、原则性又会变成什么呢？正如康德在其著作中指出的那样，如果我们将人类思想和经验的某些方面变成一个共同的反应、感觉或态度的问题，那么它所具有的任何普遍性都只是心理上的，而不是真正必然的。

## 内在的无条件的价值

康德伦理学的筹划是使用绝对律令作为对抉择的检验，这些抉择产生了令人信服的一阶道德判断，同时将其与有说服力的道德行为的总体图景联系起来。在下文中，通过从相反的方向处理康德的文本，我将提供另一种解释：不是事关应用一种独特的道德推理，而是事关对一种独特道德价值的回应。

《道德形而上学探本》的第一节以一个非常著名的断言开场：

> 在世界之内，一般而言甚至在世界之外，除了一个善良意志之

外,不可能设想任何东西能够被无限制地视为善的[76]。

几乎同样广为人知的是以下段落,康德在其中将价值领域分为两部分,即尊严和价格:

> 在目的王国中,一切东西要么有一种价格,要么有一种尊严。有一种价格的东西,某种别的东西可以作为等价物取而代之;与此相反,超越一切价格、从而不容有等价物的东西,则具有一种尊严。
>
> 与普遍的人类偏好和需要相关的东西,都具有一种市场价格;即使不以一种需要为前提条件,但合乎某种趣味,亦即合乎对我们的心灵力量的纯然无目的的嬉戏的一种满足的东西,则具有一种情感价格。但是,构成某物唯有在其下才能是目的自身的那个条件的东西,则不仅具有一种相对的价值,亦即一种价格,而且具有一种内在的价值,亦即尊严。
>
> 现在,道德性就是一个理性存在者唯有在其下才能是目的自身的那个条件,因为只有通过它,才有可能在目的王国中成为一个立法的成员。因此,道德和能够具有道德的人性是唯一具有尊严的[77]。

显然,康德在这些段落中致力于声称,存在着一种非常独特的价值,并且只有一种东西拥有它。让我们把那种东西作为我们的出发点。

康德用来表达这种信念的术语有些不同。

在提到这种特殊价值的承载者时,他在"善意""道德"和"能够具有道德的人性"之间变换(正如我们在刚刚引用的《道德形而上学探本》

中看到的那样)。他还提到了"义务""人格中的人性",有时甚至简称为 *Persönlichkeit*(这个词在剑桥版被译为"人格",但更应该译为"人格性")。例如,以下是《道德形而上学》中的一段话:

> 人性本身就是一种尊严;因为人不能被任何人(既不能被他人,也甚至不能被自己)纯然当作某种手段来使用,而是在任何时候都必须同时当作一种目的来使用。而且他的尊严(人格性 [*Persönlichkeit*])正在于此……[78]

我们可以说,这种特殊价值(尊严)指的是道德的整体:它包括道德法则本身、它提出的主张("义务")和它所指向的主体维度("人格性""人格中的人性")。

此外,在得到实现的道德(当它的命令实际上被善意所遵循时)与作为一种呈现于所有道德存在中的纯粹能力的道德之间,也存在着某种二元性——好的、坏的和那些既不完全是好的也不完全是坏的。这种二元性与我们在任性的自由(在不受外力决定的情况下进行选择的最低限度的能力)和由非任性的道德法则决定的完全自由之间的对比中发现的二元性一样。(很明显,这种相似性并非偶然。)正如康德致力于声称,没有通过道德行为完全实现自由的主体依然是自由的一样,他也致力于声称道德主体本身——对道德法则的主张的敏感性——包含一种独特的价值,无论其承载者自己是否实现了这种善。

同样,即使我们仅仅把目光聚焦于《道德形而上学探本》,我们也能发现康德用各种各样的词汇来描述他赋予道德的价值。他说,善良意志是无限(*ohne Einschränkung*)的善。它是"最高的善"(*das höchste*

*Gut*）。在描述道德的"尊严"时，他写道，它是一种"内心的""内在的"或"固有的"（*innern*）的价值，是"绝对的"（*absolut*）、"无条件的"（*unbedingt*）、无与伦比的（*unvergleichbar*）和"自在的"（*an sich*）。

同样重要的是，在来自 Ak.4:434—435 的章节中，如上所述，康德使用了"出类拔萃的"（*erhaben*）一词：他写道，"*über allen Preis erhaben*"的东西具有"尊严"。这被标准地翻译为"超越一切价格"，但"*das Erhabene*"在德语中是"崇高的、出类拔萃的"的意思，因此使用"*erhaben*"一词来表达尊严，赋予了它一个重要的美学-宗教维度。当然，除此之外，我们还可以添加人性公式中一句熟悉但令人困惑的短语，即人格中的人性应该被视为"目的"（*Zweck*），道德主体将自己视为"目的王国"（*Reich der Zwecke*）的一部分。

在这个词汇表的背后是各种不同但相互关联的说法。

显然，好事是好的、非工具性的：作为目的，而不是手段。它在客观上也是好的。将人格性和能动性视为"客观地"有价值似乎很奇怪——还有什么比这更主观的呢？但有人可能会说，这只是客观价值（在一个主体中）所处的位置问题。人格性和能动性在客观上是有价值的，因为它们的价值不取决于从任何特定主体的角度被视为有价值的，也不取决于通过任何选择或意愿的行为被赋予价值。善的方面也是——这隐含在"尊严"和"价格"之间的对比中——不可替代的。尊严不能被交易或取代。事实上，它根本是无与伦比的。除此之外，它在任何情况下都是善的。这就是康德在《道德形而上学探本》一开始的论点的主题，他在其中将善良意志之不受限制的价值（即它是无限[*ohne Einschränkung*]的善）与幸福进行了对比。

将这些主张放在一起，可以描绘出道德的"绝对性"，如若不是把它延伸到一个超越的领域的意义上因而视之为超然的,也至少是惰性的——比如一种惰性气体,一种现实中不与其他元素结合的基本元素。

然而,这将是错误的。因为,正如康德声称的那样,善良意志的价值从根本上独立于一切条件,它本身并不是不活跃的。相反,康德将其描述为其他价值观的条件:

> 理性的真正使命必定是产生一个并非在其他意图中作为手段,而是就自身而言就是善良意志……这个意志虽然不是唯一的和完全的善,但它却必须是最高的善,而且是其余一切善,甚至对幸福的一切要求的条件[79]。

同样,康德将尊严称为"构成某物唯有在其下才能是目的自身的那个条件的东西"。[80]

简言之,善良意志是一种价值,它本身是无条件的,却是所有其他善的条件。

## 内在的、无条件的价值作为行动的指南?

然而,这给康德的道德理论带来了巨大的困难。在介绍他对人性公式的讨论时,康德写道:

> 但是,假定有某种东西,其存在自身就具有一种绝对的价值,它能够作为目的自身因而是一定的法则的根据,那么在它里面,并且唯有在它里面,会有一种可能的绝对律令亦即实践法则的根据。[81]

如果具有绝对价值的东西是不受人类行为影响的,那么这个东西怎么可能成为确定性法则的"基础"呢?如果"人格中的人性"不能通过人类的努力来增加、接近或免受破坏,我们应该如何应对?何谓把它"当作一个目的"?就好像,在选择从这个角度攀登康德大山时,我们遇到了一堵陡峭的岩壁。

柏拉图面临着类似的问题,对他来说,真正的善不受时间的影响因而是永恒的。他的解决方案是,人类有能力认识善,在充分认识善的过程中,我们将这种知识内化,改变我们自己,净化和提升我们的本性。通过这种方式,真理的永恒领域和经验世界相连。康德也有答案吗?我相信是的,但情况不同。

我们注意到,康德使用了"崇高的"(*erhaben*)一词,将他对道德法则的描述与敬畏的美学-神学主题联系起来。众所周知的是,有两件事——头顶浩瀚灿烂的星空和心中崇高的道德法则——让内心"充满了前所未有的、不断增长的惊叹(*Bewunderung*)和敬畏(*Ehrfurcht*)"。[82] 他说,人本身就是目的,是一种敬重的对象(*Gegenstand der Achtung*)[83]。非常认真地对待康德思想的这一层面——而不是把它当作"对超自然主义的调侃"——导致了对道德法则的敬重。

然而,这似乎只不过是把罐子踢到我们面前的路上。首先,敬重法则意味着遵守法则——我们通过低于限速行驶来尊重限速规定。我们可能会在不尊重法则(仅仅因为它是法则)和不害怕违反法则的后果之间做出区分。然而,仅仅是尊重的想法似乎并不能给法则一个内容,告诉我们该怎么做。

这是千真万确的。然而,如果我们遇到了具有绝对价值的东西,我们有理由认为以某种方式对待它是恰当的——给予它敬重。首先,这是一种特定类型的"回应的态度"——例如,敬畏和崇敬的"敬重"态度。然而,也有一些行为方式——可以说是"表示敬重"的方式。这是理解我们如何将人格性"视为目的"的方法吗?如果是这样的话,那么与康德伦理学在绝对律令中所寻求的确定的、有原则的抉择程序相比,我们似乎更接近于T. M. 格林和T. C. 威廉斯对康德的"直觉主义"解读。另一方面,这样的解读至少提供了一种响应,即如何对待不受一个人行为之好坏影响的事物,这显然是无法克服的困难。它似乎也很符合康德自己的道德判断。

科斯嘉德以令人钦佩的坦率地谈道,将她所支持的普遍性检验方法扩展到康德关于"自杀是根本违反义务"的主张是困难的。

> 康德的论点依赖于一种目的论主张:其职责是推动生活改善的本能不能心安理得地普遍用于破坏生活。但正如我所理解的概念检验中的矛盾,目的论主张在其中没有真正的地位。重要的不是大自然是否为某个动机或本能赋予了某个目的,而是每个具有相同动机或本能的人是否都能按照提议的方式行事,并仍然实现他们的目的。没有任何理由表明,每个遭受严重痛苦的人都不会自杀,而且仍然可以实现他们的目的:结束这种痛苦[84]。

然而,她坚持认为,这种关于对自己的义务的主张对康德道德义务方法而言是次要的:

> 但是,这种观点得以构建所关涉的实例,也是它处理得最好的

情况,是让自己成为一个例外:自私、卑鄙、占便宜和不尊重他人的权利。正是这类事情,而非绝望或疾病导致的暴力犯罪,才是康德所认为的不道德行为的典范。我认为我们不能在这一点上责怪他,因为大多数人在日常生活中都会受到这种邪恶的诱惑[85]。

然而,事实上,康德指出,对自己的义务是首要的。他在《伦理学讲义》中特别明确地表明:

> 因此,这些义务远非最低的,而是最重要的;因为即使不首先解释什么是自尊义务,我们也可能会问,如果一个人贬低了自己的人格,怎么可能会对他提出其他要求呢?[86]

自尊的义务对我们的自由做出了限制,这些限制源于需要以尊重我们的人性的方式行事:

> 自重义务原则不在于自私自利,而在于自尊;也就是说,我们的行为必须与人性的价值相一致……所有这些义务都建立在某种对荣誉的热爱之上,这种热爱包括这样一个事实:一个人重视自己,在他自己看来,他的行为应该与人性相协调,这并非不值得。在他眼里,值得内心的尊重、对认可的珍视,是对自己负责的基本要素[87]。

康德的词汇并没有把重点放在意愿的普遍性和一致性的要求之上——今天人们所普遍认同的康德道德哲学的理性工具——而是放在

尊重、敬重和"对荣誉的热爱"之上。如果不尊重我们每个人内在的价值，我们就不值得被敬重。我们不必赋予人类尊严或阻止它被摧毁，但我们必须找到表达对它的敬重的行为方式。如果我们的行为方式表达了对我们内心价值的尊重，我们就有权得到尊重：我们的自尊和他人的敬重。

因此，自杀是康德的核心关注。他说，这是"对自己义务的最大侵犯"。[88] 自杀可容许性的捍卫者通常会诉诸两个原则中的一个（可能两者都有），这两个原则康德都予以拒绝了。首先，他们可能会辩称，如果人们觉得必要，他们凭借自己的"自我所有权"有权结束自己的生命。康德强烈反对。他说，"我们人格中的人性"阻止我们以物的方式拥有自己，同样也禁止我们把身体视为物品：

> 他确实是它的所有权者（*proprietarius*），也就是说，他统治和支配着它，但就一个人而言，也就是就他将它作为一件物品来处理而言，这种现象似乎受到了本体的约束[89]。

其次，自杀可容许性的辩护人可能会认为，自杀的可能性会减轻人类的痛苦。这也是康德所拒绝的。有人可能通过自杀来逃避痛苦，这一论点将我们对人格中的人性的义务归结为"偏好"或"审慎"（*Klugheit*），而事实上，这是一个我们以这种对它表示敬意的方式行事的问题。他承认，"没有人会因为违反对自己的义务而受到伤害"，"然而，这是对人格中的人性价值的侮辱"：

> 自尊的义务……独立于一切优点，只与作为人的价值有关。

它们建立在这样一个事实上:就我们的人格而言,我们没有不受限制的自由,我们人格中的人性必须受到高度尊重,因为如果没有这一点,人就会成为被蔑视的对象,这是一个绝对的错误,因为他不仅在别人眼中毫无价值,在他自己眼中也是如此。自尊义务是一切道德的最高条件和原则,因为人格的价值构成道德价值[90]。

我们是一种先验价值的化身——我们人格中的人性——这要求我们以尊重这种价值的方式行事,即使这样做对我们或他人并没有多少好处。

事实上,在《伦理学讲义——维格兰提伍斯》中,康德甚至谈到了人格中的人性的"神圣不可侵犯"。他在书中说,自杀"违背了我人格中的人性权利概念;人性本身有着某种不可侵犯的神圣性,其中我的人格性(*Persönlichkeit*)或我人格中的人性权利,同样不可侵犯"。[91] 这就是为什么我们不能随意处置自己的生命,哪怕我们有极其强烈的客观或心理原因想要这样做。

然而,科斯嘉德代表康德提出了一个不同的论点:

> 尽管"可容许的条件"看起来如此明显地是一件好事,它之所以好,也只是因为一位理性存在者的选择赋予了它价值。摧毁了这位理性存在者,你就切断了这个目的之善的源泉——它再也不是某种真正的目的,追求它也就不再是理性的[92]。

但是,如果价值真的像科斯嘉德所说的那样是由"一位理性存在者的选择"所赋予的,那么做选择的存在者本身的价值又如何呢? 理性存在者所做的选择,要么必须因为其自身的选择而具有价值(这看起来像一个循环论证),要么必须至少有一件东西的价值不是理性存在者选择的产物。

将科斯嘉德的"唯意志论"的价值描述与我所倡导的对康德的解读进行对比。从这个观点来看,理性主体的选择是有价值的(当他们这样做的时候——并非总是如此),因为理性主体本身就有价值;他们的价值并非从他们所做的选择中派生而得。

如果科斯嘉德是对的,那么对康德来说,自杀的矛盾在于,在结束一个人的生命时,一个人正在摧毁"理性存在者",这是特定目的之善的来源。然而,我们可以从文本中清楚地确定,这不是康德的观点。对康德来说,具有内在绝对价值的不是我们作为理性存在者的生命,而是我们的人格性——"我们人格中的人性"——而且(尽管今天我们听起来很奇怪),对康德来说,我们的人格性和我们的生命不是一回事。

正是出于这个原因,正如康德在其《伦理学讲义》中所明确指出的那样,"生命绝非自在自为地是高度珍贵的,只有在我的生命值得珍视的情况下,我才应该努力保存我的生命"。[93] 在某些情况下,"我们人格中的人性"所带来的尊严,实际上会要求我们放弃我们的生命:

> 我们人格中的人性是我们最敬重的对象,永远不能在我们身上受到侵犯。在一个人可能受到侮辱的情况下,他有义务毋宁放弃自己的生命,也不能使他人格中的人性受辱。因为如果任由它被别人羞辱,他真的珍视它的尊严吗?如果一个人只能通过侮辱自己的人性来保全自己的生命,他就应该舍弃自己的生命。由此,他确实将自己的动物生命置于危险之中,但他体会到,只要他活

着,他就活得有尊严。重要的不是一个人活得有多长久(因为他因这事件而失去的并非是他的生命,而只是他寿命的延长,而大自然已经规定他总有一天会死);重要的是,只要他活着,他就应该活得有尊严,而不是使人性的尊严受辱。如果他现在不能再以那种有尊严的方式生活,那么他就根本无法再苟活下去;他的道德生命就此已告结束。只因为道德生命不再符合人性的尊严,它就自行结束[94]。

对康德来说,既然人格不应该等同于其肉体存在,那么自杀的错就不可能像克里斯蒂娜·科斯嘉德所说的那样,在结束我们的生命时,我们"摧毁了作为价值来源的理性存在"。毋宁说,自杀是被禁止的,因为它没有珍视我们人格中的人性。

类似的解释方法差异也适用于康德伦理学倡导者的另一个绊脚石:康德之绝对禁止撒谎。如上所述,撒谎不完全符合普遍主义者理解绝对律令的方法,因为利己主义的准则和功利主义的准则都未被排除在外。当然,撒谎是欺骗性的交流,因此它似乎是"对他人严格义务"的范例。因此,非常令人震惊的是,当我们考察康德在《道德形而上学》中对撒谎所做的描述时,我们发现,他将撒谎等同于对自身义务的破坏:

> 就人对于纯然作为道德存在者(其人格中的人性)来看,对自己的义务的最严重的侵犯就是诚实的对立面:说谎[95]。

在伦理生活中,不存在"源自无害的授权"。即使是内在的谎言——对自己的谎言——也是被严格禁止的:

一个人由于外在的谎言使自己成为别人眼中的轻蔑对象；由于内在的谎言，他做了更糟糕的事。他使自己在他自己的眼里成了蔑视的对象，并且伤害了其人格中的人性的尊严[96]。

再一次，我们可以看到，康德绝对禁止的根据是这样一种主张，即如果不这样做，就无法表现出我们对自身所体现的绝对价值的尊重。

就进展到此的解释而言，康德的"严格主义"不是一个瑕疵；而是一个特色。

## 作为一个系统的道德规范

然而，如果将"人格中的人性"视为"目的本身"的律令，被解释为要求以适当尊重具有绝对价值的东西的方式行事，那么道德规范的系统性特征会变成什么呢？如果有人认为道德规范要有系统性，就必须有一个开诚布公的具体抉择程序，那道德规范就显得捉襟见肘了。然而，它显然确实仅聚焦于道德规范：善良意志是"最高的"（但并非"全部的"）善。

能否也像康德所说的那样，说明这个绝对价值是如何成为其他价值的"条件"的，这样我们就可以把它看作辐射道德生活所有部分的焦点？以下是我对康德如何看待这个问题的简要介绍。

正如我们所看到的，康德非常关注非正义的肆虐——特别是"恶人"的有罪不罚——作为对神正论的某种反证。在《道德形而上学探本》一书的开头，他声称"一个丝毫没有纯粹和善良意志来装点的存在者却总能不受阻挠地成功，一个公正理性的观众不会对此感到愉快，如此看来,善良意志就构成了配享幸福的不可或缺的条件本身"。[97]换句话说,非正义抵消了原本善的事物的价值——人类的幸福。同样,惩罚也要进行,无论它是否会导致痛苦,因为"如果正义消失了,人活在尘世上就不再有任何价值了"。[98]

然而,一个不是非正义,而是完全没有自由的世界会如何呢? 让我们想象一个具有完全确定性,但其中不存在具有能动性的复杂生物的宇宙。相反,其中有些非常简单的、只具有快乐反应特性的生物——比如说对暖和的气候的反应。这样的世界有价值吗? 正如我们在古典功利主义中所发现的那样,享乐主义认为快乐具有内在价值,因此在这种情况下,功利主义者似乎致力于回答"是"。但另一种观点是可能的,即这样一个宇宙的快乐根本无关紧要。

现在让我们把这个例子变得稍微复杂一点。宇宙不再是完全确定的,但有些生物容易受到快乐的影响,他们也有能力以不可预测的方式行事,在选择追随何种欲望时受到反复无常的支配。这会给世界带来价值吗? 再说一遍,代表康德回答"不"似乎至少是可信的。只有当存在真正的自由——一个包含存在者能够以理性自决的方式行事的世界——才有真正的、客观的价值。这就是为什么"最高的善"(亦即完全的自由)是善良意志之善。如果我们生活在这样一个世界里——当然,康德热切地相信我们确实可以——那么那些附属价值就可以恰如其分地鲜活起来。

这些附属价值与激励它们的道德主体性之间的关系并没有明确规定。然而,当我们认为道德规范源于善良意志内在价值的抽象性时,说康德对道德规范的描述是零碎的或偶然的,那就不正确了。

在《道德形而上学》的德性论导论(*Tugendlehre*)中,康德问道:哪些目的同时是义务？对此,他给出了一个简洁的答案:"是它们:自己的完善、他人的幸福。"[99] 把别人的幸福作为自己的目标,不仅仅是关心他们的快乐。康德说,幸福"是尘世中一个理性存在者的状态,对这个理性存在者来说、就他的实存的整体而言,一切都按照愿望和意志进行"。[100] 换句话说,增进他人的幸福需要尊重他们的选择。另一方面,正如我们所看到的,对康德来说,"完善"要求一个人的性格按照其所包含的目的和原则——它的"种种规定"(*Bestimmungen*)来发展。但是,对康德来说,这种完善要求一个人能够"根据自己的义务概念设定自己的目的",因此试图代表他人追求它是自相矛盾的[101]。

在人类义务中的这一目的论元素之外,我们可以增加平等,这种平等源于它们在道德主体性中的份额,以及以表达或表现出对内在价值的尊重的方式行事的要求。"人类内在的尊严"禁止卑躬屈膝,并规定了某些态度和行为方式:

> 不要成为任何人的奴仆。不要被他人不受惩罚地践踏你们的权利。不要欠你们没有充分把握偿还的债务。不要接受并非不可或缺的善行,而且不要做寄生虫或者谄媚者,或者根本不要做乞讨者(这当然只是在程度上与前者有别)。要节俭,这样你就不会变得一贫如洗。因此要精打细算,以免穷到要饭的地步。抱怨、哀求、哪怕仅仅是在肉体疼痛时的喊叫,都与你们身份不相称,如果你们意识到是自己招致了这种痛苦,那就尤为不相称了。因此,一个违法犯罪的人由于视死如归,他的死就变得高贵(防止羞辱)。下跪或者匍匐在地,即使是为了表达你对天国对象的崇敬,也有悖于人的尊严,就像在当下的景象中要呼唤尊严那样。因为如果这样做

了,你们就不是在一个你们自己的理性为你们树立的理想之下,而是在一个本是你们自己的造物的偶像之下卑躬屈膝[102]。

最重要的是,主体性要求责任。我们必须承认人们所做的选择的价值,并认识到他们的僭越行为受到的惩罚应该被视为一种"绝对律令"。然而,与此同时,我们与生俱来的主体性不是任由我们处置的。因此,康德同时主张死刑的义务性和自杀的不被允许性,似乎略显奇怪。

那么,我们可以看到康德的叙述是如何支持,或者说他相信,一系列附带的价值观:幸福、选择、自我完善、自尊和责任。大多数对应的是他所说的"宽泛的义务"。尽管康德否认各种义务之间最终会彼此发生冲突,但他说,宽泛的义务提出的主张可能需要相互"限制"——"例如,因为爱父母进而爱邻人"。[103] 这些价值共同起源于善良意志这一核心价值,即使它们不是通过某种客观的、规定的程序从善良意志中推导出的。

## 结论

正如我在本章中所阐明的那样,认为康德本质上是一个道德一致主义者,这将使许多人感到非常失望。我们的时代充满了道德困惑和分歧。吸引了如此众多康德解释者的承诺,是康德对他自己提出的道德哲学的中心问题的回答:我应该做什么?他将给我们一个客观的方法来解决这些分歧。并不是说在大多数情况下,人们对自己应该做什么没有坚定的主张,但他们知道,其他人往往对相反的方向有同等强烈的信念。就像康德那样,按照本章的解读,我们会得出如下回应:诸如

"你知道自己的尺度——或者如果你听从自己天生的道德理性,不让自己被私利所诱惑,你会这么做的"之类说辞似乎于事无补。

然而,对我们来说,关于我们自身的道德状况如此自然而然和司空见惯的那些事物,可能会切断我们彼此之间的联系,不仅与康德,而且与他那个时代之前占主导地位的伦理思想传统相隔绝。

德里克·帕菲特在他的第一本著作《理与人》(Reasons and Persons)的结尾写道:

> 对上帝或许多神明的信仰阻碍了道德理性的自由发展。大多数人坦诚对上帝的不信任,这是最近发生的一件事,尚未终结。因为这个事件是最近才发生的,所以非宗教伦理还处于非常早期的阶段。我们还无法预测我们是否会像数学方面那样达成一致。既然我们不知道伦理标准将如何发展,那么满怀希望也不是不合理的[104]。

这不仅令人难以置信,事实上,它颠覆了历史。我们生活在一个与其经验主义本质在很多方面相距甚远的世界里,对于宗教信徒来说,上帝可能有充分的理由让"自然之书"如此难以阅读,以至于我们需要粒子加速器、磁共振成像和一批训练有素的专家来完成这件事。[105] 但伦理标准肯定不是这样的:信徒们认为,那是用来管理人类之行为的上帝之语。如果上帝在奖赏和惩罚人类方面是公正的,那么它一定是针对那些他们被正确告知其重要性的行为。而且,如果上帝的判断适用于全人类,那么道德知识——他要求人类遵守的法则知识——也必须为全人类所共享。

事实上，请帕菲特见谅，这正是康德之前几千年西方道德思想的主导传统。罗马人是多神教者，在他们的帝国中容纳了各种不同的地方神。但他们并没有出于这个原因而成为道德多元主义者。罗马法律承认一种万民法（jus gentium），这是贯穿不同民族法律的基本道德原则的共同主线。对于犹太人来说，在西奈山上著名的法律石板流传之前，就存在着通常被称为诺亚律法（Noachide Commandments）的东西：上帝赋予诺亚的七条律法。这些律法的特殊意义在于，诺亚（他的家人是洪水中唯有的幸存者）是整个人类的第二位父亲。仅在亚伯拉罕那里，人类才会在犹太人和外邦人之间分裂。因此，诺亚律法被认为具有普遍的约束力。

正如圣保罗所言，对于基督教来说，道德法则也以良知的形式"写在"外邦人的心中（《罗马书》2:14—15）。就连奥古斯丁也追随圣保罗，相信人类的良知，他描绘的人类依赖恩典，通过教会来拯救他们。由于邪恶原则对人类意志的支配，人类被切断了获得救赎的途径，但人类并没有完全切断通达道德知识的途径。

当然，在这漫长的历史中，也存在着一些明显的矛盾。毕竟，上帝命令亚伯拉罕犯下可以想象的最可怕的罪行之一——杀死自己的儿子。但这并不是说，因为上帝命令，所以杀子女就是正确的；更确切地说，是因为神圣命令的可怕力量必须凌驾于人类的是非良知之上。同样，在《新约》中，十字架上的基督谈到他的刽子手时说："父啊，赦免他们；因为他们所做的，他们不晓得。"（《路加福音》23:34）但这并不是说，那些处死基督的人不知道杀害无辜的人是错误的，而是说他们不知道他们处决的人是圣子，是人类的救赎者。

简言之，康德之前占主导的道德思想认为，道德在很大程度上是普遍的。与帕菲特相反,将道德多样性和根本分歧视为随着宗教衰落而出现的一种典型的现代现象,远比将其视为"非宗教伦理"最终能够在没有偏见的情况下解决的一个永久性问题更为合理。

康德之所以能从他的前辈中脱颖而出,是因为他不相信道德的普遍性是建立在神圣的命令或共同的良知之上的,是通过神圣的手神秘地植入人类的。正如17世纪和18世纪的思想家们所争论的那样,它也不是基于共同的道德情感。迄今为止,根据本章的解释,这两种理性都不是"人类的共识"(*die gemeine Menschenverunft*)——人类的共同理性——不是我们所发现的数学家(或者实际上是律师)使用的那种程序性、辩论性理性。它是每个个体都能领悟的东西,无论教育或文化如何——当然,如果它要成为一个公正的上帝判断的基础,它就必须是这样的。

# 第六章

# 从天堂到历史

> 世界精神存在,但非实存之物。
> (*Der Weltgeist ist, aber ist keiner.*)
> ——西奥多·阿多诺

## "世界历史就是最终审判"

世界历史就是最终审判,这是黑格尔所有著作中最著名的思想之一。它似乎也证实了黑格尔哲学作为某种熟知的、极度冷漠的形象。如果最终的审判不是由一个无所不知的、无所不能的、(尤其是)正义的创造者——上帝来执行的,而是听任世界历史的裁决,那么看起来批评家们是对的,诚如本雅明曾经所言,黑格尔是一个"暴力的人"(*Gewaltmensch*),因为黑格尔相信,世界精神站在强者阵营的一方[1]。无论我们如何看待上帝在最终审判中对人类行使神圣正义的画面,肯定没有一个正派的人会相信世界历史——伏尔泰恰如其分地称之为"罪恶和不幸的画面"——应该取代它的位置。

黑格尔并没有确切地使用"世界历史就是最终审判"(*Die Weltgeschichte ist das Weltgericht*)这句话,尽管这句话经常被错误地认为是他说的[2]。事实上,它出自弗里德里希·席勒于 1786 年首次发表的一首诗《忍从:一种幻想》(*Resignation: A Fantasy*)。然而,在《法哲学原理》的最后，在讨论不同国家之间的关系时，黑格尔虽然没有承认其来源，但这句话确实被明确地引用了。在这里，他写道：

> 从这种（每个民族精神［*Volksgeister*］之间的）辩证法产生出普遍精神，即世界精神，它既不受限制，同时又创造着自己；正是这种精神，在作为最终审判的世界历史中，对这些有限精神行使着它的权利，它的高于一切的权利[3]。

本章的论点是，尽管德国唯心主义者确实在世界历史中找到了与之前至高无上的神的特权相对应的理念，找到了从一种观点到另一种观点的神秘通道，而不仅仅是将上帝过去作为赏罚分配者的角色向世界历史转移。他们的立场比人们通常认为的更加复杂（在道德上也并非明显地不合常理）。我们将看到，这一时期的思想家们对我称之为"历史不朽"的东西形成了各种各样的观点，而且对这些概念究竟是应该被视为对个人不朽的正统宗教教义的补充还是替代，也依然存在着分歧。首先，让我们回顾一下人们所争论的康德的观点。

## 康德与"至善"

上帝是一个无所不知、公正的法官，这一观点是康德的苏格拉底式调和世界上明显的邪恶与神圣的善的核心。康德的回答围绕着这样一个观点展开：世界之善在于自由，而不是幸福。但康德不是那种自由主义的斯多亚主义者，后者相信世界之善在于人类自由，快乐和痛苦根本无关紧要。

在《道德形而上学原理》一开篇,康德就主张只有善良意志才能被认为是"无限的"(ohne Einschränkung)[4]。他的言论支持了这一观点,即相比之下,幸福并不总是好的,因为"一个公正理性的旁观者,看到一个没有纯粹善意特征的生命的持续繁荣时,是不会感到高兴的,因此,善意似乎甚至构成了配得上幸福的必要条件"。[5]乍一看,这似乎是一个非常糟糕的论点。缺乏善良意志的人的繁荣无法"取悦""公正的旁观者"恰恰在于小人得志。它假定幸福本质上是好的——如果不是,我们为什么要因为看到它的不当分配而感到不安呢?简而言之,这一论证似乎与康德的主张恰恰相反!但一旦人们对康德进行如下解读,他的观点就更有意义了:从公正旁观者的角度来看,令人不悦的不是幸福本身,而是幸福被不恰当分配的关系状态。

因此,很明显,即使在《道德形而上学原理》中,将康德视为"自由意志斯多亚主义者"的解释也不太正确。正如他在书中所写的那样,尽管善良意志不是"唯一的、完全的善",但它是"至善,是其他一切善的条件,甚至是对幸福的全部要求"。[6]道德价值和幸福之间的正确比例是"完整的善"。在《道德形而上学原理》(1785年出版)和《实践理性批判》(1788年出版)之间,康德对"至善"一词的使用发生了变化。在《实践理性批判》中,"至善"不仅仅是指善良意志,而是指幸福与道德价值之间的比例关系。虽然术语上发生了变化,但它似乎并不代表康德思想结构上的任何实质性变化。

在这个意义上,至善是宗教希望的固有目的,正如他在那里解释的那样:

> 道德法则命令,要使一个尘世中可能的至善成为我的一切行

为的最终对象。但是,除非通过我的意志与一个神圣的和仁慈的世界创造者的意志一致,我就不能希望去造成这个至善;尽管在作为一个整体的至善概念中,最大的幸福与最大程度的道德的(在造物中可能的)完善性被表象为以最精确的比例结合在一起的,我自己的幸福就一并包含在其中,但毕竟不是幸福,而是道德法则(它毋宁说把我对幸福的无限度追求严格地限制在一些条件上),才是被指定去促进至善的那个意志的规定根据。

因此,即便道德,真正说来也不是我们如何使得自己幸福的学说,而是我们应当如何配得上幸福的学说。唯有当宗教出现时,也才出现我们有朝一日按照我们曾关注的不至于不配享幸福的程度来分享幸福的希望[7]。

换句话说,康德认为,有道德的人希望通过他们的道德行为获得幸福是合理的,尽管,如果这种幸福的希望是他们行为的动机,那就会破坏这些行为的德性。毫不奇怪,这样一个明显令人费解的说法,从一开始就让读者望而却步。在他的论文《理论与实践》(1793)中,康德对克里斯蒂安·加尔夫(Christian Garve)提出的反对意见做了回应。康德引用加尔夫的话如下:

就我自己而言,我承认,我的头脑中很好地构想出了这种概念上的区分,但我的内心没有愿望和追求这种分裂,我甚至无法想象,一个人怎么能意识到自己已经完全脱离了对幸福的渴望,从而意识到自己相当无私地履行了自己的义务呢?

作为回应，康德承认，的确，一个人对自己内心状态的了解，不足以决定自己行为的价值：

> 我乐意承认，没有人能够确定无疑地意识到，自己完全无私地履行了自己的义务；因为这属于内在经验，而要对其心灵状态有这种意识，就需要对一切通过想象力、习惯和偏好而与义务概念伴生的附带表象和考虑有一个通透清晰的表象，而在任何情况下都不能要求有这个表象；一般而言，某物（因而也包括一个暗中想到的好处）之不存在也不能是经验的对象[8]。

尽管如此，他仍然坚持认为，具有真正道德价值的行为，必须仅仅出于义务而行动，而且这必须是可能的：

> ……人应当完全无私地履行自己的义务，并且必须把自己对幸福的要求与义务概念完全隔离，以便使这一概念完全不掺杂质：这确是他极其清晰地意识到的；或者，如果他不相信是这样，则可以要求他尽自己所能是这样；因为正是在这种纯粹性中，才能发现德性的真正价值，而且他也因此而必定能够是这样[9]。

此时康德已经发表了《论神正论中一切哲学尝试的失败》（1791）一文。在这里（如第二章所述），他非常明确地阐述了道德价值和幸福这两种不同方式之间的对比的重要性。在这种对比中，道德价值和幸福可能彼此不成比例。道德上的善不过是履行我们的义务，因此，即使上帝没有通过使有德性的人幸福而给予美德某种超出自身的奖赏，信仰上帝也依然是无可厚非的。另一方面,对于恶人来说,不为他们的罪行付出代价——康德冷酷无情的报应主义在这里显现出来——将是对正义的违背:因此,"正是从惩罚的必然性中推论到一种来世的生活"。[10]

总结一下:上帝能够公正地审判人类,是因为:

(1) 人类有道德法则的知识:不需要宗教启示或哲学教育来对他们指手画脚。
(2) 他们有为自己的行为负责的自由。(这是他们有令人信服的强烈的实践理性去相信的东西,可以在哲学上抵御宿命论和"斯宾诺莎主义"。)

纵然:

(3) 他们没有能力对自己的道德价值做出完全准确的判断。
　(i) 这是因为他们无法自省地判断自己单纯是为了道德法则而遵循道德法则的行为是否拥有真正的功绩。
　(ii) 尽管如此,人类可以判断自己或他人何时违反了道德法则,因此应该受到惩罚。

## 康德的"法权"与"无形的教会"

于是,对康德来说,正义的观念将我们指向上帝和一个遥远的世界。但不仅仅是指向彼岸的世界。康德将正义定义为幸福与道德价值之间的适当比例,但它并不完全超越人的能力。诚然,既然道德价值要求我们仅仅出于义务而行动,而我们的道德自知之明又永远不能证实这种动机的纯粹性,我们就永远不能确定在我们自己身上(更不用说在别人身上)是否存在真正的道德善。但道德的要求对我们来说是明确的,僭越道德法则的行为也同样显而易见。此外,人类有能力与作恶者对抗并惩罚他们。因此,尽管完美的正义可能无法实现,但追求正义——试图按照应得的赏罚分配快乐和痛苦——确实是一项可行的人类计划。正义不仅仅是必须等待上帝的干预或仅仅是属于未来生活的东西:它是人类在这个世界上可以努力实现的东西。事实上,正是它赋予了历史以意义和目的。

康德常被认为是现代自由主义政治哲学的奠基人。持这种观点的迈克尔·桑德尔(Michael Sandel)认为,"康德自由主义"是一种政治哲学,它寻求的是一种"目标中立的框架",这种框架不依赖于任何"首选的生活方式"或"善的概念",也不"预先假定一种生活方式优于其他生活方式"。[11] 如果我们只关注康德那些通常被归类为"政治"的著作,那么在康德的文本中有很多内容支持这种对康德政治思想的"反完美主义"理解[12]。因此,康德在《道德形而上学原理》中对法权(Recht,"法律""权利")下了简明的定义:

因此,法权是一个人的任性(Willkür)能够在其下按照一个普遍的自由法则,与另一方的任性保持一致的那些条件的总和[13]。

他解释说:

法权的概念,就它和一个与自己相对应的义务相关而言(亦即法权的道德概念),第一,只涉及一个人格对另一个人格的外在的、确切地说实践的关系,如果他们的行动作为行为能够(直接地或者间接地)互相影响的话。但是,第二,法权概念并不意味着选择(*Willkür*)与他人愿望(因此也与纯然的需要)的关系,例如在行善或者冷酷的行动中,而仅仅意味着与他人的选择的关系。第三,在选择的这种交互关系中,也根本不考虑选择的质料,也就是说,根本没有注意到自己意欲之每一对象的目的;例如,它没有问,从我这里购买商品用于自己的商业用途的人是否会从交易中获益。这里所讨论的只是双方的选择关系的形式,因为选择仅仅被看作是自由的,以及一方的行动能否按照普遍的规律与另一方的自由相结合[14]。

康德之法权的结构不是源自对更广泛目标的追求,无论这些目标是个人的("幸福"或"美德")还是集体的("共同体")。它唯一肯定的价值是选择——根据康德的说法,这种选择的自由仅仅是"消极的"——它的指导原则是需要找到一个系统,在其中这些选择可以被整合。但是,正如已经论证的那样,康德在他的道德理论中不是唯意志论者或契约主义者。他不是人类福祉的不可知论者,也不是从道德多元主义的角度看待政治生活,不像桑德尔所称的"康德自由主义者"那样。因此,除了基于选择的作为政治秩序中立框架的法权概念之外,我们还在康德身上发现了一种更加完美主义的道德共同体概念,这种概念随着时间的推移而发展。

在《伦理学讲义》(柯林斯1784—1785年版)中,我们可以找到对这一观点特别清楚(实际上也是激动人心的)的陈述:

> 人类的使命(*Bestimmung*)是道德的完美,只要它是通过自由

来实现的,在这种情况下,人就有能力获得人类最大的幸福。上帝也许已经以这种方式使人完美,并分配给每个人他的一份幸福,但在这种情况下,它不会从世界的内在原则中产生。但这个内在的原则就是自由。因此,人的命运就是通过他的自由来达到他最大的完美。上帝不仅希望我们幸福,而且希望我们让自己幸福,这才是真正的德性。人类的普遍目标是最高的道德完美;只要每个人的行为都能与宇宙的目的相一致,就能达到最高的完美。每个人都必须努力使自己的行为与这一目标相一致,从而做出自己的贡献,如果每个人都这样做,就能臻于完美[15]。

这段话很有启发性。在康德看来,神圣的仁慈在于上帝指定了一个正义的世界——幸福与自由的携手并进——而不仅仅是在孤注一掷的幸福之中。正义不应被理解为因为人的必死性和身体的脆弱性而变得遥不可及。相反,"人类的最高幸福"是可以达到的。但要实现这一目标,需要人类共同努力。仅仅一个人或几个人履行我们的职责是不够的;每个人都必须做出自己的贡献。然而,无论正义的实现多么遥远,它仍然是一个可行的政治理想。

康德关于至善的概念,把宗教和政治结合在一个伦理共同体的概念中,因此在《纯然理性界限内的宗教》中表达得最清楚也就不足为奇了。在那里,他写道:

> 道德上的至善不是仅仅通过单个的人追求他自己在道德上的完善来实现,而是要求单个的人,为了这同一个目的联合成为一个整体,成为一个具有善良意念的人类系统……一个遵循德性法则

的普遍共和国[16]。

虽然这种美德共和国的实现,原则上是在人类的力量范围内,但它需要普遍的合作。因此,为实现这一目标而努力的义务"需要以另一个理念为前提条件,即存在一个更高的道德存在者的理念。凭借这种存在者的普遍的活动,把自身力量不足的个体力量联合起来,共同发挥作用"。[17] 换句话说,如果人类要充分地团结起来以实现作为理想的正义,我们也必须想到上帝在历史中与我们一起工作(尽管这并不能免除我们通过自己的努力来实现正义的义务):

> 因此,造就一种有道德的神的子民,是一件不能期待由人来完成,而只能指望由上帝来完成的工作。但是,也不能因此就允许人对这件工作无所作为,听天由命,就好像每一个人都可以只致力于他在道德上的私人事务,却把人类(就其道德上的规定性而言)的事务的整体托付给一个更高的智慧似的。毋宁说,他必须这样行事,就好像所有的一切都取决于他;只有在这个条件下他才可以期望,更高的智慧将使他的善意的努力得到实现[18]。

正是这种人类在天意指引下共同工作的观念,使康德将他的理想描述为无形的教会:

> 在神圣的道德规定之下的一个伦理共同体就是一个教会,因为它不是一种可能的经验的对象,所以称为无形的教会(所有正直的人类在直接而道德的神圣的自我治理下的联合,作为人类所建

立的任何此类治理的原型)。有形的教会是人的实际结合,成为一个符合这一理想的整体[19]。

康德认为正义是"至善"——美德应该得到奖励,(尤其是)邪恶应该受到惩罚,与应得的赏罚相称——因此,它朝着两个方向发展:一是信仰最终审判和来世,二是"在地球上建立一个上帝王国",一个"以道德法则为基础的世界共和国",作为历史的目标[20]。与传统宗教信仰(坟墓的打开,狮子与羊羔躺在一起等)的救赎希望相反,我们应该注意到,实现正义是一项与自然和科学事实并不矛盾的事业,无论这样一个世界离目前的社会有多遥远;原则上,正义可以在这个世界上实现,而不需要超自然的神的干预。它可以是"一般的"而不是"特殊的"天意。

那么,我们可以从康德那里得到一种可能的历史愿景的轮廓,即随着人类的共同行为而走向正义,而不是我在本章开头所阐述的令人厌恶的和应受谴责的观点,即历史上发生的一切都是正义的。

## 席勒

在这一点上,让我们回到席勒首次发表于 1786 年的诗歌《忍从:一种幻想》。《忍从:一种幻想》描绘了一个走到生命尽头的灵魂,现在,正如他所相信的那样,站在最终审判的门槛上。在生活中,他为了职责牺牲了自己,面对世人的轻蔑,他对宗教保持了信仰。现在,他的回报一定会到来。但就在他说这话的时候,一个声音在回答他。包含这一答复的最后三节如下:

"我对孩子们钟爱,完全一样!"
守护神在冥冥中叫着说。

"人子们,听着,有两种花在开放,
专供那些聪明的发现者欣赏,
它们叫做希望(*Hoffnung*)和享乐(*Genuß*)。

"如果摘下二者中的一枝花,
另一枝就得放弃。
不能信者,就享乐。这句古话
像世界一样永久。能信者,克制吧!
最后审判总结一部世界史。

"你有了希望(*gehofft*),酬劳已付给了你,
信仰就是实现了的幸福。
你可以去请教贤士,
瞬间使人蒙受的一切损失,
永恒决不给予偿补。"[21]

因此,在原文的语境中,"世界历史是最终审判"否认了在未来生活中有任何回报的前景:的确,在这个世界上选择希望的人一定不要贪图世间的满足,希望本身就是回报。在门德尔松和雅各比之间关于莱辛的"斯宾诺莎主义"的"泛神论之争"(*Pantheismusstreit*)发生在德国的时候,尽管在席勒开始注意到并接触康德的思想之前,《忍从:一种幻

想》一诗就已出现了。[22] 他的立场几乎与康德完全相反。对康德来说，对未来生活的信仰是不可抗拒的，尽管对未来生活的希望如果成为一个人行动的动机，就会危害它自身；对席勒来说，来自希望的行动是有价值的，尽管它可能不符合任何现实，但它给我们的生活带来了好处。

显然，席勒的"为了希望而希望"的想法是不稳定的。无论它的精神和社会效益如何，如果我们希望的内容（希求个人报酬之处）不可信，它如何能够持续下去？然而，历史本身，不被理解为对个人进行应有的奖励和惩罚的法官，而是被理解成为一个正义社会的进步提供前景，这似乎是一个合理的希望的替代对象，而这就是我们在康德那里发现的。

重要的是要看到，我所提出的"历史正在走向正义"的观点，与更熟悉的将上帝和历史联系起来的方式形成了对比。18世纪充斥着这样的叙述：历史是上帝旨意的逐步展开——用洛夫乔伊（A.O. Lovejoy）的话来说，是"存在之链"的"时间化"。[23] 然而，如果我们像杜尔戈特（Turgot）那样，将历史视为从一个充满暴力激情的动荡竞技场转换到一个文明互动的平静场景，我们该如何理解它是神的仁慈和全能的表达？也许所有这些动荡最终会产生一个好的结果，但我们怎么能判断这样一个过程是好的呢？用赫尔德的话说，"前几代人都是为最后一个人而造的，他将被安置在其余人的幸福的残破的脚手架上"。[24] 亚历山大·赫尔岑（Alexander Herzen）问道："你真的希望今天活着的人类充当女像柱支撑地板的悲惨角色，让别人有朝一日在上面跳舞吗？"[25] 上帝不是利用过去的世代作为未来目的的手段吗？

但这并不是对康德的有力反驳[26]。康德认为，世界的"内在原则"是自由，而不是幸福，而这种自由是所有道德行动者在任何时候都可以获得的东西。因此，世界上没有幸福，或者在历史的后期比早期更容易获得幸福,这都不是反对意见。事实上,康德竟然有一种关于进步的学说,这似乎令人费解。当然,人类的义务是从人格性(*Persönlichkeit*)——自由道德主体——的基本价值出发的,其中包括自我发展的义务。因此,例如,我们在康德的《世界公民观点之下的普遍历史观念》中所发现的启蒙运动的天意论,可能会导致物质进步,甚至会软化反社会的激情(人们可以称之为"心理进步"),但这不会改变人类的基本道德状况。

然而,道德进步有一种极其重要的形式。为了遵循本书所捍卫的解释,我们的道德责任要求我们像目的王国的成员一样行动,而不管其他人是否也这样做。因此,举一个最臭名昭著的例子,我们必须说实话,即使我们相信被告知真相的人会利用这些信息来犯罪。康德不允许这种义务有例外,即使后果是可怕的,这一直是康德伦理学倡导者的绊脚石。作为回应,克里斯蒂娜·科斯嘉德甚至主张把康德的伦理学变成一种"双重层次"的理论:

> "人性公式"及其推论,即"目的王国"的愿景,为人类提供了一个在日常生活中实现的理想,以及一个长期的政治和道德目标。但要始终实现这一理想是不可行的,如果试图实现这一理想会使你成为邪恶的工具,你就不应该这样做[27]。

在我看来,这种修正性的建议实际上代表了对康德的严重背离。然而,人们对它的需求确实表明,好的行动和好的结果在多大程度上一致,取决于人们之间的相互合作。"无形的教会"作为一个道德共同体的理念传达了一种希望,即不仅在另一个世界,而且在这个世界,逐步克服义务与结果之间令人沮丧的差异。

## 赫尔德

然而,赫尔德对他自己反对启蒙运动的天意论的反应是与众不同的。1774年,他出版了《关于人类教育的另一种历史哲学》(*Auch eine Philosophie der Geschichte zur Bildung der Menschheit*)。从"历史哲学"这个短语来看,现代读者可能会期待对历史学家活动的结构和合理性进行元层次的探究,就像法律哲学与律师们的活动之间的联系,或科学哲学与科学家的活动之间的关联,但是,赫尔德在此书所呈现和后来在《人类历史哲学观念》(*Ideen zur Philosophie der Geschichte der Menschheit*,部分出版于1784年至1791年)一书中更全面发展的,是对人类历史的实质性描述——一部受生物学启发的世界史,在许多方面都预示着他的德国唯心主义的继任者,尤其是谢林和黑格尔。

《关于人类教育的另一种历史哲学》是一部论战之作,受到让-雅克·卢梭对抗伏尔泰(伏尔泰在1765年发表的一篇文章中使用了《历史哲学》这个标题),以及其他启蒙运动时期的"哲学"历史学家的精神启迪(因此标题中用了"*auch*"[也、还])[28]。赫尔德谴责启蒙运动历史学家的设想,因为这些历史学家认为早期原始阶段的社会在道德上相对低劣。赫尔德指责说,他们把自己时代的设想投射到以前的社会是有罪的。赫尔德坚持认为,每个社会都必须以自己的标准来评判,而启蒙运动的历史学家指出,缺乏"秩序"和"节制"是以前社会的缺陷,因此那些社会比不上现今他们自己的社会文明。赫尔德认为,事实上,缺乏"秩序"和"节制"正是这些社会最大的积极品质——能量和活力——的必要对应物。在赫尔德看来,这种小型的、尚未开化的群体的多样性远比现代官僚国家的僵化同质性要好得多。

但赫尔德既不是尚古主义者,也不是相对主义者。一方面,单个的文化,就像单个的有机体一样,诞生、发展、繁荣和消亡,然后被其他新的有机体承继。每一个人只有在以自己独特的形式出现时,才能达到完全的自我实现。另一方面,有机自然和历史之间有着重要的相异之处。尽管植物或动物物种的每一个个体在其自身环境中基本上是(在赫尔德的前达尔文主义观点中)不变的物种的典范,但文化之间是通过传统的谱系联系在一起的,即传统提供了一条历史连续性的线索,贯穿于个体形式的繁杂织锦中:

> 因此,种族和传统的繁衍将人类的理性联系在一起;每个个体身上不是以整体的一个片段这样一种方式存在——一个不存在于任何个体身上的整体,因此不可能是造物主的目的——而是因为它携带着整个种族的结构和联系。动物以与人类相同的方式繁殖,但它们的种族并没有产生普遍的动物理性;然而,因为只有理性才能形成人类持久的特征,它必须作为种族的特征自我繁殖——没有理性,我们人类这个物种就不会存在[29]。

赫尔德并不否认历史的早期阶段对人类的进步是必要的。他所反对的是启蒙历史学家对进步的扁平和机械的理解方式。进步不是朝着一个单一目标的累积发展,而是一个复杂的前进、后退和改变方向的问题。此外,尽管每种文化都是一种独特的有机形态,都有自己独特的生活方式,只有用自己的标准和世界观才能正确地理解和评价,但赫尔德并不认为,这种标准对我们来说是难以理解的。相反,人类社会共同构成了一个单一的、相互关联的整体。

最重要的是,赫尔德强烈反对这样一种观点,即历史的早期阶段只不过是人类在通往理性和幸福的道路上必须经过的工具性的阶段。每个社会都同样有能力创造自身特有的幸福。

> [人类]必须经历不同的时代!一切都在进步中显露出来!一场持续不断的相互斗争!每一个时代之间都有明显的休止符,革命!变迁!然而,每个时代的幸福都蕴藏在自身之中![30]

从整体上看,历史是一个生长的过程,在这个过程中,单个社会就像人类个体一样,既是进一步发展的手段,也是自身的目的。赫尔德认为,只有这样,历史的进步才能被理解为与上帝之善相容。对上帝而言,所有人都必须是同等宝贵的。

> 一件事物的目的不只是一种手段,它必须存在于它自身。如果我们像磁石一样被创造出来,无休止地徒劳无功地去追求我们自身之外的、我们永远也达不到的完美,我们不仅会哀叹自己是盲目的机器,而且会哀叹自己是如同坦塔罗斯(Tantalus)那种注定了的命运的存在,哀叹他那邪恶的、令人不快的境况创造了我们的种族[31]。

尽管这幅展现多样性的图景似乎带有辩解的味道——每件事都有其自身的好处——但实际上它包含了尖锐的批判成分。有机发展是自发的、自然的。但并不是所有的社会——无论是内在的还是外在的缘由——都被允许以这种自然、和谐的方式发展。另一种选择是,它们成

为机器,在一个霸道的主权者和不灵活的法律体系下运行:

> 因此,最自然的国家是一个具有民族特征的共同体。千百年来,后者一直在其中保存着自己,如果它自己的王公愿意,它可以最自然地发展。因为一个民族是自然的植物,就像一个家庭一样,尽管有更多的分支。没有什么比国家的非自然扩张,各种各样的人和民族在一个权杖之下的疯狂混合,更明显地违背政权的宗旨了。人类的权杖太小太弱,如此对立的部分无法嫁接到它上面;它们被困在一个被称为"国家机器"的脆弱机械之中,没有内在的生命,也没有相互之间的共鸣[32]。

通过这种方式,赫尔德将形而上学运用于历史,诋毁帝国计划,如古代世界的罗马帝国或现代世界的法兰西帝国,并称其为"非自然的"。

正是在这种背景下,我们应该读一下赫尔德1792年在魏玛发表的论文《论人类的不朽的声名》("On Human Immortality")。他的头衔很重要。赫尔德(应该切记,他是一位被任命的牧师,实际上是魏玛的神职人员主管)把个人不朽的宗教教义放在一边,专门关注于它的另一个概念。

正如他所指出的,古人相信,个体可以在后代赋予人类伟大的名声中获得不朽。但他说,那是在人类历史的早期阶段。到目前为止,书页已经写满了,空白处几乎没有空间再挤进新的名字,无论他们多么值得赞颂。我们应该放弃个体的伟大,从整个人类及其"使命"(*Bestimmung*)的角度来看待这个问题。

> 不朽本质上只存在于人类的本性和天职之中，存在于人类持续不断的活动之中，存在于人类坚定不移地通向目标的道路上，存在于人类形式的最佳实现之中；纯粹的真、善、美，这些事物，就其本性而言，是持续的，如果受到压制，总是会重新呈现，并且必须通过人类不断扩大的活动而达到更大的范围、阵地和影响[33]。

不要去想那些对我们来说与众不同的方面、那些能让我们在与他人的对比中脱颖而出的方面，这种意义上的个性必须被超越：

> 为了把这种贡献转化为全人类永恒的财富，我们必须把自我搁置一边——也就是说，将自我与依附于自我的偏见分离开来。我们会希望，即使我们可以，把我们的弱点奉献给这个世界和未来世界吗？不！不朽的甘露、生命的灵丹妙药，真与善从中发芽，它是一种纯净的汁液。凡是与个性混在一起的东西，一定要送到底层去；它必须在伟大的世界机器的容器和引擎中净化，直到渣滓消失[34]。

我们的本性和天职使我们成为更广泛的文化过程的一部分，这一过程可以追溯到我们之前的历史，并将在我们自己的身体死亡后继续下去——对于这一点，赫尔德使用了日后变得非常重要的术语，"精神"（*Geist*）[35]。

> 人类最恰当的能力，在或多或少的程度上，是一种领会着的精神，在过去的助力下，立足自己的当下对未来产生影响；它掌握在

自己手中的手段,或者它通过自己的本性为自己创造的手段,都是这种积极的持续有效性的公开工具和象征。在我看来,语言、文字、科学、艺术,以及最高艺术——立法和宪政建设,都是最重要的。它们是大大小小的船只,精神通过它们航行在时代的海洋中[36]。

通过这种方式,赫尔德对社会和文化的宏伟构想的有机叙述,不仅使他反击了自己对启蒙运动进步观的批评,而且还像康德一样,建立了一种作为集体理想的历史观,以补充(如果不能取代)个人不朽的宗教教义。

## 费希特

当然,康德生活在柯尼斯堡,主要通过著作来发挥他的巨大影响。然而,在18世纪后半叶,德国知识分子和文化生活的中心在500英里以西的魏玛,那里是赫尔德、席勒和歌德居住的地方。在耶拿,周边的大学由萨克森－魏玛公爵卡尔·奥古斯特(Karl August)控制。1794年,年轻的约翰·戈特利布·费希特(Johann Gottlieb Fichte)被任命为耶拿的哲学教授,接替卡尔·莱昂哈德·莱因霍尔德。到任后,他立即发表了一系列非常受欢迎的演讲,(部分)标题为《论学者的使命》(*Einige Vorlesungen über die Bestimmung des Gelehrten*)[37]。

这本书的主题并不像它看起来那么狭隘,因为费希特不仅关心学术教育,而且更广泛地关注智识生活在一个秩序井然的社会中所扮演的角色("*Gelehrter*"也许翻译为"智识"会更好,而不是"学者"或"学术")。因此,这些讲座重提了五年前席勒作为耶拿大学历史学教授在他关于"世界史"的就职演讲中讨论过的几个主题(据说席勒很欣赏费希特的讲座)。在很短的篇幅内,费希特提出了一套完整的社会和政治哲学,其核心是基于道德平等主体之间互惠和合作的理念的社会理想:

> 如果我们只考虑刚才提出的观念,甚至撇开一切与我们自身的关系不谈,我们至少可以超越我们自身,瞥见这样一种联系:在这种联系中,一个人如果不同时为别人工作,就不能为自己工作,也不能不为自己工作而为别人工作;因为任何一个成员的成功进步就是所有人的成功进步,一个人的不幸就是所有人的不幸。仅仅是通过它在最不同的事物中所揭示的和谐,这种景象让我们感到由衷的欢欣鼓舞,并极大地振奋了我们的精神[38]。

这种观点不只改变了我们对我们与同胞关系的理解。它延伸至一个巨大而鼓舞人心的愿景,即我们自己是一个巨大而永无止境的人类奋斗链条的一部分:

> 我的存在不是徒劳的,没有任何狭隘的目的——当我们对自身说我们每个人都耳熟能详的话时,我们对自己的尊严和力量的感觉就会增强。我是这条伟大链条中不可缺少的一环,这条链条始于人类第一次完全意识到自己的存在,一直延伸到永恒。所有这些人都是为了我们而劳动。所有曾经伟大的、聪明的或高尚的人——那些我发现他们的名字被载入世界历史的人类恩人,以及更多为世界做出贡献的人;我已经收获了他们的成果。在他们所

生活的大地上，我踏着那些把祝福带给所有追随他们的人的脚步。只要我愿意，我就能承担起他们为自己设定的崇高任务：使我们的同胞更加智慧和幸福。在他们不得不停止的地方，我可以继续建造。我可以让他们没有完成的那座崇高的圣殿接近完工[39]。

按照费希特的说法，这种将自己视为人类一部分的意识，与人类必死的事实是对立的，正如他在一段非凡而狂热的结尾中所总结的：

"但是，"有人可能会说，"我也得停下来，就像他们那样。"是的！这是最崇高的思想：一旦我承担了这个崇高的任务，我就永远不会完成它。因此，就像承担这项任务是我的天职一样，我永远不会停止行动，因此我永远不会停止存在。所谓的"死亡"不能打断我的工作；因为我的工作必须完成，而它永远不可能在任何时间内完成。因此，我的存在没有时间的限制：我是永恒的。当我承担这个伟大的任务时，我同时也掌握了永恒。我勇敢地抬起头，向着险恶的怪石林立的高地，向着咆哮的瀑布，向着火红色的大海里的汹涌云雾。"我是永恒的！"我对它们大喊，"我蔑视你们的力量！大雨滂沱落在我身上！你，大地，你，天堂，把我们所有的元素都联结在一起。泡沫和咆哮，在野蛮的战斗中粉碎我称之为我自己的身体的最后一粒尘埃。我的意志连同它自己不屈不挠的计划，将大胆而冷漠地盘旋在宇宙的残骸之上。因为我已经掌握了我的天命，它比你更持久。它是永恒的，我也是永恒的！"[40]

在18世纪早期，关于宗教的辩论中有争议的边界一直是"自然宗教"的概念[41]。对于正统的基督教信徒来说,解释清楚这一点十分必要:为何由于历史或地理上的偶然原因,那些没有接受宗教启示的人,作为亚当和夏娃的后裔,是人类社会的一部分,并服从独一真神的管辖。然而,在像狄德罗或休谟这样的无信仰者手中,自然宗教的观念可能被用来间接挑战基督教的排他性主张和宗教启示的必要性。在这两者之间,存在着大量的宗教观点,这些观点使基督服从于理性(如洛克的《基督教的理性》),并重新解释或抛弃不符合这些标准的教义。

类似的情况在18世纪末出现了赫尔德所说的"人类不朽"的概念,也就是我们在这里描述的。对于康德来说,人类随着时间的推移而集体发展的观点是面对神圣的惩罚正义时对个人道德责任观念的补充。这两种观点共同构成了康德关于人类自由所构成的世界之善的"后里斯本"论述的一部分。然而,同样地,这种历史不朽的教义(这样称呼它们更好)代表了传统宗教信仰中超越性要素的潜在替代和更替。

费希特的第一本书《对所有启示之批判的尝试》(*Versuch einer Kritik aller Offenbarung*, 1792)使他声名大噪(该书匿名出版,最初被误以为是康德的作品),他捍卫了一种绝非异端的教义,即启示必须符合理性的标准(就像康德自己在不久后出版的《纯然理性界限内的宗教》中所做的那样)。费希特本人(从家庭背景看,他是虔诚的宗教信徒,他原本打算成为神职人员)似乎在他哲学生涯的任何阶段都不是个人不朽学说的秘密信徒,尽管在记录中,他对大多数人的"死后生活"的想法发表了以下尖刻的评论:

> 其中最糟糕的一种已经占据主导地位:一场只唱"哈利路亚!"的音乐会的想法,就我而言,是我所能想象的最令人难以忍

受的无聊[42]。

但是不朽的问题让费希特失去了他在耶拿的地位,这就是所谓的无神论之争(Atheismusstreit)的结果。在1798年和1799年展开的无神论之争涉及哲学、宗教和政治(包括学术上的和各个德意志小公国之间的关系)的令人困惑的混合,费希特自己天真但易怒的性格使其进一步复杂化[43]。

费希特最初受到攻击,是因为他在自己主编的《哲学杂志》上发表了弗里德里希·卡尔·福尔伯格(Friedrich Karl Forberg)的一篇文章,题目是《宗教概念的发展》(*Entwickelung des Begriffs der Religion*)。据称,在这篇文章中,这种秘密的反宗教学说正在传播。先不去深究费希特有些自相矛盾的自我辩解(福尔伯格的立场并不一定反对宗教。费希特发表了自己的文章,与福尔伯格划清界限。无论如何,这样的问题应该由"有识之士"[*Gelehrten*]在学术期刊上自由讨论)。显而易见,福尔伯格的文章给费希特的敌人提供了弹药。一开始,福尔伯格就直言不讳地写道:

> 宗教不过是一个道德世界秩序之中的实际信仰;或者,用一种熟悉的、神圣的语言来表达同样的思想:对即将降临人间的上帝之国的活生生的信仰[44]。

福尔伯格后来断言,宗教信仰只有两条:"对美德不朽的信仰和对人间的上帝王国的信仰。"[45] 说宗教"只不过是"对上帝王国的信仰,说美德是不朽的,似乎是公然跨越了一种界限——对作为基督教一部分的道德世界秩序的信仰和对作为其替代品的道德世界规则的信仰之间的分界线。福尔伯格当时的读者一定看得很清楚。

## 《最古老的体系-纲领》

在他的文章《何谓启蒙？》(1784)中，康德称赞他的君主腓特烈大帝是"举世无双的统治者"，唯一一位对臣民说"尽情地争论，无论你想争论什么，但要服从！"的统治者[46]。18世纪90年代，腓特烈大帝去世，他的继任者面临着一个不同的世界。即使是萨克森-魏玛的卡尔·奥古斯特，这位德意志各公国中最宽容的一位，也不可能不考虑到其他公国统治者们整肃纪律的迫切希望，因为欧洲进入了长达四分之一个世纪的战争，如此终将导致德国的国家体系的解体。因此，那些可能被视为持颠覆性观点的人（如果他们比费希特更谨慎的话）找到了避免公开对抗的方法（尤其是通过在文学作品中间接表达自己的观点，而不是在哲学作品或明确的政治作品中表达自己的观点）也就不足为奇了。

在德国，正如乔治·艾略特在19世纪中叶所言：

> ……受过教育的无产阶级是使群众发酵的发酵剂；那里的危险阶层不穿上衣，而是穿长礼服；他们始于贫穷的王子，终于饥饿的文人(*littérateur*)[47]。

18世纪90年代的情况就是如此。德国的大学发挥了重要的作用，让背景卑微而有天赋的年轻人获得晋升（康德是一个马具制造商的儿子；费希特曾在一个小村子里养鹅）。这些大学培养出律师、医生、牧师、军官和教师,以及许多小公国的专制统治者所需要的行政人员阶层。然而,学生人数多于专业职位,那些没有独立经济来源的人,往往要充当富商或小贵族的家庭教师(*Hauslehrer*)。这是黑格尔、荷尔德林和谢林这三位朋友的境况,他们在图宾根神学院一起学习。我们所拥有的他们的笔记和未发表的作品,以及他们分散在德语世界各地时试图让彼此了解情况时所交换的信件,这些为我们描绘了一幅如此迷人而坦率的画面,这并不让人感到奇怪。

这三个人都特别受到康德、费希特和席勒的影响,他们通过神学的视角来阅读他们的作品(毕竟,他们有着共同的图宾根式训练)。因此,在1795年1月和2月,他们从伯尔尼(黑格尔)、耶拿(荷尔德林)和图宾根(三人中最小的谢林仍在攻读他的神学博士学位)相互致信。谢林和荷尔德林都描述了他们的思想是如何从费希特转移到斯宾诺莎的——不是康德《实践理性批判》中的"宿命论"斯宾诺莎,而是通过费希特的知识学(*Wissenschaftslehre*)读到的斯宾诺莎,其实体概念,引导他们形成了一种"神是客观的、完全是世界的一部分"的观念。正如荷尔德林所言:

> [费希特的]绝对自我等于斯宾诺莎的实体,包含了一切实在;它是一切,在它之外没有别的东西[48]。

就黑格尔而言,他希望恢复(实际上是加强)从关于神性的道德知识中得出关于现实的本质的必要结论的计划:

> 如果我有时间,我将设法更仔细地确定,在有了固定的道德信

仰之后，我们现在可以在何种程度上反过来利用这样的合法的上帝观念，例如在阐明目标的方向性等方面；也就是说，在何种程度上，我们可以把我们目前在伦理神学（*Ethikotheologie*）中的优势地位衍生出来的上帝观念带回到自然神学（*Physikotheologie*）中，以便通过这种观念在第二个领域进行立法[49]。

他在给谢林的信中总结了下面这段非常有共鸣的劝诫：

> 理性和自由仍然是我们的口号和我们的集结点——无形的教会[50]。

在那个时期的所有文件中，最引人注目的是被称为《最古老的体系-纲领》的文献[51]。这是一篇非常短的作品，毫无疑问是黑格尔的笔迹，被认为是由黑格尔、荷尔德林或谢林于1797年初创作的。更重要的是，这封信似乎是其中一人写给另外两个人的。无论原作者是谁，这都是一份雄心勃勃、充满激进主义思想的作品。

在某种程度上，《最古老的体系-纲领》代表了荷尔德林在信中所指出的轨迹的延续。在这条轨迹中，康德关于"先验主体"的原初思想被清除了个体人格的所有特征，以至于它被转化为"绝对主体"。对于这个绝对的主体（作者再次遵循费希特）来说，最本质的是它的能动性。一旦我们开始理解现实的来源是一个出于"自由必然性"而创造世界的神，我们就可以从伦理神学推断（正如黑格尔在1795年1月给谢林的信中已经提出的那样）自然神学：

> 问题在于：一个伦理存在所处的世界，必须有怎样的构造？我想再次给我们的物理学插上翅膀，它如今在实验桎梏中艰难地前行[52]。

所有这些都在开头一段！接下来，作者说，他将转向"人类的创造"（*das Menschenwerk*）。与有机体和机械装置之间的赫尔德式对比相呼应，根据作者的观点，每一个国家都只是一种机械装置，它把人类视为机器上的许多齿轮——此处没有国家的"理念"。如此，国家就不得存在——"它不得不停摆"！传统政治理论的工具视角及其"可悲的"人造制度、宪法和法律必须被揭露，政治生活必须在"人类历史"（*Geschichte der Menschheit*）的更高视角中被框定。

> 你自己可以看到，在这里的一切观念，例如永久和平的观念，都只是某个较高级观念的从属观念。与此同时，我想在这里提出人类历史的原则，并彻底揭露国家、宪法、政府和立法的全部卑劣伎俩（*Menschen-werk*）[53]。

理性必须被用来反对既定的宗教制度和教义：

> 最后，探讨伦理世界、神性、不朽的理念——通过理性本身，推翻一切迷信，并摧毁那些伪装成理性的神职人员[54]。

但是，费希特-斯宾诺莎式神学使之多余的不仅仅是国家和神职人员。作者明确陈述的这一观点，后来不久被认为是福尔伯格和费希

特的立场:"人类历史"推翻了个人不朽和超越性的上帝的想法:

> 然后便是所有精神(Geister)的绝对自由,这些精神本身包含着智识世界,它们不可能在自身之外寻求上帝或不朽[55]。

众所周知,在《纯粹理性批判》中,康德指出了形而上学的三个研究对象,即上帝、自由和不朽:

> 形而上学的正确研究目标只有三个理念:上帝、自由和不朽。因此,自由概念与上帝概念结合起来,必然会得出不可避免的不朽概念作为结论[56]。

可以说,《最古老的体系-纲领》的作者正是在遵循这个纲领。但是,由于康德认为自由是一种自主的思想的力量(使"理性和自由成为我们的口号"),上帝已经失去了他的超越性,尽管如此,不朽现在却可以在人类本身的历史中找到。

这当然会让康德感到震惊和恐惧。然而,在某种意义上,这是他的苏格拉底计划的一致延续。康德的"里斯本地震"之后的神正论旨在解释世界的美好——它是造物主上帝的美德的一种表达。康德认为,世界的美好在于人类的自由,而不是幸福。然而,与此同时,这个世界仍然是不完美的,幸福与应得的赏罚之间存在着差距,我们由此推断出来世的奖励和惩罚,并抱着在这个世界上实现正义的希望。

如果上帝是公正的,他必然会赋予人类能够无须诉诸神启而直接认知的道德法则。这样,道德就把上帝和人作为他们彼此共同的财产连接起来。但不应该认为它对上帝具有约束力。如果认为他被道德"束缚"或被理性"强迫"去选择"所有可能的世界中最好的",那就会把道德和理性变成某种外在的东西。相反,道德和理性对上帝的本性至关重要。上帝是自主的:他依"自由的必然性"行事。这从根本上改变了我们对上帝的理解。在这一过程中,上帝的一切任性与随意都被剔除,同时,人类与上帝的关系中一切个人性的东西也随之瓦解。因此,通过费希特、谢林和荷尔德林,上帝转变为斯宾诺莎式的绝对主体,是始终如一的。

那么人类呢?他们不也是自主的吗?因此,他们自身难道不具有"智识的世界"(intellektuelle Welt)吗?"无形的教会"不是提供了一个希望的充足对象吗?那么人类是否需要把上帝和不朽看作他们所依赖的外在的东西呢?这样看这个问题,我们可以看到,苏格拉底的宗教筹划已经产生了最具颠覆性的后果。

## 《对德意志民族的演讲》

20世纪初,在柏林大学的大教堂里,挂着一幅描绘费希特发表《对德意志民族的演讲》(Reden an die deutsche Nation,1808)场景的巨幅油画[57]。现存的照片式图片(最初的那幅油画在第二次世界大战中被毁)显示,费希特站在一块宜人的绿草覆盖的岩石上,背景是勃兰登堡门,来自德意志各个社会阶层的代表性人物,包括施莱尔马赫(Schleiermacher)和洪堡(Wilhelm von Humboldt)等杰出人物,都在认真倾听。

当然,这是一种民族主义的幻想(画家名叫阿瑟·坎普夫[Arthur Kampf],名字严肃而恰当,是纳粹最喜爱的艺术家)。演讲是在冬天的室内进行的,那些穿着罩衫和围裙、对演讲者若有所思地皱着眉头的工人不太可能理解费希特的复杂论点。尽管如此,将《对德意志民族的演讲》视为现代德国民族主义的奠基性文件是恰如其分的。

在发表这组演讲的时候(1807年底和1808年初),费希特和德国都发生了很多事情。在无神论之争结束后,费希特搬到了柏林,在那里他发表了公开演讲,并为更广泛的公众撰写了作品(所谓的大众哲学[*Popularphilosophie*])。普鲁士终于在1806年向法国宣战,但其军队在耶拿和奥尔斯泰特被摧毁,柏林被法国占领。毫不奇怪,费希特在讲座中的语气甚至比平时更加热烈。

在《论学者的使命》演讲中,费希特提出了一种历史不朽的形象,这完全是普遍性的:超越空间和时间的限制,个体融入浩瀚的、统一的人类历史洪流之中。在《对德意志民族的演讲》中,中心点聚焦于民族性。正是这一点形成了"卓越的"个体的期盼的目标:

> 因此卓越的人相信,他的活动会在这个地球上永远继续下去,这既是基于他所出身的民族也会永远存续下去的希望,也是基于对该民族特质的认同[58]。

然而,这并不是简单地用特殊的集体认同代替普遍的集体认同。

人们会记得,赫尔德同时是一个普遍主义者和一个特殊主义者:他相信人类的进步将通过不同民族和文化的独特自我实现来完成。他还接受了真正自我实现的有机文化与那些由人为的主权和权威原则("国家机器")维系在一起的文化之间的鲜明的批判性对比——这种区别追溯了希腊和罗马之间的差异,也含蓄地追溯了德国和法国之间的差异。

在随后的动荡时期,区分自然形式和非自然形式的社会秩序仍然是德国社会和政治思想的核心议题。

在席勒极具影响力的《审美教育书简》(1795)中,这种区别被用来解释法国大革命的必要性和它的失败原因[59]。席勒认为,现代世界已经变得碎片化和机械化,仅靠武力维系在一起。相比之下,在古希腊城邦,个体是"多足动物"的一部分,每个个体都是一个完整的整体,内在有机地承载着更广泛的社会联合的形态。

> 希腊城邦的"多足动物"性质,使每个个体都享有独立的生活,但一旦需要,[城邦]就可以成长为整个有机体,现今这一特性让位于一个巧妙的发条装置,其中,数量繁多但没有内在生命力的部分拼凑在一起(Zusammenstückelung),一种机械的集体生活随之产生。城邦和教会、法律和习俗(Sitten)现在被撕裂了;享受与劳动分离了,手段脱离了目的,努力脱离了报酬[60]。

现代世界被划分为相互对立的阶级,其特点是底层的粗野("感性支配着原则")和上层的暴虐("原则扼杀了感性")。应该以希腊人为榜样,他们不是野蛮的、不开化的民族,而是淳朴与文雅和谐地结合在一起的民族。

> 我们看到,他们同时结合了形式的完满和实质的充足,兼具哲学性和创造性,兼具柔情和活力,在光辉的人性中结合了青春的想象和理性的雄壮[61]。

对席勒来说，希望在于审美领域，使人类发展到新秩序不会重蹈旧秩序的覆辙。在《最古老的体系-纲领》的作者看来，所有国家都把人看作机器上的齿轮——这样的国家必须被废除——必须找到一种"新的哲学"来克服思想和情感之间的分歧。

费希特在《对德意志民族的演讲》中指出，这种完整人格的理想只有在一个真正可靠的民族中才能实现——一个"不受外在于整个体制的事物掺假和腐化"的民族[62]。事实证明，只有德意志民族具有这种真正的品质：

> 因此，必须清楚的是，只有德意志人——没有在专断的体制中（*in einer willkürlichen Satzung*）变得毫无生机的原初的（*ursprüngliche*）人类——真正拥有一个民族，并且有权依靠一个民族；只有他才有能力真正理性地爱他的国家[63]。

因此，整个人类的命运就取决于这种真实而纯粹的德意志本质：

> 如果这些演说中所陈述的确有道理，那么在所有现代民族中，人类完美的种子无疑就藏在你们身上，并被赋予引领人类发展的重任。如果你湮灭于这一本质属性（*eurer Wesenheit*）之中，那么整个人类从邪恶深处获得救赎的所有希望都会随着你而消失……如此一来，人类就没有出路了：如果你沉沦，所有人类都将与你一起沉沦，在未来复苏的希望也会一并灰飞烟灭[64]。

然而，对这个真正的祖国的爱并不能代替对个人不朽的信仰。费

希特断言,那些拥抱自己的命运,全身心投入对祖国的爱的人,必须相信在天堂和人间都将不朽:

> 一个不把自己首先视为永恒的人根本就没有爱;他也不能爱一个祖国,因为对他来说,这样的永恒的爱是不存在的。把无形的生命视为永恒而不把有形的生命视为永恒的人,很可能拥有一个天堂,在这个天堂里有他的祖国;然而,在人间,他没有祖国,因为这也是在永恒的形象、可见的和被赋予知觉的永恒的形象下才可以看到的,因此他也不能爱他的祖国[65]。

真正的爱国者以如下方式追求历史的不朽,将心甘情愿地为祖国牺牲他的世俗存在:

> 来世的希望超越尘世的生命——仅这一点就能激励人们为祖国献身[66]。

简而言之,正如历史不朽学说既可以被视为对最终审判的传统信条和个人不朽学说的补充,也可以被视为它们的潜在替代品,它也可以在政治上指向截然不同的方向:从世界主义的普遍主义到关于国家命运的特殊主义信念。

## 黑格尔与不朽

在这样的背景下,我们应该如何理解成熟的黑格尔将世界历史等同于最终审判？黑格尔是否将他对历史神圣意义的信仰与基督教最终审判和个人不朽的信仰结合起来？他是否如本雅明所言，是一个"暴力的人"？这些问题可以简单地回答，也可以用更长的篇幅回答。然而，在给出一些较短的回答之前，认识到为什么较长的回答似乎是必要的将不无裨益。

理想情况下，对哲学文本的解释应该像其他有争议的历史问题一样明白无误：解释者应该找出明显合理的替代假设，看看哪一个最符合现有的证据——在这种情况下，就是我们在文本中找到的模式。当然，怎样才算"符合"可能很难确定。作者会随着时间的推移而改变他们的想法，即使是最伟大的哲学家也可能前后矛盾，因此，一篇文章中的证据对于如何阅读其他文本可能不是决定性的。尽管如此，将人们的解释与另外情况下令人费解的段落进行对比，这一原则显然是合理的。这就是我在这里对康德的论述中所试图做的：描绘一种解释，即人类通过道德，与仁慈但严厉且报应的创造者联系在一起，这样可以更好地理解康德的文本，而且这种解释比起那些将康德的思想与上帝的教义和本体自由分离开来的解释略胜一筹。

然而，所有的解释都面临着循环的问题——所谓的解释学循环——即，在试图以文本来检验解释时，我们对那些文本的理解已经蕴含着解释。这个问题可能有些严重，也可能不那么严重。康德确实使用了大量新颖的术语，并有意识地以新颖的方式改编了业已存在的语言（"先验的""物自体""表象""本体""自主性"——举几个明显的例子），这些术语在很大程度上是根据彼此来定义的。然而，也有一些陈述可以在不事先理解康德的词汇的情况下被理解（比如"……正是从惩罚的必然性中推论到一种来世的生活"，[67]这样的陈述特别适合于帮助确定解释并检验其说服力。

然而,关于黑格尔,解释学循环几乎完全关闭了。黑格尔的哲学科学(*Wissenschaft*)的主要文本是用与日常生活(或就此而言,与以前哲学的专门词汇)相距甚远的语言写成的。对于未受过教育的读者来说,既不能立即看出论证的是什么,也不能立即看出应该如何被论证。甚至《精神现象学》——假定的进入"科学体系"的切入点——也是用令人眼花缭乱的抽象术语来表达的,而且,在更熟悉的术语("主人""奴隶")出现的地方,黑格尔显然是以非常陌生的方式来使用的。这并非偶然。黑格尔最基本的观点之一(这是我自己的解释前提之一)是,在普通思维层面上被认为是令人信服的对比和对立,从思辨哲学的更高角度来看,就不再有说服力了。哲学的目标就是从普通思维层面过渡到思辨哲学的高度:

> 表象(*Vorstellung*)与思想之间的区别具有更特殊的重要性,因为一般说来,哲学除了把各种表象转化为各种思想外,别无他事[68]。

这样做的一个后果是解释和重建之间的界限很容易模糊。自黑格尔时代以来,评论家们就提出要向困惑的读者揭示"黑格尔的秘密",并通过这样做,"将(黑格尔辩证法的)理性内核从其神秘的外壳中提取出来"。[69] 在决定是否进行这样的重构时,解释性的证据更有可能是通过逐渐积累黑格尔著作的全部材料来找到的,而不是通过寻找明显符合一种解释但与另一种解释不相容的个别段落来找到的。难怪讨论黑格尔的书往往都格外厚!

当涉及黑格尔对宗教的态度时,困难尤其尖锐,而且,如前所述,人们要置身于黑格尔自己所处的时代。[70] 接下来,我将把解释的方法分为三种,以简化问题。

(1)有神论的解释。从这个观点来看,黑格尔是宗教哲学家。他的哲学代表了将宗教教义(特别是路德新教)转译或重新表达成一种哲学话语。它以一种使宗教信仰和启示的合理性显而易见的方式阐述这些问题,但黑格尔哲学与宗教正统之间并无冲突,正如天主教与托马斯-亚里士多德主义哲学之间并无冲突一样[71]。

(2)**形而上学的解释**。对于形而上学的解释而言,黑格尔哲学的基本主张存在着一种贯穿于整个现实的理性结构。这种结构,人们可以认为类似于希腊的逻各斯(logos),是由哲学理性发现的:现实,就它是理性的而言,是先天可知的[72]。

(3)**社会层面的解释**。从这个解释维度看,历史和社会是黑格尔的根本。即使是人们认为完全客观的,黑格尔显然以绝对术语谈论的现实,最终也是社会性构成的。正如特里·平卡德(Terry Pinkard)在他的论《精神现象学》一书的标题中所表达的那样,在这种解释维度中,黑格尔致力于探究"理性的社会性"。[73] 这样,黑格尔可以被理解为将康德先验唯心主义的某种理解的激进化(和历史化)[74]。

在这三种解释方法中,我们究竟应该选择哪一种(实际上,我们必须在它们之间做出选择)?

在社会解读层面,"精神"被理解为"社会互动中具有文化差异的客观模式,根据它们所体现的相互认可的模式进行分析"。[75] 然而,正如在第二章中所论述的,这种对精神的还原的、人类中心的解释与黑格尔的文本是不一致的:对黑格尔来说,精神是包含个人的社会关系和其他一切事物的统一的潜在现实。

我的观点是,形而上学的解释最符合黑格尔对他的规划所倡导的雄心勃勃的主张,在这些点上(在序言、导论和对他的主要文本的补充中),黑格尔从他抽象的哲学阐述中跳出来,后退一步,给读者一个更加非正式的概述。因此,他在《逻辑学》导论中写道:

> 就此而言,我们必须把逻辑理解为纯粹理性的体系,理解为纯粹思想的王国。这个王国就是真理赤裸裸的、自在且自为的样子。因此人们可以说,这个内容就是上帝在他的永恒本质之内、在创造自然界和一个有限精神之前,呈现出来的样子。阿那克萨戈拉被誉为第一个说出这个思想的人:"努斯(nous)或思想必须被规定为世界的本原,而世界的本质必须被规定为思想。"通过这个方式,他为一个理智宇宙观奠定了基石,而这个理智宇宙观的纯粹形态必定是逻辑[76]。

就我目力所及的黑格尔的著述而言,他坚信只有思想才能认识现实的终极本质。他在同样的讨论中写道:

> 就此而言,纯粹科学以摆脱意识的对立为前提。纯粹科学所包含的思想同样也是自在的事情本身,换言之,纯粹科学所包含着的自在的事情本身同样也是纯粹的思想[77]。

不可否认,对于现代读者来说,这样的主张似乎是极其不可信的,但把它作为一个决定性的反对意见,就是将解释和倡导结合在一起。

然而,形而上学的方法和宗教的方法是如何相互关联的呢?在有神论的解读中,精神只不过是上帝——一个基督教的三位一体的上帝,不受时间影响、永恒同时也在世界上道成肉身。对于形而上学的解读而言,精神是希腊的逻各斯,甚至是斯宾诺莎的实体观念,尽管,与斯宾诺莎不同的是,黑格尔的精神是动态的、自我分化和自我实现的。这些不同的解读相互兼容吗?

有一点是明确的。黑格尔对宗教的研究完全是苏格拉底式的。他不仅像康德一样,使宗教服从于理性,而且他相信理性可以给我们关于经验现实,特别是关于历史本质的实质性知识。这样,信仰和理性之间的鸿沟就被弥合了。黑格尔在《历史哲学讲演录》中极其明确地说:

> 我们的命题——"理性"支配世界,而且"理性"向来支配着世界——和认识上帝的可能性的问题,这两者间的联系,我始终不愿意舍弃不论,主要因为我不愿错过机会,我正好提出人家对于哲学的责备,说它害怕谈到宗教真理,这责备中暗示哲学对于这类真理似乎不怀好意。这种说法不但不准确,而且在事实上,晚近哲学还不得不捍卫宗教的领土,来对付若干神学系统的攻击。上帝已经在基督教信仰里显现了他自己,就是说,他已经使人类了解到他是什么,所以他再也不是一种隐藏的或者秘密的存在。这种认识上帝的可能性,使我们负有认识上帝的义务。上帝不愿意窄心肠的灵魂或者空虚的头脑做他的子民,他愿意有精神虽属贫乏,但对于他的认识却很丰富的人,而且这种人将一切价值寄望于对上帝的认知。那种以上帝的启示为原始基础的思维精神的发展,必须最终推进到思维中对最初呈现在感觉和表象(*vorstellenden*)的精神

上的东西的把握。终究有这一天,人们会理解富于创造力的"理性"的丰富产物,这产物就是世界历史[78]。

显然,对于许多现代信徒来说,这种彻底的理性主义已经与宗教作为信仰的本质特征发生了冲突(克尔凯郭尔与黑格尔的争论正是在这一点上转向的)。但我们也应该提醒自己,苏格拉底主义在宗教中的主张是多么令人信服。如果上帝是善良的,那么他一定是公正的。如果他是公正的,那么他必须以人们自己能够理解的方式来对待人类,而任何诉诸宗教权威的行为——无论是制度性的、通过教会的,抑或是文本的、来自《圣经》的,甚至是个人的、通过个人信徒的信仰体验——都会破坏这一点。

对黑格尔来说,历史的理性呈现具有核心的宗教意义。他在《哲学史讲演录》中说,"哲学史"是一种"神正论":

> 在这方面,我们对待这个主题的方式是一种神正论,一种为上帝辩护的方法,莱布尼茨以他的形而上学的方式,试图用不确定的抽象范畴来理解世界上所发现的恶,并使有理智的精神与存在着邪恶的事实相调和。事实上,没有什么地方比世界历史更迫切需要这种调和性的知识了。这种和解只能通过承认肯定性的事物来实现,在这种肯定的事物中,消极的元素消失为次要的、被征服的元素,通过意识到世界真正的最终目的是什么,并且这个目的在它内部实现了,邪恶最终没有站出来攻击它[79]。

但是,对于历史的神圣的、天意的性质的观点,是应该被看作——

就像康德、赫尔德和费希特所认为的那样——对个人不朽信仰的补充，还是——就像席勒、福尔伯格和《最古老的体系-纲领》的作者（黑格尔本人？）所认为的那样——作为取代个人不朽信仰的替代品呢？

事实上，黑格尔在他出版的任何著作中都没有讨论个人的不朽，这可以说明两种情况：要么他认为正统教义是天经地义的，要么他不希望让自己背离正统的行为公开化。有利于树立他的正统形象的证据，主要有黑格尔在新教大学里的教职，以及他愿意成为新教的公开代言人（他在《奥格斯堡忏悔录》发表300周年纪念日的演讲）；而不利于树立他的正统形象的证据，主要是海涅所描述的一段轶事，其中黑格尔被描绘成一个秘而不宣的持不同政见者。

除此之外，哈佛大学出版社的一位审稿人还向我指出了另一个重要的证据。研究黑格尔的学者瓦尔特·耶施克（Walter Jaeschke）整理了一版黑格尔的宗教讲演录，与之前的版本不同，它没有将不同的版本合并成一个单一的文本。在1827年的讲座中，黑格尔在介绍他所称的"完善的宗教"（*die vollendete Religion*）时，确实提到了不朽的思想与《创世记》和伊甸园的关系。他不仅将其描述为"表象"（*Vorstellung*），还两次称其为"稚气的表象"（*kindliche Vorstellung*）。他说，人的不朽在于思想，因为"只有作为思想（*denkend*）时，人的灵魂才纯洁而自由，而不是必死的和兽性的"。[80] 因此，至少在他的一些演讲中，黑格尔准备允许自己相当明确地背离正统。

但也有一个系统性解释的问题：如果黑格尔接受了个人不朽的信条，这将如何与他整体的哲学体系兼容？如我们所见，对于康德来说，个人不朽的学说是与神圣的审判相联系的。要将这变成苏格拉底式宗教的一部分，需要具备三个条件：人类应该有足够的自由来对自己的行为负责；他们应该知道支配他们行为的道德法则；审判应该由一个无所不知的公正审判者执行。

从形而上学的角度来看，黑格尔可以毫不费力地接受人类作为自由主体的要求：他将现实的本质描述为一种分化的层级结构，在不同的层次上接受不同的解释，这意味着人类不容易受到斯宾诺莎主义"宿命论"的威胁，这种威胁来自一个封闭的因果秩序，令康德非常困扰。而另外两项要求显然没有得到满足。黑格尔的精神（Geist）不仅是一个永恒的神祇，在世界中化身为神性善的表达，然而它本身却是历史的和发展的——在时间的进程中认识了自己：

> 世界历史是精神的神圣的、绝对的过程的最高形式的呈现，在不同阶段的进程中，精神获得了它的真理，达到了它对自身的自我意识[81]。

精神需要世界来实现它的自我——它只有在一个漫长的发展过程，直到现代，才能最终达到的实现：

> 精神的历史就是它自己的行为，因为精神仅仅是它之所为，而它的行为就在于把自身（虽然在这里是作为精神）变成它意识的对象，并在自为地解释自身中领会自己本身。这种领会就是它的存在和原则，这一领会的完成同时也就是它的外化和向更高阶段的过渡。[82]

为了让精神完成它自身，它必须达到完全的自我意识，它通过各种

个体的意识做到这一点:当各种个体意识到精神时,精神也意识到了它自身:

> 过去的那些实存是普遍精神已经获得的财富,构成了个体的实体和无机的自然界。就此而言,从个体这方面来看,教化(*Bildung*)的目标就是让个体继承这些现成的财富,让个体在自身内消化它的无机自然界并据为己有。但从普遍精神亦即实体这方面来看,教化无非意味着实体给予自己以自我意识,使实体发生转变和自身反映[83]。

个体如果要受到公正的审判,就必须知道对他们的要求是什么。就康德而言,有人认为,道德一致论满足了这一要求——人类如果不让自己被利己主义的诱惑引入歧途,就会知道什么是对的,什么是错的。我认为,"道德是人类共享的财产"这一观念是西方伦理思想传统的核心:在犹太教的诺亚律法中,在圣保罗关于人类良知的主张中,在罗马人关于"自然法"的观念中。如果我正确的话,那种认为人类生活在一个道德多元主义的世界,伴随着由此带来的所有问题,基本上是一个现代的观点。

从这一点来看,黑格尔对他所称的"道德"(*Moralität*)进行批判,却支持"伦理"(*Sittlichkeit*),是非常重要的。如果我们认为"道德"相当于康德关于道德义务普遍体系的观念,那么"伦理"是每个特定社会形式或"民族精神"(*Volksgeist*)所特有的伦理秩序。正如在第二章中所解释的那样,这是黑格尔关于社会是一个阶段性发展的概念的核心:

世界精神发展的每一个阶段都不同于其他阶段,都有其具体和特定的原则。在历史上,这样的原则成为精神的特殊裁定(*ein besonderer Volksgeist*)。正是在这里,它具体地表达了它的意识和意志的所有方面,它的全部实在性;正是这一点给它的宗教、政治宪法、社会伦理、法律制度、习俗,以及科学、艺术和技术技能,都打上了共同的印记(*das gemeinschaftliche Gepräge*)。这些特殊性必须被理解为源于一般性的特殊性,即一个民族的特殊原则[84]。

有人可能会认为,这将排除个人在神圣的审判者面前承担责任的想法。但是,尽管黑格尔拒绝接受他认为的康德式尝试,即从"抽象"的推理概念中推导出道德义务,但伦理本身就是义务的一个来源。的确,黑格尔和康德一样,把义务的履行等同于自由:

> 意志之本质性的东西对我说来就是义务,如果我现在一无所知,仅仅知道善对我是义务,那我还是停留在抽象的义务上。我应该为义务本身而尽义务,这是我在尽义务过程中实现我固有的真实意义上的客观性:我在尽义务时,我心安理得而且是自由的。着重强调义务的这种意义,乃是康德实践哲学的功绩和它的崇高立场[85]。

因此,义务随着社会环境的不同而不同,这一事实并不意味着人类不能对他们的行为负责。例如,也许奴隶制在罗马帝国是正确的,但在大英帝国是错误的。但是黑格尔并不认为对与错是完全依赖于语境的。他的主张更为复杂,从奴隶制的例子可以看出。

一方面,他说,与一种"错误立场,即人,作为一个自然实体……因此才有可能被奴役"相比,人类天生自由的观念"更高等"。然而,奴隶制产生于"由人的自然性向真正伦理状态过渡的阶段,即产生于尚以不法为法的世界。在这一阶段不法是有效的,因此,它必然是有它的地位的"。[86] 因此,尽管奴隶制在某种意义上是错误的,但它并不仅仅是奴隶主对奴隶犯下的一种罪行。

如果人们坚持人是自在自为地自由的这一方面,那就等于诅咒奴隶制度。但是某人当奴隶乃是出于他自己的意志,这正与某个民族受到奴役是出于它自己的意志一样。所以,不仅仅使人为奴隶和奴役他人的人是不法的(Unrecht),而奴隶和被奴役者本身也是不法的[87]。

因此,黑格尔的立场既不是简单的普遍主义,也不是特殊主义,而是两者的结合:从普遍的、客观的观点来看,有些东西可能是错误的,但在当时的语境中是合理的和必要的。只有在历史发展过程的终点,普遍性和特殊性才会重合。在此之前,两者之间的不可调和的冲突是可能的——就像黑格尔最喜欢的安提戈涅的例子一样,在这个例子中,如他所说,体现了"最高的伦理,因此也是最高的悲剧"的冲突[88]。在这种情况下,人们很难在道德上看到对与错之间的明确界限。

简而言之,照我的解读,黑格尔将一种关于上帝式的精神的发展主义观点,即通过人类来完善他自身,与一种关于人类道德环境进展到伦理(Sittlichkeit)与自身和谐的地步的发展主义观点相结合。然而,如果人类真的在道德上随着时间的推移而发展,以至于由于纯粹的(道德)运气,一些人生活在一个伦理生活观念更加发达和谐的世界中,那么,这似乎与人类如康德所设想的那样在神圣的审判者面前被公正地问责的学说相冲突。因此，有充足的理由认为，成熟的黑格尔（和年轻得多的黑格尔一样）只着眼于一种历史性的不朽观念。

这对黑格尔同时代的许多人来说并不奇怪。1830年，年轻的路德维希·费尔巴哈（Ludwig Feuerbach）听过黑格尔的讲座，发表了《关于死亡和不朽的思考》。[89] 在书中，他为一种特有的历史性的不朽概念辩护。费尔巴哈的书是匿名出版的，但这本书的问世断送了他的学术生涯。后来，在黑格尔去世后，弗里德里希·里希特（Friedrich Richter）出版了一本名为《不朽的新学说》（*Die neue Unsterblichkeitslehre*）[90] 的著作，他在书中声称，黑格尔哲学的内在逻辑确实导致了对正统基督教不朽教义的拒绝。尽管一些黑格尔主义者不同意里希特的观点，并为黑格尔主义与正统基督教的兼容性进行辩护，但对许多德国神学家来说，里希特只是揭示了他们已经相信的东西：黑格尔"学派"是秘密的泛神论。但毫无疑问，以一种特有的历史性的方式来阐释不朽的概念是黑格尔遗产的一部分——对于曾经的费尔巴哈主义者卡尔·马克思而言，这种思想遗产的影响尤其明显。

## 精神与个体

黑格尔是一个"暴力崇拜者"（*Gewaltmensch*）吗？如果这被理解为黑格尔相信强权即公理，那么在他把"世界历史"称为"最终审判"之后，他自己就非常清楚地表明事实并非如此：

……世界历史不仅仅是强权的审判，即不是一种盲目命运的抽象而无理性的必然性之审判,相反,由于精神是自在自为的理性,而在精神中理性的自为存在即知识,所以世界历史是理性各环节仅从其自由的概念中引出的必然发展,从而也是其自我意识和其自由的必然发展。这种发展就是普遍精神的解释和实现[91]。

但这并没有结束反对意见。本雅明的这句话还有另一种理解方式——本雅明的朋友西奥多·阿多诺追随这种解读并对此进行了扩充[92]。黑格尔不是宣称历史上的"强权"(*Kraft*)是由精神驱动的吗?这种个体对精神的从属关系本身不是一种"暴力"(*Gewalt*)的形式吗?

黑格尔认为,精神是一种在自然中表达自己、在历史中实现自己的绝对主体,这与新柏拉图主义的"太一"、斯宾诺莎的"实体"、卢梭的"公意"、费希特的"绝对自我"和谢林的"世界灵魂",以及基督教的三位一体上帝有一些共同之处,但就目前的目的而言,重要的是,人类可以与这个集体性存在相联系,从而追求历史的不朽。为了评估它是如何做到这一点的,我们需要回答两个问题:上帝式的精神体现了什么价值观,精神和个体之间的关系是什么?

按照黑格尔的观点,第一个问题的答案是明确的。精神的自我实现表达了他多年前在给谢林的信中作为"我们的口号"所描述的那些价值:理性和自由。他在《法哲学原理》中写道:

> 国家自在自为地是伦理性的整体,是自由的现实化;而自由之成为现实乃是理性的绝对目的。国家是立于世上的精神,有意在世界中实现自身[93]。

黑格尔对第二个问题的回答最初是用形而上学的术语来表达的。体现在国家中的伦理（Sittlichkeit）是一种"实体"，相对于它，个体只是"偶性的东西"：

> 因为伦理的种种规定（Bestimmungen）构成自由概念，这些伦理的规定就是实体性或个人的普遍本质，个体只是作为一种偶性的东西才同它发生关系。个体存在与否，对客观的伦理秩序是无所谓的，唯有客观的伦理秩序才是用以治理个人生活的持久的东西和力量[94]。

通过国家实现精神是一个过程，而个体被视为其中的"环节"：

> 在谈到自由时，不应从单一性、单一的自我意识出发，而必须单从自我意识的本质出发，因为无论人想不想知道，这个本质作为独立的权力（Gewalt）而使自己成为实在，在这个强权中，单一的个体只是环节罢了。在世上行进的神，就是国家。国家的基础就是作为意志来自我实现的理性的权力[95]。

然而，从这种形而上学的主张回到我们更熟悉的历史和政治领域，解释就变得必要了。如果将个人描述为"只是"与国家自我实现为实在相关的环节或偶性的东西，听起来不祥地像是对德国后期历史中某些最糟糕方面的预测，那么更为合意的重建也是可能的。为了明确观点，让我简单概括一下这方面的解释。

在这种观点下，黑格尔对历史的描述是关于自由和平等的发展，这种自由与平等被理解为个体与个体之间的相互承认。因此,谈论理性在历史中实现自身的权力(*Gewalt*),并不比谈论真理的力量支配科学探索更险恶:它只是反映了黑格尔对历史进程的进步目标导向的信念。至于个体的从属地位,显然隐含在他们描述为只是"环节"或"偶性的东西"之中,这表明在这个伟大的发展过程中,个体确实是转瞬即逝的。然而,历史进程既使各类个体意识到彼此之间是自由平等的,又为他们形成了超越自身死亡的适当的希望目标[96]。以这种方式阅读黑格尔,使他最终成为一个具有康德精神和《论学者的使命》中的早期费希特精神的普遍主义者,与本章叙述的主旨相符。精神在历史上的实现,对应于"无形的教会"作为一个跨越时空的道德共同体。精神在各个国家中实现自身的事实反映了一个事实,这是赫尔德首先认识到的,人类的普遍发展要求人类应被置于不同的个体文化的框架之中,而不是受制于抽象和陌生的形式性的原则:故而伦理高于道德。这种对黑格尔的解释符合约翰·罗尔斯对他的描述,即他是一个"具有稳健进步改革思想的自由主义者"。[97]

但这种辉格党人式的对黑格尔的解释正确吗?当我们考虑黑格尔所表达的战争观点时,这种解释的局限性是显而易见的。

(1)对黑格尔来说,战争是世界秩序的一个永久的、不可避免的特征,即使当精神在现代世界中达到了自我完成的地步。这是因为国家本身就是个体,个体之间必然会发生冲突:

> 永久和平常被提倡为人类应该为之奋斗的理想。有鉴于此,康德提议建立君主联盟,以调整国家间的差异,而神圣联盟就是一

个大致相同的联盟。可是国家是个体,而个体性本质上包含着否定性。纵使一批国家组成一个家庭,这种联盟作为个体性也必然会产生一个对立面并创造一个敌人[98]。

战争不应被视为由不公正或破坏性的激情引起的国家间关系的瑕疵,而是属于国家的本质:

> 战争不应看成一种绝对罪恶和纯粹外在的偶然性,这种偶然性,无论是说它在它所意愿的东西中,还是在当权者或民族的激情中,在不公正的事情中,等等,总之是在这些不应该存在的事情中,无非是说它本身具有偶然性的根据。说偶然性的东西会遭遇到偶然东西的本性所是的东西,这种命运本身因此正是必然性。一般说来,概念和哲学会使单纯的偶然性这种观点消失,而在表现为假象的偶然性中认识其本质,即必然性[99]。

(2) 国家行为的伦理状况不应根据那些评价个体之间道德关系的标准来评价。

(i) 首先,国家在促进个体目标方面所扮演的角色并不能使其合法化,因此不能以个体的福利或权利为标准来衡量国家。

> 有一种很邪乎的打算,在对个人提出这种牺牲的要求这一问题上,把国家只看成市民社会,而只将个人生命和财产的安全看作国家的最终目的。其实,这种安全不可能通过牺牲应获得安全保障的东西而达到;而是恰恰相反[100]。

(ii) 国家之间的交往也不受一套道德规则或国际正义标准的约束:

> 正义和德性、不法、暴力和罪恶、才能及其成就、大大小小的激情、罪责与无辜、个体生活和民族生活的辉煌、国家和单个人的独立、幸与不幸,所有这些都在所意识到的现实性领域中有其特定的意义和价值,并在其中找到它们的判断和正义,虽然只是不完善的正义。世界历史则发生在这些观点之外[101]。

(iii) 特别值得一提的是,"先进"和"落后"国家之间的关系不受伦理原则的约束,因为伦理原则以它们之间的平等为前提:

> 出于上述同样的规定,文明民族可以把那些在国家制度发展上处于落后的其他民族看作野蛮人(如游牧民族对待狩猎民族,以及农业民族对待前两者,等等),以一种不平等的权利意识看待他们,因而把他们的独立性当作某种形式的东西来看待和处理[102]。

(3) 战争的进行需要牺牲。但这种牺牲不仅仅是一种令人遗憾的必然——而是实现有价值目标所必须付出的一种代价。它本身就是善的。

(i) 首先,牺牲对国家及其机构的总体健康是善的:个体的死亡促进了整体的生机。

> 在和平时期,市民生活不断扩展,一切领域闭关自守,久而久之,人们就放荡堕落了,他们的特异性也愈来愈固定和僵化。但

是健康需要躯体的统一,如果一切部分各自变得僵硬,死亡就到来了[103]。

(ii) 牺牲对个体本身也是善的(这一点至关重要,即使不是显而易见的)。军事纪律所固有的个体人格的服从和在非个人的冲突中牺牲生命,实际上是"自由的实存":

> 作为信念的勇敢之内容存在于国家的真实而绝对的最终目的,即国家主权之中。这种最终目的的现实性,作为勇敢的作品,以牺牲个人的现实性为其中介。因此这种形态包含着极端尖锐的矛盾:舍生取义,然而这却是作为自由的实存;[既是]自为存在的最高的独立性,其实存却同时在为外部秩序效劳的机器中;——对整体的服从和对己见与怨言的放弃,这就失去了自己的精神,失去了精神和决断的最为强烈、最为广泛和迅速的当机立断;——对个人施加最敌对而且是最亲身的行动,然而对作为个体的他们却毫无冤仇,甚且不无好感[104]。

战斗中的勇敢并不是过去时代的(随着现代性的到来而消失了的)美德——荷马时代的希腊人或中世纪的"骑士"战斗的美德。相反,根据黑格尔的观点,现代战争的"机械"特征强化了勇敢的表现形式,并提高了它的意义。正如他在一段话中所说的那样,现代世界的原则("思想与普遍性")必然会发明枪炮:

> 现代世界的原则,即思想和普遍性,赋予勇敢以更高的形态,

使得勇敢的表现方式看起来更加机械了，因为它不是作为某个特殊个人的行为，而只是作为一个整体的环节的［行为］，——同样，它不作为针对单一个人，而是针对一个敌对的整体本身的行为，因此，个人性的勇敢就表现为一种非个人性的勇敢。为此，现代世界的原则发明了枪炮，这种武器的发明，把勇敢的单纯个人形态转变为更加抽象的形态，乃非偶然[105]。

很明显，即使考虑到黑格尔的那些通常非常抽象的观点难以解释，这些声明也表明黑格尔不是一个温和的人道主义者，而是一个有民族主义和军国主义倾向的思想家，继承了费希特《对德意志民族的演讲》的传统。

然而，如果我们接受这一点，我们会得到什么呢？当然，学者们不应该为他们所解读的作者摇旗呐喊，但促使评论家们寻找一个更善良、更温和的黑格尔的冲动，无疑是一种慷慨的冲动。我希望，这次匡正不只是出于贬低一位伟大作家的刻薄愿望。我认为，在把黑格尔归入人道主义进步主义的过程中，我们忽略了一些重要的问题。在本章的结尾，我将概述出五个这样的主题。

（1）**历史上的黑格尔**　当然，黑格尔本人很快将他所厌恶的政治现象描述为被误导的哲学（例如，他认为法国大革命的恐怖统治是将意志误解为任性的产物），但那些不同意他关于哲学和历史之间内在联系的观点的人，也应该警惕不要落入这种被误导的哲学之列[106]。更重要的是，黑格尔的著作被他的后继者带向了如此截然不同的方向，这一事实应当告诫人们不要将这种思想史简略化。

不过，还有一个引人注目的历史问题。一个概念性的装置——"有机的"和"机械的"之间的对比，以及与教化和传统相关的观念——从赫尔德开始，为了捍卫多样性和所谓原始的价值，反对君主和帝国的威权主义，是如何转变为对民主的批判的，以及如何转变为一种为德国民族主义服务的浅薄的自由政治？比如，我们在托马斯·曼（Thomas Mann）的《非政治人物的反思》（*Betrachtungen eines Unpolitischen*）中就发现了这一点。[107]

追寻这种转变的轨迹无疑是极其复杂的，但黑格尔（和费希特）无疑是这个故事重要的组成部分。

（2）**现代保守主义** 人们熟悉的世俗化叙事总是把右翼政治思想描绘成一幅本质上是落后的图景——"保守主义"这个名字也传达了同样的含义。如果我们认为现代世界是由科学的进步、社会平等和资本主义特有的工具性市场关系所塑造的，那么保守主义就被认为是回归传统的、等级分明的社会秩序形式的筹划。当然，这一直是保守主义的一部分，特别是在19世纪天主教会的社会训导中。但我们可以从黑格尔身上看到，关于共同政治身份的前瞻性的、独特而现代的，但根本上不自由的概念开始出现的可能性。

（3）**半截子-特殊主义** 正如所争论的那样，有人认为，黑格尔背离了道德普遍主义，这种道德普遍主义认为，整个人类都服从于单一的、共有的道德法则，尽管他的特殊主义是在一个最终统一的历史目的论图景中被框定的。另一方面，从进步的人道主义的角度来解读黑格尔，就是把他重新放到一个共同的道德框架中，这个框架掩盖了道德多样性所代表的深层困难。

（4）**军国主义** 当然，人类在战场上获得真正不朽的想法可以追溯到西方文明的起源。然而,这种想法与进步的人道主义极不相符。从这个角度来看,如果战争是不可避免的,那是令人遗憾的,而在战争中失去生命充其量是一种高尚的、尽管同样令人遗憾的牺牲。然而,正如我们所看到的,黑格尔复活甚至强化了古代对战争的颂扬,以至于把士兵的死亡等同于"自由"。

(5)**理性与自由** 这一点引出最后或许也是最根本的问题。如果说历史是关于自由的实现,这就引出了一个问题:什么意义上的自由?如果士兵服从军纪而放弃自我性,并在现代战争的机器中牺牲自己的生命就算是"自由",我们难道不应该质疑,黑格尔的自由概念是否适合现代人?现代人有什么必要将自己与这样的自由概念联系在一起?

当然,从黑格尔的时代起,对黑格尔自由概念的怀疑就不绝于耳,但他的辩护者则信之不疑。无论如何,到目前为止,希望本书中所挖掘的材料能够有助于澄清这个棘手的问题。

# 第七章

# 自律与异化

> 我,马丁·埃尔金布罗德:
> 主啊,求你怜悯我的灵魂;
> 诚如我之所愿,如果我是上帝,
> 你们就是马丁·埃尔金布罗德。
> ——乔治·麦克唐纳(George Macdonald)

## 神正论

在狭义上,"神正论"是一神论特有的问题:需要证明,世界是由单一的、全能的上帝创造的,是好的,尽管存在着明显的邪恶。然而,说这个世界"好",并不一定意味着这个世界是为了促进人类的幸福而创造的。恰恰相反,可能有种种不同的方式可以为一个容纳邪恶的世界辩护。

对于从奥古斯丁和圣保罗传下来的基督教主流思想来说,世界上存在邪恶是人类受到惩罚的一种标志,要么是因为亚当和夏娃最初犯下的禁忌,要么是因为人类自身天生的罪恶。这样,世界之善就在于它是神之正义的表现,而不仅仅是仁慈。然而,现代的正义观念认为,最重要的是人类个体的责任,这使得这种观念相当令人难以置信。因为亚当的过失,或者因为我们与生俱来的特性而被惩罚,这怎么可能是公正的呢?正如帕斯卡尔,带着他特有的痛苦与洞察力的交融写的那样:

第一个人的罪行使那些远离源头而且似乎没有能力参与其中的人受到谴责,没有什么比这更让我们的理性震惊的了。这种株连在我们看来不仅是难以忍受的,甚至是最不公正的,因为没有什么比永远诅咒一个完全没有独立意志的婴儿使得我们可叹的正义规则更不得人心了,因为他似乎在这场罪行中所占的份额如此之少,而且那罪行竟然是在他出生前 6000 年就已犯下了的[1]。

近代早期欧洲出现了一种与启蒙运动有关的不同版本的神正论,认为世界确实是为了人类的幸福而创造的——它由因果法则支配,但这些法则和谐地运作以促进人类福祉。里斯本地震似乎给了这种观点一个毁灭性的反例。在此之后,我们已追溯了康德对世界之善的独特描述,重点关注个体自由和正义。按照这种观点,世界是有价值的,因为它包含了真正的自由。然而,这种自由不可能是随机的或偶然的——无论如何,不可能纯粹是不可预测的。如果它要成为道德责任的基础,它就必须包含做出理性和适当知情的选择的能力。

理性辩护在康德思想中的中心地位是通过一个贯穿其整个哲学的隐喻来传达的:自然状态的暴力及无政府状态与公民社会的客观法律秩序之间的对比。因此,在《纯粹理性批判》中,康德将批判哲学的作用描述为通过建立一个"理性法庭",以客观合理的方式裁决哲学主张,从而为"形而上学的战场"带来和平[2]。这个比喻也适用于康德对宗教的描述。宗教,如果要成为"纯然理性界限内"的宗教,就必须清除一切反复无常的或任性的东西。因此,上帝不能再被视为一个全能的暴君,而是如康德在他的探讨宗教的讲座中所言,一个立宪君主:

> 上帝是世界唯一的统治者。他以君主的身份统治,但不是以暴君的身份;因为他希望人们遵守他的命令是出于爱,而非出于奴性的惧怕[3]。

立宪君主有权以一套法律的形式维护和执行宪法秩序,但这些法律的来源并非君主的主权意志。康德的上帝也是如此。道德法则的内容是人类凭自己的理性完全可以领悟到的。道德规范将上帝和人类以一种共享的正义秩序联系在一起。

但我们也可以从另一个更广泛的意义上将"神正论"视为和解计划的一部分。以这种方式理解,神正论包含了所有那些文化手段(科学解释、神话叙事、宗教实践或艺术作品),这些手段可以被视为人类的技能以应对我们作为有限的、具身化的生物所面临的长期问题:死亡和痛苦的存在。正是在这个意义上,尼采在《悲剧的诞生》中把希腊人对奥林匹斯山众神的幸福的冥想称为"唯一真正的神正论"。根据尼采的建议,我们将实现这一目标的策略分为三种:酒神主义(自我的陶醉式消解);日神主义(逃入梦与美的境界);最后是苏格拉底主义(坚信世界是可理解的)。康德通过对自由和道德能动性的描述来解决神正论问题,可以被理解为谨慎的苏格拉底主义之顶峰。然而,在更广泛的意义上,它作为一种神正论成功了吗?这就是本章接下来要论述的问题。

## 异化困境

为了介绍我的论点,让我回到第五章开头引用的艾瑞斯·默多克的《善的主权》中的一段话,但这次包括了它之前的一段:

将生命视为自我封闭和漫无目的的想法,这当然不仅仅是我们这个时代绝望情绪的产物。它是科学进步的自然产物,而且经过了很长一段时间的发展。事实上,它已经在哲学史上开创了一个全新的时代,从康德开始,一直延伸到今天的存在主义和分析哲学。这一哲学阶段的主要特点可以简单地说:康德废除了上帝,而且把人置于上帝之位取而代之。我们仍然生活在康德式的人或康德式的人-神时代。康德对所谓上帝存在之证明的结论性的揭露,对思辨理性的局限性的分析,以及他对理性人之尊严的雄辩的描绘,导致的结果却可能会使他感到沮丧。在《道德形而上学探本》中,这个人被描绘得如此美丽,我们是多么容易辨认、多么熟悉,他甚至面对基督时都转过身来,考虑自己良心的判断,倾听自己理性的声音。这个人剥去了被认为是康德为他准备的那种难以把握的形而上学背景,他仍然和我们在一起,自由的、独立的、孤独的、强有力的、清醒的、负责任的、勇敢无畏的,是许多道德哲学小说和书籍中的主人公。这种迷人且具有误导性的生物存在的原因(raison d'être)不难寻找。他是科学时代的产物,有着理性的确信,但也越来越意识到他与自己的发现所揭示的非精神上的经验领域之间的疏离;由于他不是黑格尔主义者(康德,而不是黑格尔,为西方伦理学提供了主导形象),他的异化是无法治愈的。他是自由国家的理想公民,是对暴君的警告。他拥有这个时代所需要和推崇的美德——勇气。从康德到尼采,从尼采到存在主义和盎格鲁-撒克逊伦理学说,它们之间的距离似乎只是一步之遥,在许多方面非常相似。事实上,康德笔下的那个人早在近一个世纪前,就已经在弥尔顿的作品中获得了一个光荣的化身:他严格意义上的名字是路西法（Lucifer，堕落前的撒旦）。

这种后康德道德哲学的核心是作为价值创造者的意志概念。以前在某种意义上刻在天堂里并得到上帝担保的种种价值观念坍塌为了人类的意志。没有超验的现实。善的概念仍然是无法定义和空洞的，因此人类的选择可以填补它。完全独立的道德概念是自由，或者可能是勇气，在某种意义上，它与自由、意志和权力相一致。这个概念存在于人类活动的一个相当独立的最高层次，因为它是由选择所创造的次生价值观的担保者。行动、选择、决定、责任和独立性在这一源自清教主义和明显地带有禁欲主义色彩的哲学中得到了强调[4]。

按照这本书中业已呈现的解读，我们现在可以看到，尽管默多克对康德主义的描述是清晰的，但在几个基本方面是错误的。康德是否认为"意志是价值的创造者"？答案是否定的。善良意志（注意，不仅仅是"意志"）是绝对的善（*ohne Einschränkung*——无限），它是其他事物之善的条件[5]。但这并不意味着意愿本身就是价值的源泉。相反，我相信我已经表明，康德显然站在游叙弗伦困境的苏格拉底一边。康德是否认为"生命是自我封闭和漫无目的的"？答案再一次是否定的。康德的哲学，尤其是他的道德哲学，充满了目的论的色彩——关于人类与生俱来的种种目的的主张——缺失了目的论，他的许多论证就会黯然失色。因此，正如我们在第五章中所论证的那样，只有通过援引"规定"（*Bestimmung*）来促进生命，他在《道德形而上学探本》中反对自杀的论点才完全是可信的；同样，只有当我们赋予人类一些与生俱来的目的时，发展我们的才能的要求才有意义。

最后,康德"废除上帝,让人类取而代之"的说法是错误的。康德是一个秘密的无神论者的观点可谓源远流长——至少可以追溯到海涅的《论德国宗教和哲学的历史》。[6] 根据海涅的说法,康德是德国的罗伯斯庇尔。鉴于他的"思想的断头台"和对人类知识的理智限制,海涅说,康德不仅是一个弑君者,而且是一个弑神者——他让上帝寿终正寝了!现在,海涅承认,康德在他的实践哲学中,允许上帝作为一个"假定"回归,但我们不应该太认真地对待这一点。康德的老仆人兰普(Lampe)是个虔诚的人,兰普必须有他的上帝。批判哲学的真正格言是:放弃对神的期望!

尽管海涅开了个绝妙的玩笑,但康德的这种形象是极其片面的。是的,针对理性主义形而上学给我们关于上帝本性的思辨知识的自命不凡,康德进行了猛烈的抨击。然而,人类是通过道德和实践理性与神圣之物联系在一起的。道德理性是人类自由的"自我赋予的法则"与神圣意志的本质重合的基础。在这个意义上,康德的上帝是苏格拉底式的上帝,他通过道德可理解性的要求与人类联系在一起。所以康德哲学讲的人,不是因为自尊地反抗一位被视为暴君的人而与上帝隔绝;相反,他本质上是通过正义的纽带与上帝联系在一起的,就像一位立宪君主与其臣民休戚相关一样。然而,如果康德的上帝有权要求人类承担责任,那么人类也有权要求上帝承担责任。

然而,在情感层面上,默多克对康德式的人之"孤独"和"疏离"的描述引起了许多读者的共鸣,我们不妨问个究竟。我将给出的答案很纯粹,但其含义却非常激进。众所周知,"异化"是一个适用于各种现代不满情绪的标签(默多克称之为"我们这个时代的绝望")。然而,在这些各式各样的用法背后,我们可以区分出两种截然不同的和解失败,将其中一种视为现代苏格拉底式理性主义的余波并非是不公平的,而另一种正是以康德为代表的苏格拉底式理性主义所反对的。我将分别称它们为非人格性的异化和任性的异化。异化困境是,或者看起来是,我们在康德身上找到的消除任性异化的苏格拉底式动力,最终产生了非人格性的异化。对理性和正当性的追求导致了存在的孤独。

默多克因此看到了康德筹划的重要之处,尽管她给出的解释是错误的。虽然康德并没有废除上帝,但在大幅缩短上帝与人之间的距离的过程中,他移除了宗教中被广泛认为是根本的一部分的基础:神的人格特征。基督教的核心思想在于神不仅是良善的,而且是慈爱的("神就是爱,住在爱里面,就是住在神里面,神也住在他里面。"《约翰一书》4:16)。这究竟是什么意思?当然,一个充满爱的创造者会希望所创造之物都是最好的,所以他们会创造一个善的世界(事实是,它似乎不是在所有方面都如此,这是神正论问题的根源)[7]。但是"上帝和人类通过爱联系在一起"的想法有着更重要的意谓:爱是一种关系。

像我们这样脆弱易逝的生物和宇宙的全能创造者之间会有什么样的关系呢?当然,基督徒的回答来自主祷文的第一句话:"我们在天上的父,愿人都尊你的名为圣。"(《马太福音》6:9)我们应该尊敬上帝,把他当作我们的天父。然而,康德的苏格拉底式上帝是否允许我们继续以这种方式来理解上帝呢?默多克认为,为了解释这一困难,让我们将康德与弥尔顿——康德的先驱——进行比较。

## 上帝之善和魔鬼

弥尔顿对人类堕落和邪恶起源的描述是一出戏剧,一出家庭剧。

弥尔顿笔下的路西法是一个叛逆者,他对道德法则的拒绝是第一次真正的不服从。他就是那个离开家再也不回来的儿子。因此,路西法的孤独来自个人关系的丧失。然而,康德自己对魔鬼的描述与此形成了鲜明的对比。

正如康德最初介绍的那样,他对魔鬼的看法听起来与弥尔顿的描绘有着惊人的相似。他在《纯然理性界限内的宗教》一书中写道,魔鬼曾经是一种善的存在,但现在已经"如此邪恶以至于背叛了他的主人"。他"失去了他在天堂可能拥有的一切财产",但"成功地使自己成为地上所有财产的最高所有者,即作为这世界的王"。[8] 这听起来似乎意味着,对康德而言,魔鬼是一位具有人格的主体,他的力量独立于上帝的力量。那么上帝的全能呢?全能的上帝为什么要容忍这样的叛逆?在关于这一点的一个脚注中,康德讲述了一位耶稣会传教士在加拿大的故事:

> 查尔瓦克斯神父说,当他给他的易洛魁新信徒讲起邪灵对原本善良的神造之物所造成的一切灾祸的故事,以及邪灵如何不断地企图破坏神的最好安排时,这位新信徒愤愤地问道:可是,上帝为什么不杀死魔鬼呢?对于这个问题,他坦率地承认自己无法立即找到一种答案[9]。

正是在这里,康德揭示了他自己与弥尔顿的理解之间不小的分歧。他写道,上帝允许魔鬼存在的解释是,"邪灵"实际上不是一个独立的主体,不是神的一种竞争对手,而是上帝为自由的生物所创造的世界的一个方面:在这样的世界里,人类总是面临着一种善与恶的选择。因此,

"邪恶的王国"实际上是这个世界之善的另一个名号,是使人类偏离他们自身义务的种种诱惑,但这是他们自愿的。因此,魔鬼也是这个世界之善的一部分,它使这个世界成为人类接受考验的地方,如此一来,惩罚罪有应得的,并且人们至少可以合理地期望得到善之回报。康德把魔鬼当作一种原则,而不是一个人,从而避免了布鲁门伯格的"灵知主义的威胁",使魔鬼成为神圣之善的一部分。

我们可以在歌德的《浮士德》中看到完全相同的东西。乍一看,梅菲斯特(Mephistopheles)似乎是一个人:戏剧中两个中心人物之一。该剧以梅菲斯特、大天使和"主"之间的讨论开场(呼应《约伯记》开头上帝和撒旦之间的对话)。然而,当故事转移到地球上,梅菲斯特第一次见到浮士德时,浮士德问他是谁。作为回应,梅菲斯特称自己为"永远否定的精灵"(*Der Geist Der stets verneint*)。因此,他说,他是那种恶的意志却生成了善的那种力量的一部分(*ein Teil von jener Kraft/Die stets das Böse will, und stets das Gute schafft*)[10]。所以,梅菲斯特也是神正论之部分的某种原则的人格化:神意论(*providentialism*),即表面上的邪恶最终会成为更伟大之善的一部分[11]。

在精神走向自我认识的戏剧性旅程中,歌德的"否定的精灵"和否定的创造性作用(黑格尔称之为"确定性否定"[*bestimmte Negation*])之间有着明显的相似之处,正如黑格尔在《精神现象学》中所述。黑格尔后来在《历史哲学讲演录》中明确肯定,"哲学史"是一种"神正论",在这种"神正论"中,只有通过一种肯定才能达到调和,"在这种肯定中,否定的因素消失为从属的、被战胜的因素"。[12]

从某种角度来看,神意论完美地体现了上帝是人类慈爱之父的观念:我们应该将上帝视为一位可信赖的父亲,因为他是善的而且知道什么对我们是好的。以威廉·柯珀(William Cowper)1774年著名的赞美诗《神的行动奥秘难测/到处施行神迹》为例。柯珀的主题是神圣之善和人类知识之间的差异,其要旨是对信徒的劝告,让他们相信神之仁爱:

> 不要凭微弱的理智评判主,
> 但要信赖他的恩典;
> 在一位蹙额的上帝背面
> 他掩面微笑[13]。

神的恩典所表达的是一种比我们自己更了解什么对我们有好处的爱之关怀——对这样一位存在者的正确态度是信赖。

康德本人是最狂热的天意论者,在他的著作中,他为读者呈现了许多生动的神之仁爱的例子,让他们惊叹不已。因此,例如,他在《论永久和平》一文中解释说,自然世界是这样被创造出来的,即使是地球上最荒凉的地方,人类也能居住。

> 在北冰洋畔寒冷的荒漠里,还生长着苔藓,这本身就值得惊赞;鹿把它们从雪下刨出,而鹿自身则是奥斯特雅克人或者萨摩耶德人的食物甚或役畜。同理,盐碱的沙漠养育了骆驼,它仿佛是为游历沙漠而被创造,使沙漠不致闲置无用,这一样值得惊赞[14]。

不仅仅是动物王国为了人类的利益而被组织了起来:

然而，自然的预先眷顾最激起惊赞的是它为这些不毛之地所带来的漂木（没有人确切知道它来自何处），若没有这种材料，他们就既无法建造各种船只和武器，也无法备置其居留的小屋。[15]

康德在他探讨宗教的讲座中指出，如果从对人类活动和发展的影响的角度来解释，即使像蚊子这样明显不好的东西也可以被看作好的：

……即使在痛苦中，也有活动的激励，所以人们甚至可以说活动本身是有益的。因此，沼泽地区的螯蝇是大自然对人类的召唤，为了摆脱这些令人讨厌的不速之客，人们把泥潭排干，使它们成为耕地[16]。

毫不奇怪，在我们看来，这些牵强的评述并不是康德的现代追随者最强调的，但它们确实表明，康德的思想被对目的论存在于自然世界深处的承诺所渗透的程度之深。

然而，苏格拉底主义给神意论设定了一个界限。如果人类要成为负责任的主体，那么善良的上帝必须给予他们足够的知识来做出明智的决定。如果从人类有限的角度看是坏的东西，而从神的角度看是好的，这不会影响我们的决策吗？如果是这样，它会不会导致我们在错误地认为它是正确的情况下做出错误的事情呢？另一方面，家长式的神意论要求我们信任权威的种种方式，这使我们理性地承担责任的大门砰然关上。

家长式的神意论似乎更有可能出自黑格尔。黑格尔和歌德在耶拿期间关系很好(所以黑格尔很有可能读过歌德的手稿或者私下听过他的作品),但是在黑格尔写作《精神现象学》的时候,所有关于《浮士德》已出版的,只有1790年版的《浮士德:一个片段》。黑格尔在《精神现象学》中引用的《浮士德》(他显然非常喜欢这句话,所以在《法哲学原理》中再次引用了这句话)坚称,人类最不可或缺的是他们获取知识的能力,这无疑是有意义的。

> 它蔑视理性和科学
>
> 这可是人类的至高才能——
>
> 它已献身魔鬼
>
> 必定走向沉沦[17]。

黑格尔将历史图景描绘成一个始于自我误解、终于自我认识的过程,这一历史图景是我所说的"半截子-特殊主义"的一部分:他对道德多样性和冲突的描绘,在一个单一的、发展的、回顾的、可理解的精神的框架内结合在一起。也许,在精神发展的早期阶段,在其潜在的理性尚未为人类所掌握之前,"信任"其更高级的智慧将是描述人与神之关系的正确方式。然而,随着历史走向透明,黑格尔的精神变成了一个客观的、不具人格但完全可知的绝对,人格化的上帝的观念被降级到"*Vorstellun*"("表象"和隐喻)的领域,哲学家通过上升到思辨的知识而超越了这个领域。

很明显,这种发展康德已经有了预示。在康德的宗教中,最常见的人格化的上帝是没有立足之地的。

我们不把人格化的上帝的旨意看作道德的来源。我们也无须非得知道神的旨意,才能知道对与错。相反,人类对是非的认识应是判断究竟什么才是上帝的旨意的表达的准绳。毫不奇怪,康德对《圣经》中亚伯拉罕和以撒的故事感到愤怒。与道德的冲突清楚地表明,这不可能是神的命令,他抗议道:

> 但是,在一些实例中,人确信自己听到的声音不可能是上帝的;因为如果这些声音命令他做的一些事情与道德法则相悖,那么,无论那声音显得多么庄严,并且超越了整个自然:他也必须把它视为幻象。
>
> 亚伯拉罕根据神的命令,想通过屠宰和焚烧他自己唯一的儿子——可怜的孩子毫不知情地还自己背着柴——来献祭,这个神话就可以用作例子。亚伯拉罕应该答复这所谓的神的声音说:"我不应当杀我的好儿子,这是毫无疑问的;但是向我显现的你,是不是上帝,这一点我却不知道,而且也不可能知道。即使这声音是从(可见的)天而降的。"[18]

康德的上帝并没有暂停他自己的法则来创造神迹或回应求助的祷告。他也没有卷入与另一个邪恶的主体之间的争斗。他对人类确实是仁慈的,但不是以一种要求人们相信他们所不理解之物的方式。

最后,或许也是最令人不安的是,在康德的宗教中没有神的怜悯:康德的上帝不会"宽恕我们的罪过,就像我们宽恕那些冒犯我们的人一样"。康德对传统基督教教义的这种激烈修正,可以被视为与他的基本筹划有异曲同工之处。对康德而言,惩罚不是一种令人遗憾的必要性(一种威慑他人或改造违法者的工具性手段),而是正义的一种重要的组成部分:罪过需要惩罚。如果仁慈只适用于某些人,而不适用于其他人,那么出于这个原因,它将是不公正的,但即使它适用于全人类,那么,悬置正义,它将与上帝的本性相矛盾:

> ……上帝的正义是不屈不挠的。因为一个赦免罪行的审判者是不可想象的!他必须严格按照神圣的法则来权衡所有的行为,只允许每一种行为获得与其价值相称的幸福……尽心尽责的上帝能使我们配得上他自身的善行;但是他应让我们分享幸福,而我们却没有在道德上配得上他的善行——如此行事,是他,正义者,不能做到的[19]。

简而言之,康德的苏格拉底式宗教导致了这样一种上帝的观念,即上帝只不过是秩序的智慧源泉和正义之铁面无私的执行者。一个人可以想象对这样的存在者怀有敬畏和崇敬,甚至感激,却难以与之建立个人关系。

## 存在的孤独

默多克所提到的浪漫主义和后浪漫主义的主题,即现代世界是存在的孤独之一,往往可以经由韦伯的祛魅(*Entzauberung*)概念,追溯到席勒,更具体地说,追溯到他1788年首次出版的长诗《希腊诸神》(*Die Götter Griechenlandes*)[20]。

在某种程度上,席勒的诗是希腊诸神逝去的挽歌。然而,它不可能是一首传统的哀悼诗:不朽的神是不死的;它们从人类的生活中消失了，只留下了人们相信它们时的记忆。所以这首诗真正的主题是人类经历的变化。它包含了许多现在已然熟悉的关于世俗化过程的图像：太阳不再是一辆燃烧的战车；树林和溪流不再庇佑仙女；大自然变成了一个时钟，像钟摆一样遵循万有引力定律。正如席勒所言，剩下的就是"无神化的大自然"（eine entgötterte Natur）。

这个短语通常被翻译为"无神化的大自然"。因此，19世纪的英译本（由 Edward Bulwer-Lytton 所译）是：

> 对着色或创造的艺术迟钝，
> 就像死气沉沉的钟表一样，无神化的大自然匍匐行进
> 她拖着沉重的步履，单调乏味地循环往复，
> 她那没有丝毫独创性的动作一成不变[21]。

然而，值得注意的是，"entgötterte"是复数（单数应该是"entgottete"）——应该译为"非诸神的"。正如席勒所描述的那样，将我们与希腊人区分开来的，不仅是生活在一个有着不可阻挡的因果必然性的机械世界中的感觉，而且是在我们现代世界的背后，现在有一个单一的秩序来源：不是许多神，而是一个神。因此席勒的主题不是宗教本身的消失，而是宗教性质的变化。席勒写道，"在萨图（Saturn）的宝座上"，一位完美的、自给自足的存在——一位眼睛"从不因泪水而模糊"的法官统治着这个星球。我们必然与这样的存在相距甚远。神的非人格性导致了现代世界经验的转变："当神更人性化时，人类就更神圣。"

与默多克的"自我封闭和漫无目的的生命"、查尔斯·泰勒（Charles Taylor）的"无处不在的构架"，甚至布尔维尔-利顿的"无神化的大自

然"不同,席勒没有把现代世界人性贫乏的责任归咎于无神论,而是更颠覆性地归咎于一神论。事实上,人们几乎可以想象,席勒写这首诗是为了回应康德,"萨图的宝座上"的"完美存在"与康德的上帝是如此相似。但事实绝非如此[22]。事实上,这首诗的论证结构非常接近尼采在《悲剧的诞生》中将"苏格拉底主义"视为早期希腊宗教之敌的描绘(这当然不是巧合——席勒与叔本华、瓦格纳一样,是尼采早期关于艺术和自然思想的主要影响者之一)。

《希腊诸神》针对那个时代既定的宗教的激进含义并没有在席勒的同时代人身上消失,他也因此受到了公然的攻击。作为回应,他出版了一个修订版,其中删除了关于一神论之兴起的煽动性材料,结果是这首诗确实可以被解读为一首更普通的哀叹,哀叹科学的进步导致了传统世俗化叙事中常见的"祛魅"[23]。但是,正如我们所看到的,这不是它最初的要旨。

我们的文化充满了对释放那些逃脱控制的魔法和各种精怪之危险的警告,然而似乎苏格拉底主义——理性本身的祛魅力量——也有无法控制的不可预见的破坏性后果[24]。一旦神与人不再交融,这个世界上的事件不再被解释为父亲般关怀的表达,人类就会得到苏格拉底主义的知识和物质财富的礼物,但必须付出代价,发现自己被围困在一片暗淡和冷漠的景象之中。然而,这是一幅片面的图景。正如宗教思想家通常所描述的那样,苏格拉底主义不仅仅是"启蒙计划"的一部分,即以物质取代精神。它对正当性的追求也是和解计划的一部分:一种通过克服异化与世界达成和解的方式。

## 任性与异化

正如第四章所述,反对任性是康德对自由之描述的核心。他的唯心主义后继者(尤其是谢林和黑格尔)也有同样的想法。对任性的反对促使唯心主义者努力摆脱决定论(我们的行为是由一系列只是碰巧以一种特定方式的法则和初始条件设定和固定的),并拒绝将自由视为随机或不确定的东西。任性是他律的一种,他律也可以看作一种异化[25]。

因此,在第四章提到的《道德形而上学探本》第三节开头的一段话中,康德将他的意志自由概念总结如下:

> 意志是有生命的存在者就其有理性而言的一种因果性,而自由则是这种因果性在能够不依赖于外来的规定它的种种原因而起作用时的那种属性,就像自然必然性是一切无理性的存在者的因果性被外来原因的影响所规定而去活动的那种属性一样[26]。

很重要的一点是,康德在这里所说的自由不仅是独立于种种原因之外的,而且独立于那些"异己的"(*fremde Ursachen*)原因。这个短语预示着马克思在《论犹太人问题》中著名的表述,他把文明社会中的人类描述为"异己力量的玩物"(*Spielball fremder Mächte*)[27]。正如我们所看到的,德国唯心主义者的自由并不反对规定,而是反对由某种错误的东西来规定。使一个原因成为"异己的"是它与一个非外因引起的随机选择所共有的任性。康德对任性的苏格拉底式反对,包括拒绝一切形式的任意规定,不论其来源是自然的、属神的或属人的。因此他反对不负责任的权威。

众所周知，康德将"启蒙"定义为人类从"自己所招致的不成熟的状态"(selbstverschuldete Unmündigkeit)走出。这种状态就是没有他人的指导就不能使用自己理智的状态[28]。负责任的状态(Mündigkeit)是一种典型的人类状态，也是一种公民-政治状态。虽然动物、植物甚至一瓶酒都可以是"成熟的"，但只有理性的存在才能是负责任的。

被视为负责任的意味着被当作成年人对待，而且那样一来任何对一个人行使权力的人都必须负有责任。任何一种依赖，无论是否是精心选择的，如果这种能动性不是人类所能理解和认可的，就代表着一种延长了的幼儿状态。"神圣的恩典"（被理解为上帝有失公允地赐予一些人而无视其他人的礼赠，无论是通过天主教的圣礼，抑或是通过新教形式的圣礼，凭借的是上帝"选择性的爱"的预先决定）是不公平和不合理的，然而，如果人类无法领悟其用心，即使是上帝意在普降甘霖，人类也会反受其害。上帝与人类之间的关系不可避免地变得越来越非人化：因此，反对任性之异化的斗争导致了非人格性的异化。

然而，即使承认异化困境的严重，补救措施肯定不是幻想回到前苏格拉底的世界。席勒所描绘的希腊宗教的肯定形象，是人与神自由地结合在一起，它完全忽略了两者之间巨大的权力不对等，完全忽略了不断需要讨好和安抚如此任性的存在者们所带来的焦虑。"我们之于诸神，犹如蝇类之于顽童。他们为了娱乐而灭了我们"，格洛斯特(Gloucester)在《李尔王》中如是说。即使我们确信云层背后的那张脸永远是微笑的，除非它所做的事情能被我们理解和赞同，否则我们仍然会停留在孩童的状态。对康德来说，启蒙主要不是对知识的追求或对自然的控制，而是对人类应该被当作成年人来对待的要求。

## 自律

因此,康德为反对任性异化而发起的运动,通过他律的思想,使我们回到了自律。

自律,正如我们所见,是对上帝之善和他的自由如何并存的解释。一件事是好的,因为它是上帝的命令,还是因为它是好的,所以它为上帝所命令?对康德而言,要肯定的是后者。但这是否意味着上帝受道德法则的约束,而且那样的话,难道不会削弱上帝的自由吗?如第四章所述,康德的回答是肯定的,上帝是被道德法则所规定的,但不像受外在的约束或命令那样受到道德法则的约束。上帝具有"自发性",或者如斯宾诺莎所说的具有"自由的必然性"。为什么上帝不得不遵循道德法则?解释很简单:作为一个完美的存在,他没有任何理由另行其事。从这个意义上说,上帝是自律的。

但是人类呢?我们不是完美的存在者,所以道德法则约束着我们。然而,我们也有自律的能力。正如康德所言:"除了自律之外,亦即除了意志对于自己来说是一个法则的那种属性之外,意志的自由还能够是什么东西呢?"[29]然而,这恰是自律悖论自我食言之处:如果道德法则真的是自我赋予的,它怎么可能具有约束力呢?

一种回应是将"自律"的权重放在了规范(nomos)之上。决定论、未确定的(但随意的)选择和专制权力的行使有一个共同点,那就是它们是任意的,因此是不可理喻的。正是这一点构成了任性异化的基础。但是道德法则并非如此。它不仅仅是命令(神的或人的)的产物,也不仅仅是人性某些共同特征(同情或道德感)的产物,而是理性——道德理性的体现。道德法则不是异己的,因为我们可以洞察它。我们可以洞察它,因为它是理性的。尽管道德法则与我们人格中感官、欲望的部分背道而驰,因此以一种不同于约束上帝的方式约束着我们,但我们不应该觉得遵循道德法则是一种异己的行为,就像遵循武断的命令或饥不择食的心理品质那样。这种解释与康德在游叙弗伦困境中采取的柏拉图式立场是一致的,正如第二章所论证的那样。

从这个角度来看,康德证明个人在物质因果关系世界中有选择自由的可能性的巧妙论证,可以与他对道德法则的描述分开。即使没有选择的自由,道德法则作为一种理性的理想仍然具有价值。

因此,维多利亚时代著名的科学家、无神论者托马斯·亨利·赫胥黎写道:

> 我申明,如果某个伟大的力量同意让我永远思考真理,做正确的事,条件是把我变成一种时钟,并在每天早上起床前上好发条,我会立即欣然接受这个建议[30]。

因此,正如第二章所解释的那样,约翰·罗尔斯不承认康德在游叙弗伦困境中采取的是柏拉图式的立场。尽管我相信罗尔斯对康德的解读是错误的,但我们不妨问一下,为什么他似乎不想选边站(或者,正如人们所说,在刀锋上滑行)。当然,这并不是说这位伟大的哲学家不能把握问题之要害。相反,我的解释建议如下。虽然罗尔斯当然希望避免陷入游叙弗伦困境的唯意志论一方,并使道德以任何武断或墨守成规的方式出现,但他也深切关注柏拉图式的选择,在他看来,将道德表达为独立的东西,显然在道德领域和自我之间制造了一道鸿沟。如果只关注"自律"中的"规范"(*nomos*),道德就会脱离"自我"(*autos*)。

我认为，正是这种疏离困扰着罗尔斯。因此他写道：

> 他律的产生，不仅如休谟那样，是由人性的特殊心理构成所决定的，而且也如柏拉图的形式论或莱布尼茨的完美等级论那样，是由理性直觉所把握的共相秩序或道德价值所决定的[31]。

道德与自我之间的疏离并非道德内容的问题。就其内容而言，毫无疑问，道德与康德的自我有着密切的联系。正如在第五章中所讨论的，一切都取决于尊重他人和作为道德主体的我们自己。此外，康德明确指出，只有"道德和能够具有道德的人性"才具有"尊严"——"内在的、无可比拟的价值"[32]。这种独特的价值，虽然是绝对的，但并不存在于某些远离人类能动性的"形式领域"之中：事实上，它就是人类的能动性。所有这些都是由第五章中对康德道德义务的"柏拉图式"解释所确立的。但是，即使"人格性"(*Persönlichkeit*)是我们每个人内在不可分割的东西，是终极的、内在的价值，这一事实显然也不足以克服困扰罗尔斯的道德与自我之间的疏离。如何解释他的困扰呢？

上一段引文中的叙述("由理性直觉所把握的道德价值")似乎可以给出一个解释。从一个简单的观点来看，世界包含经验事实，其中一些——最基本的事实——我们仅是看得见而已。如果道德事实是这样的，是我们用一种道德视角("直觉")看到的东西，那么就可以理解为什么它们看起来是异己的了。在这种情况下，道德事实，借用黑格尔在第四章的讨论中所说的话，就只是一种"外在的"必然性；它们可能会在必要时强加给我们，但就像事实强加给我们一样，不管我们喜欢与否。它们(注意这个词中的隐喻)是逃避不了的。

在这种框架下,罗尔斯对道德实在论不满意的原因是显而易见的。但柏拉图的崇拜者肯定会反驳。是的,他们可能会说,如果"理性直觉"只是一种内在的观察,那么观察到的任何道德事实都具有那种断然的不可逃避性。但是,根据对柏拉图的合理解释,这不是他看待事物的方式。对柏拉图来说,道德知识是一种上升的结果,它让我们以一种不同于对事实的观察的方式洞察到善,而且如此行事会让灵魂得到提升。因此,认识善带来和解,而不是疏离[33]。罗尔斯还会回击吗?我想他会的。

我们应该记得,尼采把希腊诸神的奥林匹斯神界作为日神理想的典范。正如他所指出的,希腊人并不认为他们也会加入奥林匹斯山的众神的行列。然而,尼采声称,神的美丽和幸福的愿景(尼采称之为"梦")是一种强大的安慰来源。换句话说,冥想本身——当以正确的方式进行并且有着正确的对象时——可以是一种和解的形式。

日神主义可以和苏格拉底主义结合起来。超然冥想所带来的满足是对知识追求的最高回报,这种观点贯穿自柏拉图以来的西方哲学史。它解释了哲学与数学之间持久的浪漫史。例如,伯特兰·罗素在这里回应了"在敌对势力中流亡的可怕感觉"和"异己力量的无所不能"的压迫感:

> 冥想非人类的事物,发现我们的心灵有能力处理非人类创造的物质,最重要的是,认识到美既属于内心世界,也属于外部世界,这是克服敌对力量所带来的无能为力、无法抗拒和被放逐的可怕感觉的主要手段,这种感觉太容易由于承认外来力量几乎无所不能而产生。悲剧的任务就是通过展示其可怕的美,使我们与命运

的统治和解——命运只不过是这些力量的文学拟人化。数学却使我们进一步脱离人的本性，进入绝对必然性的领域，不仅现实的世界，而且一切可能的世界，都必须顺应这个领域。甚至在这里，它也建立了一个住所，或者更确切地说，它找到了一个永久屹立的住所，在这里，我们的理想得到充分满足，我们最大的期望没有受到挫折[34]。

但是，不仅仅是对数学这类非人领域的冥想，才提供了逃避日常现实的机会。在柏拉图看来，最高的冥想对象是真理与价值相一致的"善的形式"。在将人类与崇高联系起来并唤起敬畏和崇敬的宗教情感的过程中，对康德主义的柏拉图式解读可以被视为提供了同样的逃离经验自我及其"在敌对势力中流亡"转而进入纯粹和客观的更高境界的感觉。但这是道德理论的恰当概念吗？我认为罗尔斯会回答"不"。

## 作为同一性的道德

然而，对于康德主义者来说，道德如何与自我联系的问题似乎确实有一个显而易见的答案。对康德来说，遵循道德法则不仅仅是服从它的命令并且尊重内在价值：它使人自由。《道德形而上学探本》第三部分的开头标题是"自由的概念是解释意志自律的关键"（Ak. 4:446）。道德与我息息相关，因为通过道德行为，我实现了我的自由。

克里斯蒂娜·科斯嘉德，作为罗尔斯的杰出继承者，作为康德的建构主义诠释者，给出了一个非常清晰简洁的解释：

康德首先将自由意志定义为一种因果关系,它不受任何异己原因的规定而起作用。意志之外的任何东西都被视为一种异己的原因,包括个人的种种欲望和偏好。然而,因为意志是某种原因,它就必须按照一些法则而行动:康德认为,一个无法则的原因是一种矛盾。或者,我们可以说,既然意志是实践理性,它就不能被理解为没有来由的行动和选择。既然正当理由来源于各种原则,那么自由意志必然有某种原则。但是因为意志是自由的,任何法则或原则都不能从外部强加给它。康德的结论是,意志必须是自律的,也就是说,它必须有自己的法则或原则。但现在我们有一个问题:这个原则从何而来?如果它是从外部强加给意志的,那么意志就不是自由的。所以意志必须为自己选定一项原则。但是,除非意志有了一种原则,否则它无以从中推导出一种理性。那么,它如何能有任何理由采用一种而不是另一种原则呢?事实上,问题在某种程度上比这更严重。因为看起来,自由意志既然把某种原则强加于自己,就必然以某种武断的方式限制它自己的自由[35]。

论证中有五个重要步骤:

(1)自由需要因果关系。
(2)因果关系需要法则。

但是:

(3)自由与"由一种异己的原因所规定"是不相容的。
(4)"意志之外的任何东西都被视为一种异己的原因,包括个人的种种欲望和偏好。"

因此：

（5）自由要求意志是其自身法则的源泉。

但是陈述（4）——"意志之外的任何东西都被视为一种异己的原因，包括个人的种种欲望和偏好"——招来了问题。我的"种种欲望和偏好"是"异己的"这种想法似乎相当不可信——那么，究竟什么是我更不言而喻的一部分？

在之后以《规范性的来源》(*The Sources of Normativity*) 为题出版的"丹纳讲座"中，科斯嘉德通过将道德视为一个人"实际同一性"的一部分，以及"义务总是以对同一性丧失的某种威胁的反应的形式出现"的观点，将自我 (*autos*) 和规范 (*nomos*) 结合在一起[36]。她声称，道德同一性对同一性的所有其他种种概念都是至关重要的，并支配着这些概念：

> 如果我们不把我们的人性作为一种规范的同一性，我们的其他任何同一性都不可能是规范的，那么我们就根本没有理由去行动了。因此，道德同一性是不可避免的。第二，正因为如此，道德同一性对其他类型的同一性有一种支配作用。必须放弃与人类价值观根本不一致的你的同一性的种种实用的观念[37]。

然而，正如 G. A. 科恩在对科斯嘉德的回应中指出的那样，道德对我们的同一性至关重要的观点，似乎充其量只是"一种极大的夸张"：

> 远方那些临终者让我良心难安，如果没有对他们伸出援手，我就可以保持我自己，无论是在明显无关紧要的意义上，还是在完全

直接相关的意义上,我都可以依然如故、泰然若素。我只是于心不安。我甚至可能会在闷闷不乐的反省中说:"我真是太冷血自私了。"38

从科斯嘉德的角度来看,那些无法通过道德检验的自我方面被视为"异己的",以至于它们完全不再被认为是自我的一部分。当然,有人可能会认为,我们的种种欲望是个人的和偶然的,这一事实意味着它们不适合被包含在某种道德法则之中,而道德法则的本质特征是其合理性和公正性。根据这种观点,道德是客观的、凌驾于自我之上的。但是科斯嘉德代表康德而提出的主张远不止说道德应该优先于个人的东西,而是说道德法则也是我的自由的实现。她将道德与自由等同起来的论点之所以成立,似乎只是因为自我被等同于理性能动性的内在核心:自我(autos)被压缩到规范(nomos)之中。

## 叔本华

从黑格尔(和马克思)一直延伸到我们今天,对康德道德哲学的主流批评,关注的是康德道德的内容:指责绝对律令过于"抽象""形式化",或指责其狭隘的"逻辑性",无法提供"挑选出道德上可接受的原则的决策程序"39。因此,绝对律令要么完全被抛弃(成熟的马克思和尼采的观点),要么至少需要补充,要么用后果主义的高阶原则在各种相互竞争的普遍准则(康德意指规则后果主义)之间做出选择,要么以某种方式将这些准则嵌入历史和社会之中(从道德到伦理的黑格尔式转向)40。

本书第五章主张对这种批评采取激进的回应。他们的论点并不是绝对律令成功地"挑选出道德上可接受的原则",而是绝对律令根本不应被理解为道德决则的正式程序。我们应该把绝对律令理解为对人格性(*Persönlichkeit*,"人格中的人性")表达尊重的一系列方式。这些不能客观且公正地从一个正式的原则中推导而出——它们依赖于"直觉"之类的东西——这一事实不能算作一种无效的反对意见。在康德看来,当人类从自我利益的扭曲影响中解放出来时,他们不会面临必须在相互竞争的、一成不变的道德体系之间做出决定的困惑:人类知道该做什么,无须哲学的教导。这样,康德与圣保罗、西塞罗和许多其他早期西方思想家站在一起。他们都属于这样一个世界,在这个世界里,克服(表面上的)伦理多样性的需求并不是道德哲学必须回应的最紧迫任务之一。

这一章的问题是不同的:康德主义赋予道德在人类存在中的地位。然而,在这里,康德的同时代人及其直接继承者也提出了发人深省的批评。

可以肯定地说,黑格尔和叔本华在哲学上几乎没有什么观点是一致的,然而,在对康德关于道德的态度上,他们却惊人的一致。两者都把康德的道德法则概念看作一种有限的、扭曲的道德生活观念的表达。我将要讨论的作品——叔本华的《论道德的基础》和黑格尔的《基督教的精神》——它们相隔40多年写成,体现了对基督教截然不同的态度。

先从叔本华说起(顺便提一下,叔本华在《论道德的基础》的序言中,对黑格尔进行了一些极尽谩骂之能事的评论),他首先反对的是康德伦理学的强制性的形式,即它被"义务以及近似的如法律、命令、责任等观念所支配"。[41] 叔本华坚持认为,这些概念起源于神学道德,特别是十诫中的"你应当"和"你不许"。

他声称，这样的语言只有在一个全能的神作为背景的神学语境下才有意义："每一个应当仅仅从惩罚的威胁或奖赏的承诺中衍生出所有的意义和含义。"[42] 在将义务和责任与自身利益分离的过程中，康德"是在给读者提供美妙动听的话语"。事实上，"奖赏是服从的结果"这一理念对康德的伦理学概念至关重要：

> 作为康德伦理学基础的无条件义务这一概念，其彻底的、绝对的不可能和荒谬，后来在他的体系本身，即在《实践理性批判》中出现了，就像一种隐藏的毒药，它不能在有机体中停留，而必须最终爆发并展现自己。因此，所谓的"应当"是无条件的，但在背地里却假定人将会得到不朽作为其奖赏，而且假定了一位奖赏者。当然，一旦我们把义务和责任作为伦理的基本概念，这就是必要的[43]。

只要道德法则以一种命令的形式呈现（绝对律令还能有什么其他形式呢？），它就必须被视为体现了一种与自我相异的权力，无论该命令源自何处：

> 一个命令的声音，无论是由内而外还是由外而内，除了威胁或惩罚之外，不可能被想象出来[44]。

简而言之，对于叔本华来说，自律的概念本身就是自相矛盾的：规范（nomos）的形式必然不可避免地将被置于与自我（autos）相对立的地位。一旦我受制于法则，我就受制于一种异己的意志。

我们该如何理解叔本华的批判呢？如前所述，康德并不认为品德高尚的人就有资格获得幸福(尽管他们可能希望得到幸福),而不受惩罚的不公正的存在是一种矛盾,使人怀疑世界之善。当然,正如叔本华的追随者尼采所做的那样,从批判转向诊断是可能的:表明确保邪恶受到惩罚的客观热望,只是一种乔装打扮了的个人复仇欲望。但此类主张说来简单,却难以得到证明。然而,我相信叔本华是非常正确的,他指出了康德根子上的二元论,即道德法则的命令立场和受其命令的经验主体的立场之间的二元对峙。

康德的道德观中的二元论是不可消除的,这种观点对像科斯嘉德那样试图将道德和自我实现等同起来的解释是有害的,因为它引起了人们对道德法则与带有我们的欲望和偏好的普通的、经验性的自我之间的疏离的关注。然而,这有令人信服的文本证据。

在对席勒的《论优雅与尊严》的回应中,康德最清楚、最有力地阐述了他的立场。席勒的《论优雅与尊严》是最早(也是最具洞察力的)试图修正康德道德动机概念的著作之一[45]。简单回顾一下,席勒认为"优雅"和"尊严"是两种不同的性格美德的美学表现。优雅的个体是自发地、不加思索地遵循道德要求的个体;有尊严的个体是意志的力量能战胜相反偏好的个体。作为回应,康德明确表示,他不想与道德优雅的概念扯上任何关系。在《纯然理性界限内的宗教》一书的脚注中,他写道:

> 我很乐意承认,我不能把优雅附加在义务的概念之上,这正是为了它的尊严起见,因为义务概念包含着无条件的强迫,而优雅感与它恰恰相反。法则的崇高(就像西奈山上的律法一样)产生出敬畏(不是使人退避三舍的畏惧,也不是诱使人产生亲近感的魅力),敬畏唤起子民对其主宰的敬重。但在这一场合里,由于这一

主宰就在我们自己心中,敬畏唤起的就是对我们自己的种种规定(Bestimmungen)的一种崇高感,这对我们来说比所有的美都更有吸引力[46]。

当康德在《伦理学讲义——维格兰提伍斯》中重申他对席勒的批评时,他再次肯定了责任与偏好之间的本质对立:

> 由此也可以肯定,每一项义务都是……与道德约束相联系的,乐于承当义不容辞的义务是与义务的本质相违背的;相反,人的种种心血来潮会使他不乐意履行种种道德法则,而这些一时的兴致只能通过法则的权威来克服,不消说这些法则要求以痛苦的或专制的命令的方式得到尊重。鉴于人对道德法则的履行只能在必要情况下才能完成,因此不能像席勒那样断言……那些法则的履行也与优雅有关[47]。

就我们受道德法则支配的程度而言,叔本华是对的:在主体和他或她必须服从的法则之间,确实存在着本质上的二元性。但康德坚持在我们的偏好与道德法则制高点之间划清界限的动机,并不一定是隐藏在表面上的漠不关心背后的某种对我们自身利益的未被意识到的渴望。这忽略了,康德对道德法则的敬重是与贯穿其思想的美学神学主旨,即崇高的主旨相联系的。其理念是,满足道德要求就是与一个超然的领域相联系。崇高的鼓舞人心的情感与道德——敬畏、崇敬、威严、敬重、服从,等等——联系在一起,正如康德经常阐明的那样,义务与我们的偏好之间的对立是根本的。

在《实践理性批判》一个热情洋溢的段落中,康德探寻义务的谱系("崇高的、伟大的名字!你在自身中不包容任何带有谄媚的讨好之物,而是要求服从"),他说道德法则赢得"违背意志的尊敬",面对这法则,"一切偏好都哑口无言,尽管它们暗地里抵制它"。[48]康德对自己的问题给出的答案,清楚地说明了对法则的服从同时使我们接触到一个超然的维度:

> [义务的起源]这东西不可能逊于把人提升到自己本身(作为感官世界的一个部分)之上的东西,逊于把人与唯有知性才能思维的事物秩序联结起来的东西,而这事物秩序同时下辖整个感官世界[49]。

我们在康德的道德理论中看到了一个绝对根本的张力。一方面,主体和道德法则之间的二元论是这样一种观点的关键,即道德行为通过使我们接触一个超越人类有限性的领域而对我们有价值;另一方面,存在一种观点认为合乎道德地行动就是自由的。但是,如果自由是我们的自由,它怎么可能存在于对一个超越我们的法则的服从之中呢?看来,道德即自由的概念可以以高昂的代价——通过采用一种自由的概念,在这种概念中,自我与自身的经验本质是分离的——克服道德与自我的分离。

## 黑格尔《基督教的精神》

黑格尔对康德道德理论的批评超出了他对程序的"抽象性"的反

对,通过这个程序(据推测),道德抉择将被康德的道德规划本身的概念所规定。不可否认,这一点很难在黑格尔成熟的著作中看到,因为他对康德的批评被深深嵌入了他自己的形而上学体系的复杂性中,但这一点在 18 世纪 90 年代末黑格尔未出版的长篇作品《基督教的精神》中却很明显。

那些了解《基督教的精神》的人(理所当然地)对它大为赞赏——狄尔泰认为,黑格尔从来没有写过比它更好的东西——而化繁为简地描述它的丰富性,就不可避免地会大异其趣。然而,它的基本结构是很容易被理解的。黑格尔从比较基督教和犹太教的道德教义着手,尤其关注《登山宝训》。黑格尔所描绘的犹太教与康德主义有着本质上的局限性。黑格尔提出的基督教替代方案显示了它的优越性,不是要求一套不同的道德义务,也不是给它们一个不同的基础,而是提供一幅道德生活的图景。在这种图景中,个体有可能与共同体达成和解,而这在一个(像犹太教或康德主义)专注于道德作为法则的背景下是不可能的。

在《纯然理性界限内的宗教》一书中,康德对那些从直接权威中获取道德规范的宗教提出了质疑——无论这种权威是神圣的《圣经》经文,是正统的教会教义,还是(声称的)径直展现的启示。对黑格尔来说,犹太教就是这样一种宗教,它建立在对超越理性界限的权威的诉求之上。但他声称,在耶稣的教导中,我们发现了对"道德命令的实定性"的回应,这与康德主义截然不同:

> 我们可能期待耶稣……会证明……即使一方面每一个应当、每一个命令都宣称自己是异己的东西,但另一方面作为概念(普遍性),它还是主观的东西,而且,作为主观的东西,作为人的力量的

产物……它失去了它的客观性、它的实定性、它的他律性、被揭示为基于人类意志的自律[50]。

换句话说,康德对神的任意命令的回应是,询问这些命令,看看它们在多大程度上可以被证明是道德法则的理性体现和自律的表达。但黑格尔说,这是不能令人满意的:

> 然而,通过这种论证,实定性只是部分地被取消了;通古斯人的萨满教徒、统治教会和国家的欧洲主教、伏古尔人和清教徒,这一方与听从自己义务命令的人之间的另一方的区别,不在于前者使自己成为奴隶,后者是自由的,而是前者在自己之外有自己的主人,后者在自己心中有他的主人,但同时又是他自己的奴隶[51]。

任何读过《纯然理性界限内的宗教》的人都会明白,黑格尔在这里针对的就是那部著作。"通古斯人的萨满教徒"和"清教徒"取自康德,康德用他们作为宗教的例子。在这些宗教中,邪教活动压倒了理性的伦理内容。黑格尔的激进主张是,同样的批判也适用于康德本人。对于黑格尔,不亚于叔本华,我们必须服从"由内而外的道德法则"的想法本身就是这样一种盲目崇拜。按照黑格尔的说法,基督教的新奇之处,并不是给宗教命令一个道德理性的基础,而是指出了一条完全超越法则和正义框架的道路:

> 报应(*Wiedervergeltung*)及其与犯罪的等价是所有正义的神圣原则,任何政治制度(*Staatsverfassung*)都必须建立在这一原则

之上。但是耶稣提出了普世的要求,要求放弃法权(Aufhebung des Rechts),通过爱超越整个正义和非正义的领域。通过爱,与法权一道的还有不平等的感觉和这种感觉的规范要求(das Soll),对平等的要求,亦即对敌人的仇恨,都消失了[52]。

尽管黑格尔因此拒绝了康德试图通过道德理性的思想给宗教教义一个理性基础的尝试,我们应该注意到,他对基督教的辩护并没有提到神的启示或神迹的干预——或者,实际上,没有提到来世的信仰。黑格尔所描述的,由耶稣所宣扬的,用以取代道德法则的价值,只有通过社会共同体的形式才能实现。黑格尔的基督教思想与历史密不可分。

那么,这把我们带到了哪里?我们已通过辩证法进行了追踪。两种强大的驱动力——将世界视为个人的和通人情的愿望,以及希望人类只受制于理性和显而易见的种种关系的愿望——存在着根本冲突。毫无疑问,艾瑞斯·默多克会说,对正当性的要求是一种路西法式的骄傲,但康德自己会说,这源于他对造物主之善的基本信仰。非人格性的异化和任性的异化代表了个体层面和解的失败。注定要过孤独的生活或从属于异己的力量是我们所能想象到的最糟糕的两件事,而且,想要摆脱任性的异化而进行的斗争会导致非人格性的异化,这种想法确实令人担忧。

从个体的角度来看,康德的自律是有问题的。如果把"自我给予"的法则理解为人类为自己创造的法则,那么人类似乎没有理由不能从中解脱出来。另一方面,如果道德法则是客观理性的问题,那么它就以命令的形式面对个人——当然,我们可以洞察到这是一个理性的命令,但无论如何,它都是一个命令。说道德是自我的一种完善或实现,就是把自我化简为道德理性的一种本质内核,并使其成为我的"主导的同一性",正如科斯嘉德所说的那样。

伯纳德·威廉斯追随默多克、阿拉斯代尔·麦金泰尔和伊丽莎白·安斯科姆,批评康德的道德理论是一种唯意志论。例如,他在《伦理学与哲学的限度》(Ethics and the Limits of Philosophy)中写道:

> 在康德和受他影响的其他人的思想中,所有真正的道德考虑最终和在深层次上都有赖于主体的意志[53]。

但是,依照这部著作的解读,那种批评是错误的。事实上,康德主义再客观不过了:它已经清除了任何形式的对某种选择意志的依赖,无论是人的还是神的。然而,威廉斯关于人类遵循道德的何种理性的问题并不是那么容易被驳回的;人类(不像上帝)总是面临道德和非道德理性之间的选择。因此,这种批判集中体现在《伦理学与哲学的限度》最后一章令人印象深刻的标题——"道德:特殊的制度"——之中,它有别于威廉斯对康德作为唯意志论者的误解,并且有着自己的分量。即使道德是完全理性的、客观的和超验的,我们为什么要服从它呢?康德的道德法则表现为奥古斯丁的上帝,"为他服务就是完美的自由"。但这是真的吗?或者,让自己成为"义务的奴隶"的驱动力,更确切地说,是盲目崇拜的一个最高例子?[54]

## 爱与异化

如果我们从道德的角度来评价理性,那么,毫无疑问,道德理性将成为更好的理性。此外,如果我们把所有非道德的理性仅仅表示为偏好(*Neigungen*)或驱力(*Triebe*),那么似乎只有道德才能为我们提供一种摆脱欲望奴役的方法。伯纳德·威廉斯就将这种观点归因于康德:

> 康德……相信任何不符合道德原则的行为都是为了主体的消遣[55]。

但可以说,这是一种狭隘的、冷漠无情的解读康德的方式。的确,正如第五章所论证的那样,道德能动性——人格性(*Persönlichkeit*)——是"无限"(*ohne Einschränkung*)的善,它是无与伦比的,但这并不意味着它除了作为一种手段之外,是唯一的善。道德行为之外的事物是非工具性的善,尽管如果没有人格性的存在,它们就不会如此。它们可以以某种不可思议的方式,通过同时存在的道德力量注入善(用 G. A. 科恩创造的词"神化"),其结果是,这些东西也可以作为目的而为善。

为了不那么抽象地说明这一点,让我们转向一个正在起作用的康德伦理学案例,这个案例首先由瓦尔特·本雅明引起关注,后来由雷·兰顿(Rae Langton)深入讨论[56]。玛丽亚·冯·赫伯特(Maria von Herbert)的历史记载有些模糊,但这段历史源于她写给康德的一封信,信中她向康德寻求建议和帮助。本雅明轻率地提出了这个问题(他的标题是"作为答疑解惑专栏作者的康德"——"Kant als Liebesratgeber"),而兰顿则认为它为康德主义提出了深刻而严肃的哲学问题。我相信她是完全正确的。

玛丽亚·冯·赫伯特是克拉根福(奥地利克恩顿州首府)以她的兄弟为中心的年轻人友谊圈的一员。她的兄弟弗朗茨·冯·赫伯特(Franz von Herbert）是一位商人（家族拥有一家白铅工厂），也是启蒙运动的热心拥护者。我们对弗朗茨·冯·赫伯特的了解比对他妹妹的了解要多。这部分是因为弗朗茨与莱昂哈德·莱因霍尔德、弗里德里希·卡尔·福尔伯格（我们在前几章中简要地涉及他们两人）以及哲学家兼医生约翰·本杰明·艾哈德（Johann Benjamin Erhard）（他在和康德的联系上扮演了中间人的角色）等朋友的通信，也因为在18世纪90年代的反雅各宾运动中，奥地利当局对赫伯特和艾哈德的关注[57]。"赫伯特圈子"似乎类似于"美丽的灵魂"（*schöne Seelen*），他们聚集在柏林亨丽埃特·赫兹（Henriette Herz）和拉赫尔·瓦恩哈根（Rahel Varnhagen）的沙龙里[58]。他们一起阅读和讨论哲学，男女平等地参与其中，当然，这在当时的大学里是从未发生过的。

玛丽亚·冯·赫伯特写给康德的第一封信，非常清楚地表达了一个灵魂的绝望。她说，她转向康德，"作为她的上帝的信徒"，为的是寻求帮助和安慰，或是为自己的死亡做准备。正如她所解释的那样，她失去了一份深深的爱，没有了这份爱，她在这个世界上的存在似乎没有了价值——更糟糕的是，这是一种折磨。唯一阻止她自杀的，是她坚信这样做会违反道德义务的基本原则：为了生存本身而生存。她给出的忧伤状态（兰顿所说的）的理由是，她对情人撒了谎——虽然不是为了隐瞒自己的不名誉之事——而这件事一旦暴露，他们之间的感情纽带就破裂了[59]。

康德的回复显然是颇为深思熟虑的，并于第二年春天寄出。从康德伦理学的严格观点来看，说谎（无论在什么情况下，说谎总是违反严格的"对自己的义务"）与缺乏坦率之间有重要的区别，康德绝不谴责后者。康德同样关心，玛丽亚究竟是对她的谎言感到后悔，还是对其后

果感到后悔。但是,撇开这些问题不谈,康德在信的结尾写了一段发人深省的话:

> 当你的态度的改变已经表露给你的爱人……所需的只是时间,用它来一点一点地消除这种合理的、善良的不情愿的痕迹,并把他的冷漠转化为一种更坚定的爱(Neigung)。但是,如果这种情况没有发生,那么他先前的热情更多的是肉体上的,而不是道德上的,无论如何都会消失——这是我们在生活中经常遇到的不幸,当我们遇到这种不幸时,我们必须泰然处之。因为生命的价值,就它所包含的享受而言(was wir Gutes geniessen können)被大大地高估了[60]。

爱要么是"道德的",要么是"肉体的",这一观点似乎表明,康德确实对爱有一种简化的看法:肉体的爱只是另一种快乐,没有内在价值——事实上,回想一下《道德哲学讲座》中的一段话,那是可耻的[61]。然而,在他的信的早些部分,康德谈到了友谊和爱情中的"坦率"——一种我们可以向某人完全敞开心扉的感觉。所以即使是康德,也不是完全不知道两性之间的爱有一种独特的、关联的价值——一种不同于单纯快乐的亲密感和个人品质。然而,康德显然认为,没有道德,这种独特的价值就不可能存在。

那么,没有爱的道德呢?1793年1月,冯·赫伯特写了一封回信给康德,如果说有什么不同的话,那就是这封信比她的第一封信更令人心痛。到目前为止,据她自己所知,她已经是一个品行端正的人了,但是她的爱情却没有重现生机。结果,她说,她发现自己生活在一个得不到解脱和凄凉孤独的世界里,她渴望死亡(事实上,她确实在几年后结束了自己的生命)。她的计划(她从未实现过)是亲自去柯尼斯堡见康德。

> ……我想知道你的哲学把你引向了一种什么样的生活——你是否觉得娶一个妻子、全身心地奉献给一个人、哺育与你相像的后代是值得的。我有一尊你的雕像,是由莱比锡的博斯(Bause)雕刻的。我在其中看到了一种深沉的平静和道德的深邃——但不是《纯粹理性批判》所证实的那种敏锐。无法与你相见让我黯然神伤[62]。

即使承认康德的前提,即道德是与爱相关联的温暖和亲密的必要条件,它显然也不是充分条件。生活在一个实现了康德式道德却没有个人之爱的世界里会是什么样子? 一个人必须成为什么样的人方能在这样一个呆板无趣的环境中苟活下去? 冯·赫伯特的直觉引出了一个非常棘手的问题。

看待本书中提出的康德筹划的一种方式是,它是一套抵御价值损失威胁的防御措施。其核心是康德认为,在一个"斯宾诺莎主义"或"宿命论"的世界里,人类将沦为"牵线木偶"或"动着脑筋的自动操作装置"。在这个世界里,价值将被耗尽,而任性或随机的自由根本就不是自由[63]。既然如此,报复性正义势在必行:行动与报应之间的平衡要求将"最后的凶手"处死,因为"如果正义消失了,人活在尘世上就不再有任何价值了"。[64] 除此之外,玛丽亚·冯·赫伯特还补充了另一种价值的丧失:爱的缺失。她很自然地问自己,是什么让孤独的康德不受这种孤独的影响。

不仅仅是年轻的黑格尔认为爱超越了报应主义。玛丽亚·冯·赫伯特的兄弟弗朗茨不出所料是共济会的一员,作为 18 世纪晚期奥地利最杰出的男性人文主义者和启蒙运动信徒(女性被排除在共济会之外)。另外两位非常著名的奥地利共济会成员是莫扎特和伊曼纽尔·施坎德尔(Emanuel Schikaneder),他们分别是受共济会启发创作的歌剧《魔笛》的作曲家和剧作家。这部歌剧于 1791 年首演,也就是玛丽亚·冯·赫伯特给康德写第一封信的那一年。仰慕者们都知道,《魔笛》以一个由仁慈的大祭司萨拉斯特罗(Sarastro)为首的(全是男性的)神职人员团体为背景[65]。在著名的咏叹调"在圣洁的殿堂"(In diesen heil'gen Hallen)中,萨拉斯特罗咏唱道,在他的团体的神圣范围内,复仇是不得而知的,因为,如果有越界的行为,"一个人失足了","爱"会指引他重归正途[66]。循着《魔笛》的思路,爱是变革性的,也是变形性的。在一段二重唱中,女主角帕米娜(Pamina)和滑稽的捕鸟人帕帕盖诺(Papageno)(在原著中由施坎德尔自己咏唱)赞美了夫妻之爱的神圣特性:"夫与妻,妻与夫/无比神圣。"(Mann und Weib, und Weib und Mann /reichen an die Gottheit an.)

玛丽亚·冯·赫伯特和《魔笛》的创作者提出的问题是这样的。如果我们从神那里除去任性的因素,而且不再生活在一个由神的爱和怜悯的人格特质所赐的温暖世界里,难道没有必要寻找某种世俗的关系来代替它吗?还有什么会比爱情、浪漫和联谊更容易做到这一点呢?在我看来,这代表了对康德筹划的一个深刻的挑战和选择。

## 在他物之中与自身同在

贯穿德国唯心主义的核心是作为自决的自由概念,在卢梭的思想中,自由服从于一种"自我赋予的法则",在此之前,在斯宾诺莎的"自由的必然性"概念中,这一作为自决的自由概念得到了预见。诚如谢林所言:

> 只有按照自身本质的法则而不受任何外在或内在事物制约的东西才是自由的[67]。

在斯宾诺莎看来,这种完全的自决(康德称之为"绝对自发性",或者用谢林和黑格尔的话来说是"内在的必然性")只属于上帝。另一方面,对康德来说,服从自我赋予的法则——自律——所带来的自由,也是人类的一种可能性。一个人的任性(*Willkür*)做出的一个自由的(在未确定的意义上)选择,或是由道德或是由偏好来决定。如果他们选择道德,那么他们的意志是由完全理性的法则所决定的。

然而,这条法则对人类来说是一条命令——当然,这是一条令人振奋、令人敬畏的命令,但毕竟是一条命令。如果遵循道德法则是自由的一种实现,那么它似乎要求,自我应该被收缩:与规范(*nomos*)相一致的自我(*autos*),以及自我的偶然性和经验性方面作为其真正的道德同一性的附属品。否则,法则对于自我而言会像是一种来自外部的命令。正如我们所看到的,年轻的黑格尔以此非常有力地反对康德。成年的黑格尔对此有某种解决方案吗?要回答这个问题,我们必须正式介绍并评价黑格尔对自由的描述,并将其与康德的描述进行比较。

黑格尔的精神不是基督教的上帝,不具有父亲般仁爱和恩泽的人格品质,但也不能被简化为经验个体之间的一系列关系(正如《斯坦福哲学百科全书》所说,"文化上相互差异的社会互动的客观模式")[68]。

最好的理解是,精神是斯宾诺莎的上帝(唯一真实的实体)与康德的人性(随着时间的推移而发展的伦理共同体)——"无形的教会"——原则的相互结合。康德的苏格拉底式的上帝作为一位审判者,控制着坟墓之外生命的入口,而精神则完全是入世的,是一个动态的、自我实现的主体,通过人类和他们的历史来实现自我理解。它不是秩序的来源,而是秩序本身。

自由,在内在必然性的意义上,是精神的本质特征。下面这段摘自黑格尔《哲学史讲演录》导言的段落对此进行了明确的阐述。在黑格尔看来,有机的自然是目的论的:它所包含的过程,其各个阶段构成一个发展的整体(最明显的是,植物的生长)。但是,黑格尔说,这样的发展总是涉及一种二元性:个体的实现(植物作为一个整体的生命)和它所经过的各种物质形式(种子、幼苗、成熟的植物)之间的差异。然后,他转向精神:

> 在精神里则不然:它是意识和自由的,因为在它里面起点和终点是一致的……他物所为之物,与他物是同一的;因此,只有精神在他物里与自身同在。精神的发展在于它的出离和分化构成了它向自我的回归。
>
> 这种在自身中存在(*Beisichsein*),或精神的自我回归,可以被描述为它的完整和最高的目的:它只渴望这一点,别无所求。亘古以来发生在天地间的一切事情,上帝的生命和时间里的一切事迹,都是精神认识自己,使自身成为自身的客体,发现自身,为自身而存在,最终与自身合为一体的斗争;它被异化和分化,但这只是为了能够找到它自身并复归自身。只有通过这种方式,精神才能获

得自由，因为不与异类牵连或依赖异类的自由才是自由。真正的自我拥有和满足只有在这之中才能找到，而精神只有在思想里才能获得这种自由。例如，在感官感知和感触之中，我发现自己受到限制，并不自由；但当我对自己的这一感触有某种意识时，我就自由了。人甚至在意志上也有特定的种种目的和利益；当这是属我的意志之时，我其实就自由了。然而，这种种的目的总是包含着另一些目的，或者对我来说构成另一些目的之物，例如欲望和冲动。只有在思想里，一切外来之物才从视野中消失，精神才获得绝对的自由。理念和哲学所包含的一切利益，都在它之中得到表达[69]。

因此，只有在思辨哲学中——在"思想"之中，在黑格尔对这个术语的特殊意义上，清除了"表象"（Vorstellung）的所有偶然性——精神的自由才能得到充分实现。黑格尔在他的《哲学科学百科全书》中写道：

> 而逻辑学中所理解的思想则不然，除了属于思想本身和通过思想所产生的东西之外，它不能有别的内容。因此，逻辑学中所说的思想是指纯粹思想而言。因此，逻辑学中所说的精神也是纯粹自在的（rein bei sich selbst）精神，亦即自由的精神。因为自由就是这样：在它的他物里与它自身在一起（bei sich selbst），依靠它自身，成为那规定它自身的东西[70]。

但这给人类自由留下了什么空间？

对于斯宾诺莎自己来说，既然"自由的必然性"仅限于上帝，那么人类在与上帝的关系中，最高的愿望就是一种苏格拉底式日神主义：对上帝的理智之爱（*amor intellectualis dei*）。也许黑格尔也有类似的情况。思辨哲学的启蒙使人类掌握了充分的思想自由。然而，任何从事黑格尔研究的人都知道，进入黑格尔哲学殿堂的门槛很高，因此其成员总是有限的。那么，我们该如何看待黑格尔在《历史哲学讲演录》中著名的宣告，即日耳曼世界"知道一切人都是自由的"？[71] 充分的自由只有在精神之中才能得到实现，但黑格尔认为现代世界是普遍自由的实现，这是一个明显的悖论，任何对黑格尔关于自由的描述的评价都必须从这个悖论开始。

让我先提请注意黑格尔语言的一个特点。在上面引用的段落中，黑格尔将自由视为某种与"与自身"（*bei sich*）、"与自身同在"（*Beisichselbstsein*）或者"在他者中与自身同在"（*bei sich selbst in seinem anderen*）相关联的问题。当黑格尔提到自由时，这些习语在他的著作中无处不在。在《历史哲学讲演录》《哲学科学百科全书》《美学讲演录》以及著名的《法哲学原理》中，都可以找到类似的表达方式[72]。然而，这种表达对译者和解释者都提出了一个问题。

*Bei sich* 的标准译法是"与自身"。但这听起来已经很矛盾了，至少在英语中（"你和谁在一起？""我自己。""哦，这么说你没有和任何人在一起！"）是如此。然而，德语确实另有一种不同的含义。如果有人问你在哪里，你可以回答 *bei mir*（在家，在我这里），或者根据具体情况回答 *bei Stefan*（在史蒂芬这里）。这种"在家"的感觉无疑是黑格尔所表达的含义中的一个重要组成部分。因此，短语 *bei sich selbst in seinem anderen* 可以翻译为"在他者中与自身同在"。（我曾经试图说服一位著名的法国黑格尔学者在他翻译的《法哲学原理》中使用"在家"[*chez soi*] 来代替 *bei sich*，但没有成功。）

由此,"在家"的看法就把我们带回了本章的主题。"不在家"意味着疏离的和关系较远的,简而言之就是被异化的。所以对黑格尔来说,自由是一种非异化的状态。不过,这也带来了它自己的窘境。正如我们从所引用的段落中看到的(在黑格尔的其他著作中也有类似的段落),只有精神和逻辑的纯粹范畴(Gedanken)具有完全独立的自我决定,它们本质上是客观的。精神怎么能像某种人类感觉一样"在家"或"被异化"呢?因此,Beisichsein 似乎有两个层次的含义:一层是人类的、经验的或现象学的含义,即使在他者中也如同"在家"之中;另一层是形而上学的含义,指的是潜在的理性同一性,按照黑格尔的说法,这种同一性贯穿并赋予自然和历史的多样性以秩序。如何理解两者之间的关系?

对黑格尔来说,精神的视角比个体的视角更重要:

> 在考察自由时,出发点不应当是单一性,不应当是单一的自我意识,而应当是自我意识的本质;因为无论人们知道与否,这种本质都是作为一种独立存在的力量(Gewalt)而使自己成为实在的,在这种独立的力量中,单一的个体都只是些环节罢了。神自身在地上的行进,这就是国家。国家的根据就是作为意志而实现自己的理性的力量[73]。

同时,为了实现自身,精神把自己分化成了那些特定的个体。在《哲学科学百科全书》的第三部分,黑格尔回到了《精神现象学》中著名的主奴辩证法(Herr und Knecht),以解释认识是如何产生个人之间的平等以及他们作为精神成员的共同身份的理解的:

与奴隶对立的主人还不是真正自由的；因为他在对方中还没有完全看到自己本身。因此，只有通过奴隶之成为自由的，主人也才成为完全自由的。在这种普遍自由的状态中，我由于映现到我自己之内而就直接映现到对方之内，而反过来，我由于使自己与对方联系而与我自己联系。因此，我们在这里就有了精神成为不同的自身的巨大划分，这些自身是自在自为地和彼此互为地完全自由的、独立的、绝对难以接近的、进行抵抗的——同时却又是彼此同一的，因而是不独立的，并非不可渗透的，而是仿佛融合在一起的[74]。

黑格尔接着说，欣赏精神如此分化为各种个体，是思辨哲学的问题——但它并不因为这个原因就成为某种神秘和不确定的东西。恰恰相反，它证明了哲学理解的直接相关性。

这种关系是完全思辨性质的；而如果人们以为，思辨的东西是某种遥远的和不可理解的东西，那么人们就只需思考那种关系的内容，以便使自己确信那种意见之无根据。思辨的东西或理性的东西和真实的东西就在于概念或主观的东西与客观性的统一。这种统一在所论及的立场上是显然存的。它构成伦理（Sittlichkeit），即下面这些东西的实体：家庭、性爱（在这里那种统一具有特殊性的形式），爱国主义这种对国家的普遍目的和普遍利益的意愿，对上帝的爱，还有勇敢，如果勇敢是为普遍的事业抛出生命的话，而最后也还有荣誉，假使荣誉不是以个人的无谓的个别性，而是以某种实体性的东西、真正普遍的东西为其内容的话[75]。

黑格尔不像康德那样，认为个人绝对有价值（人格性，*Persönlichkeit*），而是认为他们的价值服从于他们真正的实质：由社会制度和文化实践构成的超个人的相互关系的系统。黑格尔称之为伦理（*Sittlichkeit*）：

> 既然伦理的种种规定（*Bestimmungen*）构成了自由的概念，它们就是个人的实体或普遍本质，因此，个人只是作为偶然之物与它们联系在一起。个人是否存在，对客观的伦理（*Sittlichkeit*）来说都是一回事。只有它才是永恒的，是支配个人生活的力量[76]。

个人的行为——即使是追逐私利的和物质上的行为——也会因为他们对整个伦理的贡献而被赋予价值。正如黑格尔在《精神现象学》中所阐明的那样：

> 正如个体在他的个别的劳动中，事实上已经无意识地从事着一个普遍的劳动那样，同理，他又自觉地把这个普遍的劳动当作他自己的工作。只有当整体成为他的作品，这才是一个整体，而他则是为整体做出牺牲，并恰恰因此从整体那里赢回自己。在这里，没有什么东西不是交互性的，只要一个独立的个体取消自己的自为存在，否定自己，他必然也会获得一个肯定的意义，亦即成为一个自为存在。为他存在（或自甘为物）与自为存在的这种统一，这个普遍的实体，其普遍的语言是通过一个民族的伦常和规则体现出来的[77]。

因此，一个民族的每个成员都可以将自己视为单一实体的特定部分,并同样将他人视为整体的特定部分:在这种意义上,所有人都是平等的。因此,个人应该遵守社会规定的义务,不要试图挑战这些义务,或对它们吹毛求疵:

> 但这个存在着的、持久不变的本质所表现出来的东西,无非是那个在现象中与普遍实体相对立的、个别的个体性本身:规律规定了任何个人是什么和应该做什么;个体不仅认识到这些规律是他的普遍的、客观的"物性",而且认识到,他就包含在那个形式之内,换言之,这个物性在他自己固有的个体性以及他的每一个同胞那里发生个别化。所以,每个人都是在普遍的精神那里获得他的自身确定性,也就是说,一种在真实的现实中除他自己之外别无他物的确定性。每个人都能感受到他人也有如此这般的自身确定性。我在所有的人那里都直观到,他们就其自身而言仅仅是一些独立的本质,和我一样。我在他们那里直观到,我和他人组成了一个自由的统一体,这个统一体既依赖于我,也依赖于他人。——他人就是我,我就是他人。因此,理性在一个自由的民族那里真正得以实现。理性是一个当前存在着的活生生的精神,在这里,个体发现他的使命(亦即他的普遍而又个别的本质)明摆着是一种物性,不仅如此,个体本身就是这个本质,而且也满足了他的使命。有鉴于此,古代那些最智慧的人留下了这样一句谚语:智慧和德性在于按照本民族的伦常去生活[78]。

因此,——非常令人惊讶的是,考虑到我们在《基督教的精神》中看到的对基于义务的道德的限制——当黑格尔赞扬康德哲学强调"在履行(我的义务)时,我是自为的而且是自由的"时,他是从一个与康德非常不同的角度来理解的:这不是主张个人能动性具有绝对价值的一部分,而是主张能动性的价值源自个人在更广泛秩序中的地位。康德通过将自我缩小为道德能动性的内在内核,来捍卫个人是自由和完全自我决定的观点,而黑格尔则通过将个人的"普遍本质"(das allgemeine Wesen)定位在伦理(Sittlichkeit)之中,来捍卫同样的观点。正是通过现有的、社会定义的义务,我们才成为伦理的一部分,并通过这一点与更广泛的精神秩序联系在一起[79]。

然而,这种强调服从既定秩序的观点,可能被认为与黑格尔的苏格拉底式理性主义存在矛盾。黑格尔在《法哲学原理》第 317 节补充 (Zusatz)中所言,"现代世界的原则要求每一个人所应承认的东西,对他显示为某种有权得到承认的东西。"[80] 再加上黑格尔所称赞的现代的"顽强",即"不承认任何未经思想证明的信念"[81],我们也可以将黑格尔解读为赞同"每个人都有其正当性"的原则,而这一原则通常被视为现代政治自由主义的核心。然而,如果人们有资格拥有对他们而言正当的政治秩序,并且现代国家的正当性是由思辨的哲学科学(Wissenschaft)(注意"经思想证明"[durch den Gedanken gerechtfertigt]这个短语)给出的,那么这种正当性将只适用于哲学的启迪。

考虑到这一点,在长长的补充说明部分,在《法哲学》第 270 页中,黑格尔讨论了宗教在国家中的作用。

> 但是,你的陈述也可能被误解为,如果人们的思想被奴性的宗教所束缚,他们最容易被教育成服从……如果说国家必须建立在宗教的基础之上,这可能指国家应该以合理性为根据,并导源于合

理性;但是,这句话也可以被误解为,如果人的精神受到了一种不自由的宗教的束缚,他就会被训练成为最听话的人。……但或者意思是,人们应该尊敬国家,尊敬这一整体,而他们是其中的肢体;要做到这点,当然最好是使他们对国家的本质有哲学的洞察;但如果缺乏哲学的洞察,宗教情绪也行,它能导致同样的结果[82]。

注意,黑格尔在这里提出的问题已经发生了显著的变化。问题不再是:我们如何才能理性地向个人证明国家是正当的?而是:个人是如何将国家视为值得尊敬的呢?换句话说,我们已经从理性论证形式的辩护,转向了事实上接受国家的条件。黑格尔的形而上学唯心主义(认为历史是对精神自我实现的连续阶段的描述)导致了社会学唯心主义——认为文化是有机整体,其内部包含着统一的内在原则。他说,这一内在原则有意识地与卢梭相呼应,是一种"普遍意志":一种普遍存在于所有稳定社会中的集体的、客观的认同,即使是最专制的社会。

> 国家的起源一方面包括专横的统治,另一方面包括本能的臣服。但即使是服从——威严的权力,以及对统治者的恐惧——也已经是一种意志的关系。即使在野蛮的国家也是如此;占主导地位的不是孤立的个体意志;个体的自命不凡被放弃了,普遍意志才是本质[83]。

所以事实证明,黑格尔关于自由在历史上的实现的概念几乎与康德的完全相反。为了把康德式道德理解为自由的实现,个体必须以某种方式缩小——行为人的意志与道德义务等同起来。黑格尔的解决方案正好相反:个体被扩展了。

对康德来说,这个世界在某种意义上是不完整的。道德与报应总是有分离的可能:善良的人受苦,而邪恶的人逍遥法外。正是这一点让我们看到了最后的审判,也让我们看到了这样的希望:人类历史体现了一个不断发展的道德共同体,朝着"基于美德法则的普遍共和国"迈进。在赫尔德和费希特的手中,人类历史作为一个发展中的道德共同体的观念,转变成了古罗马历史不朽观念的现代版本。历史给予人类一个集体的认同对象。黑格尔更进一步,将精神(*Geist*),类似于斯宾诺莎和康德的上帝——某种非人格的、完全自我决定的,因而也是自由的主体——作为这种认同的对象。

就思辨哲学论证了人类历史上看似偶然的冲突背后的合理性而言,它是苏格拉底意义上的"神正论"。但是,这种超验的知识是所有人都无法企及的,除非是受到哲学启迪的人。相反,黑格尔提供了普通个人对既定秩序的直觉认同(以及,正如我们在第六章看到的,会醉心于为国家服务的军事自我牺牲——如果他是男性的话)。用尼采的术语,我们用来对和解策略进行分类,这种集体认同是酒神精神的一种现代形式。然而,黑格尔没有向个人提供的,正是使国家威权的行使服从于令人警醒的义务规训的权利。

# 第八章

# 历史中的哲学

> 我确实相信神圣的天意(顺便说一句,这是我如此坚信真理将在哲学中占上风的主要原因,尽管谬误可以有那么多花招)。
>
> ——R. M. 黑尔

## 康德和黑格尔:一个简要的回顾

这本书的核心解释工作现在已经结束了,在这一点上,读者应该能够暂作停留,看看这些人物。我相信,一旦我们剥去了前几代读者留下的外壳,他们就会站在我们面前。

我所描绘的康德并非是一位世俗的思想家。相反,有神论是他的筹划的核心。康德首先是相信一个公正的上帝:一个奖赏和惩罚人类的上帝。这意味着三件事。

首先,当然,人类必须知道他们需要什么。这不能依赖于某种厚此薄彼的启示。道德准则必须对所有人开放,无论他们的智力和教育水平如何。救赎不能依赖于教会的教导或圣礼的力量。就这一点而言,它也不能依赖于某位老练的分析哲学家——朱迪斯·贾维斯·汤姆森(Judith Jarvis Thomson)、奥诺拉·奥尼尔或弗朗西斯·卡姆——高超精细的道德推理能力。我们每一个人——甚至是最没受过教育的人——

内心都有着"普通人类理性"(die gemeine Menschenvernunft)并以此为武器,"无须科学和哲学就能够知道,为了成为诚实的和善的,甚至成为睿智的和道德的,人们就必须如何行事"。[1] 此外,如果对是非的认知是我们与生俱来的东西,那么它似乎对任何地方和任何时代的人都是一样的。

我们共享的道德理性不是一种客观的算法(如罗尔斯称之为"CI程序"),这一算法应用客观的检验来解决道德困境。相反,它借鉴了一种观念,即以适当的尊重对待一种内在的、不可侵犯的价值的体现——Persönlichkeit(人格性或"人格中的人性")。将其转化为具体的伦理判断需要大量的直觉(对现代读者来说,这些直觉往往是可疑的),以及对人类及其状况(涉及我们的"官能"和它们的"种种规定")的目的论思考。

其次,道德准则必须被人类理解为本质上是善的——它的善不能从某个特定存在的命令中获得,无论它多么强大。因此,康德致力于游叙弗伦困境的"柏拉图式"应对。

最后,人类必须能够遵循或不遵循道德准则的要求,并为此承担适当的责任。这意味着他们确实必须不受限制地选择自己的行为——在行为合乎道德方面,他们认为自己有可能是自由地行动,这是不够的。因此,先验自由的问题不能因为我们力有未逮而被回避——但康德也没有回避(我相信我已经证明了)。

然而,尽管康德不是一个世俗的思想家,他仍然是一个世俗化的思想家。这在康德的上帝变得去人格化的过程中非常明显地表现出来。这不是康德放弃有神论的结果,而是他如此不屈不挠坚持有神论的结果。康德的上帝并没有赐予人类恩典,也没有通过施行神圣的仁慈而凌驾于正义之上。给予其中任何一种都可能会使上帝变得更温暖、更人性化，但同时也会引入任性或反复无常的因素——按照康德的观点，这将使上帝变得不公正。

上帝不是通过法令建立道德法则的：他是一位"立宪君主"。他自己也没有决定要遵守它。因为道德法则表达了上帝自己的本性，它对他没有约束力，也没有限制他的自由。相反，上帝遵循道德法则的自由是真正自由的典范：一位存在者的自由（用谢林的话来说），"它按照自身本质的法则而不受任何外在或内在事物制约"。[2]

这种自由的理想也适用于人类。然而，他们必须（不受限制地）选择遵守这条法则。因此，只有当道德准则本身被视为人的同一性的本质时，人的自由才是人的"本质"法则。然而，正如康德在对席勒的回应中所明确指出的那样，道德准则实际上是与人性相抵牾的：因此，正如黑格尔、叔本华和伯纳德·威廉斯所赞赏的那样，道德仍然是一种命令——一种来自内部的理性命令，但无论如何，它仍然是一种命令。

从更广泛的和解观点来看，康德当然是苏格拉底主义的缩影：在他的手中，苏格拉底式的解释动力是更广泛的辩护动力的一部分。艾瑞斯·默多克错误地认为，康德是一个像弥尔顿笔下的撒旦一样的叛逆者——还有什么比"邪恶，你是我的善使"（*Evil be thou my good*）更不像康德式的说法吗？——但康德确实一贯拒绝承认那些不合理的、武断的权威，无论是人还是神。因此，理性需要作为"法庭"（*Gerichtshof*）运作。同样，他拒绝接受形而上学的图景，这种图景认为人类最终会成为"异己力量的玩物"。

因此，康德的哲学可以被视为资产阶级英雄主义的体现：一场反对任性异化的毫不妥协的运动。另外，从某种程度上说，人类因为意识到自己与一位把他们置于父亲般的照顾之下的人格神有关联而得到安慰,默多克和她的崇拜者也正确地将康德主义视为异化的某种来源:孤独和非人格性的异化。

但除了这种苏格拉底式的动力,康德也有日神精神的影子。对自然世界秩序和道德法则的沉思所产生的,并不是尼采认为的希腊人对奥林匹斯山诸神的美丽和幸福的反应所产生的那种梦幻般的狂喜,而是当我们从自身之外看向自然和道德秩序时产生的更为顺从的"敬畏"和"崇敬"的宗教情感——就像人类作为"无形的教会"集体走向正义的形象一样。

现在来看黑格尔,我们当然可以看到,他延续了康德的一些核心主题。最重要的是,对黑格尔来说,就像对康德一样,自由就是完全自我决定。黑格尔的精神(Geist)具有这种完全自我决定的性质。然而,不完全像斯宾诺莎的上帝,虽然在许多方面也惊人地相似,但精神只能通过人类和他们的历史来获得完全的自我实现。而且,与康德的上帝不同,精神不是一个法官。在黑格尔的学说中,没有任何迹象表明,在最终审判之后会有来世的奖赏或惩罚,我们所拥有的所有证据都表明,黑格尔不相信有来世的奖赏或惩罚。

与康德不同,黑格尔也不是道德普遍主义者。统一人类的不是道德准则,而是精神本身和它的历史。道德总是嵌入伦理之中,并且随着时间和地点的变化而发生巨大变化。因此,正如我给黑格尔贴上的标签,他是一个半截子-特殊主义者:他既能相信古代奴隶制是错误的(与人类的本性相冲突),又能相信它是正确的(与那个时代精神的发展相一致)。

康德的哲学如何回应神正论问题是显而易见的,但就黑格尔而言——尽管他自己声称他对历史的哲学描述是"莱布尼茨意义上的神正论"——这就不那么清楚了。我们如何能看到精神的自我实现对人类而言是"好的"？显然，这种善并不存在于促进人类的幸福之中。（"世界历史不是生长幸福的土壤。快乐的时光就像书中的空白页。"[3]）在谈到人类行为时，黑格尔不是斯宾诺莎式的宿命论者，善也不存在于自由主体的内在价值之中。据传，历史哲学是一种神正论，因为它使精神（"上帝的意志"）完全可知。但这留下了两个问题。

第一，单纯的可知性就足以构成善吗？当然，无知可能会使一件坏事变得更糟——但也许知道自己患有不治之症比不知道更糟——单纯的可知性并不足以使坏事变好。因此，黑格尔似乎必须从柏拉图或新柏拉图派的知识观出发：最高类型的知识是一种自我校准。因此，在哲学上认识精神的结构时，我们欣然接受了我们与它的同一性。

但是，即使我们接受这一点，还有第二个问题。黑格尔所宣称的那种来自哲学的知识并不是每个人都能得到的。当然，这个世界也必须对其他人有益。将他们与精神联系在一起的不是哲学知识，而是他们在精神发展的特定阶段在特定社会中的嵌入性。每一个这样的社会都包含一个内在结构——黑格尔称之为"普遍意志"——而这种结构表现为法律、习俗和传统：简而言之，它的民族文化。这是将更广泛的人群与精神联系起来的东西，黑格尔称之为个体的"实体"。正是由于这个原因，黑格尔宣称，当我通过法律和习俗履行我的义务时，我是"自为的和自由的"。

在现代战争名不见经传的战斗中，个人将自己视为"国家主权行为"的一部分而牺牲自己的一切偶然的和私人的东西，直到包括他们的肉体存在也付诸牺牲，彼时黑格尔的爱国主义达到了顶峰。以这种方式，黑格尔采用了我们在费希特的《对德意志民族的演讲》中首次看到的历史不朽的民族主义思想，将集体的自我认同与酒神式的自我消解结合在一起，为普鲁士的军国主义和国家崇拜奠定了基础。

我并不能声称，这些解释已经毫无争议地站住脚了。解释循环是真真切切存在的：作为解释证据的文本本身必须已经被理解得很透彻，而且，当这些文本是以类似康德和黑格尔那样不常见的语言来表达的时候，这就给了评论家足够的机会继续捍卫自己所珍视的解释，即使其他人可能认为有足量的证据可以压倒性地反驳它。因此，无论我自己觉得多么有说服力，若希望我的重新解释将不可抗拒地推翻现有的解释共同体，这都是徒劳的——也许，这也是不可取的，因为我们都有自己的偏见，无论我们多么真诚地试图把它们放在一边。

## 黑格尔与马克思论哲学与历史

然而，本书的目的不只是改变那些解读康德和黑格尔的公认观点，而是用这些解释来阐明更广泛的世俗化过程。为此，我们必须从哲学文本转向历史和社会。是的——但是怎么做呢？这个问题让我们回到第一章和第二章中提出的方法论问题。为了解决这个问题，让我们先比较一下黑格尔和马克思如何看待哲学和社会之间的关系。

根据黑格尔的说法，哲学是"思想所把握到的时代"（*ihre Zeit in Gedanken erfasst*）[4]。这句著名的格言，听起来好像黑格尔认为，哲学不过是对不断变化的环境的一种反应。但这是错误的。对黑格尔来说，"思想"（*Gedanke*）一词指的不是在某一特定时代在人们头脑中碰巧出现的东西，而是以纯粹形式表现出来的《逻辑学》中那种严格形式的范畴活动。因此,哲学是一种特殊的智力活动:"精神概念的全部形式的最充分的盛开,万物的意识和精神本质,时代的精神作为精神本身的呈现。"[5]哲学史揭示了精神以其最纯粹的形式发展的轨迹。在黑格尔的理论中,这种历史叙述与任何时期的社会整体的统一图景相联系:所有文化领域都是单一的"民族的特殊精神"(besonderer Volks-Geist)的散发,它给整个系统贴上了"一个共同的印记"(gemeinschaftliches Gepräge)——某种应该被社会所有成员所认可和接受的文化统一体(无论是反身性和哲学性的,还是直觉性和直接性的)。哲学体现了这一基本内核。

相比之下,马克思认为哲学就像宗教一样,没有真正意义上独立的、合乎理性的历史,尽管它错误地认为自己有合乎理性的历史("道德、宗教、形而上学和其他意识形态,以及与它们相适应的意识形式……没有历史,没有发展")[6]。哲学只不过是一种"反射和回声",是在别处发生的客观社会过程的一种主观表达。当然,马克思把冲突作为他的社会图景的基础——至少在社会主义到来和"阶级斗争"结束之前是这样——然而,在每个时代,"占统治地位的思想"都是"统治阶级的思想"。[7]哲学反映了那些"占统治地位的思想",在社会上起着保守的作用。它不仅在特定学说的内容上做到这一点,更根本的是,它促进了自己的统治幻想:思想是切实有效的。在马克思看来,哲学家是傀儡战士,他们在继续战斗时,没有意识到有什么细绳在拉着他们。

这两种理解的不同之处,在它们都将康德哲学与法国大革命相提并论之时得到了凸显。

根据黑格尔的观点,康德的哲学通过自由作为自我决定的思想与法国大革命联系在一起。黑格尔赞同这种自由的概念，但声称，在康德和卢梭的手中，它仍然是"抽象的"，其结果是一旦试图将其付诸实践，它就会以恐怖的形式导致政治灾难。然而，黑格尔并不认为康德自己要为此负责：幸运的是，德国人不像法国人那样，德国人不允许理论的混乱进入政治世界。

> 康德哲学的真理在于，思想被认作具体的、自我规定的、承认自由的。卢梭已经确立了存在于自由中的绝对；康德也提出了同样的原则，只不过是从理论的角度出发。法国人从意志的角度来看待它，这在他们的谚语中体现出来："他性子火暴。"(*Il a la tête près du bonnet.*)法国人具有现实感、职责感和紧迫感——观念能立即转化为行动；人们让自己更实际地投入于现实。但是，尽管自由本身是具体的，但在现实中，自由却是作为一种未发展的抽象之物来应用的；使抽象之物统治现实，就意味着毁灭现实。自由的狂热一旦落到人民手中，就变得可怕了。在德国，同样的原则也主张意识自身的权利，但它是以一种理论的方式提出的。我们德国人在头脑里面和头脑上面都奔跑着各式各样的骚动；但是德国人的头脑，却仍然可以很安静地戴着睡帽，坐在那里，让思维自由地在内部进行活动[8]。

在马克思的描述中，比较的力量是完全相反的。马克思认为，恐怖不是可怕的"自由狂热"，而是"精力充沛的资产阶级自由主义"自我主张的自然（和受欢迎的）产物。在黑格尔看来，法国大革命是把一种不充分的哲学形式转化为行动，而在马克思看来，哲学和政治实践之间的距离是德国资产阶级落后的产物。康德是资产阶级的"利益的粉饰者",他的哲学"反映"了德国人未能将资产阶级的自我利益转化为有效的政治行动。

18世纪末德国的状况完全反映在康德的《实践理性批判》中。当时,法国资产阶级经过历史上最大的一次革命,跃居统治地位,并且征服了欧洲大陆;当时,政治上已经获得解放的英国资产阶级通过工业革命在政治上控制了印度,在商业上控制了世界上所有其他地方;但软弱无力的德国市民只有"善良意志"。康德满足于单纯的"善良意志",哪怕这个善良意志毫无效果,他也心安理得,他把这个善良意志的实现以及它与个人的需要和欲望之间的协调都推到彼岸世界。康德的这个"善良意志"完全符合于德国市民的软弱、受压迫和贫乏的情况……

在康德那里,我们又发现了以现实的阶级利益为基础的法国自由主义在德国所采取的特有形式。不管是康德还是德国市民(康德是他们的利益的粉饰者),都没有觉察到资产阶级的这些理论思想是以物质利益和由物质生产关系所决定的某种意志为基础的。因此,康德把这种理论的表达与它所表达的利益割裂开来,并把法国资产阶级意志的有物质动机的规定变为"自由意志"、自在和自为的意志、人类意志的纯粹的自我规定,从而就把这种意志变成纯粹思想上的概念规定和道德假设。因此,当这种强有力的资产阶级自由主义的实践,以恐怖统治和无耻的资产阶级钻营的形态出现的时候,德国小资产者就在这种资产阶级自由主义的实践面前畏缩倒退了。[9]

黑格尔和马克思在这里所援引的对康德哲学的解释，至少可以说，是有倾向性的。尽管黑格尔正确地认为，康德试图解释自我决定的意志（Wille）必须被视为某种失败，但罗尔斯主义者显然也是正确的：康德的事业是一种通过尊重他人的能动性而来的理性的自我限制。康德对正当性的要求和参与实现作为一个"无形的教会"的道德共同体的共同筹划的愿望，与会导致"自由狂热"的空洞的自我主张是完全不同的——实际上是针锋相对的。就马克思声称康德的"纯粹"意志反映了德国资产阶级的"无能"而论，康德的意志之所以"纯粹"，是因为它不受任何经验利益的指导。在马克思对法国和英国资产阶级果断地维护其局部利益的肯定中，隐含着这样一种假设：任何从公共利益的角度来实践政治的企图都不过是无用的感伤。

但更糟糕的是，人们怀疑，只有通过这种解释性的夸张描述，黑格尔或马克思关于哲学与社会关系的模型才显得可信[10]。如果一个特定社会的社会形态是单一原则的产物——一种在这个时代的哲学中得到最清晰表达的"特殊的民族精神"（besonderer VolksGeist）——那么哲学在任何时期都必须被简化为某种简单的本质。同样地，如果哲学只是对社会某一领域正在发生的事情的被动反映，那么它的自我认识始终是虚幻的，它声称用理性的论证来评价社会现实的主张也是完全错误的：整件事都是在浪费时间。

然而，可替代的选择是什么？难道我们必须得出这样的结论：哲学史和更广泛的政治史、文化史和社会史是彼此分离的吗？或者，是否有一种更微妙的方式来理解哲学的社会嵌入性？我相信是有的。

## 哲学作为一种生活方式

在第一章和第二章中我们曾经论证,用歌德的话来说,哲学可以被看作一种生活方式(*Lebensform*),一种"与世界和解的方式"(*mit der Welt fertig werden*)。当我们透过神正论的视角来看待他们的作品时——无论是在狭义上为信仰神圣之善辩护,还是在更广泛的意义上,作为呈现一种和解的途径——正是这一视角启发了康德、黑格尔和他们的唯心论同仁。同时,我们可以从"合法化-输入-合法化-输出"(LILO)的角度来看待社会中的思想。这是一种历史唯心主义,尽管这种唯心主义与黑格尔的非常不同,黑格尔认为文化现象都有一个单一的、共同的内核。它也不同于"话语先验主义"——这种思想认为社会嵌入在一套规定何种言论和思想可以被表述的限制之中——就像我们在福柯的"真理政治学"中发现的那样,或者当昆廷·斯金纳和查尔斯·泰勒援引由"社会想象"框定的社会思想时发现的那样[11]。

从这个角度来看,哲学与社会之间的关系既不是一种表达式(单一的哲学原则在社会生活的不同领域得到实现),又不是镜像(哲学是经济和政治生活的"反射"或"回声")。相反,我们应该更广泛地将哲学和文化视为一个共同的事业。如果社会需要为其成员提供理解世界的方法,使他们能够接受生活,那么哲学就可以被理解为这项事业的一部分。

但这难道不会威胁到哲学自身的独特身份吗?

第一个反应是思考:这是否是一件坏事。毕竟,"哲学"这个词在不同的时代有着非常不同的用法。众所周知,"形而上学"这个词,只是亚里士多德著作的一位编者给亚里士多德的一组手稿加上的名字,本义就是"物理学之后"(*meta ta phusika*),而且在 17 世纪,"哲学"仍然被用来指人类的全部知识(牛顿的"力学原理"被恰当地命名为《自然哲学的数学原理》)[12]。例如,这里引用笛卡尔的《哲学原理》中的一段话:

> 因此,整个哲学就像一棵树。根是形而上学,树干是物理学,从树干上生出的枝杈是所有其他的科学,它们可以被归结为三个主要的学科,即医学、力学和伦理学[13]。

启蒙运动经常使用"哲学""哲学家"和"哲学的"等术语,来与依赖于宗教权威的东西形成对比。因此,伏尔泰的"历史哲学"(由某位"启蒙哲学家"所写,供"启蒙哲学家们"阅读的历史,恰如伏尔泰对它的描述那样)可以被解读为"世俗历史"。事实上,只有在康德和他的后继者时期以及在20世纪,哲学才开始专注于建立学科独立性。到目前为止,不仅要把哲学和宗教进行对比,而且要在哲学和科学之间划清界限,这一点已经变得很重要。在这里,我们不应该去细说许多关于哲学本质的要素主义论述——德国唯心主义者试图产生哲学"体系"的各种尝试,胡塞尔"先验现象学"的哲学概念,海德格尔的"基本存在论",维特根斯坦的"语言批判"(*Sprachkritik*),维也纳学派的逻辑实证主义,等等——以及它们都被证明不能令人满意的原因。

然而,即使哲学确实是人类试图与世界和解的一种方式,它也显然不是唯一的方式。因此,是什么——如果有的话——使哲学具有独特性的问题仍然存在。更好的解释可能是历史性的,而非规范性的。

如果我们回到柏拉图——这位西方哲学无可置疑的奠基人——我们可以看到,他把各种不同的、强有力的哲学思想汇集在一起。哲学家是以牺牲眼前直接经验为代价来寻求普遍性的人(泰勒斯在看星星的时候掉进了井里)[14]。哲学论证通过对话("辩证法")进行[15]。它通过结果和一致性("辩驳术", *elenchos* )[16] 来检验信念[17]。哲学家"像风一样"追随论证的方向[18]。哲学是一种"回忆"(*anamnesis*)——它使我们意识到我们在某种意义上已经知道的事情[19]。哲学使人类从普通信念(*doxa*)走向知识(*episteme*)。哲学知识——关于正义的知识——是社会权威的最终正当性依据[20]。哲学家是一只"牛虻",他会咬沉睡的雅典人的屁股来唤醒他们[21]。虽然哲学就像几何学(柏拉图在学园入口处立了块碑,镌刻着"不懂几何者,不得入内"),因为它不受个人感情的影响和(借用一个可能不合时宜的词)不偏不倚,同时它也对个人起着改造的作用[22]。哲学家是这样的人,他们对善的认识使他们必然行善,平静地忍受不公正(正如我们从苏格拉底之死的叙述中学到的那样)[23]。简而言之,知识带来和解。

诠释者对如何理解这些不同的元素,以及它们在柏拉图的思想中如何一致地结合在一起,存在一些争议。但是,显然柏拉图自己相信,它们都是由他关于(我们现在称之为)形而上学和认识论的最基本观点所支持和整合的:我们所经历的世界是一个理想世界的呈现,人类有可能通过哲学论证的过程上升到对那个世界的认识。然而,一旦这些基本观点失去了控制力,柏拉图关于哲学事业的不同概念就开始分崩离析。

一方面非人格性知识的理想从个人自我改造的计划中分离出来。后来,科学革命提出了这样一个问题:仅凭思想,这种非人格性的知识能达到什么程度(如果有的话)?正如弗朗西斯·培根所言:

> 因为人的智慧和思想,若作用在物质上,即对上帝造物的沉思,是按物质之理运作的,因而是受限于物质的。但是,如果它作

用于自身,像蜘蛛织网一样,那么它就会是无穷无尽的,而且可以毫不费力地织出一大堆知识,其精致独到令人赞叹,却是空洞无物、毫无用处的[24]。

但是,这种经验主义者或实证主义者(如果允许使用这个不合时宜的词)朝外部经验的转向并没有受到质疑,德国唯心主义者基于"反思"思想的先验哲学体系,可以被理解为柏拉图将哲学视为回忆概念的复兴。

值得注意的是,我把康德包括在内,这种对哲学的反思性理解中,尽管关于康德理论哲学的主要写作传统,特别是在英语世界,把他描绘成先验形而上学的批评家。康德确实是传统形而上学的批评者(也是培根的崇拜者——《纯粹理性批判》的献词中引用了培根的话)。然而,他自己的筹划是发展一个与数学对应的先天综合命题的哲学体系,这个体系将适用于经验,但无须依赖于观察或(特定的)经验。当然,他究竟认为这是如何实现的,还是有争议的,但他自己把这个筹划描述为通过自我检验而获得知识的理性。因此,他在《纯粹理性批判》的序言中写道:

> [形而上学]无非是通过纯粹理性系统地整理出来的我们所有财产的清单罢了。在这里,我们不会忽略任何东西,因为理性完全从自身创造的东西都不可能隐匿自己,而是只要人们揭示了它们的共同原则,它们本身就会被理性带到光天化日之下。这类认知出自真正的概念,任何出自经验的东西,或者哪怕只是应当导向确定的经验的特殊直观,都不能对它有什么影响,不能使它扩展和

增加,其完全的统一性使得这种无条件的完备性不仅是可行的,而且是必然的。

与己为伴,你将知道自己所拥有的一切是多么的简陋(*Tecum habita, et naris quam sit tibi curta supellex*)。——佩尔西乌斯[25]

至少,康德的直接继任者,莱因霍尔德、费希特、谢林和黑格尔都是这样理解他的——在我看来,这是正确的。

在黑格尔那里,唯心主义和柏拉图主义之间的联系是明确的。对柏拉图来说,向内的转向是一种向上的转向——向非个人的形式领域的转向。对黑格尔来说也是如此("表象"[*Vorstellungen*]被转化为"思想"[*Gedanken*]),但这也是一种向外的转向,甚至是向后转向。《精神现象学》的读者经历了一个过程,将人们已经熟悉的材料转化为完整知识的过程。正如黑格尔所写,"一般意义上的常识,正因为它是我们熟悉的,所以未能真正认识它"(*Das Bekannte überhaupt ist darum, weil es bekannt ist, nicht erkannt*)[26]。因此,哲学是基于这样一种假设的回忆,即假设世界精神(*WeltGeist*)的展开已经达到了一个完成点。

德国唯心主义者们相信,他们的体系将为神正论的问题提供哲学上的解决方案:证明相信世界是万能而仁慈的造物主的产物。他们所捍卫的宗教是苏格拉底式的,因为世界之善是人类理性所能理解的——而且必须如此,因为如果一个善良的上帝要审判人类,那么他必须公正地审判,也就是说,根据人类自己能够掌握的原则进行审判。然而,由于把理性和正义放在首位,他们对神的概念变得越来越非个人化。此外,在康德的著作中,一种新的(或者更准确地说,是更新和转变的)历史不朽的概念伴随着对最终审判的信仰出现了。在黑格尔的理论中,个人的理解被嵌入历史中,成为精神的一个组成要素,取代了对神性审判和个人不朽的信仰,以至于黑格尔的"神正论"(他自己这样称呼)不再是传统意义上的宗教观点——而是"世界历史即最终的审判"。

马克思非常清楚地看到,德国唯心主义的筹划依赖于一种站不住脚的先验知识的概念,但他错误地认为,摆脱哲学所必需的一切,就是在"现实生活过程"中追溯它的起源,换言之,"真正的实证科学"(*die wirkliche positive Wissenschaft*)将从"思辨"结束的地方开始[27]。马克思主义只是以各种方式废除了哲学;重要的是要理解哲学。哲学仍然是不可避免的(即使是以一种不那么宏大的形式),因为它存在于所有强烈持有的信念(或者,我更愿意说,——"种种信念"[*doxai*])彼此冲突的地方。因此,西方哲学史遵循的是(借用蒯因的一句话)悖论的路径。

## 悖论的路径

这种"辩证"的哲学概念与一种更为普遍的哲学概念形成对比:哲学致力于解决一系列独特的问题或"难题"。令人失望的是,对这一概念的明显回应是,尽管科学已经对许多问题给出了很好的答案(为什么夏天的白天比冬天长?为什么天是蓝的?),哲学家们仍在努力解释我们如何才能拥有知识,为什么我们应该遵循道德准则。如果是这样的话,我们必须在尚未回答的哲学问题的清单上加上一个问题:为什么哲学问题如此棘手?然而,我认为我们可以回答这个问题。我们应该将哲学的核心任务视为揭示和应对困境。如果困境很深奥,就像游叙弗伦困境那样,那么它不会轻易消失。就像海港中的一块礁石,我们需要找到一种在它周围绕行的方法,但要找到并绘制它,本身就是一项极为宝贵的智力成就(而且难度极高)。

当西方哲学对这样的困境做出回应时,它的中心思想,用尼采的话来说,是苏格拉底式的:它追求理性、一致性、解释性和正当性。康德用一个词抓住了我想表达的意思,这个词在英语中没有确切的对应词,但在德语中很常见:

> 一以贯之是一个哲学家的最大责任,但这恰恰是罕见的[28]。

一以贯之(consequent 这个词,现在用"k"拼写为 konsequent)是始终如一的,但它意味着更多:它意味着彻底而不吝啬,愿意将事情进行到底。最接近的等同词可能是"符合逻辑的",恰如这个词在英语中的常见用法(让受过训练的逻辑学家感到绝望)。

柏拉图认为,苏格拉底式的辩驳术(elenchus)只指向一个方向:向上通向理念领域的知识,由此视角看冲突将消失。然而,正如第一章所指出的,这在逻辑上并不一定如此——一位哲学家的肯定前件式是另一位哲学家的否定后件式[29]。因此,正当化和解释的动力带来了这些目标无法实现的可能性。事实上,甚至可能应该放弃的是一致性本身:我们应该接受从不同的、根本上相互冲突的角度看世界,这是合理的,至少是不可避免的。这就是为什么从塞克斯都·恩披里克到阿多诺,各种形式的怀疑主义一直困扰着哲学[30]。

把哲学看作种种信念的冲突,可以避免哲学问题要么是永恒的,要么是特定于历史的:它们可能在某些方面是连续的,但在另一些方面不是。例如,作为"知识问题"的一部分,人们可能面临这样的困境:

（1）我们相信我们对一个客观存在的世界富有相关知识；但是（2）由我们支配的资源（感官经验）显然不足以证明这一说法。这是一个古代世界肯定会认识到的困境，今天仍然存在。然而，与此同时，我们还可以提出另一种独特的现代观点：（1）自然科学是我们获得世界知识的模式。但是，（2）科学知识不是一劳永逸的；科学的进步是因为后来者的理论推翻了前人的理论。（3）那么，科学究竟是如何给我们知识的呢？这是一个令人惊讶的现代困境，一个我认为在19世纪末才出现的困境。

我认为，从这一切，我们可以对广义的"哲学"和狭义的"哲学"做一个粗略的区分。从广义上讲，哲学包括种种信念（doxai）的全部，它们构成了人类看待和接受世界以及他们在其中的位置的方式的一部分，而哲学史就是这种种信念发生变化的历史。所有那些通过创新或倡导为这一进程做出贡献的人——无论是否自称"哲学家"——都是这段历史的一部分。这样，哲学自然地延伸到其他文化领域：宗教、政治、科学和文学。但是，在狭义上，哲学是围绕着阐明我们的种种信念的核心计划进行的一系列争论，并努力适应它们中明显的不一致——追求"反思平衡"。

西方哲学处于科学与宗教的交叉点。与前者交叉之处在于，它也有获得知识和解释的动力；与后者交叉之处在于和解的方案。西方的特点是宗教本身融入了理性主义——正义是和解的基本要素——而两者的混合被证明是有害的。在《共产党宣言》中，马克思和恩格斯把资产阶级描述为"自己的掘墓人"。按照尼采的观点，宗教也有类似的情况。从这个角度来解释康德和黑格尔的思想时，我们看到苏格拉底式宗教达到了一个转折点。对正义的追求破坏了曾经对其至关重要的宗教元素。在从康德到黑格尔的转变过程中，它变成了一种与传统意上的宗教判然有别的东西。现在我们必须问:接下来会发生什么?

## 黑格尔之后

19世纪,黑格尔的三位伟大的继承者——克尔凯郭尔、马克思和尼采,都给出了不同的答案。对于克尔凯郭尔来说,如果宗教要被拯救,它必须与理性主义决裂——否则它将最终被卷入黑格尔的漩涡。另一方面,马克思正式接受了严峻的启蒙世俗主义:宗教(和哲学)将被客观科学所取代。然而,事实上,马克思主义是我所说的"上帝的阴影"的一个完美的例子。它本身(马克思本人显然没有意识到这一点)携带着来自宗教的大量遗产:历史不朽的信念,通过沉浸在人类解放的集体斗争中实现自我超越。马克思主义在马克思和恩格斯去世后的一个世纪里的力量——它能够激励追随者,使他们愿意为社会革命事业牺牲自己——如果不充分意识到它的存在,是完全无法理解的。

尼采似乎认为,理性主义的消亡将为后理性主义文明留下道路,这种文明将在重要方面回到前苏格拉底的世界——悲剧的重生或一种新的酒神主义。到目前为止——尽管受到了重大的攻击——西方文化中的理性主义因素显然没有受到影响,科学技术正在进步,如果不是更快的话,至少是在一个比以往任何时候都更广泛的领域。这是说尼采错了,还是说这个故事更复杂?

在我看来,的确如此。尼采被理解为基督教和它的对立面——唯物主义科学的世俗世界观——的批评者,这是正确的。他在《快乐的科学》一书中写道,"科学实证主义"世界观是强烈要求确定性的产物——一种"立足于坚实的大地"的渴望,这种渴望最终是徒劳的。

有些人仍然需要形而上学,但亦急切渴望确定性,而这种确定性目前已在多数人当中注入了科学和实证主义的形式,因而也渴望着务必要得到某种稳定的东西(然而,由于这种渴望过于迫切,使得确实性的建立反而更缓慢,也更疏略)——即使连这点也渴望能获得一种掌握和支持;简而言之,虽不能说是懦弱的本能创造了宗教、形而上学,以及各式各样的信仰,但是至少维持了它们[31]。

然而,值得注意的是,在《快乐的科学》第一册中,尼采在另一段话中赞同对确定性的要求。

……大多数的人并不觉得,相信这个或那个并依以为生是鄙俗而不齿的。他们既没有事先去了解赞成和反对的最确定理由,事后这些理由也并没有给他们带来任何困扰:即使是最有天赋的男人和最高贵的女人也常在这"大多数的人"之中。但是,对我来说,善良、高雅和天才又算什么呢,假如在一个人的信仰和判断中,他对这些美德有丝毫的懈怠,假如他不能坚持把对确定性的渴求作为最内在的渴望和最深切的需要,那就可以区别一个人的高低![32]

如何调和这两者?答案是,对尼采来说,寻求真理背后的动机可以有不同的形式:要么是一种懦弱的欲望,想逃离多变的、潜在的威胁,进入一个永恒稳定的世界;要么是一种勇敢而可敬的欲望,不想被谎言和虚伪所欺骗。拥抱对真理的探索就是做出一个承诺——我称之为一种信念(*doxa*)——体现诚实的美德:

诚实——姑且承认它是我们的美德,我们这些自由精神无法摆脱它——好吧,我们便以我们的爱意和恶意培育它,不知疲倦地"完善"我们的这种美德,因为只有这种美德能与世长存:愿它有一天像光彩夺目的、嘲弄人的蓝色黄昏那样,以其阴郁暗淡的严肃表情,扫视一下这个上了年纪的文明!然而,如果我们的诚实有一天感到了困乏,叹口气,伸伸四肢,发觉我们太辛苦了,想让诚实像招人喜爱的邪恶那样可爱一点、平易一点、柔和一点,那就让我们这些最近的斯多亚主义者仍然辛苦下去吧! [33]

尼采和席勒一样,为希腊诸神的消逝,以及现代世界与古代世界相比显得经验贫乏而悲叹。然而,与此同时,他不仅批评导致这个"无神"宇宙的"禁欲主义",而且也在某种程度上认可了它:

所有的荣誉都献给苦行僧的理想,只要它是诚实的! 只要它相信自己,不捉弄我们! [34]

尼采身上的这种理性主义或"苏格拉底"倾向,很少被诠释者注意到。但是,在对哲学式一以贯之(*Konsequenz*)的拥抱中,尼采与康德的共同点,远比他的崇拜者(也许还有他自己)意识到的要多。尽管如此,对尼采来说,理性主义是一种选择,是根据其美德来对待思想的一种承诺。称其为"和解"策略似乎有些奇怪,因为无法保证经验领域自身会与之和谐相处——事实上,它的英雄主义在于面对无动于衷的经验领域保持坚定。它也没有带来逃避到一个假定的永恒真理的境界的日神式的安慰。但它也是一种可以栖居其中的生活方式(*Lebensform*)。正如威廉·詹姆斯所说的"科学的清教主义",它体现类似于加缪《反抗者》(*L'Homme Révolté*)的存在主义抗争。另一方面,你可以说它的反偶像主义只是给了失望一个发泄口,把它变成了破坏的乐趣。最终,这个选择是一个道德问题。

然而,尼采似乎完全错过的是,在诸如自由主义和社会主义这样的进步主义信条中(事实上,同时也在诸如国家主义和种族主义这样的局部或保守的信条中),已经出现了一种新的和解策略:在一个历史集体中自我超越的可能性,作为对传统宗教来世信仰丧失的替代。

## 不朽、自由和道德分歧

因此,文化包含了种种信念(*doxai*)的复杂集合。有些是价值判断和规范性的("人人生而自由,在尊严和权利上平等");有些是经验性的("人类是猿的后裔");而有些则不容易归属于其中任何一个("天意是通过自然法则而不是通过神迹的干预来实现的")。一些信念非常突出("如果奴隶制没有错,就没有什么是错的"),而另一些仍然没有被阐明,却更有力量——我们一直在挖掘的历史不朽的信念就是一个很好的例子。但是我们不应该相信各种文化是均一的。甚至在同一时间、同一地点,不同的人可能会有不同的解决办法和不同的平衡。康德的时代也是边沁的时代,以牺牲一方为代价来强调另一方是错误的。

也就是说,我们现在可以把与我们最为相关的种种信念放在一起。其核心是通过一位施行审判、奖赏和惩罚的上帝的信条,来理解个人不朽的信念,以及对康德来说作为对个人不朽之补充的历史不朽的信念,后来在黑格尔那里,后者取代了前者的位置。与那种种信念并列的是自由,就是自我决定的信念。德国唯心主义关于自由的观点解决了自律的问题(法则如何可以来自自我,但不是自我可以从中解脱的东西),方法是使真正自由的行动(道德行动)成为必要的,而不是选择的。但是,反过来,这需要区分两种意志——潜在的武断的任性(*Willkür*)和合乎理性的意志(*Wille*)——以及两种必然性之间的区别:一种是强制性的、外在的,另一种是内在的,表现了主体自身的本性。

在康德的理论中,我们已经看到,这种信念将人与神的能动性联系起来。与完全自由的却没有任性(*Willkür*)的上帝不同,只有人类的道德自我——我们作为道德主体的自我——具有自由的必然性或自律。这可能会将人的主体缩小为纯粹道德主体的一个节点,与自我的其余部分做斗争,就好像它是一种外部现实一样,或者,更糟糕的是,鼓励这样一种想法,即我们的真实同一性只能从道德的角度给出。我认为,从康德的道德哲学中继承下来的"内在必然性"的思想,是德国唯心主义者形而上学体系的出发点。他们将其扩展到包括物质自然(无机的和有机的),以及历史。但这一主张需要非常广泛的论证才能正确地加以证实。现在,让我们回顾一下《最古老的体系-纲领》的作者说过的一句话:今后一切哲学都将从道德准则开始,道德是"唯一真正的"从无到有的创造。

但是,唯心主义者难道不是企图在哲学中反映"上帝在创造世界之前的思想和一个有限心灵"吗?尽管它的复杂性和野心可能令人惊叹,但它不代表一种疯狂的幻想——一种贬义上的思辨吗?是的,确实。尽管如此,我们仍然可以在作为内在必然性的自由观念中看到对一个真正(而且我认为是典型的现代)问题的解决。

自由,如果是真正的自由,就不能是任意的。如果它是一系列法则和初始条件的结果,只是碰巧以某种方式发生,那么它就是任意的;如果它是某种完全无根无据而只是随机选择的事态,它也是任意的。黑格尔认为,只有精神才具有自由必然性。个人可以通过思辨哲学来理解精神(就像柏拉图的守护者们根据他们抽象的哲学知识来统治),或者通过实践来认同精神的社会学实现,即"客观精神"。因此,黑格尔关于自由的论述是与精神的形而上学同立或同落的。

与此同时,黑格尔给我们留下了一个关于自由的新信念(*doxa*)。正如他经常说的那样,自由就是"在他者中与自身同在"(*bei sich selbst in seinem anderen*)。虽然只有精神——理解整个现实的主体——能够在其自身(明显的)他者性中真实地呈现出来,但这个短语也表达了其他东西:"在家"的感觉,或者更尖锐地说,在我们的存在中不在家的感觉,我们现代人称之为"异化"。我称之为"任性的异化"和"非人格性的异化"的双重倾向之间的辩证关系,构成了现代文化中的一个深刻问题。

与这种转变同时发生的还有另一种转变。康德,正如我所说,是道德上的一致论者。哲学家的任务不是给出解决道德困境的标准,因为当人类没有被自身利益蒙蔽时,这种道德困境就不存在了。为什么这个想法对今天的我们来说如此遥远?当然,并非只是相对较近的过去,人们才意识到不同社会之间的巨大差异——意识到人类习俗和文化的多样性可以追溯到古代世界。但是,文化的差异是否意味着支配它们的道德原则也不同呢?毕竟,从原则到实践的距离是相当大的。当在不同的语境下阐述时,不同的实践难道不能来自相同的原则吗?

在《道德原则研究》的末尾,休谟(当然,他并非宗教信徒)附加了一篇"对话"。在对话中,他想象了他的朋友"帕拉墨得斯"(Palamedes)

关于他所访问过的一个国家的报告[35]。这个国家高度认可许多行为，比如乱伦、同性恋、杀婴、自杀，而休谟自己的国家认为这些行为是罪大恶极和不道德的。然而，休谟指出，这个国家只是稍加伪装的古代希腊和罗马。休谟得出的结论，并不是说一个国家不道德而另一个国家不是——道德的差异来自人们对在不同情况下什么是"有用的或令人愉快的"的不同判断。

然而，休谟没有提到古代世界的一种做法：奴隶制。奴隶制似乎是古代世界和现代世界区别的最明显的例子。这不仅仅是希腊和罗马的异教文明的问题，众多的一神论宗教——犹太教、基督教和伊斯兰教——也都接受奴隶制。因此，人们可能会认为，奴隶制内在错误的信念的传播有助于推翻道德普遍主义，无论道德普遍主义是否嵌入宗教教义中。

对于宗教信仰者来说，当然不难想到，最初信仰者所处的社会是极其邪恶的。然而，如果那些过去社会的不道德行为最初被他们自己的宗教团体所接受，这就会变得非常具有挑战性，就像奴隶制的情况。康德不信教，因此他毫无顾虑地拒绝了当时既定宗教的许多原始学说，认为这些学说是迷信的，是贬低人的能动性的。然而，对他来说难以想象的是，那些遵循不道德行为的人可能并不知道这些行为是不可接受的。在这种情况下，他们怎么能受到公正的上帝的指责呢？

有人认为，正是反奴隶制运动的影响激发了黑格尔关于人的能动性和自由的论述[36]。作为一个知识分子的传记，我觉得这种说法值得怀疑，但确实，正是在与奴隶制的关系中，我们发现了黑格尔最明确的（我称之为）"半截子-特殊主义"的陈述——奴隶制发生在"一个错误仍然被视为正确的世界"。[37]

根本性的道德分歧似乎是一个典型的现代问题,甚至可以说,它恰好是典型的现代道德问题的核心。三种明显的回应都面临同样明显的反对。如果你认为人类共有一个客观的道德真理(例如,奴隶制是错误的),那么为什么过去的社会没有认识到这一点就变得令人费解了。当然,道德事实不能像自然事实那样,一直隐藏起来等待经过专门训练的研究人员去发现。另一方面,如果我们把人类看作生活在离散的道德世界里,那么普遍的人类共同体的概念又会是怎样呢?最后,半截子－特殊主义将我们与其他时代和其他文化联系在一起,其代价是将某些文化列为更有价值的,因为它们比其他文化更接近成熟的真理(请牢记黑格尔关于"文明民族"不在乎"野蛮人"之类令人震惊的轻蔑言论)[38]。无论如何,像德里克·帕菲特这样想宣称人类拥有客观道德真理的人,不能从历史(碰巧是帕菲特自己所受的训练)中寻找支持。帕菲特认为,随着宗教迷雾的散去和时间的推移,道德上的分歧让位于道德共识,这与历史事实极不相符。

## 潮流的转向

18世纪末和19世纪初是一个政治动荡和智识发酵的时期,尤其是在德国。我们可以把这样的论争时期看作潮流的转向。当思想家们试图抓住某些信念(*doxai*)——例如,神圣的善、理性所把握到的世界的可知性——或主张新的信念时,另外一些信念,如神圣的审判和个人的不朽,可能会失去它们的影响力。

然而,随着新的种种信念的壮大,它们似乎不过是"常识",而先前的种种信念则变得越来越遥远。因此,诠释者在回顾过去的时期时,倾向于淡化过去作者思想的那些方面。现在,谁还会认真地相信报应在本质上是有价值的,并认为对报应的需要是推断来世的基础呢?这种解读有时被辩护为将"仁爱原则"应用于文本的解释。如果我们的目标是尽我们所能向过去的作者学习,以尽可能接近我们自己认为正确的信念来重建他们,而不是为那些现在在我们看来站不住脚的想法而抨击他们,这难道不合理吗?这听起来似乎很有道理,但是,在我看来,一些重要的东西丢失了。如果那些我们(假设确实有这样一个共同的"我们")拒绝接受的东西在作者身上扮演了重要的角色,会怎样?

然而,这种从现在的角度来解读过去作者的倾向也提供了一个机会。如果通过研究文本,我们可以证明这种着眼于现时的解读是没有说服力的,我们就可以发现并引起人们对早期的种种信念的关注。关键不是要论证其他解释者是错误的——哲学中有太多这样的争论了——而是通过"逆着潮流"阅读过去作者的作品,让我们向过去敞开心扉,让它来挑战我们。如果我们以同情和(尽我们所能)不带偏见的眼光看待过去的文本,我们就能看到其中所展现的思想斗争。

但在潮流逆转之后会发生什么呢?到那时,一些古早的信念将退居二线,用詹姆斯的话来说,它们将不再是"活选项",而新的信念会在它们的位置上站稳脚跟。此外,一些幸存下来的信念,曾经被认为与那些更老的信念有着本质联系,现在可能已经变得脱节了。新的种种信念可能已经扩散到最低处,成为更广泛文化的一部分,而不是在令人瞩目之处引起争议。由于所有这些原因,可能很难描绘出这个新世界的图景。然而变化之中仍存在连续性。在最广义的层面上,只要人类需要接受死亡和苦难的令人不快的事实,"和解计划"——即广义上的神正论——就将继续存在。因此,我们总是可以有效地询问这项任务是如何执行的。但这本书的论点是,即使在单个社会中,它也可以以不同的方式实施,并取得不同程度的成功。在这一点上,我支持尼采、韦伯、布鲁门伯格和阿多诺,反对黑格尔、马克思、涂尔干和哈贝马斯。

对黑格尔来说,社会必须有一个共享的、在某种直接层面上对所有人都可用的"伦理"(Sittlichkeit):"即使在野蛮的国家……最有势力的并不是各个人单独的意志,个人的野心被放弃了,普遍意志是最主要的东西。"[39] 即使在社会中存在根本冲突的地方——比如黑格尔对索福克勒斯的《安提戈涅》的处理——这种冲突也可以通过艺术作品来清晰地表达双方的意见。他不认为社会可能包含对立的看待世界的方式,也不认为一个社会可能是持久的,但在基本方面不令人满意。和解取决于两个层面,即一个是关于"伦理"存在的历史社会学主张,另一个是关于理性本质的哲学形而上学主张,即解释与和解之间的争论之所以存在,是因为我们对理性的概念仅限于"理解"——"知性"(Verstand)或"推理"(Räsonnieren),而不是"理性"(Vernunft)——我们未能看到贯穿自然和历史的理性结构:

> 因此,理性在一个自由的民族那里真正得以实现。理性是一个当前存在着的活生生的精神(Geist),在这里,个体发现自己的使命(亦即他的普遍而又个别的本质[Wesen])明摆着是一种物性,不仅如此,个体本身就是这个本质,而且也实现了他的使命。有鉴于此,古代那些最聪慧的人留下了这样一句谚语:智慧和德性在于按照本民族的伦常去生活[40]。

当然,黑格尔意识到,尽管如此,对于他同时代的许多人来说,现代世界弥漫着一种失落感——作为浪漫主义一代的一员,以及与卢梭和席勒实力相差无几的读者,他怎么能不这样呢？——但他似乎相信,这是一种过渡现象,一旦现代性的新伦理(*Sittlichkeit*)站稳脚跟,这种过渡现象就会消失,或被限制在社会边缘的心怀不满的"乌合之众"之中。我们可能会发现自己处于一个稳定(或者至少是持久)但伴随着这种失落感的新格局之中,这种想法不具有真实的可能性。

然而,一种失落感(在这里以艾瑞斯·默多克为代表,尽管我们可以很容易地选择海德格尔或他的弟子之一,如伽达默尔、列奥·施特劳斯或查尔斯·泰勒)似乎确实是现代世界的一个持久特征,而且它是真实而重要的。解释这一现象的一种方法是,在狭义上统一为神正论的两个计划——和解的宗教计划和理解与解释的启蒙计划——已经分开,我们发现自己被夹在任意的异化和孤独的异化之间。

可以说,马克思主义的历史就是把两者统一起来的尝试。马克思认为,随着社会主义的到来,异化和拜物教将被克服,模糊性将被透明性所取代。

在《资本论》关于"商品拜物教"的著名章节中,马克思把资本主义生产方式与其他生产形式进行了比较。他从《鲁滨孙漂流记》开始("因为政治经济学喜欢鲁滨孙式的历险故事"),把鲁滨孙的生产活动描述为理性的和透明的:[41]

> 尽管他的生产职能是不同的,但是他知道,这只是同一个鲁滨孙的不同的活动形式,因而只是人类劳动的不同方式。需要本身迫使他精确地分配自己执行各种职能的时间。……他的账本记载着他所有的各种使用物品,生产这些物品所必需的各种活动,最后

还记载着他制造这种种一定量的产品平均耗费的劳动时间。鲁滨孙和构成他自己创造的财富的物之间的全部关系在这里是如此简单明了,甚至连麦·维尔特先生用不着费什么脑筋也能了解[42]。

马克思说,对鲁滨孙来说,生产是一种纯粹的照章办事:目的是已知的,可用的资源和可以达到目的的技术也是已知的,因此他面临的选择很简单。然后,马克思从"鲁滨孙的明朗的孤岛"转向讨论"欧洲昏暗的中世纪",并提及了"在所有文明民族的历史门槛上"的父权制生产组织模式,[43] 然后又谈道:

> ……一个自由人联合体,他们用公共的生产资料进行劳动,并且自觉地把他们许多个人劳动力当作一个社会劳动力来使用[44]。

这里,马克思说:

> 鲁滨孙劳动的全部特征……都重现了,不过不是在个人身上,而是在社会范围内重演。……在那里,人们同他们的劳动和劳动产品的社会关系,无论在生产上还是在分配上,都是简单明了的[45]。

认为复杂的现代经济在原则上不可能出现与个体生产者为生存而生产所面临的问题不同的问题——后者的社会关系在生产和分配方面都可以是"透明简单的",这种想法很难令人信服。就连 G. A. 科恩这位毫无保留地为马克思主义辩护的学者也承认,这种想法是不现实的:

对透明的人际关系的渴望在一定程度上是可以得到满足的，因为我们可以对可变动的社会制度进行明确的规定，特别是市场，它助长了不透明。但是，期盼黑格尔-马克思主义传统所设想的完全透明是徒劳的[46]。

然而，即使透明是可能的，它也只能消除一种异化——任性的异化，这种异化来自我们不理解其力量的对象。但这足以促成和解吗？在这里，我们可以看到，黑格尔的遗产如何困扰着马克思主义。马克思主义一直声称自己是"科学的"，并且是黑格尔关于超越自然科学中较为有限的推理而达至一种更高形式的理性的理想的继承者。从卢卡奇的《历史与阶级意识》到法兰克福学派对"工具理性"的批判，唯心主义者从"知性"（*Verstand*）走向"理性"（*Vernunft*）的渴望一直贯穿 20 世纪马克思主义的中心议题。即便在当代这一倾向有些许减弱，但它仍然存在于哈贝马斯的"交往理性"思想之中，尽管其中对经济秩序的革命性变革的承诺已经消失。当然，马克思思想的这一方面被证明是难以捉摸和有争议的。事实上，正是这种捍卫马克思同时清除马克思主义的观点，无法在其他自然科学领域（尤其是达尔文生物学）中找到的方法论承诺，推动了科恩和他的"分析马克思主义者"所致力于的"非胡诌的马克思主义"。[47] 不过，一个哲学家的废话或许正是另一个哲学家的养分。

## 一些疑问

这本书所呈现的信息属于复杂性问题之一。和解仍在继续，但它以不同的方式进行,不能保证它会成功。也许更好的比喻是,织锦由不同的线以不同的方式连接在一起。将这些线索联系在一起的不是一个单一的叙述,更不是一个单一的论点。尽管如此,读者仍然有权得到一些问题的回应,我想,这些问题会在萦绕在她的脑海里,即使她认为这里提出的核心解释令其信服。

(1)我认为历史不朽的信念(*doxa*)成为现代背景的一部分,这种想法对吗？如果确有其事,它是如何传播的呢？

这本书始于康德对神正论问题的特别回应:世界之善在于人类自由,而自由(人的或神的)不能是任性的。这与我们在赫尔德和费希特中发现的"无形的教会"的思想和历史不朽的思想结合在一起,在黑格尔的精神里达到顶峰:一个完全自我透明的、历史上自我实现的、客观的、内在的,尽管有他自己的不满,完全没有基督徒品质的上帝。黑格尔对马克思主义的影响以及费希特和黑格尔对德国民族自豪感的影响无疑是不可否认的,但这是一个更广泛过程的一部分,还是仅仅是康德为维持神圣的善而进行的特殊斗争的遗产的扩散？

(2)还有其他重要的进展吗？

显然,这个问题的答案是肯定的。然而,更具体地说,这里提出的思想产生了什么影响？当它们与现代世界的其他方面接触时,它们本身是否发生了变化？

经济和政治是最明显的领域。除了它所产生的分配结果中的任何不公正之外,资本主义的扩张还导致了经济生活的模糊性和无个性。从任性的异化和非人格性的异化的角度来看,这似乎是两个领域中最糟糕的。然而,我们真的需要经济关系透明化吗？如果我们的剪刀很锋利,我们会在意它们是在谢菲尔德、索林根还是上海制造的吗？至于非人格性,如果它的替代物是封建主义甚至奴隶制的不对称权威关系,它是否可算是一桩塞翁失马之事?

论及政治,从康德到现代人权思想("人人生而自由,在尊严和权利方面一律平等")的渊源经常被追溯。然而,本书所描述的康德并不是一个"以法权为基础"的理论家,而是一个"以义务为基础"的理论家。也就是说,对于康德来说,伦理学上最原初的是自由的人类能动性的可能性,通过自由选择遵循道德法则来实现。这就是一般价值的"条件"。他更不是一个唯意志论者,并非把权利建立在"自我所有权"或个人主权的概念上。康德也没有使用"人权"这一术语。他更喜欢的术语是"*das Menschenrecht*"——单数的法权(*Recht*)而非复数的法制(*Rechte*)——这给英译者带来了一个难题。虽然英语对"狭义的法"和"广义的法"有明确的区分,但对复数的"rights"和单数的"the right"却没有类似的区分(因此翻译黑格尔的《法哲学原理》时不可避免地显得尴尬)。所以德语中的"*Naturrecht*",英语中对应的译法是"自然法"或"自然的法则"。

尽管如此,我认为康德和现代人权观念之间的这种联系是毫无疑问的。拥有道德能动性赋予人类一种内在价值,这种价值需要受到尊重。此外,这是人类全体都平等拥有的东西,只要是作为人即可。因此,尽管康德没有谈到与生俱来的人权,但他确实使用了术语"世界公民法权"("*Weltbürgerrecht*")来表明,无论社会地位或政治安排如何,每个人都有权以某种方式受到对待[48]。但是,除了这些平等人权的理念,尽管它们很重要,克服任性的异化和"自己所招致的不成熟的状态"(*selb-stverschuldete Unmündigkeit*)的动力,导致了以一种负责任的方式进行管理以及生活在公开和明确的社会关系中的要求。

另一方面,激进派对这种价值观深感不信任。这不仅仅是因为,牢固确立平等的人权和法治可以与物质不平等和（女权主义者会补充说）社会不平等并行不悖。另一种反对意见，至少可以追溯到马克思的文章《论犹太人问题》，认为这种基于正义的思考人类关系的方式，基于断言、保护和赋权的思想，已经以牺牲其他更具协作性和合作性的人类关系为前提，在人类之间进行了竞争性的划分。就本书而言，克服任性的异化是以非人格的异化为代价的。

但我们不仅可以在个人权利和平等的层面上建立联系。在政治层面，我们生活在一个几乎所有国家都认同（有着或多或少的诚意和承诺）民主理想的世界。然而，自我治理的民主理念是非常困难的。民主仅仅是一种促进个人权利和分配正义的手段，抑或是建立在某种形式的集体认同之上？如果有，是什么？在一个被主权国家所分裂的世界中，解释某种政治权威的需要意味着民主已经不可避免地涉及更多的关于共同身份的集体概念。

（3）"上帝的阴影"会落在别处吗？

我们已经看到，将人类视为一位正义和公正的神灵之审判对象的需要，如何导致了一种概念，即个人是自由和平等的主体，生活在一个道德准则的要求是共享的、所有人都可以获得的世界里。我们还看到，个人在来世继续生存的观念的衰落，如何带来了历史不朽观念的复兴和转变。这些都是具有重大影响的想法。但还有其他原因吗？我认为答案是肯定的。

如果我们思考康德的两个"不断增长的惊叹和敬畏"——星空和道德法则——的来源，我们可以看到，它们不仅指向外部的观察和内部的主体性，而且指向我们对物质世界的知识的不完整性与我们对道德准则的知识的完整性之间的对比。而且，正如我们所看到的，对康德来说,魔鬼——即撒旦、恶者——并不是一种真正的存在,而是这个世界上世俗利益的某种化身:一种追随偏好而不是追随义务的诱惑。但是基督教传统对善恶有着某种不同的理解。

在他所有著作中最著名的一篇——《哥林多前书》第13章中,圣保罗将人类的现状与他们被救赎的状态进行了比较,就像镜子的朦胧与直接观察的清晰之间的对比(古代的镜子确实是不完美的):"我们如今仿佛对着镜子观看,模糊不清,到那时,就要面对面了。我如今所知道的有限,到那时就全知道,如同主知道我一样。"(《哥林多前书》13:12)

除了人类认知能力有限的形象外,还有一种更独立的魔鬼的形象。在《约翰福音》中,他三次被描述为"这世界的统治者"(archon tou kosmou),而在《哥林多后书》中,圣保罗写道:"此等不信之人,被这世界的神弄瞎了心眼,不叫基督荣耀福音的光照着他们。基督本是神的像。"(《哥林多后书》4:4)这支持了一种理解,即人类被困在无知和欺骗的世界中,需要天主恩宠的帮助,无论是通过教会的训导,还是通过"重生"信仰的救赎礼物,都有机会逃离"谎言之父"的阴谋。

这种对善与恶关系的描述,还谈不上苏格拉底式的描述,但在本书故事的圆满结束中发挥了重要作用。从把信徒的任务看作把人类从这个世界的邪恶中解救出来,到把它看作与这个世界本身的邪恶做斗争,只有一步之遥。对康德来说,善恶本质上是个人主义的。在一个人类在义务和偏好之间摇摆不定的世界里,一个令人遗憾但不可避免的后果是,有些人将无法满足它的要求。然而,根据刚才讨论的观点,世界上的邪恶势力是有系统地组织起来的,这些势力施展其势力的方式,不仅是显而易见的引诱人类变得自私和放纵,而且是连蒙带骗。

(4)宗教呢?

这就是德国人所说的格雷琴之问(*Gretchenfrage*,格雷琴询问浮士德的问题)。这本书的故事是围绕着苏格拉底的宗教推想和这样一种需要展开:对一个无所不能、无所不知、仁慈的神如何允许邪恶存在的问题给出令人信服的答案,当既有答案——人类因亚当和夏娃的罪而受到公正的惩罚——不再具有说服力的情况下。他们的论点是,康德的神,作为正义的纯粹体现,自然而然通向黑格尔的精神——一个比基督徒所认识的任何东西都更像斯宾诺莎式绝对的上帝(如果它真的是上帝的话)。然而,很明显,宗教依然存在。的确,19世纪不仅是一个信仰丧失的时代,而且是一个宗教狂热的时代。只要有一个马修·阿诺德、查尔斯·达尔文或乔治·艾略特存在,就有大量的佛罗伦萨·南丁格尔们、红衣主教纽曼们和格莱斯顿们存在。这是简单的延续,还是有重要的转变?

(5)这是一种西方的叙事吗?

同样,这个问题的答案是显而易见的:是的,当然如此。这本书的主题是哲学家们如何站在寻找理性论证的漫长传统的尽头,在一个同样声称有能力进行理性论证的宗教传统的背景下,思考道德准则、自由和历史。更困难的问题是:它是否受限于这一事实?

应当指出的一点是,这并不是一种必胜主义的叙述,即理性、正义和平等战胜了无知和迷信。我们正在处理的是西方特有的"与世界和解"的方式,但并不是说他们取得了胜利,因为他们成功地以一种非西方的方式看待世界——事实上,失落感和失败感(默多克称之为"我们这个时代的绝望")是故事的一部分。如果像西方的精神状况这样的事情最终被证明是不可避免的,那么,我怀疑,那将是因为其他承担让我们与我们在世界上的位置和解的任务的候选人,在寻求解释和辩护的驱动力的腐蚀性力量面前显得脆弱,而这种追求并不局限于西方文化。

要正确地支持这些回应,确实需要另一本书——也许是几本书。作为替代,我将在最后一章中提供一些概略的叙述——我希望,这些叙述的小片段和线条将被证明是富有成效的,并在思考我们现在所处的令人不安和困惑的世界时具有启发性。

# 第九章

# 不朽之后

> 上帝死了。马克思死了。而我,我感觉不太好。
> (*Dieu est mort. Marx est mort. Et moi je ne me sens pas très bien.*)
> ——巴黎墙标语

## 彗星

在1765—1766年的冬天,两位哲学家,丹尼斯·狄德罗和埃蒂安·法尔科内(Étienne Falconet),开始了一场关于艺术和受众的辩论。众所周知,狄德罗是启蒙运动的杰出人物之一。他的朋友法尔科内是一位雕塑家,现在可能只有专门研究那个时期的艺术史学家才熟悉他。但法尔科内也有成为作家的抱负(狄德罗委托他为《百科全书》撰写关于雕塑的条目),两人继续以通信的方式进行辩论,显然是想出版这些往来书信,但没有实现。

艺术家为谁创作?他的受众是近水楼台的那一类吗?——是他的同伴,那些正式委托他进行创作的人吗?或者甚至是他自己?——抑或是更遥远的,连他自己都不认识的某一类人?法尔科内支持前者,狄德罗则支持后者。法尔科内并不否认艺术家需要受众,但他认为,受众必须足够近,才能与他分享周围的世界。艺术家不仅无法体验到其身后的盛名,而且品位会改变,领悟能力会下降,所以没有人能指望他们的作品会经久不衰。为一个不认识的观众作画或雕刻,就像追求一个素未谋面的心怡者。与之相反,对狄德罗来说,一部伟大作品的作者并不会立刻想到它的受众:"他听到了远处的音乐会。"[1]

在某种程度上,这是一场回顾过去的辩论。作为两个"公开的无神论者",他们很自然地向古代世界寻求思想和模式,他们的信中也充满了对古代作家和楷模的探讨。当然,关于艺术和后人之关联的想法是古代世界的重要组成部分。但他们的讨论中也有一些独特的新元素。在 12 月 25 日写给狄德罗的信中,法尔科内提出了一种新颖而激进的可能性:"想象一下,有人告诉你,事实证明,在一千年后,我们的地球将遇到一颗彗星,它将把[艺术]送入永恒的黑夜。"这对我们有什么影响?法尔科内的说法是,这不会有什么不同:"在那之前,一切都会以有条不紊的方式进行。"[2]

狄德罗驳斥了法尔科内的说法。如果真的有这样一颗彗星,那么它的影响将是灾难性的,而且人们会立刻感受到。那将"告别诗歌、演讲、寺庙、宫殿、绘画和雕像"。继续研究它们的唯一理由是,如果一个人能说服自己,认为天文学家是错的。除了"种卷心菜",没有人会有动力去做任何别的事情[3]。

法尔科内并不相信。他坚持认为,将希望寄托在后辈身上的人与相信"永恒幸福"的人异曲同工——前一种信仰和后一种信仰一样不合情理[4]。对此,狄德罗仅在五天后就写了一封长信作为回应。在信中,他的措辞达到了登峰造极的地步。人们将他对子孙后代的信赖视为一种信仰,对此他没有意见。事实上,他欣然接受:"后辈对哲学家而言,如同宗教人士眼里的彼岸世界。"[5]

在他早期的信中,狄德罗质疑了我们只应将自我等同于肉身的观点。"我所书写的思想就是我;艺术家赋予生命的大理石就是艺术家自己;它是在他生命中最美好的时刻所镌刻的他自身最精华的部分。"⁶ 这并不是一个新想法,狄德罗知道这一点——他立即引用了贺拉斯的"并非我的全部都将逝去"(non omnismoriar)。因此,从某种意义上说,我对自己的作品能否存活有着直接的兴趣。即使最初创造它们的有机体不再存在,我的自我却在其中得以存活。

狄德罗现在又增添了一个想法。他说,那些为后辈献身的人是最强大、最高尚、最慷慨、最不唯利是图的人。然而,他们的功绩并不总是得到承认。他们还能指望什么呢?不仅仅是后辈的赞美,更重要的是:他们自己时代的错误判断将得到纠正。

> 而那些哲学家,那些牧师,那些实践真理者,他们曾成了流行的蠢行、祭司的暴行以及暴君之无端怒火的牺牲品,当他们死去时,还需要什么慰藉呢?无非是偏见会消失,而后辈会把耻辱转移到他们的敌人身上。啊,子孙后代,神圣且令人崇敬,请支持受压迫的不幸者吧;你们这些公正的人;你们这些不曾堕落的人;你们这些为好人报仇雪恨的人;你们这些揭伪善者之面具的人;你们这些驯服暴君的人;你们那充满正义和令人欣慰的想法,永远不会抛弃我!⁷

那么,后人给今人带来的不仅是声誉,还有正义。当然,这隐含地扩展了辩论的主题。这不再是一个比较现在的艺术判断和未来的艺术判断的问题,而是他们的道德判断和政治判断的问题。

狄德罗将历史和正义与康德联系起来的方式值得对比。对康德来说,我们可以把自己看作一个持续的共同体的一部分,这个共同体的最终结果是一个公正的世界,在这个世界里,每个人都按照道德的要求相互对待——一个"目的的王国",或者,正如康德早先追随莱布尼茨所说的,一个"恩典的王国"。个体可以通过思考自己作为一个暂时扩展的团体亦即"无形的教会"的一部分,参与走向正义的过程而得到慰藉,这慰藉亦可来自对道德理想状态的思考。对狄德罗来说,后人对个人的判断将纠正当前的不公正。这对个人来说也是一种令人感到宽慰的希望,即使他或她没有活着目睹它的实现。

我是通过卡尔·贝克尔一度得到盛赞的著作《18世纪哲学家的天城》,得知狄德罗—法尔科内书信的存在的[8]。如今,彼得·盖伊(Peter Gay)对贝克尔的猛烈批评似乎比这本书本身更广为人知[9]。不幸的是,我们不得不承认盖伊批评的主要观点:《18世纪哲学家的天城》在实质上和方法论上都存在问题。贝克尔的方法是挑选出对历史的理解中那些超越直接叙事和因果关系的方面——任何逐步发展的或目标导向的方面——并将它们识别为《圣经》救赎叙事的再现。因此,他将对后人判断的呼吁描述为"本质上是宗教的,本质上是基督教的"。[10] 因此,在我看来,他模糊了最重要的一点:这些"本质上是宗教的"思想,在被带入新环境中时,已然改观。

贝克尔也没有恰当地区分他所着眼的那个时期对历史理解的各种形式。例如,他没有区分两种观点:一种是传统的启蒙观点,认为历史是人类道德心理和福祉从野蛮到文明的进步,这种观点在18世纪中期的法国和苏格兰非常典型;另一种是狄德罗的"裁决"概念,寄望于后人对当前不公正的某种纠正。

18世纪启蒙运动对历史进步的描述,正如赫尔德和赫尔岑所批评的那样,描绘的是人类力量和激情的发展(和节制)的有益影响,至少是有意识的"天意说"。历史被认为是世界在时间上的展开,是神的仁慈的表现。这种观点,远非基督教的某种替代观点的代表,至少在某些方面是与基督教相容的。虽然康德的思想中有这种观点的些许元素,但我认为,康德的历史观是面向正义的,而不是面向幸福的,这为神正论问题提供了一个激进的"后里斯本"答案。此外,正如盖伊指出的那样,贝克尔将他的18世纪材料作为一个稳定的、没有争议的背景来呈现基督教的救赎叙事,这本身就很误导人。

然而,不管人们对他的解释框架有什么保留意见,贝克尔的最后一章"后人的用途",确实揭示了一些非常有价值的材料,记录了那个世纪末法国一种接近狄德罗的历史观的传播。贝克尔在引用了狄德罗和法尔科内之后,引用了孔多塞的话。在他的《人类精神进步史表纲要》(在躲避革命当局时写的)中,孔多塞为那些遭受不公正待遇的人描绘了一个未来的愿景:

> 这种描绘意在某种庇护所,在这个庇护所中,[有道德的人的]迫害者的记忆无迹可寻,在这个庇护所中,他生活在想象中,与重新确立其权利和本性的人类一起生活,他可以不再把那被贪婪、恐惧和嫉妒所腐化和折磨的人类放在心上。正是在这个庇护所里,他真正地和他的同伴们生活在一起,生活在一个已由他的理性所创造的天堂里,在这个天堂里,他对人类的爱点缀着最纯粹的快乐[11]。

另一个雅各宾派的受害者罗兰夫人(Mme Roland),她在被处决前写的回忆录被命名为《对后辈之公正的呼吁》。但是这些观点在各个层

次中都得到了认同,包括雅各宾派自己。贝克尔引用了罗伯斯庇尔在雅各宾俱乐部的一个演讲,演讲的结尾是这样的:

> 啊,子孙后代,人类甜蜜而温柔的希望,你对我们并不陌生;正是为了你,我们才勇敢地承受了暴政的一切打击;正是你的幸福使我们的艰苦奋斗变得有价值:我们常常因周围的障碍而灰心丧气,因此需要你的安慰;我们把完成我们的工作的任务和未出生的一代又一代人类的命运交托给你!……愿在你的记忆中,自由的烈士们取代了冒名行骗的英雄和贵族在我们记忆中的位置;……愿你的第一反应是蔑视叛徒,憎恨暴君;愿你的座右铭是:保护、爱、对不幸的人满怀仁爱、对压迫者斗争到底!子孙后代啊,赶快使平等、公正和幸福的时刻到来吧![12]

罗伯斯庇尔最亲密的盟友圣茹斯特,在一段没有被贝克尔引用的话中,说过类似的话:

> 我有一个感人的想法,人类之友的记忆总有一天必会珍贵。因为一个人必须把自己与世界分开,把自己锚定在未来,把不受当前罪恶影响的后代放在心上……只有面对死亡畏缩不前的人才会感到举步维艰……
> 
> 我蔑视那造我的尘世、向你发话的尘世;这尘世是可以自找麻烦并逼人致死的!但我不敢让任何人夺走我在岁月和天堂赋予自己的独立生活……[13]

毫无疑问,我们正站在 19 世纪和 20 世纪那个与众不同的、令人不安的人物的诞生之际:热忱的、无神论的革命者——用尤金·列文维尔(Eugen Leviné)的话来说,就是"休假的死人"部落。正如 19 世纪的无政府主义者涅查耶夫(Nechayev)所言:

> 革命者是一个注定要失败的人。他没有个人利益,没有商业事务,没有感情,没有依恋,没有财产,没有名字。他的一切都完全被革命的思想和激情所吞没[14]。

马克思主义者躲在马克思主义的"外壳"里,躲在 G. A. 科恩所说的"假想事实的硬壳"里,很少承认他们依赖于历史不朽的安慰,但在托洛茨基发表于纽约的这篇演讲的结论中,这一点是明确无误的:[15]

> 如果我们这代人太弱,不能在地球上建立社会主义,我们就要把一尘不染的旗帜传给我们的孩子。这场即将到来的斗争远远超过了个人、派别和政党的重要性。这是为全人类的未来而斗争。它将是严峻的。历日旷久。凡寻求肉体安慰和精神平静的,就让他靠边站吧。在反动时期,依靠官僚机构比依靠真相更为方便。但是,对于那些认为社会主义一词不是空洞的说教,而是他们道德生活的内容的人来说,前进吧!威胁、迫害、侵犯都阻止不了我们!即使是在我们发白的骨头上,真理也会胜利!我们将为它开辟道路。它会征服一切!在命运的重重打击下,我也可以像在我青春的最好的年华里一样快乐!因为,我的朋友们,人类最大的幸福不是挥霍现在,而是为未来做足准备[16]。

"历史会赦免我的！"这也是菲德尔·卡斯特罗（Fidel Castro）在1953年领导袭击蒙卡达兵营而被判终身监禁时为自己辩护的最后一句话（后来，这句话也成为这篇文章刊出时的标题）。

## 《最后一个人》

但是，正如我们所看到的，狄德罗和法尔科内之间的争论提出了另一个具有挑战性的观点。如果子孙后代——无论是通过声誉、追溯性的辩护、穿越时间对某个共同体的参与，或是其他方式——是来世个人不朽之慰藉的某种替代品，这对人类历史的终结意味着什么？

"人类世界可能走向终结"的想法本身并不新颖。对基督教来说，正像上帝创造了世界一样，他也将带领世界走向终结。如果遵循《启示录》，那么会有某种最后审判日的号声（在最后审判日吹响的使死者复苏的号声）和字面意义上的最后判决。但是，不管发生了什么，这都是神对自然进程的干预。另一方面，彗星只会是终极的自然灾难。它的影响将是灭绝子孙后代：它将终结历史，而不是完成历史。

对狄德罗来说，对将来人类会灭绝的认识会引发一种价值的消亡，这种价值的消亡会向后延伸到现在。

我们在第五章讨论过与康德有关的类似思想。根据这里的解释，善良意志并不是促使道德形成的某种能动性意义上的价值之源，更不是价值存在的必要条件。如果完全自由的人类能动性不存在，那么在康德看来，这个世界就会失去价值。即使一个完全决定论的世界是一个快乐的世界（"自动烤肉铲的自由"），或者这个世界包含了一种任意的和失序的自由，这也是正确的。对狄德罗来说，维持价值的是人类共同体的持续存在。

人类灭绝的想法在当代文化中是一个熟悉的主题——在核武器和极端气候变化的时代也是可以理解的——但事实上，它是一个非常现代的主题。正如现代地质学和化石记录对《圣经》中关于地球诞生的描述提出的质疑一样，人类可能会自然终结的观点也提出了一个问题，即这是否与基督教对基督复临的期望相一致。因此，1805年出版的让-巴蒂斯特·库桑·德·格兰维尔（Jean-Baptiste Cousin de Grainville）的《最后之人》（Le dernier homme）是弥尔顿式的精神和自然主义的混合体：一个关于遥远未来的故事，在这个故事中，人类接受自己的灭绝，作为《启示录》中所设想的坟墓打开和最后审判的前奏。

玛丽·雪莱的《最后一个人》（1826）没有这种超自然的维度：人类的终结是一场不可抗拒的瘟疫的结果。对于现代读者来说，它的主要吸引力在于主要人物是以雪莱自己的圈子为基础的：她自己（作为男性叙述者，莱昂内尔）、珀西·比希·雪莱和拜伦勋爵。雪莱在感知她所处时代的种种信念（doxai）之不断变化的趋向方面非常聪明，但她没有意识到这场灾难可能会带来道德格局的根本变化。尽管如此，有一段还是非常引人注目的。莱昂内尔用滔滔不绝的语言描述了伊顿公学的男孩们（当然，雪莱就是在这里接受教育的）以及他们在社会自我更新中的地位：

> 我们在伊顿公学附近住了很长时间，所以这里的年轻人对我们很熟悉。他们中的许多人在成为阿尔弗雷德的同学之前都是他的玩伴（阿尔弗雷德是莱昂内尔的儿子）。我们现在以加倍的兴趣注视着这群年轻的会众。我们注意到孩子们性格上的差异，并努

力从这些小伙子身上读出未来的男子汉。没有什么比一个自由奔放、温柔、勇敢、慷慨的男孩更可爱、更令人向往的了。伊顿公学的一些学生有这些特性;他们都有荣誉感和进取精神;有些人在接近成年时,这种特性就退化为傲慢;但是那些比我们稍大一点的年轻人,却以他们的勇敢和令人愉快的性格而引人注目。

这些人是英国未来的统治者;当我们的热情冷却,当我们的计划完成或永远毁灭时,当我们的戏剧已然上演,我们脱下时世的外衣,换上年龄或死亡的制服;这些人是要开动庞大的社会机器的;这里有爱人、丈夫和父亲;这里有地主、政治家和军人;有些人甚至认为,他们现在已经准备好登上舞台,渴望成为活跃生活的戏中一员。我也曾是这些乳臭未干的雄心壮志者中的一员;当我的儿子赢得我现在的位置时,我将摇摇晃晃地变成一个白发苍苍、满脸皱纹的老人。奇怪的身体!斯芬克斯之谜,最令人敬畏!因此,人类依然存在,而我们这些个体将会消逝。借用一位雄辩而富有哲理的作家的话来说,这就是"一个由转瞬即逝的部分组成的永恒的身体所规定的存在方式;其间,通过一种惊人的智慧的配置,将人类的伟大且神秘的结合浇铸在一起,人类整体,在一段时期内,不曾是老年、中年或青年,而是在一种不可改变的恒定条件下,在永恒的腐朽、堕落、革新和进步的多变节奏中前行"。[17]

莱昂内尔所引用的"雄辩而富有哲理的作家"是埃德蒙·伯克,这段话出自《法国革命论》。它指向了一个读者可能已经问过的问题的答案:是否也有一个保守版本的历史不朽的观点?

## 伯克与保守主义

到目前为止,"从天堂到历史"之路的叙述主要是面向未来的:认为我们自己是在向"目的王国"前进(康德),或者指望未来的判断来纠正现在的不公正判断(狄德罗)。黑格尔和马克思的历史理论,不用说,是完全前瞻性的,甚至费希特在《对德意志民族的演讲》中,也把他的同胞视为人类希望的承载者。然而,历史不朽的概念既可以向前延伸,也可以向后延伸。这一点在费希特的《论学者的使命》一书中表现得很明显,书中把无论何时何地的人类都看作一个巨大的、相互联系的共同体的一部分。因此,似乎也应该有一个保守版本的历史不朽观点。

我认为,雪莱引用的这段话清楚地表明,这种想法确实在伯克的思想中发挥了作用。不管他的宗教观点是什么,伯克对古代社会制度的辩护并不像博须埃主教对路易十四的支持或英国詹姆斯二世党人对斯图亚特王朝复辟的主张那样以宗教为根基。伯克的论点更多是从政治到宗教(需要一个既定的宗教来维护政治秩序),而不是相反。有三点值得注意。

狄德罗和法国革命者期待着后人的评判,因此人们可能会认为,保守派会援引过去评判的权威。但这不是伯克要传达的信息。相反,他呼吁保护超越个人生活的、穿透时代潮流的完整实体的价值。其次,伯克没有使用"无形的教会"的隐喻,而是采用了另一种不同出处的类比:一个将另一个更古老的隐喻("政治体")与18世纪发展起来的对"有机体"(有机的与机械的对比,以一种特殊的整合和自我修复能力为特征)的转变理解相结合的隐喻。[18] 最后,对这种超个人特征的肯定,伴随着对理性辩护政治的强烈拒绝:

我见到这位法国王后至今已是十六七年了,当时她在凡尔赛宫中是太子妃,而且在这个象征王权的宝球上——她似乎简直没有触摸过这个宝球——她确实从来不曾焕发过更为光彩的仪表。我看到她(如初升的太阳)出现在地平线上,装饰着她刚刚搬进来的高贵的宝球,为它欢呼雀跃;像晨星一样闪闪发光,充满了生命、光辉和欢乐。啊!是什么样的革命!我必须要有怎样的一颗心,才能不动感情地观照那场升起和那场没落!我做梦也没想到,当她在那些充满着热诚、地位悬殊而又尊崇爱戴之情的人们授予可敬的头衔时,她竟然不得不把消除耻辱的灵丹妙药藏在怀里;我做梦也没想到,在我活着的时候,竟会看到这样的灾难降临在她身上,而她却生活在一个充满了豪侠之士的国度里,一个崇尚荣誉和骑士精神的国度里。我以为哪怕是一个对她带有侮辱性的眼光,都必定会有一万支宝剑拔出鞘来复仇的。但是骑士的时代已经成为过去了。继之而来的是诡辩家、经济家和算计者的时代;欧洲的光荣是永远消失了。我们再也不会看到那种对等级和性别的慷慨忠诚,骄傲的驯服、那种庄严的服从、那种对心灵的屈从,它们哪怕是在卑顺本身之中,也活生生地保持着一种崇高的自由精神。那种千金难买的生命的优雅、那种不计代价的对国家的保卫、那种对英勇的情操和英雄事业的培育,都已经消逝了!已经消逝了的还有那种对原则的鉴赏、那种对道义的忠贞!它将任何一种玷污都感受为一种创伤,它激励着人们的英勇却平息了残暴;它把它所触及的一切东西都高贵化了,而且邪恶本身在它之下也由于失去了其全部的粗鄙而失去了其自身的一半罪过……

但是现在,这一切都被改变了。一切令人欣慰的幻念——它们使权力变得温和,使服从变得自由,它们调和了各种生活差异,而且它们以一种温和的同化,将美化和软化私人社会的情感融入政治——现在都被这个光明与理性的新的征服者的帝国给瓦解了。生活中所有美妙的帷幕全都被粗鲁地撕掉了。所有由道德的想象库中所提供的种种附加的观念——那乃是内心所享有,而且被知性所裁可的作为遮蔽我们赤裸裸的、颤抖着的天性的种种缺陷,并在我们自己的估价中把它们提高到尊严的地位之所必需——都被作为一种荒唐可笑而又过了时的风尚而被破除了。

这种野蛮的哲学乃是冷酷的心灵和理解混乱的产儿,并且它缺少坚实的智慧,正有如它缺乏一切的鉴赏力和优雅感;根据它那方案,各种法律就只有靠它们自身的恐怖以及靠每个人根据自己的计较在其中所可能找到的,或者是从自己私人利益中所可能付予它们的关切来加以支撑了。在他们学园的丛林中,在每一排的尽头,你看到的只有绞刑架。没有留下来任何东西是致力于共和国的深情厚爱的。根据这种机械主义哲学的原则,我们的体制就永远都不可能体现在具体的人的身上(假如我可以使用这种说法的话);从而无以在我们的身上创造出爱意、敬重、仰慕或执着。但是排斥了深情厚爱的那种理性,是无法填补它们的地位的[19]。

我让读者自己决定,她是否认为伯克的散文,剑从剑鞘中拔出云云,是"雄辩的"或是可笑的,但它的"哲学"内容,简而言之,是我们不应该寻求消除任性的异化,以免孤独的异化使我们处于更糟糕的状态。这里关注的不是一个曾经的人格化的神的去人格化所带来的存在的孤独,而是用理性的法律问责结构取代曾经带着温情的个人形式的政治权威(法国的旧制度？真是如此么？)。

不管是有意还是无意,伯克的修辞把人们的注意力从他的论点中的一些严重缺陷上引开了。他说,他哀叹被"粗暴地撕掉"的"附加的观念"是"内心所享有的,而且被知性所裁可的"。但如果"知性裁可"它们,也就是说,人们假定,因为它们是合理的。当然,在这种情况下,没有人会反对问责政府——但它们绝非幻想,无论是否令人欣慰。此外,说辩护政治使法律"只以其自身的恐怖为后盾"是言不由衷的。得到理性辩护的法律得到了正义主张的支持——还有什么比这更好的法律支持呢?

尽管如此,伯克的话还是在他的时代和之后的时代引起了许多读者的共鸣。事实上,我甚至想说,我们现在所认为的"保守"思想,我指的不仅仅是等级制度是上天早就安排好的,或者社会变革是危险的,它们呈现为种种可预见的变幻莫测的路数,但是,历史上已被接受的习俗和制度具有内在价值,使它们值得捍卫,而无视工具性的考虑,进而认为传统体现了一种超越辩护理性的智慧,这种观点实际上是一种现代发明,可以追溯到伯克。诺瓦利斯(Novalis)将《法国革命论》描述为"一本反对革命的革命性书籍",这并非没有道理。

## 穆勒

到目前为止,我们已经将历史不朽的观念与革命政治[罗伯斯庇尔、涅查耶夫、托洛茨基]、反革命政治[伯克]和民族主义[费希特、黑格尔]联系起来。因此,人们可能会怀疑,历史不朽观念的吸引力是面对现代个人主义的增长,对集体身份(无论是左派还是右派)的渴望的一部分。因此,历史不朽在个人主义者约翰·斯图亚特·穆勒的思想中得到明确的肯定,发现这一点意义重大。

穆勒是基督教的强烈反对者(如果不总是公开的)。他的反对主要是道德上的。像康德一样,他反对这样一种观点,即人类应该被要求崇拜一个被理解为"善"的存在,但他们并不能完全理解其究竟何以为善[20]。他将救赎依赖于神的恩典的教义描述为"任何形式的基督教都如影随形的道德矛盾,任何聪明才智见它都得绕道而走,任何诡辩术对此都有口难辩"。[21] 他对如下关于神的想法感到厌恶:这个神可以"预知"人类将被判下地狱。"效仿这样一个神,难道还有什么道德上的罪恶得不到正当的辩护吗?"[22]

但穆勒的另一种观点,即他对孔德的《人性宗教》的诠释,尤其令人感兴趣,因为它包含了这样一种观点,即人类历史是基督教个人不朽思想的一个可行的——实际上,更为占优的——替代方案。穆勒认为,如果不相信来世,人类存在的局限性会使得享乐主义者的信条"让我们吃喝吧,因为明天我们就会死去"成为唯一可能的观点[23]。从某种程度上说,享乐主义者的信条鼓励我们不要轻视快乐,穆勒说,它是"从生命的短暂中得出的某种合理且合法的推论"。[24] 然而,他声称,这并不排除另一种更崇高的观点:

> 但是,因为生命短暂,我们不应该关心生命之外的任何事情,这并不是一个合理的结论;认为人类一般不能对他们永远也看不到的事物产生深刻的甚至是最深切的兴趣的假设,是一种既错误又蹩脚的人性观。让我们记住,虽然个人的生命是短暂的,但人类的生命却并不短暂——它的无限持续几乎等同于永无穷尽;再加

上无限的改进能力,它为想象力和同情心提供了一个足够大的目标,以满足任何对宏伟抱负的合理要求,如果对一个习惯于梦想无限和永恒的幸福的人来说,这样的目标似乎很小,当那些毫无根据的幻想早就烟消云散之际,它又将扩散到很远的其他各个领域[25]。

为了支持这一观点,穆勒举了罗马人对待自己国家的态度的例子:

> 许多世代以来,罗马对全体罗马人来说,就像耶和华对犹太人一样,是一种宗教;不仅如此,他们还从未像犹太人那样放弃崇拜。罗马人,在其他方面是一个自私的民族,除了纯粹实用的才能之外,没有任何非常杰出的才能,然而,他们却从这一思想中获得了某种伟大的灵魂,这种伟大体现在关涉这一思想的全部历史之中,舍此并无旁涉,并为他们赢得了大量的赞美,尽管在其他方面则是根本不配得到这些赞美的,从那时到现在,大多数高尚的人都由此对他们怀有钦佩之情[26]。

穆勒认为,如果对国家的爱可以如此强大,那么随之而来的是,"对更大的国家、对世界的爱被培养成类似的力量,既可以作为提升情感的源泉,也可以作为义务的原则,我们不能认为这是不可能的"。[27]像狄德罗和法国革命者一样,穆勒赋予历史观念以决定性的作用。然而,他的描绘是回顾过去的伟大典范,而不是展望子孙后代的判断。我们应该把自己看作被过去的伟大榜样所注视:

> 一想到我们已逝的父母或朋友会赞同我们的行为,这与健在

的人确实赞同我们的想法相比,是一个同样强大的动机:苏格拉底、霍华德、华盛顿、安东尼努斯或基督将会同情我们,或者我们正试图以他们尽其所能的精神尽自己的一份力,我们与最富有才智的人们合作,将其视为某种强劲的激励,力求遵循他们最高的情感和信念行事[28]。

这一观点并不局限于穆勒。历史不朽的观点也得到了维多利亚时代另一位进步人道主义伟人乔治·艾略特的支持。在她的一首诗中,艾略特(她创造了"社会向善论者"[meliorist]这个词来描述她的观点)将"无形的教堂"与狄德罗的"遥远的音乐会"结合在一起,形成了一个无形的唱诗班的形象。唱诗班之无形在于"他们的音乐是世界的欢乐",包含了所有那些"因他们的存在而使我们的思想变得更好"的那些人的声音,即使他们在岁月的长河中已经失去其个体特征。这是一个"神圣的人类"群体,它将"活到人类的时间/合上眼睑"。与此同时,艾略特希望自己也能加入这个唱诗班:

> 哦,我可以加入无形的唱诗班吗
> 那些不朽的死者
> 在因他们的存在而变得更好的智慧中:活着
> 在慷慨的脉冲之中,
> 在大胆正直的行为之中,在骄傲的不屑之中
> 抛却那汲汲于自我的可叹鹄的,
> 在像星星一样穿透黑夜的崇高思想中,
> 他们温和的坚持敦促人们去找寻

更辽远壮阔的问题。

所以活着就是天堂[29]

沃尔特·惠特曼用了一个文学隐喻来表达他的观点。他著名的诗《啊,我!啊,生活!》,在列举了自己的失败和挫折之后,惠特曼问自己:"我啊,生命啊,这些失败和挫折有什么好处呢?"对此,他的诗给出了如下答案:

你来世上一遭——生命之存有,个性亦如是;
这场强有力的比赛夜以继日进行着,你将贡献一种诗篇[30]。

我希望这些对不同版本的历史不朽观点的明确承诺的例子,足以使这样的提议变得合理,即随着基督教对末日审判和个人不朽的叙述的控制之逐渐消退,在西方文化的很大一部分中,历史不朽已然成为某种背景性的公设。历史不朽不能与人类进步的思想——它本身已经十分复杂——等同起来,尽管它显然与人类进步密切相关:人们可能会认为,从历史角度定位他们自己对种种个体而言是有价值的,即使他不相信现在在任何重要方面都比过去好,也不相信未来会比现在好。

自然地,一个进一步的问题是,历史不朽的想法是否仅限于西方。对这一问题,我持开放态度。历史不朽的思想以其现代形式出现,是西方特定宗教形式中某种辩证法的结果,我希望,这一点已经得到了证明,但这并不意味着它不会在其他社会中发挥重要作用。也许,事实上,那些比西方文化更为重视祖先崇拜的文化将更有可能感受到它的吸引力。

不可忽视的一点是,"非西方"文化已然深受西方文化的影响——即使是在它们反对西方的时候。马克思主义是由其创始人针对资本主义体系的核心(工业上最先进的)部分而提出的一种西方意识形态,事实证明,它是一股令人惊讶的强大力量,在资本主义体系外围对抗西方力量。考虑到这一点,弗朗茨·法农(Frantz Fanon)的这段话非常引人注目:

> 不,我们不想赶上任何人。我们要做的就是一直向前,不分昼夜,在人类的陪伴下,在所有人类的陪伴下。车队不应该拉长,因为在这种情况下,每一行人都很难看到前面的人;而那些不再认识彼此的人们越来越少在一起见面,彼此交谈也越来越少。这是一个开启新的人类历史的第三世界的问题,这一历史将考虑到欧洲提出的有时惊人的论点,但也不会忘记欧洲的罪行,其中最可怕的罪行发生在人类的内心,最可怕的是病理性地撕裂其功能并使其分崩离析。在集体的框架内,存在着阶级分化、阶层分化和嗜血的紧张关系;最后,在人类的巨大规模上,存在着种族仇恨、奴隶制、剥削,尤其是冷酷的种族灭绝,将150亿人弃之不顾[31]。

按照法农的说法,反殖民思想的任务是挑战和纠正现有的历史不朽概念的偏见,以扩展而不是推翻它(指现有的历史不朽概念)。

## 现代伊壁鸠鲁派

穆勒反对"伊壁鸠鲁派的信条",即"因为生命短暂,我们不应该关心生命之外的任何事情"。但他这样做对吗？也许我们应该效仿法尔科内,摒弃历史不朽的概念。难道"伊壁鸠鲁派的信条"的某种变体,不能为关于来世的宗教教义(其中"上帝的阴影"已被清除)提供一个充分的替代方案吗？

科林战役虽然是一场残酷、血腥的屠杀,但如今人们对它的记忆已经不多了。1757 年 6 月 18 日,普鲁士和奥地利之间爆发了一场战争,这是腓特烈大帝以奥地利人为代价扩大领土的长期战役的一部分。然而,这一次,他发现奥地利人准备得很充分,而且领导有方。他的军队寡不敌众,32 000 人中有 14 000 人阵亡。在战斗最激烈的时候,据说腓特烈对他的部队大喊:"你们这些该死的坏蛋！你想长生不老吗？"这个故事在德语世界里臭名昭著。许多年后,歌德说,当他读到卢克莱修著名的伊壁鸠鲁派诗歌《物性论》(*De Rerum Naturae*)的第一个德文译本时,他想起了这句话[32]。

这种联想说到点子上了。腓特烈是一个公开的伊壁鸠鲁主义者(作为一个绝对的君主,他可以公然宣称自己缺乏正统的宗教信仰)。他甚至发表了一首"模仿卢克莱修《物性论》第三卷"的诗(法语),主题是"对死亡的无谓恐惧和对来生的恐惧"。[33] 对腓特烈来说,死亡不过是一场平静的睡眠[34];而死亡本身就像一天结束时的日落[35]。至于来世的希望,如果它伴随着因我们性格的部分缺陷而受到评判和惩罚的恐惧,那么没有它我们会过得更好。

但腓特烈对他的军队的愤怒指责使他陷入了两难境地。对于像腓特烈这样的启蒙唯物主义者来说,灵魂不灭的观点只不过是迷信。然而,如果没有它——没有理由相信每个人都有一些格外珍视的、独一无二的东西——人类生命的价值何在？

如果人类所经历的只是一系列的体验，无论是快乐的还是痛苦的，那么，从外部的角度来看，一段体验与任何其他的体验并没有什么不同。因此，如果有必要消除一个或多个体验，以使那更重要的、更长久的、更愉快的体验得以存在……为什么不呢？因此，唯物主义鼓励典型的现代形式的政治集体主义，在这种政治集体主义中，那些可以带来更大利益的牺牲被认为是道德上必要的。毫无疑问，腓特烈是一个咄咄逼人、冷酷无情的军国主义者，他以极其严厉的方式统治着他的王国。但是，如果他是一个暴君，那么他就是一个特别现代的暴君———个声称以"国家第一公仆"的身份追求共同利益的暴君。

另一方面，与此同时，人类只是一连串体验的想法似乎导致了一个由个体组成的世界，这些个体都有自己绝对的独特性和重要性——即使仅仅为了他们自己。没有了个人在死后的生存前景，除了他们自己特有的快乐和痛苦，个人还有什么？除了恶魔之外，还有谁能责怪他们用尽全力抓住体验？

然而，并不是所有人都同意伊壁鸠鲁主义驱使人类回归自我。德里克·帕菲特认为，人类只不过是一系列偶然相关的体验，他认为放弃永恒自我的想法是一种解放：

> 这个事实令人沮丧吗？有些人可能会这么认为。但我觉得这是一种解脱，一种安慰。当我相信我的存在是这样一个更为久远的事实时，我似乎被自己囚禁了。我的生活就像一条玻璃隧道，我一年比一年走得更快，隧道的尽头是黑暗。当我改变视线时，玻璃隧道的墙壁消失了。我现在住在户外。我的生活和别人的生活还是有区别的。但差别更小。其他人离我更近。我不太关心自己的

余生，而更关心别人的生活[36]。

帕菲特用来表达观点的意象并不像他想的那样起作用。一个人在玻璃隧道里是与世界隔绝的，因为她不能触摸它（可能也不能听到或嗅到它），也不能随意走动。对于一个不相信有永恒自我的人来说，这些事情会比相信有永恒自我的人更有可能吗？我不觉得有任何理由可以这么想。另一方面，帕菲特关于现在生活在"户外"和其他人"更亲近"的言论表明，他相信，一旦从持久自我的幻觉中解脱出来，他——实际上是我们——就会被释放到一个共享的公共世界中，而不是被限制在彼此分离的领域中。接着，他提出了一些关于死亡的想法。

当我相信非还原论的观点时〔有一个永恒的自我，不被简化为一系列体验之间的关系〕，我也更关心我不可避免的死亡。我死后，世上就没有人是我了。我现在可以重新描述这个事实。虽然以后会有许多体验，这些体验中没有一个会像那些涉及经验记忆或实现早期意图的体验那样，通过直接联系的链条与我现在的体验联系起来。其中一些未来的体验可能以不太直接的方式与我现在的体验相关。以后将会有一些关于我生活的回忆。而且以后可能会有种种思想受到我的影响，或者可能会有由于我的建议而被完成的事务。我的死亡将打破我现在的体验和未来的体验之间更直接的关系，但它不会打破其他各种关系。这就是事实的全部，活着的人将没有一个会成为我。现在我看到了这一点，我的死对我来说似乎没那么糟糕了[37]。

简而言之,根据帕菲特的观点,重要的是体验及其关系的整体,而不是这些关系与我的关系是"直接的"还是"间接的"。我对此持不同意见。与我们直接相关的体验和与我们无关的体验之间的反差,不仅仅是距离的远近。

从你过去的体验中找一些对你来说非常私人的体验——你从小长大的家庭花园的味道,你母亲唱歌的声音,不管是什么。这种体验具有如此一种质的特殊性,以至于它将专属于拥有这些体验的个体。正如托马斯·内格尔(Thomas Nagel)在他的《本然的观点》(*The View from Nowhere*)中生动地指出的那样,"即使我们对蟑螂的味觉进行了详细的客观现象学研究,我们也无法确切地知道炒蛋对蟑螂来说究竟是什么味道。"[38] 当然,你现在的记忆有可能与你当时的体验大相径庭。尽管如此,如果这段体验再次呈现在你面前,就像普鲁斯特笔下的奶油茶糕蘸着草药茶一样,你会立刻认出它来。如果是这样的话,那么正是体验之质的特征赋予了它本质上的私人和个人特征,而这一关于体验本质的事实,与体验是否真的属于一个持久的自我无关。事实上,那些不是持久自我的体验可能会变得更为孤立,而非不那么孤立。

在这一点上,将帕菲特的生死观与另一位非常不同的现代哲学家马丁·海德格尔的生死观进行对比是有益的。贯穿于《存在与时间》的主题是此在(Dasein)(人类)在面对自己的死亡时"逃离"的方式——这是一个将海德格尔与克尔凯郭尔以及此前的宗教思想传统(其中帕斯卡尔是最著名的例子)联系在一起的"存在主义"主题。海德格尔认为,这种"逃离"的主要形式之一是他所谓的"常人"(das Man)——一种非个人的人类集体,被翻译为"芸芸众生"。根据海德格尔的说法,这是一种将个人死亡转变为更易于处理,但更不真实的方式:

在对此在的公众解读中,人们说"某一个人死了"(man stirbt);因为每一个他人与其自己都可以借助这种说法使自己信服:无论如何都恰恰不是我;因为这个"某一个"(dieses Man)乃是无此人[39]。

海德格尔说,它导致了一种由非个人的时间秩序所构成的世界概念,这种时间秩序与个人的时序性无关:

时间公共地是每个人为自己获取和能为自己获取的东西。现在序列来源于个别此在的时间性,而在日常共处中,被敉平的"现在"序列的这一来源始终完全不为识知。即使一个"在时间中"现成的人不复存在,这了"时间"的进程又何损分毫呢?时间继续行进,一如当时有人"出生"之际,时间也就已经曾经"存在"那样。人们只识公共时间;这种时间既已经敉平,便属于人人,亦即不属于任何人[40]。

但是,肯定有人会回答,没有我们,时间也会继续,就像在我们降生之前的时间之继续一样。不然物理学家怎么能告诉我们大爆炸,地球科学家怎么能告诉我们寒武纪前的地质历史呢?科学家的时间是一个有旋转粒子、力和燃烧过程在其中的时间。它也是包含声音或颜色的时间吗?

在海德格尔看来,此在(Dasein)的时间是一种现象学的时间,而他所反对的,正是将这种时间想象性地延伸到我们自己的经验之外——实际上是超越任何人类经验之外——的操作。

G. E. 摩尔在《伦理学原理》中举了一个著名的例子,他让我们比较两个世界:

> 让我设想一个极其美丽的世界吧!设想它美到你所能想象的程度,把现世你最赞赏的一切——山川、河流、海洋、树木、日落、群星和月亮——都放到这个世界里去。想象这一切都神奇巧妙、无限和谐地结合着,不仅其中没有一件跟另一件不调和,而且每一件都有助于增添整体的美。于是,再设想一个你可能设想的最丑陋的世界。设想它简直是一堆垃圾,其中一切事物不知什么缘故都使我们感到万分恶心,因而这整个世界,简直没有丝毫可取之处。……只是我们无权想象这样一件事:任何一个人曾经或者曾经可以在其中任意一个世界里生活,从而能领悟和欣赏一个世界的美,或憎恶另一个世界的污秽。好,即使如此,假定这两个世界是根本不可能供人类作任何深思的,但是,主张这应该实存的美的世界比这丑的世界要好一些,这难道不合理吗?无论如何,我们尽力去创造美的世界而不是去造成丑的世界,这难道不好吗?毋庸置疑,我不能不认为这是好的。我希望在这个极端的例子上,可能有人赞同我[41]。

把一个完全无法感知的世界称为美或丑——"一堆垃圾"——是什么意思呢?当然,"美"和"丑"只能意味着对我们来说是美或对我们来说是丑(可以想象,蟑螂很可能会觉得成堆的垃圾很美)。在将这些术语应用于一个未被感知的世界时,摩尔似乎将人类的视野扩展到了任何可能的人类视野之外。经验的公共世界的概念充其量是一种富有想象力的虚构,依赖于具有感知能力的生物的持续存在,这些生物与我们自己非常相似。我们在内格尔的"本然的观点"或现象学家的"生活世界"中找到了它[42]。正如对帕菲特所做的那样,它在某种程度上起到了宽慰我们自身生命的有限性的作用,我们认为无论如何都会被泯灭的(我们自己的个体特征)是一种持久的幻觉,但真正重要的事情(经验的公共世界)将继续,这似乎是一个不再被信赖的神投下的另一个阴影。

在他的笔记中,柯勒律治将神的无所不在与边沁的环形监狱进行了对比。

> 仰望上帝的沉默的眼睛是何等的令人欣慰啊!"你知道。"哦!多么奇怪的想法!永远不要没有朋友,永远不要让人难以理解!那无所不在的通常被描绘成一个间谍,某种边沁式的环形监狱。哦,体味何为痛苦完全是难于言喻的,随后——"哦,上帝,你了解!"[43]

但这种比较也可以朝另一个方向进行。什么是西季威克等功利主义者的"普遍仁慈"和"宇宙观",难道不是天意的全知全能之眼的某种变形版本?然而,这并不意味着它不能起到安慰的作用。正如希腊人从对奥林匹斯山上众神幸福的冥想中获得了日神式的安慰,从永恒的数学真理领域中获得了安慰一样,对持续的公共经验世界的冥想也可能是一种安慰——无论我们是否将其视为幻觉。

功利主义和后果主义(功利主义通常被认为是其中的一种)与毫无保留的伊壁鸠鲁主义有很大的不同。但是,有没有人能够成为一个完全严格的伊壁鸠鲁主义者,只承认个人自我及其欲望,没有理想或希望?在一封信中,诗人和古典学者豪斯曼(A. E. Housman)至少声称他是:

> 在哲学上,我是一个昔勒尼派或以自我为中心的享乐主义者,把当下的快乐视为行动的唯一可能动机。至于悲观主义,我认为它几乎和乐观主义一样愚蠢,尽管没有乐观主义那么邪恶。乔治·艾略特说她是一个社会向善论者,而我是一个社会向恶论者[44]。

## 价值的消亡?

我在上面写道,对狄德罗来说,一千年后人类灭绝的认知将产生"一种价值的消亡",我将其与康德认为的善良意志是价值存在的必要条件进行了比较。诚然,价值消亡的想法不仅非常激进,而且相当模糊,并不是每个人都会觉得它令人信服。一些哲学家声称,价值可能被损害的想法本身就是一个哲学错误。根据 R. M. 黑尔在其著名文章《一切都无关紧要》("Nothing Matters")中的说法:

> "种种价值观念的湮灭"(如果这指的是"作为一个整体的价值观",而不是"某一套特定的价值观")是一种自命不凡的妖言,是为了吓唬那些容易上当受骗的人而发明的[45]。

黑尔说,人类是珍视价值的生物,我们无法逃避这一点。故而,要紧的只是我们坚持哪些价值观的问题。

根据经验事实,人是一种有价值禀赋的动物,而且很可能一直如此。可能发生的情况是,一套价值观可能被抛弃,而另一套价值观可能取而代之,因为我们的价值尺度确实总是在变化,有时是涓涓细流式的,有时是暴风骤雨式的。在像现在这样纷繁复杂的时代,当我们所关心的要求如此之多且相互矛盾,以至于我们可能真的希望立即从所有这些要求中解脱出来时,"一切都无关紧要"的暗示自然就会出现。但这是我们力有不逮的。这个暗示可能有两种相反的效果:一种是好的,一种是坏的。一方面,它可能会让我们更仔细地审视我们习惯性拥戴的价值观,并决定我们是否真的像我们一直自称的那样珍视它们。另一方面,它可能会使我们不再认真思考我们的价值观,误以为孰轻孰重并非那么重要。其结果并不像人们所想的那样,完全推翻了我们的价值观(我已经说过,这是不可能的);它只会让我们对价值观的思考暂时陷入某种肤浅的停滞。我们满足于对那些东西的重视,比如吃饭,大多数人不费吹灰之力也都可以知其不可或缺,而从来没有学会珍视那些只有为之奋斗的人才能看到其真正价值的东西[46]。

我不同意黑尔的观点。是的,只要人类存在,他们就会以目标导向的方式行动,做出选择,拥有偏好。即使是狄德罗笔下注定要灭亡的人类也会继续种植卷心菜。但想想奥登(Auden)的诗《阿喀琉斯之盾》中的"衣衫褴褛的顽童"吧:

女孩被强奸,两个男孩用刀刺伤第三个,
这是他看到的公理,他从来没有听说过

任何信守承诺的世界,

或者一个人可以因为另一个人哭泣而哭泣

也许黑尔会说,即使在这样的世界上也有价值。但是绝无道德:没有什么东西能对人们提出某种要求,没有什么东西被认为具有约束力。如果这不是一个"一切都无关紧要"的世界,那么它与这样一种世界也已经相差无几了。奥登所描述的这样一个世界可能是我们的运命,这是一个耳熟能详的现代噩梦。但它会把我们引向那里呢?

其中一个理论(实际上是一个理论家族)是社会学的。暴力、无情以及支配和控制他人的欲望与人类一样古老。然而,它的新颖之处在于其与现代技术相结合的方式。现代技术——部分是军事技术,但更重要的是行政、监视和通信技术——为当权者提供了建立比以往任何时候都更完整、更持久的控制系统的可能性。随着这样一个世界的继续,人们将越来越非人化,不仅被剥夺了能动性和力量,而且被剥夺了价值观赋予他们的使命感。在统治者调用"种种价值观念"的范围内,它们只是条件作用过程的一部分,是后天学习行为的触发器,就像巴甫洛夫为狗设置的晚餐铃一样。其真正的关切在于,这样一个环形监狱式的世界旨在诱导人类顺从,而非在于它是否以建设共产主义、促进雅利安种族的兴旺或实现最大多数人之幸福的名义运作的。

因此,即使有人承认黑尔对价值湮灭可能性的否定是错误的,仍然存在两个重要的问题:价值的湮灭(至少部分地)是一个哲学问题吗?为什么人类灭绝的想法会带来价值湮灭的威胁呢?我对这两个问题已经有了答案,我希望本书其余部分的论述已经为这两个问题做了铺垫。

根据黑尔的观点,价值观是客观的还是主观的这个问题对我们所看重的东西没有意义。他改编了维特根斯坦的一个著名论断(一个人是"理想主义者"还是"现实主义者"对其生活方式毫无影响),以对道德做出同样的论断。

> 设想一个世界,其结构价值是客观建立起来的;再想想另一个世界,这些价值观均被湮灭。记住,在这两个世界里,人们关心的都是同样的事情——人们对事物的"主观"关心毫无区别,区别仅在于它们的"客观"价值。现在我问,这两个世界的事态有什么不同? 除了"全然没有"之外,还能给出其他的答案吗? 因此,我们怎能用疑惑来折磨自己,疑惑于我们自己的世界究竟与它们中的哪一个相似呢?  [47]

然而,道德不仅仅是一个我们珍视什么的问题,也是一个为什么恰是我们所珍视之物应该对我们提出要求的问题。在这一点上,正如我们所看到的,无论是对康德和他的后继者,还是对现代思想家,如罗尔斯、科斯嘉德和伯纳德·威廉斯而言,都不可避免地需要面对关于价值的本质和来源的问题。

鉴于唯意志论(如果道德是人类意志的问题,为什么我们不能从中解脱出来? 如果这是一个神圣意志的问题,我们为什么要承认它的权威?)、实在论(如果道德仅关乎事实,它怎么会有约束力?)和自然主义(如果价值观是人类心理与生俱来的,以至于我们别无选择,只能接受它们,则我们是否本当如此依然是一个悬而未决的问题)所面临的反对意见,我认为,一个思考过这个问题但没有找到令人信服的解决方案的人,可能会在她对价值观的看法上经历一种令人不安的变化:价值约束感的某种消退，这是完全合理的。然而，人类灭绝的前景是否会让我们更难以保持对价值观的珍视感？以下是一个可能的猜想。

在一个没有人类的宇宙中，仍然会有物质存在，而且，据推测，关于它们的事实——氢仍然会比氦轻。但还有道德事实存在吗？就最直接的道德实在论而言，答案必须是"是"。智能主体（即使是在一个没有主体存在的宇宙中）把彼此当作奴隶对待仍然是错误的。如果一个人觉得这样的种种猜想过于夸张，但又不愿接受价值观是一种意志的问题，那么还有另一种可能性。

与其认为价值观是意志的，或者是建立在现实的绝对本质中的，也许我们应该把它们看作是在人类社会中被设立而成的。这样，它们就会有一些实在论者想要的客观性，而不需要承诺存在一个永恒的道德事实领域。我认为，英语世界和德国的许多现代哲学家都持有类似的观点，他们认为自己是"实在论者"，但不是宗教信徒。我们可以把它比作康德的先验唯心主义。对康德来说，"客观性"（*Gegenständlichkeit*）的存在是可能的，无须以完全形而上学的独立性存在的物自体。同样，价值观也可以是客观的，不是因为它们存在于非人类领域，而是因为它们是人类社会的一部分。这种观点也可以与实用主义（人类活动是真理的最后标准）、维特根斯坦主义（思想和行动是由"语言游戏"构成的）以及某种对黑格尔的解读（在我看来，这是一种不甚准确的解读：精神是人类社会存在的历史的、主体间性的维度，而不是某种形而上学的绝对维度）相一致。

当然，一个重要的问题是，这些构成价值的群体是否是有边界的和离散的。如果是前者，那么我们似乎被迫接受，不同的社会将有不同的道德世界。另一种选择似乎是某种进步的半截子－特殊主义：人类文化通过随着时间的推移而产生和发展的普遍标准联系在一起。这样看来,希腊的奴隶制是错误的(希腊世界的规范是可以批评的),而不是个别的希腊奴隶主应该受到谴责(他们不能被期望超越他们自己世界的标准)。

我相信,类似这样的观点在当今所谓的"道德实在论"背后起着很大的作用。但是,由于第八章中解释的原因,这种诊断性说法很难记录和证实,因为所涉及的种种信念(*doxai*)是背景假设,而不是前景中的论证。无论如何,如果这些假设成立,那么人类灭绝的想法会威胁到我们的价值观的原因似乎就很清楚了:人类的灭绝将消除道德本身存在的条件。

简而言之,即使在相对遥远的未来,人类灭绝的想法也可能令人不安,原因有很多。对穆勒或艾略特而言,这将终结人类进步的共同计划;对于伯克式的保守主义者而言,这意味着一个集体社会实体的毁灭,其继续存在的价值超过了构成它的个人生命的价值;对狄德罗和法国革命者而言,这意味着失去了某种可以纠正当今不公正判断的裁决性权威;对帕菲特而言,这意味着一个持续的公众经验世界的丧失;而对于某些道德实在论者而言,这意味着价值构成框架的丧失。也许只有伊壁鸠鲁主义者才能置身事外。

但这并不奇怪。毕竟,被历史不朽概念逐渐取代的个人不朽概念本身是非常复杂的[48]。

## "我们这个时代的绝望"

生命的贫乏是现代西方文化不可回避的主题。"大多数男人,"梭罗有句名言（他并未言及女人），"过着悄然绝望的生活。"[49] 它是现代诗歌的一个重要的、绵延不绝的主题。人们可能会提到马修·阿诺德（"现代生活的这种奇怪的疾病，/ 有其病态的匆忙和分裂的目标"）、波德莱尔（"为了不感受到时代的可怕负担，它摔断你的臂膀，让你匍匐在地，你必须永远把自己灌醉"）、T. S. 艾略特（"我们是空心的人 / 我们是撑着的人"）、华莱士·史蒂文斯（"白天是欲望，夜晚是睡眠。/ 哪里都没有影子。"），还有很多其他的例子。在德国思想中，现代世俗世界力不从心的信念无处不在，从席勒（"当神更人性化时，人类更神圣"）到阿多诺（"生命是察觉不到的"）和海德格尔（"只有上帝才能使我们幸免于难"）。艾瑞斯·默多克写道"我们这个时代的绝望"，仿佛这是不言而喻的。即使是 R. M. 黑尔，对存在主义关于价值湮灭的言论不屑一顾，也提到了"像现在这样的疑难重重的时代"。

当然，这种担忧如此普遍这一事实本身可能成为怀疑的理由。毕竟，生活在一个有严重问题的世界里，这种感觉并不新鲜。希腊人回顾了他们已经消逝的黄金时代；罗马人意识到他们已然失去了祖先的美德；圣保罗警告以弗所人，他们生活的时代是"苦难的岁月"……此外，人们何以能分辨得清呢？人们如何对一个社会和另一个社会的幸福做比较呢？虽然有可能收集到有关健康、住房、营养和预期寿命的数据，但这能解决什么问题？[50] 另一方面，如何证实那些来自经验的损耗的种种主张？也许那种认为希腊人生活在一个"万物闪耀"的世界里的想法，或者认为中世纪，尽管受到迫害和肮脏，但可以利用一个已经消失的共同的"本体论标志"的稳定性的想法，只是以"从前"开头的童话故事的现代版本。[51] 然而，这种不安感无处不在，不容忽视。

在《〈黑格尔法哲学批判〉导言》中，马克思将宗教描述为"现实苦难的表现"和"对现实苦难的抗议"。用物质上的幸福代替苦难,宗教的"虚幻的幸福"会是多余的[52]。但是,不快乐——存在的不满——有可能是富裕本身的一种疾病吗?乔治·奥威尔是这么认为的人之一,这可能令人惊讶。在《向加泰罗尼亚致敬》一书的后记中,奥威尔写道:

> 把全世界人民的生活水平提高到英国的水平,没有比我们刚刚打的这场战争更伟大的事业了。我不会说,我不知道谁会说,这本身就能解决任何问题。在解决人类的真正问题之前,必须先消除贫困和笨拙的劳动。我们这个时代的主要问题是个人不朽的信念的衰落,当普通人要么像牛一样辛苦劳作,要么在害怕秘密警察的恐惧中颤抖时,这个问题是无法解决的。工人阶级的"唯物主义"是多么正确啊!他们是多么正确地认识到,肚子优先于灵魂,不是在价值的尺度上,而是在时间点上![53]

正如我们从《1984》中所知道的那样,奥威尔几乎不相信,放任资本主义和科学自行发展,会带来一个在物质上无须多虑的世界。然而,他的反乌托邦同伴阿尔多斯·赫胥黎却做到了。在他的小说《那些光秃秃的叶子》(1925)中,人物们正在讨论已经不复存在的或从一种语言传播到另一种语言的种种词语。其中之一,卡丹先生举了一个"脾脏/愤怒"的例子:"一个贵族味十足的词汇;我们让它灭绝是愚蠢的。现在只有去法国才能听到这种说法。"对此,赫胥黎的喉舌切利弗先生回应道:

> 这个词可能已经死了……但我想,这种感情从来没有像现在

这样热烈过。物质进步越多,财富和闲暇时间越多,标准化的娱乐活动越多——无聊也就越多。这是不可避免的,这是自然法则。那些总是患脾病的人,那些富裕的、有闲的和受过教育的人仍然是这种疾病主要的受害者。目前他们是一个相对较小的少数;但在乌托邦国家里,每个人都很富裕,受过教育,很悠闲,每个人都会感到无聊;除非由于某种莫名其妙的原因,同样的原因不能产生同样的结果。在一个真正高效的乌托邦国家中,每百万人中只有两三百人能够活过一生。剩下的人会死于坏脾气。通过这种方式,自然选择可能会朝着超人的进化而努力。只有聪明的人才能承受安逸和繁荣带来的几乎无法忍受的烦恼。剩下的人要么萎靡不振,要么自刎——或许更有可能的是,他们在绝望中回归野蛮的寻欢作乐,自相残杀,首当其冲的就是那些智者了[54]。

当然,这本书站在了奥威尔和赫胥黎的一边。只要终有一死的人类仍然需要"与世界和解",存在的不满就不会消失。在某种程度上,宗教在使人类明白自己在世界上的位置方面发挥了重要作用,它不会随着物质的丰富而简单地"消亡"。如果传统宗教不能再令人信服地扮演这一角色,它将留下一个必须用某物——无论是一种新的宗教形式,还是其他一些"上帝的阴影"——进行填补的空白。因此,我们必须认真对待这种不安感。

人们似乎不太可能对如此持久而多样的现象给出一个单一的、统一的解释。然而,这本书确实提供了一个理解它的视角。它结合了三种相互关联的诊断。

(1) 个人不朽思想本身的消退带来了后果。个人不朽的思想是一种与世界相处的强大方式,不应低估其消退所带来的后果,即使正如腓特烈大帝所指出的那样,人类生活在一个期待着自己将被审判甚至可能被判处永恒折磨的世界,这个世界并不舒适。

(2) 更广泛地说,存在着两种相互竞争的驱动力之间的冲突。一方面,有解释和辩护的动力——与我所称的"任性的异化"做斗争——另一方面,有克服关系的非人格性及由此产生的"孤独的异化"的动力。在宗教层面上,要求上帝应该是公正的——他只惩罚我们自由做出的行为,并正确地知道这些行为是被禁止的——这一要求侵蚀了上帝是充满爱和仁慈的理念——他成了一个存在,正如席勒所说,"他的眼睛从来没有被泪水所模糊"——并有助于推动苏格拉底式宗教远离对来世的信仰。

但这些动力在其他地方也有影响。由于人类要求得到自由和平等的对待——作为负责任的"达到法定年龄"(mündig)的成年人——他们需要相应的问责制和透明度的政治安排。旧的顺从和庇护观念被现代的民主公民和法治观念所取代。结果,政治关系变得越来越没有人情味——官僚主义和法律主义。

更重要的是,如果我们遵循马克思的观点,这种政治—法律秩序所支撑的现代市场社会——资本主义——没有实现任何一套价值观:它既缺乏人情味,又晦涩难懂。即使没有马克思的进一步主张,这仍会令人不安(如果是真的):资本主义在自由和平等的表象下隐藏了它作为痛苦和剥削根源的作用,资本主义的劳动分工导致人类过于分散和发育不良,无法完成集体自治的任务。对马克思来说,宗教是"无情世界的感情"。[55] 然而，按照这本书的论点，现代宗教在某种程度上回应了对正义的追求，它越来越不能为人与人之间亲密的情感提供适当的替代品。

（3）存在道德多样性的挑战。我认为，康德关于神的惩罚是正当的叙述，使他陷入了我所说的"道德一致主义"。这将康德与一个更悠久的西方传统联系在一起。不仅犹太教（诺亚律法）和基督教（"人类的良心"）主张存在着具有约束力的、普遍的道德原则，其他古代思想流派，尤其是斯多亚派，也有万民法（jus gentium）的信念。在某种程度上，明显的道德多样性不能被解释为在不同的背景下共同原则的实现（奴隶制对希腊人是正确的，但对我们不是吗？），这是非常令人不安的。

一种回应——我相信这是伯纳德·威廉斯的观点——认为道德普遍主义的驱动力只是以义务、责任和负罪感为中心的道德体系的结果，当然，康德主义就是一个主要的例子。一旦我们把自己从这些观念中解放出来，我们将能够回到一个更像古希腊人的多元道德世界。但我担心事情并非如此轻而易举。当然，威廉斯声称，人们可以从道德上评价一个社会，而不必对生活在其中的人的罪责抱有看法，这一点很有吸引力：人们可以说古代奴隶制是不好的，但不能说奴隶主做了什么错事，不能说他们有理由另行其事。但是这种从道德到伦理（用黑格尔的术语来说）的转变是要付出代价的。

一神论所带来的东西之一是共同人性的看法：人们只要是人类就对彼此有权利要求，这是一种甚至对那些不再坚持宗教信仰的人来说仍然执着的信念，而宗教信仰正是在这种信仰的支持下传播的。正是这种信念背后的信念，即在原则上，一个非洲饥饿的儿童与一个在我们面前的池塘里溺水的儿童完全一样值得我们关注[56]。但是，如果你喂养了那个非洲孩子，如果她要接受"女性割礼"，你应该袖手旁观吗？或者如果她被剥夺了接受教育和就业的机会，而她的兄弟们可以获得这些机会？你应该袖手旁观吗？[57]我们最终会在什么阶段让其他社会接受我们自己的（西方）价值观，并最终成为道德普遍主义者？像塞缪尔·莫恩（Samuel Moyn）这样激进的人权批评家断言，民族国家和权利观念之间存在"脐带联系"，将这种权利普遍化为适用于任何地方和时间的"人权"，只是将他们的"抽象"和"形式主义"扩展到国际领域，这一切都入情入理，而马克思主义者也是普遍主义者，尽管是另一种[58]。

## 纯然理性界限之外的宗教

康德和黑格尔都提出了神正论，即对世界之善的理性辩护，尽管前者以来世为中心，后者则不是。对康德来说，上帝之善在于创造一个自由的人类主体的世界，但由一个冷静公正的神主持的最后审判是必要的，以纠正应得的赏罚与结果之间的偏差。黑格尔的上帝——同样是非人格的——也对人类的理解开放，在这种情况下，不是通过某种共享的道德法则，而是因为精神给作为一个整体的现实提供了一个理性的结构。精神是可知的，不是通过科学调查或实验，而是通过"思辨思维"。在黑格尔看来，让我们与世界和解的，是我们对自身道德的嵌入性与这种更高层次的哲学推理的结合。不需要来世的审判、奖赏或惩罚。

但是，即使承认这是对这两位思想家的有说服力的解释，我是否可以说它代表了宗教的"拐点"？这并不是说有神论宗教在19世纪和20世纪消失了。对这个显而易见的想法的一些回应是重要的，即使它只能是非常概要的。

简而言之，我认为罗杰·斯克鲁顿对康德的曲解"……一个信徒，正如他所说，'攻击理性的主张，为信仰的主张腾出空间'"[59]，比一位高产作家的一般性笔误更能说明问题。如果我们接受那种认为康德把苏格拉底式宗教（一种将信仰与解释、辩护结合在一起的宗教）推向极限的思想，并看看由此而来的神圣正义的理念是如何削弱曾经是宗教的重要组成部分——恩典、仁慈、神圣的爱（更不用说基督之死为人类赎罪方面的救赎力量），那么认为宗教如果站在另一边，放弃理性主义，可能会做得更好，这似乎是合理的。

有一些公认的方法可以使宗教信仰不受理性主张的影响：接受宗教经文的至上地位；服从教会的教义权威；或者声称自己的信仰依赖于直接的启示。然而，通过建立另一种认识权威来阻止宗教信仰免受批评的威胁，并不仅仅代表着回到启蒙运动前的世界。马修·阿诺德在多佛海滩上听到的信仰之海的"悠长而退的咆哮"包含了理性，或者至少声称包含了理性。按照查尔斯·泰勒的说法，中世纪世界将信仰融入了"本体的理性"，而不是现代科学的"疏离的理性"——这是一种不同的理性概念，但毕竟是理性[60]。要回到"正当性"这条蠕虫蚕食"真实性"这颗苹果之前的时代，我们需要回到苏格拉底之前的希腊世界，而我们对这个世界的了解（或许很省力地）非常少。

但还有另一种更现代的方式用以"抑制理性的主张，为信仰的主张腾出空间"。这并不是要赋予宗教信仰特权地位，而是要把宗教完全置于客观理性的范围之外,使宗教信仰根本不再是常识所理解的信仰。在19世纪早期,神学家弗里德里希·施莱尔马赫是第一个指出这条道路的人。

施莱尔马赫几乎与黑格尔是同时代的人。他是一位不懈思索的思想家,也是一位才华横溢、多产的作家(和传教士)。然而,正如第八章中提到的哲学学科边界缩小,致使他在哲学历史上的地位不像他本应有的那样突出。这在某种程度上是令人遗憾的,因为施莱尔马赫生活在一个哲学和宗教之间的界限本身就非常有争议的时代。

海涅说:"泛神论是德国的秘密宗教。"[61] 在施莱尔马赫的书中,这几乎是一目了然的。施莱尔马赫从现实的终极本质出发,他的这一观点与同一时期的其他思想家如赫尔德、谢林、黑格尔和歌德有很多共同之处,尽管他对人类如何意识到这一点给出了彻底的反理性主义描述。对于施莱尔马赫而言,上帝最好被理解为神圣的爱的原则,这是整个现实的基础,神圣的爱通过人类的精神本质体现出来。神圣的现实超越了哲学理性的分析方法或科学的经验调查所知的东西。与黑格尔不同,对于黑格尔而言,需要一种更高形式的哲学理性("思辨思维"),通过它来把握精神的结构,对于施莱尔马赫而言,灵感是宗教不可消除的核心:

> 因此,我请求你抛弃通常被认为是宗教的一切东西,把你的注意力集中在内心的情感和意向上,正如受神感召的人的所有话语和行为所指示的那样[62]。

因此,对施莱尔马赫来说,宗教中重要的不是宇宙论的教义、教条、

信条或信念,而是构成它们基础(或者根本不依赖于它们)的精神:

> 理念和语词仅仅是心灵的必然的、不可分割的产物,因此只能通过它和在其内部被理解[63]。

这样,我们就进入了一个与康德(或黑格尔)截然不同的世界。尽管施莱尔马赫确实有一个关于神性之善的想法——这是宗教经验的基本内容——但正如施莱尔马赫所理解的那样,要求为世界的良善提供理由或使终极现实客观可知的想法,与宗教生活格格不入。对施莱尔马赫来说,信仰也不需要最后的审判和对未来生活的展望:

> 一颗脆弱、受诱惑的心必须在对未来世界的想象中寻求庇护。但是,把今世和来世区分开来是愚蠢的。至少所有信奉宗教的人都只知道一个世界[64]。

这样一来,施莱尔马赫就站在了人们所谓的宗教信仰的某种经验概念的起点上。通过共同崇拜的叙述、仪式和实践,宗教给信徒一种敬畏、惊奇、崇敬和爱的感觉——简而言之,一种神圣的体验。这样的经历是私人的,而且(在这个词的现代意义上)是主观的。它们不能用客观描述的语言来表达。

这不是一种揭示关于今世或来世的事实真相或任何伦理原则(对创造天地之荣耀和认识到人的精神本质的某种狂喜感)的信仰。那么,面对明显的邪恶,它就无法承担起为世界之善提供理性辩护的责任;这不是它的任务。相反,施莱尔马赫的作品如此生动地唤起对神圣存在的狂喜感与尼采所说的酒神精神相对应——是一剂应对现代世界经验之单调的解药,因此,在更广泛的意义上,是"神正论"的一种形式。

这种后苏格拉底的宗教不仅不会与科学发现竞争,而且可以毫不费力地融入自由民主政治。是的,宗教要求其信徒从事崇拜活动,遵守各种行为准则和义务——例如,奉守安息日、饮食禁忌、性节制——尽管如此,真正重要的是,最终,这些都是个人寻求使自己与神接触的手段,不同的宗教可以在一个单一的政治体系中很轻松地共存:它们是竞争的,但不是冲突的。

很难确定这种后苏格拉底的宗教观念在现代宗教信仰中有多普遍。我的感觉是,它已经取得了相当大的进展,正如我们在威廉·詹姆斯的伟大著作《宗教经验之种种》的标题中所看到的那样。无论如何,神学家卡尔·巴特(Karl Barth)毫不怀疑施莱尔马赫的重要性:

> 与19世纪相伴随的是对施莱尔马赫的许多认识偏差;许多人反对他;他的思想经常被扭曲到无法辨认的地步,他经常被忽视和遗忘。但在神学领域,19世纪依旧是他的世纪[65]。

(尼采还拿施莱尔马赫开了一个比较好的玩笑。他说,德国哲学家"都是施莱尔马赫"——施莱尔马赫这个名字的字面意思是"面纱制造者"。)[66]

当然,苏格拉底式的宗教并没有完全退出舞台。在整个19世纪和20世纪早期,天主教继续其对"现代主义"思想的顽固反对,而且,正如我们在第二章看到的,即使在梵蒂冈第二次大公会议之后,它已经向宗教多元化开放,仍然声称要统一信仰和理性[67]。就这一点而言,宗教对神圣之善与正义的主张的正当性问题并未消失。此外,即使在新教国家,宗教中的"经验转向"也并非没有受到挑战。

强调康德对报应性惩罚的认同程度("从惩罚的必然性中推论到一种来世的生活")是一种使当代康德学派的自由主义承诺与康德本人之间的距离变得清晰的一种方式,但如果认为康德的观点在他自己的时代和之后没有引起共鸣,那将是错误的[68]。博伊德·希尔顿的《赎罪时代》(The Age of Atonement)的成就在于,它记录了维多利亚时代英国社会思想中这些观点的渗透程度。

希尔顿证明了,在维多利亚时代的宗教中,除了更富有同情心和人道主义的发展之外,还有对报应主义的承诺,这源于马尔萨斯和巴特勒主教的影响。巴特勒的《宗教的类比》将个人赏罚原则从宗教延伸到自然,以证明"美德产生幸福的倾向,而邪恶产生痛苦的倾向",而马尔萨斯则强调了人类"恶行"会造成的痛苦,尽管该观点颇受争议[69]。

值得注意的一点是,受巴特勒启发的报应主义,和康德的一样,在很多方面都是一种现代主义的信条。新教的奥古斯丁主义传统强调了人类因原罪而集体受诅咒,以及需要基督献祭的恩典来创造救赎的可能性。巴特勒和康德一样,认为这是个人能动性的问题。正如希尔顿所写,"虽然巴特勒的语言使他的神学看起来很正统……巴特勒的伟大原则——上帝根据每个人所应得的赏罚对待每个人——击中了'整个关于救赎和救恩计划的教义的根本,而这一计划被认为是正统的'"。[70]此外,正如康德在实践中寻求实现这样一种神圣正义原则一样,如希尔顿所记载的,英国的巴特勒学派也将其作为经济和社会政策的指南。

至于德国,人们只需要记住施笃姆(Theodor Storm)著名的圣诞诗《仆人鲁普雷希特》(Knecht Ruprecht)(由舒曼谱曲)中的歌词。在传统中,鲁普雷希特是圣尼古拉斯的助手之一,但在这首诗中,他直接从圣婴(das Christkind)那里得到命令。圣婴问鲁普雷希特,他的麻袋在不在("Denn Äpfel, Nuss und Mandelkern/fressen fromme Kinder gern")。鲁普雷希特的麻袋在,里面装满了给好孩子们吃的苹果、坚果和杏仁("Denn Äpfel, Nuss und Mandelkern/fressen fromme Kinder gern")。但圣婴还想知道鲁普雷希特是否准备好了他的鞭杖,准备打坏孩子的屁股。他也准备好了("……鞭杖在这儿/但只为孩子们,坏孩子们/惩罚应罚的那个。"[...die Rute die ist hier. /Doch für die Kinder, nur die schlechten, / die trifftsie auf den Teil, den rechten.])。确定了这一点,鲁普雷希特秉承神意,开始履行赏善罚恶之责:"圣婴言道:那很好。所以,我忠实的仆人,与上帝同行吧!"(Christkindlein sprach:So ist es recht./So geh mit Gott, mein treuer Knecht!)[71]

## 这世界的王

在他生命的最后十三年里,英国艺术家和纪录片制片人汉弗莱·詹宁斯(Humphrey Jennings,1907—1950)致力于将经文和图像汇编在一起,旨在呈现"想象力在塑造国家在现代世界中所处的地位"。它以《失乐园》的节选开篇,弥尔顿讲述了堕落的天使如何在财神("从天上坠落的最卑微的灵魂")的带领下,在地狱的土壤中开采和冶炼金属,以建造他们的首都——万魔殿。詹宁斯用这个名字作为他的书的标题。

附近有一座山,那可怕的

山顶喷着火焰和涡卷的烟尘;
全山各部都发出莹光,那无疑是
它腹内隐藏的硫黄焚化着金银矿砂。
有一大队天军急忙向那儿飞去,
好像是王师的先头部队,
拿着锄头和鹤嘴锹,在那儿
挖掘壕沟,筑建堡垒。
带领这支军队前去的是玛门。
玛门在天上坠落的天使中
是最卑屈的一个,当初在天时
便是低首下心,佝偻不伸的,
他的眼睛总是向下看,最称美
天庭的黄金砌地和豪华铺道,
却不欣赏神圣、光明的良辰美景。
他首先破坏宇宙的中心,
后来的人类也是由于他的教导,
用不孝的手,搜索地球母亲的内脏,
夺取其中该好好保藏的宝库。
不久,他那队人马便凿开了那座山,
把它划开一道很大的伤口,
挖出黄金的肋条。[72]

作为描述英国工业资本主义的起点,如果把这段话与威廉·布莱克(William Blake)的诗《远古时代的步履》(这是布莱克的"预言书"《弥尔顿》的一部分）联系起来，就更为合适了，因为这首诗出色地再现了"黑暗魔鬼般的磨坊"，使英格兰的"那碧绿宜人的家园"变得丑陋。然而，对于正统基督教来说，尽管弥尔顿的地狱看起来很像地球，但地球并不是地狱。这是一个考验之地，在它之外是救赎或诅咒，但它本身并不是诅咒。

然而，将现代世界视为恶魔主宰的观念，指向了一种重要的宗教思想，这种思想与本书主体所描述的不同。正如我们所看到的那样，根据艾瑞斯·默多克的说法，康德所说的那个人的"恰当名称"是"路西法"[73]。但与此相反的是，我认为康德并没有煽动对上帝意志的反叛，康德的计划是消弭上帝和人之间的鸿沟，使上帝和人的意志在道德法则中一致。在康德的苏格拉底－伯拉纠式宗教观中，一切都以负责任的人类能动性为中心。人类并没有反抗神的意志，在康德看来，撒旦并不是一个独立的存在，而是世界诱惑的具象化身，这些诱惑使人类远离了自己的职责。因此，对查尔瓦克斯神父敏锐的易洛魁门徒的回应是，撒旦不是上帝的敌人，而是上帝之善的一部分，如果这一点被正确理解的话。同样，在黑格尔那里，思辨哲学表明了否定性（"决定性的否定"）正是精神实现自身的方式。

但还有一种更人格化、更能动的方式来理解撒旦的形象。根据《约翰福音》，魔鬼不仅是"这世界的王"（《约翰福音》12:31），也是"说谎之人的父"（《约翰福音》8:44）。在《哥林多前书》第十三章中，这可能是书信中最著名的篇章，圣保罗将现在的世界与"当那完美者来临时"的世界进行了对比："我们如今仿佛对着镜子观看，模糊不清，到那时，就要面对面了。我如今所知道的有限，到那时就全知道，如同主知道我一样"（《哥林多前书》13:12）。把这些想法放在一起，我们可以看到，这个世界被撒旦统治的想法不止于被贪婪和对物质财富的追求所支配:这是一个充满欺骗的世界。

关于现代西方历史观念发展的传统观点强调(我认为是正确的),奥古斯丁对世界堕落以及基督徒需要生活在世界中而不"属于"世界的广泛描述,如何让位于蒲柏《论人》中描述的关于世界是上帝之善的表达:

> 整个自然都是艺术,不过你不能领悟;
> 一切偶然皆有其趋向,只是你没有看清;
> 一切纷争,都是未被理解的和谐;
> 一切局部的祸,乃是全体的福:
> 高傲可鄙,只因它不近情理。
> 无论哪一个,真理一旦明晰,都正确无疑[74]。

伴随着启蒙运动时代的天意论,还出现了另一幅人类历史的图景,在这一进程中,人类在知识和对自然的控制以及自我控制和行为举止方面都得到了发展[75]。

但这里有一个不同的观点。当基督徒开始接受基督再临可能不会在他们有生之年发生的想法时,他们对过圣洁生活和传福音的责任的概念扩展为一种观念,即他们在这个世界上的任务是为宗教真理而斗争,与他们对立的不仅仅是无知(异教徒,他们有某种天生的宗教和共同的良知,但迄今为止未受神启),还有活跃的邪恶,其源头是撒旦本人。

这是一种不同类型的宗教意义上的人类历史观,有别于贝克尔的

《18世纪哲学家的天城》所描述的进步性的"天意主义"或康德、谢林和黑格尔所说的"无形的教会"。这似乎使我们想起了查尔瓦克斯神父的易洛魁门徒。如果上帝要人类与邪恶做斗争,他为什么不站在人类一边呢?魔鬼难道不是独立于神之外的一种力量吗?我相信,这个问题的答案,揭示了我们面对的是一种激进的反苏格拉底式的宗教。如果神的旨意的一部分是召唤敬虔的人抵制这个世界上撒旦的诱惑,那么这些诱惑就不只是自私和感官享乐,如康德所说,还包括欺骗。信仰优先于理性,而来自邪恶源头的知识总是不可信的。

鉴于苏格拉底式宗教的种种困难,反苏格拉底的宗教形式会卷土重来,这一点也不奇怪,但这种形式的宗教在21世纪具有重大意义。理查德·霍夫施塔特(Richard Hofstadter)著名的"美国政治中的偏执风格"当然是耳熟能详的,但它的宗教起源意义重大[76]。如果我是对的,"偏执风格"植根于一种宗教形式,但不是——在布鲁门伯格的意义上——诺斯替教派(邪恶尚未成为一种独立的原则),而是正如传统加尔文主义一样,它对上帝的选民和被诅咒者进行了严格的区分,这种区分的理由(如果有的话),超出了人类的理解能力。引人注目的是与之相伴的极端认识论上的不信任:重要的不是说了什么,而是谁在言说,当然,骗子越恶毒、越强大,他们看起来就越可信。

对霍夫施塔特来说,在他那个时代,引发偏执风格的主要威胁是共产主义者,他们既存在于民族共同体之外,也存在于民族共同体内部,尽管很大程度上是秘密的(当然,这可以追溯到早期新英格兰清教徒对巫术的恐惧)。很容易看出共产主义者是如何被其他外部敌人所取代的——最明显的就是在9·11之后的反苏格拉底主义的伊斯兰教成为新的威胁。然而,"偏执风格"的现代表达的欺骗来源不仅在民族共同体之外,而且在很大程度上是在民族共同体内部:"主流媒体"和"受过教育的自由主义精英"。至少,对于那些相信现代民主政治团体可以通过理性和协商的力量团结在一起的人来说,这是令人沮丧的:用哈贝马斯的话说,"更好的论据之软弱无力"。[77]

## 作为一个欺骗系统的社会

但不仅仅是那些坚守福音派新教遗产的人认为现代世界充满了欺骗。对马克思和恩格斯来说,资本主义在很多方面都是地狱般的,而且它也具有欺骗性。它的形象与其说是弥尔顿笔下的万魔殿,不如说是弗里茨·朗(Fritz Lang)镜头下的《大都会》(*Metropolis*):一座光明、科学和休闲的城市,却依赖于一个充满辛劳和悲惨的黑暗之地。

马克思认为,资本主义制度本质上是自我隐蔽的。因为劳动(价值的起源)已经成为一种商品,所以经济生活的真正本质就被隐藏起来了,无论是对参与经济生活的人,还是对那些声称要分析经济生活的人,都是如此。

> 这种表现形式掩盖了现实关系,正好显示出它的反面。工人和资本家的一切法的观念,资本主义生产方式的一切神秘性,这一生产方式所产生的一切自由幻觉,庸俗经济学的一切辩护遁词,都是以这个表现形式为依据的[78]。

由于劳动过程受到商品交换的支配(商品"劳动力"被用来交换工资),所以它的社会性质被掩盖了。因此,对于生产者来说:

> 他们的私人劳动的社会关系就表现为现在这个样子,就是说,不是表现为人们在自己劳动中的直接的社会关系,而是表现为人们之间的物的关系和物之间的社会关系[79]。

但在这种情况下,没有恶意和狡猾的骗子。实际上,这种欺骗包括了从中受益的资产阶级。然而,有一种欺诈者,尽管不是针对个人,那就是资本本身。黑格尔的精神是上帝,除去一切人格的和任性的东西,在世界上实现自身。资本是精神的变形:自我保存、自我实现过程中的价值。正如马克思在《政治经济学批判》中所写:

> 流通这个表现为直接存在于资产阶级社会表面上的东西,只有不断通过媒介才能存在。就流通本身来看,它是预先存在的两极的媒介。但是它不会创造这两极。因此,流通不仅在它的每一个要素上,而且作为媒介的整体,作为全部过程本身,都必须通过媒介才存在。因而流通的直接存在是纯粹的假象(*reiner Schein*)。流通是在流通背后进行的一种过程的表面现象[80]。

黑格尔的精神(和康德的一样)是完全自由的("因为在它之中开始和结束是一致的")[81]。它为个人提供了两种和解:通过哲学思想的透明可理解性,或者从我们所嵌入的一种共享的伦理(*Sittlichkeit*)的事实接受。当然,对马克思来说,和解是虚幻的:问题是如何摆脱它。

对于早期的马克思来说,这不是一个重要的问题。正如他和恩格斯在《神圣家族》(1845)中所写的那样,物质上的苦难将使无产阶级反抗资本主义成为一种"迫切需要":

由于在无产阶级身上人失去了自己,同时他不仅在理论上意识到了这种损失,而且还直接由于不可避免的、无法掩饰的、绝对不可抗拒的贫困——必然性的这种实际表现——的逼迫,不得不愤怒地反对这种违反人性的现象,由于这一切,所以无产阶级能够而且必须自己解放自己[82]。

无产阶级也被意识形态所控制。在《法兰西阶级斗争》一书中,马克思将历史进程比作《出埃及记》:

> 现在这一代人,是和那些由摩西带领通过沙漠的犹太人相仿佛的。他们不只是要夺取一个新世界,而且要退出舞台,以便让出地盘给那些适于新世界的人们[83]。

因此,我们可以看到,马克思主义作为一种政治运动的最重要的特征——布尔什维克先锋党,是如何在马克思主义的基础上出现的。"科学社会主义者"现在所扮演的角色不仅仅是旁观无产阶级的行动,而是指导无产阶级。用恩格斯的话说:

> 深入考察这一事业(普遍解放)的历史条件以及这一事业的性质本身,从而使负有使命完成这一事业的今天受压迫的阶级认识到自己行动的条件和性质,这就是无产阶级运动的理论表现即科学社会主义的任务[84]。

虽然历史的目标范围广泛而且胸怀天下,但只有少数人能清楚地看到如何实现这一目标。党的合法性来自它代表无产阶级真正的、长远的利益,但是,就像摩西和以色列人一样,党和人民的理解可能会有分歧。在这种情况下,党不应该简单地盲从于其服务对象:它必须利用其优越的知识来领导他们。

马克思本人在他的《关于费尔巴哈的提纲》第三条中指出了这种"教育政治学"的问题:

> 有一种唯物主义学说,认为人是环境和教育的产物,因而认为改变了的人是另一种环境和改变了的教育的产物,——这种学说忘记了:环境正是由人来改变的,而教育者本人一定是受教育的。因此,这种学说必然会把社会分成两部分,其中一部分高出于社会之上[85]。

当然,对于现代左派来说,资本主义的不公正现象并没有消失。相反,物质上的不平等被其他文化形式的压迫所加剧:种族主义、性别歧视、同性恋恐惧症,等等。此外,问题不仅在于不公正本身的存在,还在于无法确认不公正——对于何谓不公正以及不公正存在于何处缺乏共识。因此,依然需要一种教育政治学来教育那些受害者了解他们痛苦的根源,并"命令"肇事者(很可能没有意识到)承担自己的责任。然而,在这种情况下,认知优势并非来自先锋政党对科学知识的掌握,而是基于受害者经历本身的真实性而自我证明的。

## 里斯本和奥斯维辛

在这一点上,我们回到第一章提出的一个问题:阿多诺将奥斯维辛比作里斯本地震的背后隐藏着什么?

> 里斯本大地震足以使伏尔泰摆脱莱布尼茨的神正论,而这种"第一自然"的可理解的灾难,与第二自然的,即社会的灾难相比,是微不足道的,后者蔑视人类的想象力,从人类的邪恶中引出了真实的地狱[86]。

在某种程度上,本书全部内容已然是一个答案。如果"里斯本"是这样一种观点的简写,即不再可能相信上帝创造世界是为了促进人类的幸福(或者坚持更早的信念,即世界现在的样子是对原罪的惩罚,是为未来的救赎做准备的一种方式),那么还有什么别的可能性呢?康德将世界视为一个考验场,以自由和负责任的人类主体性为中心,指向一种最后的审判和来世的奖励或惩罚,但与此同时,为作为和解的一种替代形式的"历史不朽"思想的现代重现铺平了道路。因此,这种"灾难"在"第二自然"中的存在具有重要意义,因为历史和社会已经具有曾经由宗教信仰所承载的意义。如果那承载的意义失败了,那么就会出现一种"价值的消亡",堪比宗教信仰的丧失。

但为什么是奥斯维辛?为什么它会产生如此具有道德毁灭性的后果?阿多诺自己的解释令人费解。他说,奥斯维辛如此灾难性的原因在于,它不仅消灭了个体,还消灭了个体性:

> 在集中营中死亡的不再是个体,而是这个实例必定影响那些从这个过程中逃脱的人的湮灭。种族灭绝是绝对的同化,只要人类被敉平,就会出现这种同化[87]。

死亡已经工业化到不再是一个个体作为个体死亡的程度,这种想法绝非新鲜事。阿多诺一定知道,黑格尔在《精神现象学》中表达了类似的想法,众所周知,他谈到法国大革命中的死亡只不过是劈开一颗菜头或吞下一口凉水[88]。此外,正如我们在上面所看到的,黑格尔赞扬世界精神发明了武器,以便将纯粹个人的勇气形式转变为更客观和匿名的形式。当然,也有一些人(比如本章前面讨论过的德里克·帕菲特)将战胜死亡的个体性视为一种解放。

以下是一种可能解释的概要。

纳粹的种族灭绝是一项蓄意的灭绝政策。它不同于殖民征服或奴役(纳粹对斯拉夫人实施的政策),也不是坚壁清野的手段或副产品。即使在其他地方的战争急需所需资源的某一时刻,纳粹仍坚持实施该政策。那么他们为什么要这么做呢?所有的迹象都指向一个完全可怕的结论:纳粹的种族灭绝是出于信念而进行的——这是一种极其邪恶的行为,他们相信自己是正当的。

这种信念本身可以用两个阶段来解释。随着民族主义形式的集体自我认同在19世纪扎根,一直在西方文化中持续存在的反犹主义出现了一种新的、凶猛的形式。犹太人从被视为威胁宗教共同体的外来者(可能是被撒旦驱使的)变成了威胁民族共同体的文化外来者。

因为本书从尼采那里获得了一些最重要的观点,所以似乎只有用他作品中的示例才是合适的,所以这里援引《希腊城邦》("The Greek

State"）中的一个长段，一份逐字抄录的作为《五部未成文之书的前言》（*Prefaces to Five Un-written Books*）之一的篇章，它于1872年献给科西玛·瓦格纳：

> 面对古希腊人的政治世界，我不会隐瞒时下的那些现象，于此之中，我相信我察觉到了对艺术和社会同样重要的政治领域的危险萎缩。如果应该存在这样的人，他们在某种程度上生来就被置于民族和国家的本能之外，因此只能在他们认为国家与他们自己的利益一致的情况下才珍视国家，这些人必然会把种种可能的伟大政治共同体最不受干扰的并行存在想象为最终的政治目标，身处其中，他们可能被允许不受限制地追求他们自己的目的。头脑中带着这些观念，他们就会推行能为这些目的提供最大保障的政策；然而，不可想象的是，他们违背自己的偏好，被或许是一种潜在的本能所引导，为国家旨趣而牺牲自己，之所以不可想象是因为他们恰恰缺乏这种本能。这个国家的所有其他类似的公民都对其本性中的国家本能究竟意在何为一无所知，他们只是一味盲从；只有那些将这种本能置之度外的人方能知道他们想从国家得到什么，以及国家能给予他们什么。因此，几乎不可避免的是，这些人将在国家中赢得巨大的影响力，因为他们被允许将其视为一种手段，而所有其他受国家无意识目的影响的人本身只是实现国家目的的手段。现在，为了通过国家这一工具来最大限度地促进他们的自私目的，首先，这一点是必要的：国家完全从那些难以估量的可怕的战争动乱解放出来，以便能够被理性地利用；因此，他们竭尽全力争取创造一种使战争成为不可能的环境。为此，首先要遏制和削

弱政治上的分裂主义和派系之争,通过建立庞大的、均衡的国家有机体,而且它们彼此之间互相防卫,从而使侵略战争的如意算盘落空,进而使战争本身成为最不可能的事情;另一方面,他们将努力让战争与和平的问题不再囿于个别统治者的决定,以便能够毋宁诉诸群众或其代表的利己主义;为此,他们又需要慢慢地消解国家的专制本能。最广泛地传播自由主义对世界的乐观信条,最利于他们达成这一目的,这种世界观源于法国启蒙运动和大革命的种种学说,这是一种<u>完全非日耳曼的、真正的新拉丁的、肤浅的、非形而上学的哲学</u>。在时下盛行的国际性运动和同时推行的普选制中,我不能无视对战争的恐惧甚于对其他一切的恐惧所造成的影响。的确,在这些运动的背后,我看到了那些<u>真正国际性的四海漂泊的金钱隐士</u>,由于天生缺乏国家本能,成为真正的警觉之士,他们学会了滥用政治使其成为证券交易的一种手段,滥用国家和社会使其成为自己致富的一种机械装置。为了反对所担心的国家向着某种热衷于金钱的旨趣偏离,唯一的补救办法是战争以及一而再再而三的战争,在战争的激情中,至少有一点是明显的,国家不是建立在对战争恶魔的恐惧之上,不是作为对自私自利的个体提供保护的一种机构,而是出于对祖国和君王的热爱,它创生了一种伦理冲动,预示了一种更高的天命。如果我由此指明在<u>自私的非国家的金融贵族对革命教条的利用</u>中,时下政治情势危险且典型的特征,如果与此同时,我表明支持变革的乐观主义大量传播不过是<u>现代金融事务落入外行之手</u>的结果,而且如果我设想所有社会状态的罪恶以及艺术的必然堕落或者是萌芽于这样的根基,或者是和其一起共生,那么,我偶尔为战争唱一曲颂歌,必定也能唤起人们的宽宥之情[89]。

把犹太人描绘成自由的、无根的国际主义者,缺乏爱国主义,利用政治来获取经济利益——更令人受伤的是,尼采没有为犹太人命名,只是用"金钱隐士"(*Geldeinsiedler*)这样贬低犹太人的称呼来指代他们——这种描述贯穿19世纪末和20世纪初的德国民族主义(而且不仅限于德国民族主义)。但纳粹还增加了一些东西:一种基于"科学"种族主义的反犹太主义。人类从根本上被划分为本质上具有不同身体和精神特征的种族(事实上,人类在起源上可能就已是大相径庭的)。虽然不同的种族可以通婚,但这样做的结果在生物学和文化上都是灾难性的。当一个劣等种族像一种寄生虫一样浸透在一个优等种族的领土和文化中时更是如此。把这些想法放在一起,一种意识形态就出现了,在这种意识形态中,种族,在"民族"之下和之上,成为超个人认同的目标,种族的净化成为压倒一切的目标——一个比个人生存甚至赢得战争更重要的目标。

那么,我们所拥有的,是一个历史不朽的概念,它是完全排他性的。对尼采来说,正如艺术有一个只有少数人能感知的客观价值一样,"种族"是一个不是每个人都能向往或要求的价值。那些反对它的人甚至并非是选择邪恶的负罪主体,也并非是"虚假意识"的化身,适合成为"再教育营地"的对象。它们只不过是需要清洗的污垢或需要消毒的感染。

从受害者的角度来看(阿多诺非常感人地解释了为什么他不可不采取这种观点,同时为自己的幸存感到内疚),这种看待世界的方式在道德上是灾难性的。它不仅否认了他的存在的权利,而且它在他自己的民族感情之中的出现足以推翻任何普遍性、包容性的人类历史观。

阿多诺对吗？写这本书的前提是，我们每个人都必须找到通往使我们得以在某种程度上安然地栖居的那套信念（*doxai*）之路。有些信念经不起理性的批评，有些信念——至少对我来说，我也希望是对我的读者来说——在道德上是令人反感的，但没有放之四海而皆准的正确答案。这是我从阿多诺那里学到的一课。话虽如此，至少在我看来，他确实如是。如果把纳粹时期仅仅看作一段持续进步的历史中一个可怕的、野蛮的中断，就会忽略它在道德上具有的彻底破坏性。

我从阿多诺那里得到的另一个教训是，不要停止将人类视为具有平等、内在价值的人，即使我们找不到"一些人性的小金块——一些内在的统一灵魂，一些护身符或高光洁度的难以言表的特性（*je ne sais quoi*），它们将成为我们的尊严和价值的依据"。[90] 我们也不应该放弃将人类视为跨越时间和空间的一个整体的计划——正如穆勒所说，拥抱"更大的国家——世界之爱……既作为升华了的情感的一种源泉，也作为履行义务的一种信条"。[91] 但是，看着文明堕落成恐怖的奥斯维辛是一个可怕的提醒，提醒我们这种种承诺的脆弱性，并警告我们不要以为种种承诺被置于与发展中的人类理性相关的客观道德真理的坚实基础上，警告我们不要以此聊以自慰。正如奥威尔所言，"'真理是伟大的，必将势不可挡'，此一言说与其说是某种公理，不如说是一种祷告"。[92]

# 后 记

> 虽然与我们的上帝和苏格拉底类似,
> [以赛亚·伯林]述而不作,
> 但他思如涌泉,妙语连珠。
> ——莫里斯·博拉(Maurice Bowra)
> 致诺埃尔·安南(Noel Annan)

这本书源于牛津大学的"以赛亚·伯林思想史讲座"。被邀请回到这所我曾学习和任教多年的大学,对我来说意义重大。我非常感谢"以赛亚·伯林思想史讲座"委员会、主办方基督圣体学院以及我那沉浸其中且耐心的听众,这一切让人难以忘怀。书名的两个要素都激起了我的回忆。

多年前,在英国学术就业前景十分黯淡的时候,我曾在一所美国大学接受一位英国著名哲学家的面试。我没有取得该职位,但我确实听到了他对我的一些评价。他认为,虽然我功底不错,但最后,他遗憾地说,我不是一个真正的哲学家,而是一个思想史学家。回到母校为"以赛亚·伯林思想史讲座"尽一份绵薄之力之际,我不禁想到,我的职业生涯在多大程度上受到了希冀两者兼而有之的努力的影响(而且我一直担心,事实上,我可能两者都不是)。

我也想到了以赛亚·伯林。

20世纪70年代初,我还是牛津大学的一名本科生。那时,伯林已经从奇切利教席退休,担任了沃弗森学院的院长。对老一辈的人而言,他的讲授不容错过,但我这一小辈彼时只有幸通过他的名望和作品认识他。像所有 PPE(哲学、政治与经济学)的学生(包括我的学生)一样,我写了一篇讨论《两种自由概念》必须完成的论文,但我当时认为,(伯林)这篇文章几乎是为了激怒好辩的本科生而写的。这里只提两个最明显的论点:一旦我们意识到,我们必须明了人们可能想要用自由来做什么("不受限的自由"只能参照"自由意欲何为"来衡量)时,消极自由和积极自由之间的区别难道不会不成立吗?而且难道会有一种理论认为,如果法律没有禁止或身体上没有障碍,那么哪怕缺乏必要的手段,人们依旧可以被认为是"自由"行事,这种理论难道没有严重的问题吗?

当我开始研究伯林的其他观点时,我依旧未能信服。将足球运动式的思想史转化为二元对立总是值得商榷的,但伯林将 18 世纪和 19 世纪的欧洲思想分为"启蒙时期"(以"宣布理性自治和基于观察的自然科学方法作为唯一可靠的知识方法"为特征)和他所描述的"相对主义"和"怀疑主义"的"反启蒙时期",这种分法尤其是没有助益的[1]。德国唯心主义者并不相信自然科学是"唯一可靠的知识方法",但他们也不是怀疑论者或相对论者。像伯林那样建立这种对比,可能完全忽略了他们的中心思想:"知性"(Verstand)——科学中使用的那种观察判断和演绎法的推理——只是"理性"(Vernunft)的一部分。对康德来说,是理性(Vernunft),而不是知性(Verstand),构成了道德的基础,使哲学知识成为可能;而黑格尔的观点是,理性在历史中展开自己,因此存在多样性和统一性(我再次为这个标签道歉,我称之为"半截子-特殊主义"),没有它是不可想象的。

然后是政治。像当时的许多年轻人一样,我曾希望出现一个同等反对镇压布拉格和西贡民选政府的新左派,我认为20世纪50年代的反共分子对后者负有很大的责任。我也不同意(尽管我更为同情)伯林的犹太复国主义。然而,与此同时,我知道伯林对我的许多老师而言都极为重要,所以我虽然一意孤行,但对那些人们津津乐道的伯林的善良和幽默的故事大为赞赏。

20年后我才见到他。我在《泰晤士报》发文评论了他关于哈曼的书(他多年前的一些演讲的抄本),随后受邀去海丁顿喝茶。我欣然接受了(如果我父亲还活着,他会把有一个和以赛亚爵士一起喝茶的儿子视为他最引以为豪的成就之一)。我对自己所应期待的心中有数,因此没有失望。伯林对与谈者给予了确切的关注,他简直太有魅力了,但不可否认的是,他确实像一个伟大的即兴喜剧演员一样,把他的谈话对象当作线索,那天下午他要说的很多话都与叶礼庭(Michael Ignatieff)精彩的电视采访非常吻合,这些采访肯定大致是在同期录制的。

我想我已经尽了我的职责。我记得,对他的问题"你知道,'科耶夫'(Kojève)原名为'科热夫尼科夫'(Kozhevnikov)吗?",当我出乎意料地回答"是的"时,我有点错愕,但很快就镇定自若了。在我的评论中,我冒昧地开了一个相当谨慎的玩笑(也许伯林并不是最明显反对哈曼散文之风过甚的人),他让我知道他已经注意到了这一点,但准备原谅我的无礼。我还将一些著名的思想家——康德、哈曼、赫尔德、汉娜·阿伦特……以及伯林本人——归为来自"东波罗的海"的一派。"柯尼斯堡!"他斩钉截铁地说,"那不是东波罗的海!"就像一个泰恩赛德人对来自利兹的人说他们不是"真正的北方人"一样。

但让我印象最深刻的是以下几点。在某种程度上,我一定提到了我对阿多诺的兴趣。这惹恼了他。"但他是不认真的!不认真的!"他反对道,"他是我的朋友,但他是不认真的!"他这样说了几分钟,但我坚持己见,直到他改变主意:"好吧,你必须写他。是的,写他吧!"

事实上,我已经这么做了。《黑格尔的辩证法及其批判》是我的第一本书,最初是一篇博士论文,由查尔斯·泰勒指导,比照的是阿多诺的《否定辩证法》。有两件事使它偏离了正轨。人们一直希望在阿多诺身上找到一种可辩护的"辩证"哲学概念,以取代黑格尔的思辨唯心主义。我越是思考这个问题,越是仔细阅读阿多诺和黑格尔,我就越不相信这样的事情是可能的。此外,当我试图向我杰出的导师解释我的疑虑和困难时,我意识到我们的谈话变得更加复杂,因为我对黑格尔的理解显然与他不同。其结果是许多论文都会出现的情况:本应以黑格尔作为阿多诺背景的第一章,变成了论文的主体,而本应作为论文主旨的关于阿多诺的探究成了最后一章,它被大多数读者忽略了。

在我和伯林茶叙那段时期,正是我重拾对阿多诺的探究之时,这次是从社会理论的角度。1996年出版的《论自愿奴役》试图从历史角度分析意识形态理论,将其解释为两种"背景信仰"(我现在称之为种种信念, *doxai*)汇合的结果:一种观点认为,社会被"虚假意识"所渗透并维系在一起;另一种观点认为,社会是一个系统,它有能力超越个人的意图和意识来维持和复制自己。我认为,阿多诺完全致力于这两种信仰,他借鉴一种社会存在本体论的转换,尽管它至少在作为黑格尔思辨唯心主义的一部分时是一致的,但与渴望成为"唯物主义"或"科学"的社会理论是不相容的。阿多诺认为,黑格尔对社会的描述是正确的(社会确实是一个超个人的、自我再生产的有机体),却是言不由衷的(它远非一个理想,这一点恰是人类需要逃避的)。

我过去(现在仍然)认为,作为对马克思的一种解释,这是正确的

(见第九章),任何对马克思主义的重建(像伯林的学生和我自己的好朋友科恩那样),如果忽视了这些"黑格尔"元素,就会失败。另一方面,"分析的马克思主义者"也是正确的,一种假定"否定性的黑格尔"的社会本体论的理论不能被捍卫为社会科学。有人告诉我,伯林有我的这部著作,他弥留之际正在读这本书。

这两次介入(以及多年来的其他一些介入)从根本上批判了阿多诺——我仍然相信这是有道理的——但它们并没有解释是什么最初吸引了我,并让我不断回来。在这方面,我想起了与我的学生、伯林专家约书亚·切尼斯(Joshua Cherniss)的一次对话。"你知道,迈克尔,"有一天他对我说,"我认为你受益于阿多诺之处如同我之受益于伯林。"

我在阿多诺身上找寻的是这样一种哲学概念,即把哲学理解为历史,但既不是简化的(哲学只是发生在其他地方的流程的附带现象),也不是目的论的(哲学史是理性凭借时间实现自身的明证)。我也被阿多诺对康德和黑格尔的深入研究以及他对两者的批判所吸引。他的学生马丁·普德(Martin Puder)回忆说,在20世纪60年代初,阿多诺的博士生研讨会是按照以下方式进行的:"在夏天读康德的书,然后说:黑格尔是对的;但在冬天,读黑格尔的书,然后说:康德是对的。"[2] 我相信读者会在这本书中辨别出这些主旨。但在我见到伯林的时候,还有一件事我不太清楚。

伯林思想的核心是"多元主义",即他经常提到的"价值观的冲突"。然而,即使是他最伟大的崇拜者也不得不承认,这是一个很难用任何有趣和站得住脚的形式来表达的问题。正如艾伦·瑞安(Alan Ryan)在他关于伯林的回忆录中写道:

如何最好地描述伯林自己对多元主义的理解并非易事。毕竟，在我们所置身其中的世界上，鱼与熊掌常常难以兼而有之，这是一种相当俗套的想法，而伯林确信多元主义不落俗套[3]。

是的，即使我们在苹果和橙子之间做出选择，也不能保证有某种潜在的共同因素（"水果"？）使我们的选择变得理性，所以，比方说，用1个橙子换4个苹果，并不等同于用1张10美元的钞票换4张5美元的钞票：即使这笔交易相当划算，也总会有某种缺憾。但谁真的会这样想呢？即使是对功利主义有强烈好感的经济学家也没有感到困扰。他们会告诉你，重要的不是商品本身的某些共享因素，而是人们在商品之间进行选择的方式：他们的偏好函数。

同样，伯林所谓的"美好生活不止一个的深刻真理"，[4]虽然它可能确实将我们与柏拉图，或许还有边沁区分开来，但它几乎不是一个原创的想法：约翰·斯图尔特·穆勒（以及在他之前的威廉·冯·洪堡和赫尔德）已经探索过它。即使黑格尔也不会否认这一点。毕竟，精神是自我分化的，而《法哲学原理》现实化了的国家是多元的，但仍会留有私人生活之任性（*Willkür*）的一席之地——纵然只是某种附属之地。然而，我开始相信，在伯林的多元主义背后有一个重要的思想，尽管据我所知，伯林本人从未以令人信服的方式阐述过这个思想。

我的猜测是，棘手的问题——伯林的"多元主义"似乎落入俗套的原因——在于"价值观的冲突"这个短语如此容易地滑向谈论"善之多元性"。[5]正如瑞安所说，关于善，伯林既不是相对主义者，也不是怀疑论者。他也不是唯意志论者：人们选择善是因为它们有价值，而不是因为它们被选择而有价值。因此，出现的画面（无论伯林有意与否）是一种多元的结果主义。你站在各种各样的路径前,每条路径都通向或多或少具有内在价值之善。你不能只选择一条路,但你在每一条路上走多远取决于并决定了你在其他道路上走多远。在这一点上,伦理学变得像决策理论:这是在可供选择的善之"篮子"中进行理性选择的问题。只要一个人不违反理性的准则,就没有理由在选择一种或另一种组合时受到指责。

但还有另一种多元化。可以说,有相互冲突之善,为了更充分地实现其中之一种,至少在某种程度上,你需要放弃对另一种善的追求。更令人烦恼的是,你可能有相互冲突的义务。对康德来说,由于实践理性的本质,义务冲突是不可能的:责任和义务是表达某种行为的客观现实必要性的概念,两个相互对立的规则不能同时存在[6]。更一般地说,道德对我们提出我们无法企及的要求的可能性被康德的伯拉纠-苏格拉底式宗教观排除了。如果上帝要让我们对违反义务的行为负责并惩罚我们,那么神圣的正义就要求义务必须是我们力所能及的:"应该"意味着"能够"。

伯林的朋友,伯纳德·威廉斯反对康德德性理论的几乎所有内容,包括康德关于道德义务的概念,然而,奇怪的是,他保留了康德关于理性主体在寻求"实践必要性"时所持的审慎的观点[7]。威廉斯现在所称之为"伦理"。他说,"伦理"是一个决定不同种类的"伦理考量"的"审慎优先权"的问题,每一种都有"重要性"。[8] 因此,对于康德来说,道德可能对我们提出既不可避免又无法实现的要求这一观点被排除了,因为这与"实践理性"不符,对于威廉斯而言,这一观点也被排除了,但在他的情况下,这是因为它建立在一种错误的关于伦理本质的外在和强制性的观点之上[9]。

不管怎样，阿多诺确实明确肯定了这个更激进的观点。正如他在《最低限度的道德》(Minima Moralia)中所言，"覆巢之下无完卵"(Es gibt kein richtiges Leben im falschen)[10]。无论我们做出什么选择，都牵涉到我们所无法满足的那些正当的要求，这种"道德损失"比我们不能追求每一个有价值的目标或某些考虑将比其他考虑具有更大的"审慎优先权"的想法更需要得到认真的思考。对阿多诺来说，我们的手总是脏的——不仅仅是当我们参与暴力的政治行动时。在一个不公正现象根深蒂固且无处不在的世界里，回避政治的企图也应受到谴责。在阿多诺方面，他所持的否定性的黑格尔信念使情况变得更加复杂，他认为我们栖身于一个万魔殿之中：一个不仅充满不公正，而且充满欺骗的世界，因此甚至对世界之悖谬的理解都是难以捉摸的。

杰瑞·科恩将他在没有黑格尔的情况下重建马克思的计划描述为"非胡诌的马克思主义"。也许我可以把我的筹划描述为"非胡诌的阿多诺"。老实说，我仍然不确定这是否可能，它会是什么样子，以及当它最终出现时，我是否愿意为它辩护。我也不知道伯林是否会觉得，用这种更"阿多诺主义"的风格来诠释他的"多元主义"是一件合意的事。但我确实希望他会同意，这至少是"认真的"。

除此之外，我还在另一个方面感谢伯林：从道理上讲，我是他的徒孙。如果我们接受德语术语"博士导师"(Doktorvater)，那么狭义上就是如此。伯林指导了查尔斯·泰勒，而泰勒指导了我。但这在更广泛的范围内也是正确的。几乎所有对我最重要的老师、导师和对话者都曾是伯林的学生或朋友：除了查克(Chuck 是查尔斯·泰勒的昵称)，我还应该提到艾伦·蒙蒂菲奥里(Alan Montefiore)、艾伦·瑞安、拉里·西登托普(Larry Siedentop)、杰瑞·科恩和吕迪格·布伯纳(Rüdiger Bubner)。

但这并不意味着我认为自己是"伯林学派"(Berliner Schule)的一员——即使是第三代成员。相反,伯林最引人注目、最令人钦佩的一点是他能接受不同意见。

马克思曾说过,恐怕没有什么人曾在这样缺钱的情况下写出关于金钱的著作了,而哲学也常常如此。哲学家一般都赞成对话、辩论、争论和分歧,但并不总是很擅长于躬身力行。有一些合情入理的原因。哲学不仅很难,而且——至少对偏爱哲学的人来说——如果你遵循这本书的论点,就会发现其重要性与宗教的重要性有异曲同工之处。因此,毫不奇怪,哲学家们坚守自己的真知灼见,并倾向于无视基于偏见和误解的批评(当然,因为这些批评来自其他哲学家,而且他们也经常坚守自己深刻的见解)。简而言之,我们在理论上比在实践中更擅长争论。

在他的朋友和学生看来,伯林似乎是这条经验法则的一个例外。只要看看刚才提到的名字是多么多样化,就会发现他没有强加任何大一统的观念。事实上,在我看来,对《两种自由概念》的所有批评中,最有力的是查尔斯·泰勒的《消极自由有什么错?》("What's Wrong with Negative Liberty?")——发表在一份对伯林的纪念文集之中[11]。因此,我自己与查克的分歧——贯穿全书,至少是含蓄地——是我们这一脉传统的一部分。如果说我自己也有这种美德,那就太冒昧了,但我确实承认并钦佩这种美德。

正是本着这种精神,我希望伯林会欢迎将这本书献给他无缘得见的智识上的曾徒孙们,唯愿他们将像伯林的学生们对他的老师那样,自由地表达自己的不同意见。

# 致　谢

正如约翰逊博士所说,"每一项漫长的工作都是由于一千个可以叙述的原因和一万个不能叙述的原因而延长的……懒惰、干扰、工作和娱乐,轮番上阵,结果就是进度迟缓"。恐怕我这一次也不例外。

我希望,在过去的十年里有幸成为不下三所牛津学院的客座教授,并不是导致我进度迟滞的原因之一。我非常感谢基督圣体学院、万灵学院和瓦德汉学院在我休假期间的热情款待。

我最初的听众提出了许多精辟且极其重要的问题。我记得拉尔夫·沃克(Ralph Walker)在一次课后的提问环节中问我,我是否认为,除了我概述的道德上的游叙弗伦困境之外,认识论和形而上学上也有某种类似的困境。当时我不是很确定,但我现在认为,至少就康德而言,这是一个极具启发性的意见。正如读者现在所知,我不相信康德是道德理论中的一位"建构主义者",在我看来,他是人类知识的建构主义者的理由似乎更充分。在另一部著作中,我可能会致力于探究这个想法。

随着它的完稿，这本书的部分内容已经呈现给许多读者，其中的素材已经出现在许多论文和文章中[1]。我必须特别感谢在哈佛欧洲哲学研究会赞助下举办的研讨会的参与者，也特别感谢一个小型但热烈的研讨会的参与者：内特·海亚特（Nate Hiatt）、塞尔洛姆·奥赫内（Selorm Ohene）、雅各布·朗特里（Jacob Roundtree）和理查德·王（Richard Wang），正如任何作者所希望的那样，这些参与者提出了建设性的批判。我特别感谢丹尼尔·布雷西亚尔（Daniel Breazeale）、安德鲁·奇蒂（Andrew Chitty）、金泰妍（Tae Yeoun Keum）和特里·平卡德（Terry Pinkard）在追寻特定文本和引文方面提供的帮助。艾玛·埃博韦（Emma Ebowe）和亨利·斯科特（Henry Scott）是非常投入和乐于助人的研究助理。

各种评论和建议让我受益无穷，下面列出的只是其中的一小部分：雅各布·阿波拉菲亚（Jacob Abolafia）、大卫·阿米蒂奇（David Armitage）、肯尼斯·贝恩斯（Kenneth Baynes）、埃里克·比尔博姆（Eric Beerbohm）、特雷莎·贝扬（Teresa Bejan）、科林·伯德（Colin Bird）、蒂莫西·布朗利（Timothy Brownlee）、艾米·钱德兰（Amy Chandran）、约书亚·切尼斯（Joshua Cherniss）、迪娜·埃蒙茨（Dina Emundts）、塞西尔·法布尔（Cecile Fabre）、莱纳·福斯特（Rainer Forst）、埃卡特·福斯特（Eckart Förster）、保罗·弗兰克斯（Paul Franks）、迈克尔·弗雷泽（Michael Frazer）、亚伦·加勒特（Aaron Garrett）、塞缪尔·戈德曼（Samuel Goldman）、彼得·戈登（Peter Gordon）、加布·戈特利布（Gabe Gottlieb）、莎拉·古斯塔夫森（Sarah Gustafson）、迪米特里·哈利卡斯（Dimitri Halikias）、尼古拉斯·海斯（Nicholas Hayes）、雅各布·赫尔格（Jacob Hoerger）、马丁·杰伊（Martin Jay）、伊格纳特·卡利诺夫（Ignat

Kalinov）、肖恩·凯利（Sean Kelly）、安德鲁·马奇（Andrew March）、萨曼莎·马瑟恩（Samantha Matherne）、杰克·麦克纳尔蒂（Jake McNulty）、奥洛尔·米莱（Aurore Millet）、阿德里安·摩尔（Adrian Moore）、迪克·莫兰（Dick Moran）、埃里克·纳尔逊（Eric Nelson）、布莱恩·奥康纳（Brian O'Connor）、蒂尔·范·拉登（Till van Rahden）、南希·罗森布拉姆（Nancy Rosenblum）、乔丹·鲁丁斯基（Jordan Rudinsky）、弗雷德·拉什（Fred Rush）、蒂姆·斯坎伦（Tim Scanlon）、卢德克·塞基拉（Ludek Sekyra）、昆廷·斯金纳（Quentin Skinner）、卢卡斯·斯坦齐克（Lucas Stanczyk）、约翰·塔西乌拉斯（John Tasioulas）、丹尼斯·汤普森（Dennis Thompson）、劳拉·瓦伦蒂尼（Laura Valentini）、达纳·维拉（Dana Villa）、莱夫·韦纳（Leif Wenar）、乔纳森·沃尔夫（Jonathan Wolff）、伯纳多·扎卡（Bernardo Zacka）。他们对我的思想恩泽天地共知，我希望有机会再次亲自感谢他们。

我得到了两位杰出编辑的支持，一位是哈佛大学出版社的传奇人物伊恩·马尔科姆（Ian Malcolm），另一位是我最崇拜的朋友玛伦·迈因哈特（Maren Meinhardt），他们对我的爱和善意溢于言表。

延迟的一个原因（但我希望也是一个改善的机会）是哈佛大学出版社的三位博学而热心的读者的报告。他们对这本书的早期版本提出了批评，我已经尽了最大的努力来回应。除了指出我遗漏的地方，并在许多具体问题上向我提出质疑外，他们还发现这本书开头附加的笼统的方法论讨论令人分心，而且令这本书作为一个整体不能完全地融为一体。我决定听从他们的建议，做了（对我来说）非常痛苦的外科手术，删除了当时的前两章。我不敢说病人恢复得有多好，尽管引人注目的是，这本书现在比去掉那些章节之前要长。

但后来的报道清楚地表明,我并没有说服他们接受我的观点。事实上,一位评论家预测,这本书将"刺激"相当一部分读者。如果这源于我的迟钝、晦涩或无礼,那么我真诚地道歉。然而,如果读者被激起去重新思索那些被认为是天经地义的事情,那么,即使我没有成功地说服读者(请记得苏格拉底同样把自己描述成一只"牛虻"),也依然对得住天地情谊。

# 注 释

## 第一章 引言：一个不那么世俗的时代？

1 Jonathan Wolff, "Academic Writing", *The Guardian*, 4 September 2007.

2 David Hume, *A Treatise of Human Nature* (Oxford: Oxford University Press, 1968), part 4, sect. 7.

3 Hegel, *Phenomenology of Spirit (Phänomenologie des Geistes), Werke 3*, p. 11. [Denn wie und was von Philosophie in einer Vorrede zu sagen schicklich wäre—etwa eine histo-rische Angabe der Tendenz und des Standpunkts, des allgemeinen Inhalts und der Resultate, eine Verbindung von hin und her sprechenden Behauptungen und Versicherungen über das Wahre—kann nicht für die Art und Weise gelten, in der die philosophische Wahrheit darzustellen sei.]

4 Recounted in Alasdair MacIntyre, "The Relationship of Philosophy to Its Past", in R. Rorty, J. Schneewind and Q. Skinner (eds.), *Philosophy in History* (Cambridge: Cambridge University Press, 1984), pp. 39–40.

5 阐明并证明这种哲学概念的合理性——以及从另一方面为其辩护，使其免受其所提供的"历史"不够历史性的指控——是一项艰巨而重要的任务。这是我希望在另一部专著中着力探讨的任务。

6 Nietzsche, *The Gay Science* (New York: Vintage, 1974), sect. 108.

7 例证请阅：Inglehart and Norris, *Sacred and Secular: Religion and Politics Worldwide* (Cambridge: Cambridge University Press, 2004)。

8 这一立场的明确（且激烈）的新近表述，详阅：Steven Pinker, *Enlightenment Now: The Case for Reason, Science, Humanism and Progress* (London: Penguin, 2018)。

9 这一立场的经典表述，详阅：Charles Taylor's *Sources of the Self* (Cambridge, MA: Harvard University Press, 1989) 以及他的 *A Secular Age* (Cambridge, MA: Harvard University Press, 2007)。

10 Friedrich Schiller, "Die Götter Griechenlands", in C.M. Wieland (ed.), *Der Deutsche Merkur* (1788); Max Weber, "Wissenschaft als Beruf" (München und Leipzig: Duncker & Humblot, 1919); Matthew Arnold, "Dover Beach" (1867).

11 Carl Schmitt, *Politische Theologie: Vier Kapitel zur Lehre von der Souveränität* (Berlin: Duncker & Humblot, 2015), p. 43. [Alle prägnanten Begriffe der modernen Staatslehre sind säkularisierte theologische Begriffe.]

12 Carl Becker, *The Heavenly City of the Eighteenth-Century Philosophers* (New Haven, CT: Yale University Press, 1932).

13 Nietzsche, *Human, All Too Human (Menschliches Allzumenschliches)*, Vol. 2 (Munich: DTV, 1988), 1: 23. [Ein Idealist ist unverbesserlich: wirft man ihn aus seinem Himmel, so macht er sich aus der Hölle ein Ideal zurecht.]

14 当然，故事比这更复杂。请阅：Michael Rosen, *Dignity: Its History and Meaning* (Cambridge, MA: Harvard University Press, 2012)。

15 相关探讨，详阅：R. Cruft, S.M. Liao and M. Renzo (eds.), *Philosophical Foundations of Human Rights* (Oxford: Oxford University Press, 2015).

16 例如，可参阅：Ronald Dworkin, *Religion without God* (Cambridge, MA: Harvard University Press, 2013)。

17 Roger Scruton, "Memo to Hawking: There Is Still Room for God", *Wall Street Journal*, 24 September 2010.

18 Kant, *Critique of Pure Reason*, Bxxxi, 着重号系我所加。

19 Samuel Beckett, "ainsi a-t-on beau", in *Collected Poems in English and French* (New York: Grove Press, 1977), p. 46.

20 Diderot to Falconet, 15 February 1766, in *Le Pour et le Contre* (Paris: Éditeurs Français Réunis, 1958), p. 78. [Ô postérité sainte et sacrée! soutien du malheureux qu'on opprime, toi qui es juste, toi qu'on ne corrompt point, qui venges l'homme de bien, qui démasques l'hypocrite, qui traînes le tyran; idée sûre, idée consolante, ne m'abandonne jamais. La postérité pour le philosophe, c'est l'autre monde de l'homme religieux.]

21 Samuel Taylor Coleridge, *Anima Poetae: From the Unpublished Notebooks of Samuel Taylor Coleridge* (London: William Heinemann, 1845), p. 127.

22 Hegel to Schelling, end of January 1795, in *Briefe von und an Hegel* (Hamburg:Felix Meiner, 1952).

23 Rousseau, *The Social Contract (Du Contrat Social)* (Paris: Garnier-Flammarion, 1966), p. 56. [car l'impulsion du seul appétit est esclavage, et l'obéissance à la loi qu'on s'est prescrite est liberté.]

24 Hegel, *Encyclopedia of the Philosophical Sciences II, Werke 9*, para. 248. [so ist die Natur nicht frei, sondern nur notwendig und zufällig. Denn Notwendigkeit ist Untren-nbarkeit von Unterschiedenen, die noch gleichgültig erscheinen; daß aber die Abstraktion des Außersichseins auch zu ihrem Rechte kommt, ist die Zufälligkeit, die äußerliche Notwendigkeit, nicht die innere Notwendigkeit des Begriffs.]

25 Baruch Spinoza, Letter to Schuller, October 1674, in *The Correspondence of Spinoza* (London: Frank Cass, 1966), pp. 274–75.

26 Hegel, Jenaer Schriften, Werke 2, p. 557.

27 Hegel, *Lectures on the Philosophy of Religion I, Werke 16*, pp. 150–51. [daß es der Philosophie um nichts weniger zu tun ist, als die Religion umzustoßen und nun etwa zu behaupten, daß der Inhalt der Religion nicht für sich selbst Wahrheit sein könne; vielmehr ist die Religion eben der wahrhafte Inhalt, nur in Form der Vorstellung, und die Philosophie soll nicht erst die substantielle Wahrheit geben, noch hat die Menschheit erst auf die Philosophie zu warten gehabt, um das Bewußtsein der Wahrheit zu empfangen.]

28 Hegel, *Lectures on the Philosophy of Religion I, Werke 16*, p. 192. [So ist Gott

diese Bewegung in sich selbst, und nur dadurch allein lebendiger Gott. Aber dies Bestehen der Endlichkeit muß nicht festgehalten, sondern aufgehoben werden: Gott ist die Bewegung zum Endlichen und dadurch als Aufhebung desselben zu sich selbst. Im Ich, als dem sich als endlich aufhebenden, kehrt Gott zu sich zurück und ist nur Gott als diese Rückkehr. Ohne Welt ist Gott nicht Gott.]

29 Hegel, *Lectures on the Philosophy of History, Werke 12*, pp. 26–27. [Aber ich habe mit der Erwähnung der Erkenntnis des Plans der göttlichen Vorsehung überhaupt an eine in unsern Zeiten an Wichtigkeit obenanstehende Frage erinnert, an die nämlich, über die Möglichkeit Gott zu erkennen, oder vielmehr, indem es aufgehört hat eine Frage zu sein, an die zum Vorurteil gewordene Lehre, daß es unmöglich sei, Gott zu erkennen. Dem geradezu entgegengesetzt, was in der Heiligen Schrift als höchste Pflicht geboten wird, nicht bloß Gott zu lieben, sondern auch zu erkennen, herrscht jetzt das Geleugne dessen vor, was ebendaselbst gesagt ist, daß der Geist es sei, der in die Wahrheit einführe, daß er alle Dinge erkenne, selbst die Tiefen der Gottheit durchdringe.]

30 Heinrich Heine, *Geständnisse, in Vermischte Schriften* (Hamburg: Hoffmann und Campe, 1854), pp. 61–62.

31 F. Schiller, "Resignation: Eine Phantasie", *Thalia* (1786).

32 J. D. Falk, *Goethe aus näherm persönlichen Umgange dargestellt* (Leipzig: Brockhaus, 1856).

33 Falk, *Goethe aus näherm persönlichen Umgange dargestellt*, p.69.

34 Plato, *Republic*, 394d. 另见：T. Kelly, "Following the Argument Where It Leads", *Philosophical Studies* 154, no.1 (2011), 105–24。

35 Hilary Putnam, "Realism without Absolutes", *International Journal of Philosophical Studies* 1, no.2 (2008), 180.

36 对这个话题进行的深入探讨，详阅：Michael Della Rocca in "The Taming of Philosophy", in M. Lærke, J. E. H. Smith and E. Schliesser (eds.), *Philosophy and Its History: Aims and Methods in the Study of Early Modern Philosophy* (Oxford: Oxford University Press, 2013)。德拉·罗卡（Della Rocca）反对它，

认为它有着过多的心理学色彩。正如他所指出的，反思平衡作为形而上学的目标得到了极具影响力的大卫·刘易斯（David Lewis）的明确认可（"The Taming of Philosophy", p. 183）。

37 William James, "The Will to Believe", in *The Will to Believe and Other Essays in Popular Philosophy* (New York: Dover, 1956).

38 James, "The Will to Believe", p. 11.

39 M.H. Abrams, *The Mirror and the Lamp* (Oxford: Oxford University Press, 1953).

40 Abrams, *The Mirror and the Lamp*, p. 183.

41 G.A. Cohen, *Rescuing Justice and Equality* (Cambridge, MA: Harvard University Press, 2008), p. 11.

42 Michael Hardimon, *Hegel's Social Philosophy: The Project of Reconciliation* (Cambridge: Cambridge University Press, 1994).

43 Adorno, *Negative Dialektik* (Frankfurt am Main: Suhrkamp, 1975), p. 354.

44 "表象和思想之间的区别更为重要，因为一般来说，哲学除了将表象（*Vorstellungen*）转化为思想之外，别无所求。"Hegel, *Encyclopedia of the Philosophical Sciences I, Werke 8*, para. 20.[Der Unterschied von Vorstellung und von Gedanken hat die nä here Wichtigkeit, weil überhaupt gesagt werden kann, daß die Philosophie nichts anderes tue, als die Vorstellungen in Gedanken zu verwandeln.]

## 第二章　唯心主义者的历史理论

1 Karl Marx, *Economic-Philosophical Manuscripts* (*Ökonomisch-philosophische Manuskripte*), in Karl Marx-Friedrich Engels, *Werke*, Vol. 1 (Berlin, GDR: Dietz, 1976), pp. 26–27.

2 Marx and Engels, *The German Ideology* (*Die deutsche Ideologie*), in Karl Marx-Friedrich Engels, *Werke*, Vol. 3 (Berlin, GDR: Dietz, 1976), p. 569.

3 Marx and Engels, *The German Ideology, Werke*, Vol. 3, p. 26. [Wenn in der ganzen Ideologie die Menschen und ihre Verhältnisse wie in einer Camera obscura auf den Kopf gestellt erscheinen, so geht dies Phänomen ebensosehr aus

ihrem historischen Lebensprozeß hervor, wie die Umdrehung der Gegenstände auf der Netzhaut aus ihrem nmittelbar physischen.

Ganz im Gegensatz zur deutschen Philosophie, welche vom Himmel auf die Erde herabsteigt, wird hier von der Erde zum Himmel gestiegen. D.h., es wird nicht ausgegangen von dem, was die Menschen sagen, sich einbilden, sich vorstellen, auch nicht von den gesagten, gedachten, eingebildeten, vorgestellten Menschen, um davon aus bei den leibhaftigen Menschen anzukommen; es wird von den wirklich tätigen Menschen ausgegangen und aus ihrem wirklichen Lebensprozeß auch die Entwicklung der ideologischen Reflexe und Echos dieses Lebensprozesses dargestellt. Auch die Nebelbildungen im Gehirn der Menschen sind notwendige Sublimate ihres materiellen, empirisch konstatierbaren und an materielle Voraussetzungen geknüpften Lebensprozesses.]

4 我在另一部作品中对此进行了详细的探讨，请阅：*On Voluntary Servitude: False Consciousness and the Theory of Ideology* (Cambridge: Polity Press and Cambridge, MA: Harvard University Press, 1996)。

5 Marx and Engels, *The German Ideology, Werke,* Vol. 3, p. 38. [erklärt nicht die Praxis aus der Idee, erklärt die Ideenformationen aus der materiellen Praxis]

6 Henry Sidgwick, *Lectures on the Ethics of T. H. Green, Mr. Herbert Spencer, and J. Martineau* (London: Macmillan, 1902), p. 103. 关于利己主义理论及其面临的挑战，一个有趣的历史性探索，请看：Thomas Dixon, *The Invention of Altruism* (Oxford: Oxford University Press, 2008)。

7 Amartya Sen, "Rational Fools", *Philosophy & Public Affairs* 6, no. 4 (Summer 1977), 317–44.

8 请阅 Jane Mansbridge (ed.), *Beyond Self-Interest* (Chicago: University of Chicago Press, 1990)，一篇由政治经济学家"从内部"撰写的文章，清晰地说明了这种解释的局限性，请阅：Dani Rodrik, "When Ideas Trump Interests", *Journal of Economic Perspectives* 28, no. 1 (Winter 2014), 189–208。

9 Marx and Engels, *The German Ideology, Werke,* Vol. 3, p. 46. [die Klasse, welche die herrschende *materielle* Macht der Gesellschaft ist, ist zugleich ihre herrschende *geistige* Macht. Die Klasse, die die Mittel zur materiellen Produk-

tion zu ihrer Verfügung hat, disponiert damit zugleich über die Mittel zur geistigen Produktion, so daß ihr damit zugleich im Durchschnitt die Gedanken derer, denen die Mittel zur geistigen Produktion abgehen, unterworfen sind.]

10 反对这一点的典型，请阅 Turner, Abercrombie and Hill, *The Dominant Ideology Thesis* (London: George Allen and Unwin, 1980) 和 James C. Scott 著名的 *Domination and the Arts of Resistance* (New Haven, CT: Yale University Press, 1990)。

11 Quentin Skinner, "Moral Principles and Social Change", in *Visions of Politics*, Vol. 1 (Cambridge: Cambridge University Press, 2002), p. 149.

12 Skinner, "Moral Principles and Social Change", p. 148.

13 Skinner, "Moral Principles and Social Change", p. 147.

14 Skinner, "Some Problems in the Analysis is of Political Thought and Action", in James Tully (ed.), *Meaning and Context: Quentin Skinner and His Critics* (Princeton, NJ: Princeton University Press, 1989), p. 112.

15 Skinner, "Some Problems in the Analysis of Political Thought and Action", p. 112.

16 Skinner, "Motives, Intentions and Interpretation", in *Visions of Politics*, Vol. 1 (Cambridge: Cambridge University Press, 2002), p. 102.

17 Skinner, "Retrospect: Studying Rhetoric and Conceptual Change", in *Visions of Politics*, Vol. 1 (Cambridge: Cambridge University Press, 2002), p. 177.

18 M. Foucault, "Two Lectures", in C. Gordon (ed.), *Power/Knowledge* (Brighton: Harvester, 1980), pp. 93–94.

19 罗森提及许多困难，详阅：Rosen, *On Voluntary Servitude*。

20 对这里概述的马克思理论版本进行权威分析的，有 G. A. Cohen's *Karl Marx's Theory of History: A Defence* (Oxford: Oxford University Press, 1978)。科恩的描述是基于马克思在 1859 年《政治经济学批判》序言中陈述的大纲。

21 Paul Redding, "Georg Wilhelm Friedrich Hegel", in *The Stanford Encyclopedia of Philosophy,* https:// lato. tanford.edu/archives/sum2018/entries/hegel/. Retrieved 25. vi. 2021.

22 Hegel, *The Phenomenology of Spirit*, Werke 3, p. 28. [Daß das Wahre nur als System wirklich, oder daß die Substanz wesentlich Subjekt ist, ist in der Vorstellung ausgedrückt, welche das Absolute als *Geist* ausspricht—der erhabenste Begriff, und der der neuern Zeit und ihrer Religion angehört. Das Geistige allein ist das *Wirkliche*.]

23 Hegel, *Lectures on the Philosophy of History*, Werke 12, p. 386. [Gott wird nur so als Geist erkannt, indem er als der Dreeinige gewusst wird.]

24 Hegel, *Lectures on the History of Philosophy I*, Werke 18, pp. 41–42. [Alles, was im Himmel und auf Erden geschieht—ewig geschieht—das Leben Gottes und alles, was zeitlich getan wird, strebt nur danach hin, daß der Geist sich erkenne, sich selber gegen-ständlich mache, sich finde, für sich selber werde, sich mit sich zusammenschliesst.]

25 Hegel, *Lectures on the Philosophy of History*, Werke 12, pp. 96–97. [Die Weltgeschichte, wissen wir, ist also überhaupt die Auslegung des Geistes in der *Zeit*, wie die Idee als Natur sich im Raume auslegt.]

26 Hegel, *Lectures on the Philosophy of History*, Werke 12, p. 74. [Denn die Weltgeschichte ist die Darstellung des göttlichen, absoluten Prozesses des Geistes in seinen höchsten Gestalten, dieses Stufenganges, wodurch er seine Wahrheit, das Selbstbewußtsein über sich erlangt.]

27 Hegel, *Encyclopedia of the Philosophical Sciences II*, Werke 9, para. 247. [die Natur ist der Sohn Gottes, aber nicht als der Sohn, sondern als das Verharren im Anderssein,—die göttliche Idee als außerhalb der Liebe für einen Augenblick festgehalten. Die Natur ist der sich entfremdete Geist, der darin nur *ausgelassen* ist, ein bacchantischer Gott, der sich selbst nur zügelt und fasst; in der Natur verbirgt sich die Einheit des Begriffs...von der Idee entfremdet, ist die Natur nur der Leichnam des Verstandes.]

28 Hegel, *Lectures on the Philosophy of History*, Werke 12, pp. 96–97. [Die Weltgeschichte, wissen wir, ist also überhaupt die Auslegung des Geistes in der Zeit, wie die Idee als Natur sich im Raume auslegt.]

29 Hegel, *Lectures on the Philosophy of History*, Werke 12, pp. 86–87. [Hier haben

wir nur dieses aufzunehmen, daß jede Stufe als verschieden von der andern ihr bestimmtes eigentümliches Prinzip hat. Solches Prinzip ist in der Geschichte Bestimmtheit des Geistes,—ein besonderer Volksgeist. In dieser drückt er als konkret alle Seiten seines Bewußtseins und Wollens, seiner ganzen Wirklichkeit aus; sie ist das gemeinschaftliche Gepräge seiner Religion, seiner politischen Verfassung, seiner Sittlichkeit, seines Rechts-systems, seiner Sitten, auch seiner Wissenschaft, Kunst und technischen Geschicklich-keit. Diese speziellen Eigentümlichkeiten sind aus jener allgemeinen Eigentümlichkeit, dem besonderen Prinzipe eines Volkes zu verstehen, sowie umgekehrt aus dem in der Geschichte vorliegenden faktischen Detail jenes Allgemeine der Besonderheit herauszufinden ist. Daß eine bestimmte Besonderheit in der Tat das eigentümliche Prinzip eines Volkes ausmacht, dies ist die Seite, welche empirisch aufgenommen und auf geschichtliche Weise erwiesen werden muß.]

30 Hegel, *Lectures on the Philosophy of History*, Werke 12, p. 104. [Das Leben eines Volkes bringt eine Frucht zur Reife; denn seine Tätigkeit geht dahin, sein Prinzip zu vollführen. Diese Frucht fällt aber nicht in den Schoß des Volks zurück, das sie ausgeboren und gezeitigt hat; im Gegenteil sie wird ihm ein bitterer Trank. Lassen kann es nicht von ihm, denn es hat den unendlichen Durst nach demselben, aber das Kosten des Tranks ist seine Vernichtung, doch zugleich das Aufgehen eines neuen Prinzips.]

31 Hegel, *Lectures on the Philosophy of History*, Werke 12, p. 100. [Diese Gewohnheit (die Uhr ist aufgezogen und geht von selbst fort) ist, was den natürlichen Tod herbeiführt.]

32 Hegel, *Lectures on the Philosophy of History*, Werke 12, pp. 64–65. [die Verfassung eines Volkes mit seiner Religion, mit seiner Kunst und Philosophie oder wenigstens mit seinen Vorstellungen und Gedanken, seiner Bildung überhaupt (um die weiteren äußerli-chen Mächte, sowie das Klima, die Nachbarn, die Weltstellung nicht weiter zu erwähnen) eine Substanz, einen Geist ausmache.]

33 "文化"的历史和意义的描述将是另一本书的主题——当然，事实上，它已经成为许多人的主题，尤其是：Kroeber and Kluckhohn's *Culture: A Criti-*

cal Review of Concepts and Definitions, Papers of the Pea-body Museum of Archaeology & Ethnology, Harvard University* (1952)。这项任务变得更加复杂，因为我们现在熟悉的"文化"一词出现得很晚，尤其是在英语中。像布克哈特和弗洛伊德所著的经典作品中，标题中都是"文明"一词，而不是"文化"，就很能说明问题。详阅：Burckhardt's *Die Kultur der Renaissance in Italien* (Basel: Schweighauser, 1860) and Freud's *Das Unbehagen in der Kultur* (Vienna: Internationaler Psychoanalytischer Verlag, 1930)。

34 Hegel, *Lectures on the Philosophy of History, Werke* 12, p. 65. [Die erste Produktion eines Staates ist herrisch und instinktartig. Aber auch Gehorsam und Gewalt, Furcht gegen einen Herrscher ist schon ein Zusammenhang des Willens. Schon in rohen Staaten findet dies statt, daß der besondere Wille der Individuen nicht gilt, daß auf die Partikularität Verzicht getan wird, daß der allgemeine Wille das Wesentliche ist.]

35 Hegel, *Encyclopedia of the Philosophical Sciences II, Werke* 9, para. 246, Zusatz. [alle Bildung reduziert sich auf den Unterschied der Kategorien. Alle Revolutionen, in den Wissenschaften nicht weniger als in der Weltgeschichte, kommen nur daher, daß der Geist jetzt zum Verstehen und Vernehmen seiner, um sich zu besitzen, seine Kategorien geändert hat, sich wahrhafter, tiefer, in sich inniger und einiger mit sich erfassend.]

36 Hegel, *Lectures on the History of Philosophy I, Werke* 18, p. 73. [Sie ist die höchste Blüte,—sie, der Begriff er ganzen Gestalt des Geistes, das Bewusstsein und das geistige Wesen des ganzen Zustandes, der Geist der Zeit, als sich denkender Geist vorhanden.]

37 这是 E. H. Gombrich's *In Search of Cultural History* (Oxford: Oxford University Press, 1969) 的导引线索。

38 Heine, "Lutezia II: Berichte über Politik, Kunst und Volksleben LX", in *Sämtliche Werke,* Vol. 14 (Leipzig and Vienna: Bibliographisches Institut, 1898), part 1, p. 94. [Mein großer Lehrer, der selige Hegel, sagte mir einst: wenn man die Träume aufgeschrieben hätte, welche die Menschen während einer bestimmten Periode geträumt haben, so würde einem aus der Lektüre dieser

gesammelten Träume ein ganz richtiges Bild vom Geiste jener Periode aufsteigen.]

39 Nietzsche, *The Genealogy of Morals*, in *On the Genealogy of Morals and Ecce Homo* (New York: Vintage Books, 1967), sect. 28.

40 Nietzsche, *The Birth of Tragedy* (New York: Vintage Books, 1967), sect. 3.

41 Nietzsche, *The Birth of Tragedy,* sect. 15.

42 Josef Ratzinger (Pope Benedict XVI), Papal Address at the University of Regensburg, "Three Stages in the Program of De-Hellenization", 12 September 2006, https:// zenit.org/articles/ apal-address-at-niversity-of regensburg/.

43 Nietzsche, *The Birth of Tragedy,* sect. 18.

44 Hans Blumenberg, *The Legitimacy of the Modern Age* (Cambridge, MA: MIT Press, 1985), pp. 132–33.

45 Plato, *Euthyphro,* 10a.

46 Frederick Beiser, *Enlightenment, Revolution and Romanticism* (Cambridge, MA: Harvard University Press, 1992), p. 30.

47 Beiser, *Enlightenment, Revolution and Romanticism*, p. 31.

48 康德与自然法传统的紧密联系的相关论述，详阅: J. B. Schneewind in "Kant and Natural Law Ethics", *Ethics* 104, no. 1 (Oct. 1993), 53–74。

49 Mill, *An Examination of Sir William Hamilton's Philosophy,* in *The Collected Works of John Stuart Mill,* Vol. 9 (Cambridge: Cambridge University Press, 1981), pp. 102–103. 关于穆勒的本真性格的描述，在理查德·里夫斯（Richard Reeves）的传记作品的标题中很好地表达了出来： *John Stuart Mill: Victorian Firebrand* (New York: Atlantic Books, 1990)。

50 Hegel, *Lectures on the Philosophy of History*, Werke 12, p. 28.

51 Rousseau, *Émile,* in *Œuvres complètes de J.-J. Rousseau,* Vol. 2 (Paris: A. Houssiaux, 1852–1853), Book IV, pp. 577–78. [C'est l'abus de nos facultés qui nous rend malheureux et méchants. Nos chagrins, nos soucis, nos peines, nous viennent de nous. Le mal moral est incontestablement notre ouvrage, et le mal physique ne serait rien sans nos vices, qui nous l'ont rendu sensible. N'est-ce pas pour nous conserver que la nature nous fait sentir nos besoins? La douleur

du corps n'est-elle pas un signe que la machine se dérange, et un avertissement d'y pourvoir? La mort...Les méchants n'empoisonnent-ils pas leur vie et la nôtre? Qui est-ce qui voudrait toujours vivre? La mort est le remède aux maux que vous vous faites; la nature a voulu que vous ne souffrissiez pas toujours. Com-bien l'homme vivant dans la simplicité primitive est sujet à peu de maux! Il vit presque sans maladies ainsi que sans passions, et ne prévoit ni ne sent la mort; quand il la sent, ses misères la lui rendent désirable: dès lors elle n'est plus un mal pour lui. Si nous nous contentions d'être ce que nous sommes, nous n'aurions point à déplorer notre sort; mais pour chercher un bien-être imaginaire, nous nous donnons mille maux réels. Qui ne sait pas supporter un peu de souffrance doit s'attendre à beaucoup souffrir. Quand on a gâté sa constitution par une vie déréglée, on la veut rétablir par des remèdes; au mal qu'on sent on ajoute celui qu'on craint; la prévoyance de la mort la rend horrible et l'accélère; plus on la veut fuir, plus on la sent; et l'on meurt de frayeur durant toute sa vie, en murmurant contre la nature des maux qu'on s'est faits en l'offensant.

Homme, ne cherche plus l'auteur du mal; cet auteur, c'est toi-même. Il n'existe point d'autre mal que celui que tu fais ou que tu souffres, et l'un et l'autre te vient de toi. Le mal général ne peut être que dans le désordre, et je vois dans le système du monde un ordre qui ne se dément point. Le mal particulier n'est que dans le sentiment de l'être qui souffre; et ce sentiment, l'homme ne l'a pas reçu de la nature, il se l'est donné. La douleur a peu de prise sur quiconque, ayant peu réfléchi, n'a ni souvenir ni prévoyance. Otez nos funestes progrès, ôtez nos erreurs et nos vices, ôtez l'ouvrage de l'homme, et tout est bien.]

52 *Von den Ursachen der Erdeschütterungen bei Gelegenheit des Unglücks, welches die westlichen Länder von Europa gegen Ende des vorigen Jahres betroffen hat.* Ak. 1:417–72.

53 Kant, *Critique of Practical Reason,* Ak. 5:60. [Man möchte also immer den Stoiker auslachen, der in den heftigsten Gichtschmerzen ausrief: Schmerz, du magst mich noch so sehr foltern, ich werde doch nie gestehen, daß du etwas Böses (*kakon,* malum) seist! er hatte doch recht.]

54 Kant, *Critique of Practical Reason*, Ak. 5:111.
55 Kant, "On the Common Saying: That May Be Correct in Theory, but It Is of No Use in Practice", Ak. 8:284. [Das aber der Mensch seine Pflicht ganz uneigennützig aus-üben solle und sein Verlangen nach Glückseligkeit völlig vom Pflichtbegriffe absondern müsse, um ihn ganz rein zu haben: dessen ist er sich mit der größten Klarheit bewußt; oder, glaubte er nicht es zu sein, so kann von ihm gefordert werden, daß er es sei, so weit es in seinem Vermögen ist: weil eben in dieser Reinigkeit der wahre Werth der Moralität anzutreffen ist, und er muß es also auch können.]
56 Kant, *Critique of Practical Reason*, Ak. 5:130.[Daher ist auch die Moral nicht eigentlich die Lehre, wie wir uns glücklich machen, sondern wie wir der Glückseligkeit würdig werden sollen.]
57 Kant, *Critique of Practical Reason*, 5:129–30.[die größte Glückseligkeit mit dem größten Maße sittlicher (in Geschöpfen möglicher) Vollkommenheit als in der genausten Proportion verbunden vorgestellt wird.]
58 Kant, *Critique of Practical Reason*, Ak. 5:130.[wenn Religion dazu kommt, tritt auch die Hoffnung ein, der Glückseligkeit dereinst in dem Maße teilhaftig zu werden, als wir darauf bedacht gewesen, ihrer nicht unwürdig zu sein.]
59 Kant, *On the Failure of All Philosophical Attempts at Theodicy*, Ak. 8:257.
60 Kant, *On the Failure of All Philosophical Attempts at Theodicy*, Ak. 8:260. [Es ist merkwürdig, daß unter allen Schwierigkeiten, den Lauf der Weltbegebenheiten mit der Göttlichkeit ihres Urhebers zu vereinigen, keine sich dem Gemüt so heftig aufbringt, als die von dem Anschein einer darin mangelnden Gerechtigkeit. Trägt es sich zu (ob es zwar selten geschieht), daß ein ungerechter, vornehmlich Gewalt habender Bösewicht nicht un-gestraft aus der Welt entwischt: so frohlockt der mit dem Himmel gleichsam versöhnte, sonst parteilose Zuschauer. Keine Zweckmäßigkeit der Natur wird ihn durch Bewunde-rung derselben so in Affect setzen und die Hand Gottes gleichsam daran vernehmen lassen. Warum? Die ist hier moralisch und einzig von der Art, die man in der Welt einigermaßen wahrzunehmen hoffen kann.]

61 Kant, *On the Failure of All Philosophical Attempts at Theodicy,* Ak. 8:258. [Daher geht auch die Klage über den Mangel einer Gerechtigkeit, die sich im Loose, welches den Menschen hier in der Welt zu Theil wird, zeige, nicht darauf, daß es den Guten hier nicht wohl, sondern daß es den Bösen nicht übel geht (obzwar, wenn das erstere zu dem letz-tern hinzu kommt, der Contrast diesen Anstoß noch vergrößert). Denn in einer göttli-chen Regierung kann auch der beste Mensch seinen Wunsch zum Wohlergehen nicht auf die göttliche Gerechtigkeit, sondern muß ihn jederzeit auf seine Güte gründen: weil der, welcher bloß seine Schuldigkeit thut, keinen Rechtsanspruch auf das Wohlthun Gottes haben kann.]

62 Kant, *On the Failure of All Philosophical Attempts at Theodicy,* Ak. 8:257. [die Strafe in der Ausübung der Gerechtigkeit keineswegs als bloßes Mittel, sondern als Zweck in der gesetzgebenden Weisheit gegründet: die Übertretung wird mit Übeln verbunden, nicht damit ein anderes Gute herauskomme, sondern weil diese erbindung an sich selbst, d. i. moralisch notwendig und gut ist.]

63 Kant, *Metaphysics of Morals,* Ak. 6:490. [sondern vielmehr umgekehrt aus der Not-wendigkeit der Bestrafung auf ein künftiges Leben die Folgerung gezogen wird]

64 Kant, *Metaphysics of Morals,* Ak. 6:489. [es ist nicht ein besonderes richtendes Wesen, was sie ausübt (denn da würden Widersprüche desselben mit Rechtsprinzipien vorkommen), sondern die *Gerechtigkeit,* gleich als ubstanz (sonst die *ewige* Gerechtig-keit genannt), die, wie das *Fatum* (Verhängnis) der alten philosophierenden Dichter, noch über dem Jupiter ist, spricht das Recht nach der eisernen, unablenkbaren Notwendigkeit aus, die für uns weiter unerforschlich ist.]

65 Kant, *Metaphysics of Morals,* Ak. 6:490–91. [Denn, bei der etwaigen großen Menge der Verbrecher, die ihr Schuldenregister immer so fortlaufen lassen, würde die Straf-gerechtigkeit den *Zweck* der Schöpfung nicht in der *Liebe* des Welturhebers (wie man sich doch denken muß), sondern in der strengen Befolgung des *Rechts*setzen (das Recht selbst zum *Zweck* machen, der in der *Ehre* Gottes gesetzt wird), welches, da das letztere (die Gerechtigkeit) nur die

einschränkende Bedingung des ersteren (der Gütigkeit) ist, den Prinzipien der praktischen Vernunft zu widersprechen scheint, nach welchen eine Weltschöpfung hätte unterbleiben müssen, die ein, der Absicht ihres Urhebers, die nur Liebe zum Grunde haben kann, so widerstreitendes Produkt geliefert haben würde. Man sieht hieraus: daß in der Ethik, als reiner praktischer Philosophie der inneren Gesetzge-bung, nur die moralischen Verhältnisse des *Menschen* gegen den Menschen für uns beg-reiflich sind: was aber zwischen Gott und dem Menschen hierüber für ein Verhältnis ob-walte, die Grenzen derselben gänzlich übersteigt und uns schlechterdings unbegreiflich ist; wodurch dann bestätigt wird, was oben behauptet ward: daß die Ethik sich nicht über die Grenzen der wechselseitigen Menschenpflichten erweitern könne.]

66 M. O'C. Drury, "Conversations with Wittgenstein", in Rush Rhees (ed.), *Recollections of Wittgenstein* (Oxford: Oxford University Press, 1984), p. 108.

67 详阅下文第七章。

68 John Rawls, "Themes in Kant's Moral Philosophy", in E. Förster (ed.), *Kant's Transcendental Deductions* (Stanford, CA: Stanford University Press, 1989), p. 95.

69 Rawls, "Themes in Kant's Moral Philosophy", pp. 96–97.

70 Rawls, "Themes in Kant's Moral Philosophy", p. 97.

71 Kant, *Lectures on Ethics,* Ak. 27:9–10. [Können wir auch ohne Gottes Daseyn und seines arbitrii vorausgesetzt: alle Verbindlichkeiten interne herleiten? Responsio: nicht blos affirmative sondern dies ist ex natura rei eher, und wir schliessen daher auf Gottes Willkühr.

Vom arbitrio diuino kann ich selbst nicht die gehorigen begriffe der Güte haben, wenn nicht der Begriff vom Moralisch Guten vorausgeschickt würde: sonst ist bei Gott blos das arbitrium physice blos gut. Kurz das Urteil über Gottes Vollkommenes arbitrium sezt die Untersuchung der Vollkommenheit moralis voraus.

Gesetzt ich habe Gottes arbitrium gewust, woher ist die Nothwendigkeit daß ichs soll: wenn ich nicht aus der Natur der Sache die Verbindlichkeit schon herleite—Gott wills, warum soll ichs—er wird strafen:—alsdenn ists schädlich nicht an sich laster-haft: so gehorcht man dem Despoten—dies ist alsdenn keine Sünde stricte sondern politische Unklugheit—und warum wills Gott? Warum straft ers: weil ich verbindlich dazu bin, nicht weil er Macht hat zu strafen. Selbst die application des arbitrii Diuini aufs factum als ein Grund sezt die begriffe der Verbindlichkeit voraus—und da dieses die natürliche Religion ausmacht, so ist dies ein Theil nicht aber der Grundsaz der Moral.—Es ist wahrscheinlich daß da Gott der Grund aller Dinge durchs arbitrium ist, so auch hier, Ja er ist der Grund davon nicht per arbitrium, sondern da er der Grund der Möglichkeit ist, so ist er auch der Materiale Grund (da in ihm alle data sind) von Geometrischen Wahrheiten, und Moralität—in ihm ist also selbst Moralität und sein arbitrium ist also nicht der Grund—Der Streit der Reformierten und Lutheraner vom arbitrio Diuino und absoluto decreto gründet sich darauf, daß auch in Gott Moralität seyn muss; und vom göttlichen Arbitrio selbst schwindet aller Begriff wenn nicht moral-ität vorausgesetzt wird, diese aber kann nicht aus der Welt bewiesen werden, (da blos möglich) weil die Güte der Welt physische Folgen blos seyn können—Wie schrecklich ist aber ein Gott ohne Moralität.]

72 Kant, *Critique of Pure Reason,* A818–19, B846–47. [Denn diese waren es eben, deren innere praktische Notwendigkeit uns zu der Voraussetzung einer selbständigen Ur-sache, oder eines weisen Weltregierers führte, um jenen Gesetzen Effekt zu geben, und daher können wir sie nicht nach diesem wiederum als zufällig und vom bloßen Willen abgeleitet ansehen, insonderheit von einem solchen Willen, von dem wir gar keinen Beg-riff haben würden, wenn wir ihn nicht jenen Gesetzen gemäß gebildet hätten. Wir werden, soweit praktische Vernunft uns zu führen das Recht hat, Handlungen nicht darum für verbindlich halten, weil sie Gebote Gottes sind, sondern sie darum als göttliche Gebote ansehen, weil wir dazu innerlich verbindlich sind.]

73 T. B. Macaulay, "Review of The Ecclesiastical and Political History of the Popes of Rome, during the Sixteenth and Seventeenth Centuries, by Leopold Ranke", in *Critical and Historical Essays Contributed to the Edinburgh Review,* Vol. 3 (London: Longmans, 1848), p. 208.

74  E. P. Thompson, *The Making of the English Working Class* (Harmondsworth: Penguin, 1968).

75  Boyd Hilton, *The Age of Atonement: The Influence of Evangelicalism on Social and Economic Thought, 1785–1865* (Oxford: Oxford University Press, 1986).

76  两个杰出的现代研究，值得一起阅读：Hilton, are Dixon, *The Invention of Altruism,* and Denys Leighton, *The Greenian Moment* (Charlottesville, VA: Imprint Academic, 2004)。

77  Hilton, *The Age of Atonement*, p. ix.

## 第三章　康德的反决定论

1  Christine Korsgaard, "Morality as Freedom", in *Creating the Kingdom of Ends* (Cambridge: Cambridge University Press, 1996), p. 183.

2  Allen Wood, *Kantian Ethics* (Cambridge: Cambridge University Press, 2008), p. 138.

3  P. F. Strawson, "Freedom and Resentment", in *Freedom and Resentment and Other Essays* (London: Methuen, 1974).

4  Kant, *Groundwork to the Metaphysics of Morals,* Ak. 4:448. [Ein jedes Wesen, das nicht anders als *unter der Idee der Freiheit* handeln kann ist eben darum in praktischer Rücksicht wirklich frei, d. i. es gelten für daßelbe alle Gesetze, die mit der Freiheit unzertrennlich verbunden sind, ebenso also ob sein Wille auch an sich selbst und in der theoretischen Philosophie gültig für frei erklärt würde.]

5  Kant, *Groundwork to the Metaphysics of Morals,* Ak. 4:458–59. [wurde die Vernunft alle ihre Grenzen überschreiten, wenn sie es sich zu *erklären* unterfinge, *wie* reine Vernunft praktisch sein könne, welches völlig einerlei mit der Aufgabe sein würde, zu erk-lären, *wie Freiheit möglich sei.*]

6  Roger Scruton, *Kant* (Oxford: Oxford University Press, 1982), pp. 75–76.

7  我相信，这是伍德（Wood）本人不会否认的一点。他关于康德的众多著作中最早的两部是：*Kant's Moral Religion* (Ithaca, NY: Cornell University Press, 1970) 和 *Kant's Rational Theology* (Ithaca, NY: Cornell University

Press, 1978).

8 Ak. 5:98. 参阅: J. Priestley, *The Doctrine of Philosophical Necessity Illustrated* (London: J. Johnson, 1777).

9 Kant, *Critique of Practical Reason,* Ak. 5:101. [Der Mensch wäre Marionette oder ein Vaucansonsches Automat, gezimmert und aufgezogen von dem obersten Meister aller Kunstwerke, und das Selbstbewußtein würde es zwar zu einem denkenden Automate ma-chen, in welchem aber das Bewußtsein seiner Spontaneität, wenn sie für Freiheit gehalten wird, bloße Täuschung wäre, indem sie nur komparativ so genannt zu werden verdient, weil die nächsten bestimmenden Ursachen seiner Bewegung und eine lange Reihe der-selben zu ihren bestimmenden Ursachen hinauf zwar innerlich sind, die letzte und höchste aber doch gänzlich in einer fremden Hand angetroffen wird. Daher sehe ich nicht ab, wie diejenigen, welche noch immer dabei beharren, Zeit und Raum für zum Dasein der Dinge an sich selbst gehörige Bestimmungen anzusehen, hier die Fatalität der Handlungen ver-meiden wollen.]

10 Kant, *Critique of Practical Reason,* Ak. 5:96. [die Handlungen des Menschen, ob sie gleich durch ihre Bestimmungsgründe, die in der Zeit vorhergehen, notwendig sind, dennoch frei nennen, weil es doch innere, durch unsere eigenen Kräfte hervorgebrachte Vorstellungen, dadurch nach veranlassenden Umständen erzeugte Begierden und mithin nach unserem eigenen Belieben bewirkte Handlungen sind.]

11 Kant, *Critique of Practical Reason,* Ak. 5:96. [ist ein elender Behelf, womit sich noch immer einige hinhalten lassen und so jenes schw ere Problem mit einer kleinen Wort-klauberei aufgelöst zu haben meinen, an dessen Auflösung Jahrtausende vergeblich gear-beitet haben.]

12 Kant, *Critique of Practical Reason,* Ak. 5:96. [psychologische Freiheit (wenn man ja dieses Wort von einer bloß inneren Verkettung der Vorstellungen der Seele brauchen will).]

13 Kant, *Critique of Practical Reason,* Ak. 5:96–97. [mithin keine transzendentale Freiheit übrig lassen, welche als Unabhängigkeit von allem Empirischen und

also von der Natur überhaupt gedacht werden muß, sie mag nun als Gegenstand des inneren Sinnes bloß in der Zeit, oder auch der äußeren Sinne im Raume und der Zeit zugleich betrachtet werden.]

14 Kant, *Critique of Practical Reason,* Ak. 5:97. [etwa die psychologische und kom-parative, nicht transzendentale, d. i. absolute, zugleich...so würde sie im Grunde nichts besser als die Freiheit eines Bratenwenders sein, der auch, wenn er einmal aufgezogen worden, von selbst seine Bewegungen verrichtet.]

15 Kant, *Critique of Practical Reason,* Ak. 5:97. [transzendentale, d. i. absolute, zugleich.]

16 Kant, *Critique of Practical Reason,* Ak. 5:101. [das Bewußtein seiner Sponta-neität...bloße Täuschung wäre.]

17 Kant, *Groundwork to the Metaphysics of Morals,* Ak. 4:448，着重号系我所加。[ist eben darum in praktischer Rücksicht wirklich frei, d. i. es gelten für dasselbe alle Gesetze, die mit der Freiheit unzertrennlich verbunden sind, ebenso also ob sein Wille auch an sich selbst und in der theoretischen Philosophie gültig für frei erklärt würde.]

18 Kant, *Groundwork to the Metaphysics of Morals,* Ak. 4:448. [Diesen Weg, die Frei-heit nur als von vernünftigen Wesen bei ihren Handlungen bloß *in der Idee* zum Grunde gelegt zu unserer Absicht hinreichend anzunehmen, schlage ich deswegen ein, damit ich mich nicht verbindlich machen dürfte, die Freiheit auch in ihrer theoretischen Absicht zu beweisen. Denn wenn dieses letztere auch unausgemacht gelassen wird, so gelten doch dieselben Gesetze für ein Wesen, das nicht anders als unter der Idee seiner eigenen Frei-heit handeln kann, die ein Wesen, das wirklich frei wäre, verbinden würden. Wir können uns hier also von der Last befreien, die die Theorie drückt.]

19 Kant, *Groundwork to the Metaphysics of Morals,* Ak. 4:455. [Natur wird durch Er-fahrung bestätigt und muss selbst unvermeidlich vorausgesetzt werden, wenn Erfahrung, d. i. nach allgemeinen Gesetzen zusammenhängende Erkenntnis der Gegenstände der Sinne, möglich sein soll.]

20 Kant, *Groundwork to the Metaphysics of Morals,* Ak. 4:455. [Indessen muß

dieser Scheinwiderspruch wenigstens auf überzeugende Art vertilgt werden, wenn man gleich, wie Freiheit möglich sei, niemals begreifen könnte. Denn wenn sogar der Gedanke von der Freiheit sich selbst, oder der Natur, die ebenso notwendig ist, widerspricht, so müßte sie gegen die Naturnotwendigkeit durchaus aufgegeben werden.]

21 Kant, *Groundwork to the Metaphysics of Morals,* Ak. 4:456. [Also ist es nicht in das Belieben des Philosophen gesetzt, ob er den scheinbaren Widerstreit heben, oder ihn unangerührt lassen will; denn im letzteren Falle ist die Theorie hierüber bonum vacans, in dessen Besitz sich der Fatalist mit Grunde setzen und alle Moral aus ihrem ohne Titel besessenen vermeinten Eigentum verjagen kann.]

22 Kant, *Groundwork to the Metaphysics of Morals,* Ak. 4:459. [Wo aber Bestimmung nach Naturgesetzen aufhört, da hört auch alle *Erklärung* auf, und es bleibt nichts übrig als *Verteidigung.*]

23 Kant, *Groundwork to the Metaphysics of Morals,* Ak. 4:456. [eine unnachlaßliche Aufgabe der spekulativen Philosophie]

24 Schopenhauer, *On the Basis of Morality*, p. 110.

25 Schopenhauer, *On the Basis of Morality*, p. 112.

26 Schopenhauer, *On the Basis of Morality,* pp. 113–15.

27 Kant, *Critique of Pure Reason,* A554, B582. [In der ersten Absicht geht man seinen empirischen Charakter bis zu den Quellen desselben durch, die man in der schlechten Erziehung, übler Gesellschaft, zum Teil auch in der Bösartigkeit eines für Beschämung unempfindlichen Naturells, aufsucht, zum Teil auf den Leichtsinn und Unbesonnenheit schiebt; wobei man denn die veranlassenden Gelegenheitsursachen nicht aus der Acht läßt.]

28 Kant, *Critique of Pure Reason,* A555, B583. [Dieser Tadel gründet sich auf ein Gesetz der Vernunft, wobei man diese als eine Ursache ansieht, welche das Verhalten des Menschen, unangenehmen aller genannten empirischen Bedingungen, anders habe bestimmen können und sollen.]

29 Kant, *Critique of Pure Reason,* A450, B478. [Weil aber dadurch doch einmal das Vermögen, eine Reihe in der Zeit ganz von selbst anzufangen, bewiesen

(obzwar nicht eingesehen) ist, so ist es uns nunmehr auch erlaubt, mitten im Laufe der Welt verschiedene Reihen, der Kausalität nach, von selbst anfangen zu lassen, und den Substanzen derselben ein Vermögen beizulegen, aus Freiheit zu handeln. Man lasse sich aber hierbei nicht durch einen Mißverstand aufhalten: daß, da nämlich eine sukzessive Reihe in der Welt nur einen komparativ ersten Anfang haben kann, indem doch immer ein Zustand der Dinge in der Welt vorhergeht, etwa kein absolut erster Anfang der Reihen während dem Weltlaufe möglich sei. Denn wir reden hier nicht vom absolut ersten Anfange der Zeit nach, sondern der Kausalität nach. Wenn ich jetzt (zum Beispiel) völlig frei, und ohne den notwendig bestimmenden Einfluß der Naturursachen, von meinem Stuhle aufstehe, so fängt in dieser Begebenheit, samt deren natürlichen Folgen ins Unendliche, eine neue Reihe schlechthin an, obgleich der Zeit nach diese Begebenheit nur die Fortsetzung einer vorhergehenden Reihe ist. Denn diese Entschließung und Tat liegt gar nicht in der Ab-folge bloßer Naturwirkungen, und ist nicht eine bloße Fortsetzung derselben, sondern die bestimmenden Naturursachen hören oberhalb derselben, in Ansehung dieses Ereignisses, ganz auf, die zwar auf jene folgt, aber daraus nicht *erfolgt,* und daher zwar nicht der Zeit nach, aber doch in Ansehung der Kausalität, ein schlechthin erster Anfang einer Reihe von Erscheinungen genannt werden muß.]

30 参阅 Ak. 6:49–50。康德在1793年的《维吉兰提斯讲义》（即与《纯然理性界限内的宗教》同时发表并修订的讲义）中也区分了"决定论"和"预定论"，其中他称哲学家的决定论概念是"错误的"，并且假设人类是"根据时间顺序决定的"，它应该被称为"预定论，而不是决定论"。Ak. 27:502–503.

31 Kant, *Religion within the Limits of Reason Alone,* Ak. 6:47. [Und doch gebietet die Pflicht es zu sein, sie gebietet uns aber nichts, als was uns thunlich ist.]

32 Kant, *Religion within the Limits of Reason Alone,* Ak. 6:48. [Das ist: wenn er den obersten Grund seiner Maximen, wodurch er ein böser Mensch war, durch eine einzige unwandelbare Entschließung umkehrt, (und hiemit einen neuen Menschen anzieht); so ist er sofern dem Prinzip und der Denkungsart nach

ein fürs Gute empfängliches Subjekt; aber nur in continuirlichem Wirken und Werden ein guter Mensch: d. i. er kann hoffen, daß er bei einer solchen Reinigkeit des Prinzips, welches er sich zur obersten Maxime seiner Willkür genommen hat, und der Festigkeit desselben, sich auf dem guten (obwohl schmalen) Wege eines beständigen Fortschreitens vom Schlechten zum Bessern befinde.]

33 Kant, *Religion within the Limits of Reason Alone*, Ak. 6:48. [Dies ist für denjenigen, der den intelligiblen Grund des Herzens (aller Maximen der Willkür) durchschauet...d. i. für Gott so viel, als wirklich ein guter (ihm gefälliger) Mensch sein; und in sofern kann diese Veränderung als Revolution betrachtet werden.]

34 C. D. Broad, *Five Types of Ethical Theory*, Ch. 5.

## 第四章 免于任性的自由

1 Kant, *Groundwork to the Metaphysics of Morals*, Ak. 4:446. [Der Wille ist eine Art von Kausalität lebender Wesen, so fern sie vernünftig sind, und Freiheit würde diejenige Eigenschaft dieser Kausalität sein, da sie unabhängig von fremden sie bestimmenden Ursachen wirkend sein kann: so wie Naturnotwendigkeit die Eigenschaft der Kausalität aller vernunftlosen Wesen, durch den Einfluss fremder Ursachen zur Tätigkeit bestimmt zu werden. Die angeführte Erklärung der Freiheit ist negativ und daher, um ihr Wesen einzusehen, unfruchtbar; allein es fließt aus ihr ein positiver Begriff derselben, der desto reichhaltiger und fruchtbarer ist.]

2 Kant, *Groundwork to the Metaphysics of Morals*, Ak. 4:446–47. [Die Naturnotwendigkeit war eine Heteronomie der wirkenden Ursachen; denn jede Wirkung war nur nach dem Gesetze möglich, daß etwas anderes die wirkende Ursache zur Kausalität bestimmte; was kann denn wohl die Freiheit des Willens sonst sein als Autonomie, d. i. die Eigenschaft des Willens, sich selbst ein Gesetz zu sein?]

3 Kant, *Metaphysics of Morals*, Ak. 6:227. [Das Gesetz, was uns a priori und

unbedingt durch unsere eigene Vernunft verbindet, kann auch als aus dem Willen eines höchsten Gesetzgebers, d.i. eines solchen, der lauter Rechte und keine Pflichten hat (mithin dem göttlichen Willen), hervorgehend ausgedrückt werden, welches aber nur die Idee von einem moralischen Wesen bedeutet, dessen Wille für alle Gesetz ist, ohne ihn doch als Urheber desselben zu denken.]

4 Fichte, Letter to Karl Leonhard Reinhold, 8 January 1800, in H. Schulz (ed.), *Briefwechsel* (Leipzig, 1925).

5 Schelling to Hegel, 8 February 1795, in Hegel, *Briefe von und an Hegel.*

6 Cristoph Jamme and Helmut Schneider, *The Oldest System-Programme of German Idealism* (Das "älteste Systemprogramm des deutschen Idealismus"), in C. Jamme and H. Schneider (eds.), *Mythologie der Vernunft* (Frankfurt am Main: Suhrkamp, 1984), pp. 11–14, 11. [die erste Idee ist natürlich die Vorstellung von mir selbst, als einem absolut freien Wesen.]

7 Hegel, *Lectures on the Philosophy of History, Werke,* 12, p. 30. [die Philosophie aber lehrt uns, daß alle Eigenschaften des Geistes nur durch die Freiheit bestehen, alle nur Mittel für die Freiheit sind, alle nur diese suchen und hervorbringen.]

8 Rousseau, *The Social Contract,* p. 56. [car l'impulsion du seul appétit est esclavage, et l'obéissance à la loi qu'on s'est prescrite est liberté.]

9 详阅本书第一章。

10 A. J. Ayer, "Freedom and Necessity", in *Philosophical Essays* (London: Macmillan, 1954).

11 D. Dennett, *Elbow Room: The Varieties of Free Will Worth Wanting* (Oxford: Oxford University Press, 1984).

12 Kant, *Groundwork to the Metaphysics of Morals,* Ak. 4:446. [Da der Begriff einer Kausalität den von Gesetzen bei sich führt, nach welchen durch etwas, was wir Ursache nennen, etwas anderes, nämlich die Folge, gesetzt werden muss: so ist die Freiheit, ob sie zwar nicht eine Eigenschaft des Willens nach Naturgesetzen ist, darum doch nicht gar gesetzlos, sondern muss vielmehr eine Kausalität nach unwandelbaren Gesetzen, aber von besonderer Art sein; denn

sonst wäre ein freier Wille ein Unding.]

13 对这种区别的最好描述，详阅：J. R. Silber's "The Ethical Significance of Kant's *Religion*", in I. Kant, *Religion within the Limits of Reason Alone* (New York: Harper and Row, 1960)。

14 Lewis White Beck, "Kant's Two Conceptions of the Will in Their Political Context", in *Studies in the Philosophy of Kant* (Indianapolis: Bobbs-Merrill, 1965).

15 Kant, *The Metaphysics of Morals*, Ak. 6:226. [Von dem Willen gehen die Gesetze aus; von der Willkür die Maximen.]

16 Kant, *The Metaphysics of Morals*, Ak. 6:213–14. [Die Freiheit der Willkür ist jene Unabhängigkeit ihrer Bestimmung durch sinnliche Antriebe; dies ist der negative Begriff derselben. Der positive ist: das Vermögen der reinen Vernunft für sich selbst praktisch zu sein. Dieses ist aber nicht anders möglich, als durch die Unterwerfung der Maxime einer jeden Handlung unter die Bedingung der Tauglichkeit der erstern zum allgemeinen Gesetze.]

17 Kant, *Religion within the Limits of Reason Alone*, Ak. 6:50. [Den Begriff der Freiheit mit der Idee von Gott, als einem notwendigen Wesen, zu vereinigen, hat gar keine Schwierigkeit: weil die Freiheit nicht in der Zufälligkeit der Handlung (daß sie gar nicht durch Gründe determiniert sei), d.i. nicht im Indeterminism (daß Gutes oder Böses zu thun Gott gleich möglich sein müsse, wenn man seine Handlung frei nennen sollte), sondern in der absoluten Spontaneität besteht, welche allein beim Prädeterminism Gefahr läuft, wo der Bestimmungsgrund der Handlung in der vorigen Zeit ist, mithin so daß jetzt die Handlung nicht mehr in meiner Gewalt, sondern in der Hand der Natur ist, mich unwiderstehlich bestimmt; da dann, weil in Gott keine Zeitfolge zu denken ist, diese Schwierigkeit wegfällt.]

18 Spinoza, Letter to Schuller, October 1674, pp. 274–75.

19 Kant, *Critique of Pure Reason*, A144, B183.

20 J. B. Schneewind, *The Invention of Autonomy* (Cambridge: Cambridge University Press, 1998), p. 521.

21 Fichte, "Review of *Aenesidemus*", in D. Breazeale (ed.), *Early Philosophical*

*Writings* (Ithaca, NY: Cornell University Press, 1988), p. 64. [Die erste unrichtige Voraussetzung, welche seine Aufstellung zum Grundsatze aller Philosophie veranlaßte, war wohl die, daß man von einer Thatsache ausgehen müsse. Allerdings müssen wir einen realen, und nicht bloß formalen, Grundsatz haben; aber ein solcher muß nicht eben eine That*sache,* er kann auch eine That*handlung* ausdrücken; wenn es erlaubt ist, eine Behauptung zu wagen, die an diesem Orte weder erklärt, noch erwiesen werden kann.]

22  Fichte, "Outline of the Distinctive Character of the *Wissenschaftslehre*", in Breazeale, *Early Philosophical Writings,* p. 276. [Die Freiheit, oder was das gleiche heißt, das unmittelbare Handeln des Ich, als solches, ist der Vereinigungspunkt der Idealität, und Realität. Das Ich *ist* frei, indem und dadurch daß es sich frei sezt, sich befreit: und es sezt sich frei, oder befreit sich, indem es frei ist. Bestimmung und Seyn, sind Eins; Handelndes, und Behandeltes sind Eins; eben indem das Ich sich zum Handeln bestimmt, handelt es in diesem Bestimmen; und indem es handelt, bestimmt es sich.]

23  F. W. J. Schelling, *On the Essence of Human Freedom (Philosophische Untersuchungen über das Wesen der menschlichen Freiheit und die damit zusammenhängenden Gegenständen)* (Frankfurt am Main: Suhrkamp, 1977).

24  Schelling, *On the Essence of Human Freedom,* p. 77. [Frei ist, was nur den Gesetzen seines eigenen Wesens gemäß handelt, und von nichts anderem weder in noch außer ihm bestimmt ist.]

25  Schelling, *On the Essence of Human Freedom,* p. 77. [die Ungereimtheit des Zufälligen]

26  Schelling, *On the Essence of Human Freedom,* p. 77. [der empirischen auf Zwang beruhenden]

27  Schelling, *On the Essence of Human Freedom,* p. 77. [Hier liegt der Punkt, bei welchem Notwendigkeit und Freiheit vereinigt werden müssen, wenn sie überhaupt vereinbar sind. Wäre jenes Wesen ein totes Sein und in Ansehung des Menschen ein ihm bloss gegebenes, so wäre, da die Handlung aus ihm nur mit Notwendigkeit folgen kann, die Zurechnungsfähigkeit und alle Freiheit aufge-

hoben. Aber eben jene inner Notwendigkeit ist selber die Freiheit, das Wesen des Menschen ist wesentlich *seine eigene Tat;* Notwendigkeit und Freiheit stehen ineinander, als *ein* Wesen, das nur von Verschiedenen Seiten betrachtet als das eine oder andere erscheint, an sich Freiheit, formell Notwendigkeit.]

28 Jamme and Schneider, *The Oldest System-Programme of German Idealism,* p. 11. [da die ganze Metaphysik künftig in die Moral fällt.]

29 Jamme and Schneider, *The Oldest System-Programme of German Idealism,* p. 11. [Mit dem freyen selbstbewussten Wesen tritt zugleich eine ganze Welt—aus dem Nichts hervor—die einzig wahre und gedenkbare Schöpfung aus Nichts.]

30 Hegel, *Encyclopedia of the Philosophical Sciences II,* Werke 9, para. 248. [so ist die Natur nicht frei, sondern nur notwendig und zufällig. Denn Notwendigkeit ist Untrennbarkeit von Unterschieden, die noch gleichgültig erscheinen; daß aber die Abstraktion des Außersichseins auch zu ihrem Rechte kommt, ist die Zufälligkeit, die äußerliche Notwendigkeit, nicht die innere Notwendigkeit des Begriffs.]

31 Hegel, *Elements of the Philosophy of Right,* Werke 7, para. 15, *Zusatz.* [In der Willkür ist das enthalten, daß der Inhalt nicht durch die Natur meines Willens bestimmt ist, der meinige zu sein, sondern durch *Zufälligkeit;* ich bin ebenso abhängig von diesem Inhalt, und dies ist der Widerspruch, der in der Willkür liegt. Der gewöhnliche Mensch glaubt, frei zu sein, wenn ihm willkürlich zu handeln erlaubt ist, aber gerade in der Willkür liegt, daß er nicht frei ist.]

32 Hegel, *Elements of the Philosophy of Right,* Werke 7, para. 7, *Zusatz.* [Hier ist man nicht einseitig in sich, sondern man beschränkt sich gern in Beziehung auf ein Anderes, weiss sich aber in dieser Beschränkung als sich selbst. In der Bestimmtheit soll sich der Mensch nicht bestimmt fühlen, sondern indem man das Andere als Anderes betrachtet, hat man darin erst Selbstgefühl...die Freiheit ist ein bestimmtes zu wollen, aber in dieser Bestimmtheit bei sich zu sein und wieder in das Allgemeine zurückzukehren.]

33 Hegel, *Elements of the Philosophy of Right,* Werke 7, para. 15, *Zusatz.* [Wenn ich das Vernünftige will, so handle ich nicht als partikulares Individuum, son-

dern nach den Begriffen der Sittlichkeit überhaupt: in einer sittlichen Handlung mache ich nicht mich selbst, sondern die Sache geltend. Der Mensch aber, indem er etwas Verkehrtes tut, läßt seine Partikularität am meisten hervortreten. Das Vernünftige ist die Landstraße, wo jeder geht, wo niemand sich auszeichnet.]

## 第五章　康德伦理学与康德的伦理学

1　Kant, *Critique of Pure Reason*, A805, B833.

2　Onora O'Neill (Nell), *Acting on Principle: An Essay on Kantian Ethics* (New York: Columbia University Press, 1975), p. i.

3　O'Neill, *Acting on Principle*, p. 2.

4　Bentham, *Introduction to the Principles of Morals and Legislation* (New York: Hafner Press, 1948), p. 1.

5　Rawls, *A Theory of Justice* (Cambridge, MA: Harvard University Press, 1971), p. 187.

6　A. Wood, *Kant's Ethical Thought* (Cambridge: Cambridge University Press, 1999) and Wood, *Kantian Ethics*.

7　Wood, *Kantian Ethics*, p. 1.

8　Wood, *Kantian Ethics*, p. 2.

9　O'Neill, *Acting on Principle,* p. viii.

10　Murdoch, *The Sovereignty of Good* (London: Routledge & Kegan Paul, 1970), pp. 79–81.

11　参阅 Alasdair MacIntyre, *After Virtue* (London: Duckworth, 1981)，尤其是第4、5章。

12　Wood, *Kantian Ethics,* p. 138.

13　Rawls, "A Kantian Conception of Equality", in *Collected Papers* (Cambridge, MA: Harvard University Press, 1999), p. 264.

14　Rawls, "Themes in Kant's Moral Philosophy", p. 497.

15　J. Rawls, "Outline of a Decision Procedure for Ethics", in *Collected Papers*

(Cambridge, MA: Harvard University Press, 1999).

16 Kant, *Groundwork to the Metaphysics of Morals,* Ak. 4:421. [Der kategorische Imperativ ist also nur ein einziger und zwar dieser: handle nur nach derjenigen Maxime, durch die du zugleich wollen kannst, daß sie ein allgemeines Gesetz werde.]

17 Kant, *Groundwork to the Metaphysics of Morals,* Ak. 4:424. [Einige Handlungen sind so beschaffen, daß ihre Maxime ohne Widerspruch nicht einmal als allgemeines Naturgesetz gedacht werden kann; weit gefehlt, daß man noch wollen könne, es sollte ein solches werden. Bei andern ist zwar jene innere Unmöglichkeit nicht anzutreffen, aber es ist doch unmöglich, zu wollen, daß ihre Maxime zur Allgemeinheit eines Naturgesetzes erhoben werde, weil ein solcher Wille sich selbst widersprechen würde. Man sieht leicht: daß die erstere der strengen oder engeren (unnachlaßlichen) Pflicht, die zweite nur der weiteren (verdienstlichen) Pflicht widerstreite.]

18 "在世界之内,一般而言甚至在世界之外,除了一个善的意志之外,不可能设想任何东西能够被无限制地视为善的"。Kant, *Groundwork to the Metaphysics of Morals,* Ak. 4:393. [Es ist überall nichts in der Welt, ja überhaupt auch außer derselben zu denken möglich, was ohne Einschränkung für gut könnte gehalten werden, als allein ein guter Wille.]

19 Kant, *Groundwork to the Metaphysics of Morals,* Ak. 4:428. [dessen Dasein an sich selbst einen absoluten Wert hat]

20 Kant, *Groundwork to the Metaphysics of Morals,* Ak. 4:428. [so würde in ihm und nur in ihm allein der Grund eines möglichen kategorischen Imperativs, d. i. praktischen Gesetzes, liegen]

21 Kant, *Groundwork to the Metaphysics of Morals,* Ak. 4:428. [als Zweck an sich selbst, nicht bloß als Mittel zum beliebigen Gebrauche für diesen oder jenen Willen.]

22 Kant, *Groundwork to the Metaphysics of Morals,* Ak. 4:429. [Handle so, daß du die Menschheit sowohl in deiner Person, als in der Person eines jeden andern jederzeit zugleich als Zweck, niemals bloß als Mittel brauchst.]

23 Kant, *Groundwork to the Metaphysics of Morals,* Ak. 4:443. [die systematische Verbindung verschiedener vernünftiger Wesen durch gemeinschaftliche Gesetze]

24 Kant, *Groundwork to the Metaphysics of Morals,* Ak. 4:436. [alle Maximen aus eigener Gesetzgebung zu einem möglichen Reiche der Zwecke, als einem Reiche der Natur, zusammenstimmen sollen]

25 Kant, *Groundwork to the Metaphysics of Morals,* Ak. 4:436–37. [Man tut aber besser, wenn man in der sittlichen Beurteilung immer nach der strengen Methode verfährt und die allgemeine Formel des kategorischen Imperativs zum Grunde legt: handle nach der Maxime, die sich selbst zugleich zum allgemeinen Gesetze machen kann.]

26 Kant, *Moral Philosophy: Collins,* Ak. 27:381–82. [Es gibt keinen Fall, wo der Mensch schon von Natur bestimmt wäre, ein Gegenstandes Genusses des andern zu sein als diesen, wovon die Geschlechter Neigung der Grund ist. Dies ist die Ursache warum man sich scheut solche Neigung zu haben, und warum alle strenge Moralisten und die als heilige angesehn [sic] werden wollen, diese Neigung zu unterdrücken und zu entbehren gesucht haben . . . Weil die Geschlechts-Neigung keine Neigung ist, die ein Mensch gegen den andern als Menschen hat, sondern eine Neigung gegen das Geschlecht; so ist diese Neigung ein Principium der Erniedrigung der Menschheit, eine Quelle, ein Geschlecht dem andern vorzuziehen und es aus Befriedigung der Neigung zu entehren. Die Neigung die man zum Weibe hat, geht nicht auf es als auf einen Menschen; vielmehr ist einem Mann die Menschheit am Weibe gleichgültig und nur das Geschlecht der Gegenstand seiner Neigung.]

27 Kant, *Groundwork to the Metaphysics of Morals*, Ak. 6:359–60.

28 Kant, *Moral Philosophy: Collins,* Ak. 27:399. [werfe ich meine Person wieder weg, also versetz ich mich hindurch unter das Thier und entehre die Menschheit.]

29 Kant, *Metaphysics of Morals,* Ak. 6:333. "即使一个公民社会在其所有成员都同意的情况下解散（例如，如果居住在一个岛屿上的人民决定分离并分散到世界各地），仍然在监狱中的最后一个杀人犯也必须首先被处决，以便每个人都对他做了他的行为应得的事情，并且血腥的罪恶感不会因为没有坚持惩罚他而附着在人民身上；否则，人民可以被视为这种公开违反正义的合作者。" [Selbst, wenn sich die bürgerliche Gesellschaft mit aller Glieder Einstimmung auflösete (z.B. das eine Insel bewohnende Volk beschlösse, auseinander zu gehen, und sich in alle Welt zu zerstreuen), müßte der letzte im Gefängnis befindliche Mörder vorher hingerichtet werden, damit jedermann das widerfahre, was seine Taten wert sind, und die Blutschuld nicht auf dem Volke hafte, das auf diese Bestrafung nicht gedrungen hat; weil es als Teilnehmer an dieser öffentlichen Verletzung der Gerechtig-keit betrachtet werden kann.]

30 Kant, *Metaphysics of Morals,* Ak. 6:332–33. [Das Strafgesetz ist ein kategorischer Imperativ, und, wehe dem! welcher die Schlangenwindungen der Glückseligkeitslehre durchkriecht, um etwas aufzufinden, was durch den Vorteil, den es verspricht, ihn von der Strafe, oder auch nur einem Grade derselben entbinde, nach dem pharisäischen Wahlspruch: »es ist besser, daß *ein* Mensch sterbe, als daß das ganze Volk verderbe«; denn, wenn die Gerechtigkeit untergeht, so hat es keinen Wert mehr, daß Menschen auf Erden leben. Welche Art aber und welcher Grad der Bestrafung ist es, welche die öffentliche Gerechtigkeit sich zum Prinzip und Richtmaße macht? Kein anderes, als das Prinzip der Gleichheit (im Stande des Züngleins an der Wage der Gerechtigkeit), sich nicht mehr auf die eine, als auf die andere Seite hinzuneigen. Also: was für unverschuldetes Übel du einem anderen im Volk zufügst, das tust du dir selbst an. Beschimpfst du ihn, so beschimpfst du dich selbst; bestiehlst du ihn, so bestiehlst du dich selbst; schlägst du ihn, so schlägst du dich selbst; tötest du ihn, so tötest du dich selbst. Nur das *Wiedervergeltungsrecht* (ius talionis), aber, wohl zu verstehen, vor den Schranken des Gerichts (nicht in deinem Privaturteil), kann die Qualität und Quantität der Strafe bestimmt angeben; alle andere sind hin und her schwankend, und können, anderer sich einmischenden Rücksichten wegen, keine Angemessenheit mit dem Spruch der reinen und strengen Gerechtigkeit enthalten.]

31 Kant, *Metaphysics of Morals,* Ak. 6:490. [sondern vielmehr umgekehrt aus der Notwendigkeit der Bestrafung auf ein künftiges Leben die Folgerung gezogen wird]

32 Parfit, *On What Matters,* Vol. 1 (Oxford: Oxford University Press, 2011), p. 272.

33 Kant, *Groundwork to the Metaphysics of Morals,* Ak. 4:424. [Einige Handlungen sind so beschaffen, daß ihre Maxime ohne Widerspruch nicht einmal als allgemeines Naturgesetz gedacht werden kann.]

34 Kant, *Groundwork to the Metaphysics of Morals,* Ak. 4:422. [würde das Versprechen und den Zweck, den man damit haben mag, selbst unmöglich machen, indem niemand glauben würde, daß ihm was versprochen sei, sondern über alle solche Äußerung als eitles Vorgeben lachen würde.]

35 例如，布拉德雷写道："因此，道德与盗窃一样自相矛盾。'救助穷人'既否定了贫困，又预设了（因此假定）贫困。"F. H. Bradley, *Ethical Studies* (Oxford: Oxford University Press, 1988), p. 155. 而爱德华·凯尔德则说："严格地说，这并不是说此类行为（如撒谎和偷窃）的准则在普遍化时是自相矛盾的，而是它与理性存在者生活中的某种预先假定的秩序相矛盾。普遍存在的谎言、普遍存在的偷窃，等等，都与基于维护真理和私有财产的秩序的观念相矛盾。"Edward Caird, *The Critical Philosophy of Immanuel Kant,* Vol. 2 (New York: Macmillan, 1889), p. 213. 从另一个角度来看，穆勒也有类似的反对意见："当[康德]开始从这条戒律中推断出["行动起来，你所依据的规则将被所有理性的存在者采纳为法律"]。任何道德的实际义务，他几乎荒谬地未能表明，在所有理性的生命采用最不道德的行为规则时，会有任何矛盾，任何逻辑上（更不用说物理上）的不可能性。他所表明的是，这些规则被普遍采用的后果将是没有人情愿招惹的。"Mill, *Utilitarianism,* in *Collected Works of John Stuart Mill: Volume X-Essays on Ethics, Religion and Society* (Toronto: University of Toronto Press, 1969), p. 207.

36 C. Korsgaard, Editor's Preface to the *Groundwork to the Metaphysics of Morals* (Cambridge: Cambridge University Press, 1997), p. xix. See also Korsgaard, *Creating the Kingdom of Ends* (Cambridge: Cambridge Univer-

sity Press, 1996), Ch. 3.
37 Kant, *Groundwork to the Metaphysics of Morals,* Ak. 4:422. [ich mache es mir aus Selbstliebe zum Prinzip, wenn das Leben bei seiner längern Frist mehr Übel droht, als es Annehmlichkeit verspricht, es mir abzukürzen.]
38 Kant, *Groundwork to the Metaphysics of Morals,* Ak. 4:422. [Da sieht man aber bald, daß eine Natur, deren Gesetz es wäre, durch dieselbe Empfindung, deren Bestimmung es ist, zur Beförderung des Lebens anzutreiben, das Leben selbst zu zerstören, ihr selbst widersprechen und also nicht als Natur bestehen würde, mithin jene axime unmöglich als allgemeines Naturgesetz stattfinden könne und folglich dem obersten Prinzip aller Pflicht gänzlich widerstreite.]
39 尽管将 *Bestimmung* 翻译为"规定"并非没有道理，但考虑到康德在逻辑本体论语境中经常使用它（例如，在他关于《纯粹理性批判》和《遗著》中对现实的"普遍的规定"[*durchgängige Bestimmung*] 的讨论中），*Bestimmung* 也具有更多的目的论意义。因此，它在其他地方被恰当地翻译为"天职"（如费希特的《论学者的使命》）。对此富有启发性的讨论，详阅：Günter Zöller, "Die Bestimmung der Bestimmung des Men-schen bei Mendelssohn und Kant", in V. Gerhardt, R.-P. Horstmann and R. Schumacher (eds.), *Kant und die Berliner Aufklärung: Akten des IX. Internationalen Kant-Kongresses,* Vol. 1 (Berlin: de Gruyter, 2001), pp. 476–90。
40 O'Neill, *Constructions of Reason* (Cambridge: Cambridge University Press, 1989), p. 94.
41 Korsgaard, *Creating the Kingdom of Ends,* pp. 100–101.
42 O'Neill, *Constructions of Reason,* p. 96.
43 O'Neill, *Constructions of Reason,* p. 102.
44 O'Neill, *Constructions of Reason,* p. 102.
45 Kant, *Groundwork to the Metaphysics of Morals,* Ak. 4:424. [Bei andern ist zwar jene innere Unmöglichkeit nicht anzutreffen, aber es ist doch unmöglich, zu wollen, daß ihre Maxime zur Allgemeinheit eines Naturgesetzes erhoben werde, weil ein solcher Wille sich selbst widersprechen würde.]
46 Kant, *Groundwork to the Metaphysics of Morals,* Ak. 4:423. [Er sieht sich aber

in bequemen Umständen und zieht vor, lieber dem Vergnügen nachzuhängen, als sich mit Erweiterung und Verbesserung seiner glücklichen Naturanlagen zu bemühen.]

47 Kant, *Groundwork to the Metaphysics of Morals*, Ak. 4:424. [Noch fragt er aber: ob außer der Übereinstimmung, die seine Maxime der Verwahrlosung seiner Naturgaben mit seinem Hange zur Ergötzlichkeit an sich hat, sie auch mit dem, was man Pflicht nennt, übereinstimme. Da sieht er nun, daß zwar eine Natur nach einem solchen allgemeinen Gesetze immer noch bestehen könne, obgleich der Mensch (so wie die Südsee-Einwohner) sein Talent rosten ließe und sein Leben bloß auf Müßiggang, Ergötzlichkeit, Fortpflanzung, mit einem Wort auf Genuss zu verwenden bedacht wäre; allein er kann unmöglich wollen, daß dieses ein allgemeines Naturgesetz werde, oder als ein solches in uns durch Naturinstinkt gelegt sei. Denn als ein vernünftiges Wesen will er notwendig, daß alle Vermögen in ihm entwickelt werden, weil sie ihm doch zu allerlei möglichen Absichten dienlich und gegeben sind.]

48 O'Neill, *Constructions of Reason*, p. 99.

49 O'Neill, *Constructions of Reason*, p. 99.

50 Kant, *Groundwork to the Metaphysics of Morals*, Ak. 4:429.

51 Korsgaard, *Creating the Kingdom of Ends*, p. 139.

52 O'Neill, *Constructions of Reason*, p. 111.

53 Korsgaard, *Creating the Kingdom of Ends*, p. 140.

54 Kant, *Groundwork to the Metaphysics of Morals*, Ak. 4:429–30. [Denn der, den ich durch ein solches Versprechen zu meinen Absichten brauchen will, kann unmöglich in meine Art, gegen ihn zu verfahren, einstimmen und also selbst den Zweck dieser Handlung enthalten.]

55 罗尔斯的继任者 T. M. 斯坎伦提出了一种道德观，这种道德观通过他们的假定同意对所有人都是合理的。在讨论可能涉及的同一类型的大量文献中，尤其可参阅约翰·汉恩·弗里克（Johann Frick）的相关著述："Contractualism and Social Risk", *Philosophy & Public Affairs* 43, no. 3 (Summer 2015), 175–223。

56 Kant, *Groundwork to the Metaphysics of Morals,* Ak. 4:430. [in Ansehung der zufälligen (verdienstlichen) Pflicht gegen sich selbst ist's nicht genug, daß die Handlung nicht der Menschheit in unserer Person als Zweck an sich selbst widerstreite, sie muss auch dazu zusammenstimmen. Nun sind in der Menschheit Anlagen zu größerer Vollkommenheit, die zum Zwecke der Natur in Ansehung der Menschheit in unserem Subjekt gehören; diese zu vernachlässigen, würde allenfalls wohl mit der Erhaltung der Menschheit als Zwecks an sich selbst, aber nicht der Beförderung dieses Zwecks bestehen können.]

57 Wood, *Kantian Ethics,* p. 57.

58 Barbara Herman, *The Practice of Moral Judgment* (Cambridge, MA: Harvard University Press, 1993), p. 151.

59 Herman, *The Practice of Moral Judgment,* p. 148.

60 O'Neill, *Constructions of Reason,* p. 128, my emphasis.

61 H. J. Paton, *The Categorical Imperative* (London: Hutchinson, 1947); A. R. C. Duncan, *Practical Reason and Morality* (Edinburgh: Nelson, 1957); T. C. Williams, *The Concept of the Categorical Imperative* (Oxford: Oxford University Press, 1968).

62 T. C. Williams, *The Concept of the Categorical Imperative,* p. 116.

63 T. C. Williams, *The Concept of the Categorical Imperative,* p. 117.

64 T. C. Williams, *The Concept of the Categorical Imperative,* pp. 116–17.

65 O'Neill, *Acting on Principle,* p. 2.

66 Kant, Ak. 20:44："我本身就是一位探索者。我对知识充满了渴望，渴望在知识中不断前进，对知识的每一次增长都感到满足。曾经有一段时间，我认为只有这一点才能构成人类的荣誉，我蔑视一无所知的大众。卢梭纠正了我的错误。这种盲目的偏好消失了。我学会了尊重人类，我情愿认为自己比普通工人更无用，如果我不相信这种考虑可以赋予所有其他人价值，以确立人类的权利。" [Ich bin selbst aus Neigung ein Forscher. Ich fühle den ganzen Durst nach Erkenntnis und die begierige Unruhe, darin weiterzukommen, oder auch die Zufriedenheit bei jedem Erwerb. Es war eine Zeit, da ich glaubte, dies alles könnte die Ehre der Menschheit machen, und ich verachtete

den Pöbel, der von nichts weiß. Rousseau hat mich zurecht gebracht. Dieser verblendende Vorzug verschwindet. Ich lerne die Menschen ehren und würde mich viel unnützer finden als die gemeinen Arbeiter, wenn ich nicht glaubte, daß diese Betrachtung allen übrigen einen Wert geben könne, die Rechte der Menschheit herzustellen.]

67 Rousseau, *Letter to d'Alembert* (*Lettre à d'Alembert*), in *Collection complète des œuvres de J. J. Rousseau,* Vol. 6 (Geneva, 1782–89), p. 450. [Le cœur de l'homme est toujours droit sur tout ce qui ne se rapporte pas personnellement à lui. Dans les querelles dont nous sommes purement Spectateurs, nous prenons a l'instant le parti de la justice, et il a point d'acte de méchanceté qui ne nous donne une vive indignation, tant que nous n'en tirons aucun profit: mais quand notre intérêt s'y mêle, bientôt nos sentimens se corrompent; et c'est alors seulement que nous préférons le mal qui nous est utile, au bien que nous fait aimer la nature.]

68 Kant, *Groundwork to the Metaphysics of Morals,* Ak. 4:402,着重号系我所加。[hiermit stimmt die gemeine Menschenvernunft in ihrer praktischen Beurteilung auch vollkommen überein und hat das gedachte Prinzip jederzeit vor Augen.]

69 Kant, *Groundwork to the Metaphysics of Morals,* Ak. 4:403–404. [So sind wir denn in der moralischen Erkenntnis der gemeinen Menschenvernunft bis zu ihrem Prinzip gelangt, welches sie sich zwar freilich nicht so in einer allgemeinen Form abgesondert denkt, aber doch jederzeit wirklich vor Augen hat und zum Richtmaße ihrer Beurteilung braucht. Es wäre hier leicht zu zeigen, wie sie mit diesem Kompasse in der Hand in allen vorkommenden Fällen sehr gut Bescheid wisse, zu unterscheiden, was gut, was böse, pflichtmäßig, oder pflichtwidrig sei, wenn man, ohne sie im mindesten etwas Neues zu lehren, sie nur, wie Sokrates tat, auf ihr eigenes Prinzip aufmerksam macht, und daß es also keiner Wissenschaft und Philosophie bedürfe, um zu wissen, was man zu tun habe, um ehrlich und gut, ja sogar um weise und tugendhaft zu sein.]

70 Kant, *Groundwork to the Metaphysics of Morals,* Ak. 4:404. [Wäre es demnach nicht ratsamer, es in moralischen Dingen bei dem gemeinen Vernunfturteil be-

wenden zu lassen und höchstens nur Philosophie anzubringen, um das System der Sitten desto vollständiger und fasslicher, imgleichen die Regeln derselben zum Gebrauche (noch mehr aber zum Disputieren) bequemer darzustellen, nicht aber um selbst in praktischer Absicht den gemeinen Menschenverstand von seiner glücklichen Einfalt abzubringen und ihn durch Philosophie auf einen neuen Weg der Untersuchung und Belehrung zu bringen?]

71 Kant, *Groundwork to the Metaphysics of Morals*, Ak. 4:404–405. [Es ist eine herrliche Sache um die Unschuld, nur es ist auch wiederum sehr schlimm, daß sie sich nicht wohl bewahren lässt und leicht verführt wird.]

72 Kant, *Groundwork to the Metaphysics of Morals*, Ak. 4:405. [Der Mensch fühlt in sich selbst ein mächtiges Gegengewicht gegen alle Gebote der Pflicht, die ihm die Vernunft so hochachtungswürdig vorstellt, an seinen Bedürfnissen und Neigungen, deren ganze Befriedigung er unter dem Namen der Glückseligkeit zusammenfasst.]

73 T. C. Williams, *The Concept of the Categorical Imperative*, p. 134.

74 T. M. Greene, "The Historical Context and Religious Significance of Kant's *Religion*", in Kant, *Religion within the Limits of Reason Alone* (New York: Harper, 1960), p. lii.

75 Kant, *Groundwork to the Metaphysics of Morals*, Ak. 4:404.[Im praktischen aber fängt die Beurteilungskraft dann eben allererst an, sich recht vorteilhaft zu zeigen, wenn der gemeine Verstand alle sinnliche Triebfedern von praktischen Gesetzen ausschließt. Er wird alsdann sogar subtil, es mag sein, daß er mit seinem Gewissen oder anderen Ansprüchen in Beziehung auf das, was recht heißen soll, schikanieren, oder auch den Wert der Handlungen zu seiner eigenen Belehrung aufrichtig bestimmen will.]

76 Kant, *Groundwork to the Metaphysics of Morals*, Ak. 4:393.[Es ist überall nichts in der Welt, ja überhaupt auch außer derselben zu denken möglich, was ohne Einschränkung für gut könnte gehalten werden, als allein ein guter Wille.]

77 Kant, *Groundwork to the Metaphysics of Morals*, Ak. 4:434–35.[Im Reiche der Zwecke hat alles entweder einen Preis, oder eine Würde. Was einen Preis hat, an

dessen Stelle kann auch etwas anderes als Äquivalent gesetzt werden; was dagegen über allen Preis erhaben ist, mithin kein Äquivalent verstattet, das hat eine Würde. Was sich auf die allgemeinen menschlichen Neigungen und Bedürfnisse bezieht, hat einen Marktpreis; das, was, auch ohne ein Bedürfnis vorauszusetzen, einem gewissen Geschmacke, d. i. einem Wohlgefallen am bloßen zwecklosen Spiel unserer Gemütskräfte, gemäß ist, einen Affektionspreis; das aber, was die Bedingung ausmacht, unter der allein etwas Zweck an sich selbst sein kann, hat nicht bloß einen relativen Wert, d. i. einen Preis, sondern einen innern Wert, d. i. Würde. Nun ist Moralität die Bedingung, unter der allein ein vernünftiges Wesen Zweck an sich selbst sein kann, weil nur durch sie es möglich ist, ein gesetzgebendes Glied im Reiche der Zwecke zu sein. Also ist Sittlichkeit und die Menschheit, so fern sie derselben fähig ist, dasjenige, was allein Würde hat.]

78 Kant, *Metaphysics of Morals,* Ak. 6:462. [Die Menschheit selbst ist eine Würde; denn der Mensch kann von keinem Menschen (weder von anderen noch so gar von sich selbst) bloß als Mittel, sondern muß jederzeit zugleich als Zweck gebraucht werden, und darin besteht eben seine Würde (die Persönlichkeit).]

79 Kant, *Groundwork to the Metaphysics of Morals,* Ak. 4:396，着重号系我所加。[so muss die wahre Bestimmung derselben sein, einen nicht etwa in anderer Absicht als Mittel, sondern an sich selbst guten Willen hervorzubringen...Dieser Wille darf also zwar nicht das einzige und das ganze, aber er muss doch das höchste Gut und zu allem Übrigen, selbst allem Verlangen nach Glückseligkeit, die Bedingung sein.]

80 Kant, *Groundwork to the Metaphysics of Morals,* Ak. 4:435. [das aber, was die Be-dingung ausmacht, unter der allein etwas Zweck an sich selbst sein kann, hat nicht bloß einen relativen Wert, d. i. einen Preis, sondern einen innern Wert, d. i. Würde.]

81 Kant, *Groundwork to the Metaphysics of Morals,* Ak. 4:428.[Gesetzt aber, es gäbe etwas, dessen Dasein an sich selbst einen absoluten Wert hat, was als Zweck an sich selbst ein Grund bestimmter Gesetze sein könnte, so würde in

ihm und nur in ihm allein der Grund eines möglichen kategorischen Imperativs, d. i. praktischen Gesetzes, liegen.]

82 "有两种东西，我对它们的思考越是深沉和持久，它们在我心灵中唤起的惊叹和敬畏就会日新月异，不断增长，这就是我头顶浩瀚灿烂的星空和心中崇高的道德法则。" Kant, *Critique of Practical Reason*, Ak. 5:161. [Zwei Dinge erfüllen das Gemüt mit immer neuer und zunehmenden Bewunderung und Ehrfurcht, je öfter und anhaltender sich das Nachdenken damit beschäftigt: *Der bestirnte Himmel über mir, und das moralische Gesetz in mir.*]

83 Kant, *Groundwork to the Metaphysics of Morals*, Ak. 4:428.

84 Korsgaard, *Creating the Kingdom of Ends*, p. 158.

85 Korsgaard, *Creating the Kingdom of Ends*, pp. 100–101.

86 Kant, *Moral Philosophy: Collins*, Ak. 27:341.[Weit gefehlt, daß diese Pflichten die niedrigsten sind, sie haben vielmehr den ersten Rang, und sind unter allen die wichtigsten, denn ohne noch erst zu erklären, was die Pflicht gegen sich selbst sey, so kann man sagen: Wenn ein Mensch seine eigne Person entehrt, was kann man von dem noch fordern?]

87 Kant, *Moral Philosophy: Collins*, Ak. 27:347. [Das principium der Pflichten gegen sich selbst bestehet nicht in der Selbstgunst, sondern in der Selbstschätzung, das heißt unsre Handlungen müssen mit der Würde der Menschheit übereinstimmen. Man könnte auch hier sagen, so wie es beim Recht heißt: neminem laede, also noli naturam humanam in te ipso laedere.]

88 Kant, *Moral Philosophy: Collins*, Ak. 27:342.[Der Selbstmord ist die höchste Verletzung der Pflichten gegen sich selbst.]

89 Kant, *Moral Philosophy: Vigilantius*, Ak. 27:593.[Er ist zwar proprietarius davon, d.i. er schaltet und waltet darüber, aber als über eine Person, d.i. das phänomenon erscheint insoweit, als er über denselben als Sache disponieren will, durch das noumenon eingeschränkt.]

90 Kant, *Moral Philosophy: Collins*, Ak. 27:343. [Die Pflichten gegen uns selbst …sind unabhängig von allen Vorteilen, und gehn nur auf die Würde der Menschheit. Sie beruhen darauf, daß wir in Ansehung unserer Person keine

ungebundne Freiheit haben, daß die Menschheit in unserer eignen Person hochgeschürzt werden müße, weil ohne dieses der Mensch ein Gegenstand der Verachtung ist, welches ein absoluter Tadel ist, weil er nicht nur in Ansehung anderer, sondern auch an sich selbst nichts werth ist. Die Pflichten gegen sich selbst sind die oberste Bedingung und das principium aller Sittlichkeit, denn der Werth der Person macht den moralischen Werth aus.]

91 Kant, *Moral Philosophy: Vigilantius,* Ak. 27:627. [Nun ist aber der Selbstmord dem Begriff des Rechtes der Menschheit in meiner eignen Person zuwider. Die Menschheit aber ist ein an sich unverletzbares Heiligtum; in demselben ist meine Persönlichkeit, oder das Recht der Menschheit in meiner Person ebenso unverletzbar enthalten.]

92 Korsgaard, *Creating the Kingdom of Ends,* p. 126.

93 Kant, *Moral Philosophy: Collins,* Ak. 27:371.[denn das Leben ist an und für sich selbst auf keine Weise hoch zu schätzen, sondern nur in sofern muss ich mein Leben zu erhalten suchen als ich werth bin zu leben.]

94 Kant, *Moral Philosophy: Collins,* Ak. 27:377. [Die Menschheit in unsrer Person ist ein Gegenstand der höchsten Achtung und in uns unverletzlich. In den Fällen wo der Mensch dadurch entehrt wird, da ist der Mensch verbunden, lieber sein Leben aufzuopfern als seine Menschheit in seiner Person zu entehren. Denn ehrt er seine Menschheit in seiner Person wenn sie von andern soll entehrt werden. Kann der Mensch sein Leben nicht anders erhalten als durch Entehrung seiner Menschheit, so soll er es lieber aufopfern. Denn setzt er zwar thierisches Leben in Gefahr, allein er fühlt doch, daß er so lange er gelebet, ehrenwerth gelebet hat. Es liegt nicht daran, daß der Mensch lange lebe (denn der Mensch verliert nicht durch den Zufall sein Leben, sondern nur die Verlängerung der Jahre seines Lebens, das Urtheil ist ihm schon von der Natur gesprochen, einmal zu sterben), sondern daß er so lang er lebt, ehrenwerth lebe, und die Würde der Menschheit nicht entehre. Kann er nun länger nicht so leben, so kann er gar nicht leben; denn ist sein moralisch Leben zum Ende. Das moralische Leben ist aber denn zum Ende, wenn es mit der Würde der Menschheit nicht mehr übere-

instimmt.]
95 Kant, *Metaphysics of Morals,* Ak. 6:429. [Die größte Verletzung der Pflicht des Menschen gegen sich selbst, bloß als moralisches Wesen betrachtet (die Menschheit in seiner Person), ist das Widerspiel der Wahrhaftigkeit: die *Lüge.*]
96 Kant, *Metaphysics of Morals,* Ak. 6:429.[Durch jene macht er sich in anderer, durch diese aber, was noch mehr ist, in seinen eigenen Augen zum Gegenstande der Verachtung, und verletzt die Würde der Menschheit in seiner eigenen Person.]
97 Kant, *Groundwork to the Metaphysics of Morals,* Ak. 4:393.[ein vernünftiger unparteiischer Zuschauer sogar am Anblicke eines ununterbrochenen Wohlergehens eines Wesens, das kein Zug eines reinen und guten Willens ziert, nimmermehr ein Wohlgefallen haben kann, und so der gute Wille die unerlässliche Bedingung selbst der Würdigkeit glücklich zu sein auszumachen scheint.]
98 Kant, *Metaphysics of Morals,* Ak. 6:332.[denn, wenn die Gerechtigkeit untergeht, so hat es keinen Wert mehr, daß Menschen auf Erden leben.]
99 Kant, Metaphysics of Morals, Ak. 6:385. [Sie sind: *Eigene Vollkommenheit— fremde Glückseligkeit.*]
100 Kant, *Critique of Practical Reason,* Ak. 5:124. [der Zustand eines vernünftigen We-sens in der Welt, dem es, im Ganzen seiner Existenz, *alles nach Wunsch und Willen geht.*]
101 Kant, *Metaphysics of Morals,* Ak. 6:385. [sich seinen Zweck nach seinen eigenen Begriffen von Pflicht zu setzen]
102 Kant, *Metaphysics of Morals,* Ak. 6:436–37. [Werdet nicht der Menschen Knechte. Laßt euer Recht nicht ungeahndet von anderen mit Füßen treten. Macht keine Schulden, für die ihr nicht volle Sicherheit leistet. Nehmt nicht Wohltaten an, die ihr entbehren könnt, und seid nicht Schmarotzer, oder Schmeichler, oder gar (was freilich nur im Grad von dem Vorigen unterschieden ist) Bettler. Daher seid wirtschaftlich, damit ihr nicht bettelarm werdet. Das Klagen und Winseln, selbst das bloße Schreien bei einem körperlichen Schmerz ist euer schon unwert, am meisten, wenn ihr euch bewußt seid, ihn selbst verschuldet

zu haben: Daher die Veredlung (Abwendung der Schmach) des Todes eines Delinquenten durch die Standhaftigkeit, mit der er stirbt. Das Hinknien oder Hinwerfen zur Erde, selbst um die Verehrung himmlischer Gegenstände sich dadurch zu versinnlichen, ist der Menschenwürde zuwider, so wie die Anrufung derselben in gegenwärtigen Bildern; denn ihr demütigt euch alsdann nicht unter einem *Ideal*, das euch eure eigene Vernunft vorstellt, sondern unter einem *Idol*, was euer eigenes Gemächsel ist.]

103 Kant, *Metaphysics of Morals*, Ak. 6:390.

104 Derek Parfit, *Reasons and Persons* (Oxford: Oxford University Press, 1984), p. 454.

105 见 Blumenberg, *The Legitimacy of the Modern Age*，特别是这一章："The 'Trial' of Theoretical Curiosity"。

# 第六章 从天堂到历史

1 Walter Benjamin to Gerhard Scholem, 31 January 1918, in Walter Benjamin, *Briefe*, Vol. 1 (Frankfurt am Main: Suhrkamp, 1978), p.171. 这份文献描述道："我想，如果我们花一点时间来研究他的思想，我们很快就会看到其所表现出来的精神面貌：一位暴力的知识分子，一位暴力的神秘主义者，最糟糕的那种，但仍然是一位神秘主义者。" [Ich glaube, wir würden, wenn wir uns seine Sachen auf kurze Zeit vornehmen würden, bald auf die geistige Physiognomie kommen die daraus blickt: die eines intellektuellen Gewaltmenschen, eines Mystikers der Gewalt, die schlechteste Sorte die es gibt: aber auch Mystiker].

2 For example, by Hannah Arendt. Hannah Arendt, "Postscriptum to Thinking", in *Lectures on Kant's Political Philosophy* (Chicago: University of Chicago Press, 1982), p.5.

3 Hegel, *Elements of the Philosophy of Right, Werke 7*, para. 340.[...die erscheinende Dialektik der Endlichkeit dieser Geister, aus welcher der allgemeine Geist, der Geist der Welt, als unbeschränkt ebenso sich hervorbringt, als er es ist, der sein Recht— und sein Recht ist das allerhöchste—an ihnen in der Welt-

geschichte, als dem Weltgerichte ausübt.]
4　Kant, *Groundwork to the Metaphysics of Morals*, Ak. 4:393.
5　Kant, *Groundwork to the Metaphysics of Morals*, Ak. 4:393. [ein vernünftiger un-parteiischer Zuschauer sogar am Anblicke eines ununterbrochenen Wohlergehens eines Wesens, das kein Zug eines reinen und guten Willens ziert, nimmermehr ein Wohlgefallen haben kann, und so der gute Wille die unerlässliche Bedingung selbst der Würdigkeit glücklich zu sein auszumachen scheint.]
6　Kant, *Groundwork to the Metaphysics of Morals*, Ak. 4:396.[Dieser Wille darf also zwar nicht das einzige und das ganze, aber er muss doch das höchste Gut und zu allem Übrigen, selbst allem Verlangen nach Glückseligkeit, die Bedingung sein.]
7　Kant, *Critique of Practical Reason*, Ak. 5:129–30.[Das moralische Gesetz gebietet, das höchste mögliche Gut in einer Welt mir zum letzten Gegenstande alles Verhaltens zu machen. Dieses aber kann ich nicht zu bewirken hoffen, als nur durch die Übereinstimmung meines Willens mit dem eines heiligen und gütigen Welturhebers, und, obgleich in dem Begriffe des höchsten Guts, als dem eines Ganzen, worin die größte Glückseligkeit mit dem größten Maße sittlicher (in Geschöpfen möglicher) Vollkommenheit, als in der genausten Proportion verbunden vorgestellt wird, *meine eigene Glückseligkeit* mit enthalten ist: so ist doch nicht sie, sondern das moralische Gesetz (welches vielmehr mein unbegrenztes Verlangen danach auf Bedingungen strenge einschränkt) der Bestimmungsgrund des Willens, der zur Beförderung des höchsten Guts angewiesen wird.

Daher ist auch die Moral nicht eigentlich die Lehre, wie wir uns glücklich *machen*, sondern wie wir der Glückseligkeit *würdig* werden sollen. Nur dann, wenn Religion dazu kommt, tritt auch die Hoffnung ein, der Glückseligkeit dereinst in dem Maße teilhaftig zu werden, als wir darauf bedacht gewesen, ihrer nicht unwürdig zu sein.]
8　Kant, "On the Common Saying: That May Be True in Theory, but It Is of No Use in Practice" ("Über den Gemeinspruch: Das mag in der Theorie richtig sein,

taugt aber nicht für die Praxis"), Ak. 8:284. ["Ich für mein Teil gestehe, daß ich diese Teilung der Ideen in meinem *Kopfe* sehr wohl begreife, daß ich aber diese Teilung der Wünsche und Bestrebungen in meinem *Herzen* nicht finde, daß es mir sogar unbegreiflich ist, wie irgend ein Mensch sich bewußt werden kann, sein Verlangen nach Glückseligkeit selbst rein abgesondert, und also die Pflicht ganz uneigennützig ausgeübt zu haben."]

Ich antworte zuvörderst auf das letztere. Nämlich ich räume gern ein, daß kein Mensch sich mit Gewißheit bewußt werden könne, seine Pflicht ganz uneigennützig *ausgeübt zu haben*: denn das gehört zur inneren Erfahrung, und es würde zu diesem Bewußtsein seines Seelenzustandes eine durchgängig klare Vorstellung aller sich dem Pflichtbegriffe, durch Einbildungskraft, Gewohnheit und Neigung, beigesellenden Nebenvorstellungen und Rücksichten gehören, die in keinem Falle gefordert werden kann; auch überhaupt kann das Nichtsein von etwas (mithin auch nicht von einem in Geheim gedachten Vorteil) kein Gegenstand der Erfahrung sein. ]

9 Kant, "On the Common Saying: That May Be True in Theory, but It Is of No Use in Practice", Ak. 8:284.[Das aber der Mensch seine Pflicht ganz uneigennützig ausüben solle und sein Verlangen nach Glückseligkeit völlig vom Pflichtbegriffe absondern müsse, um ihn ganz rein zu haben: dessen ist er sich mit der größten Klarheit bewußt; oder, glaubt er nicht es zu sein, so kann von ihm gefordert werden, daß er es sei, so weit es in seinem Vermögen ist: weil eben in dieser Reinigkeit der wahre Werth der Moralität anzutreffen ist, und er muß es also auch können. ]

10 Kant, *Metaphysics of Morals*, Ak. 6:490.[sondern vielmehr umgekehrt aus der Not-wendigkeit der Bestrafung auf ein künftiges Leben die Folgerung gezogen wird]

11 Michael Sandel, "Introduction", in M. Sandel (ed.), *Liberalism and Its Critics* (Oxford: Basil Blackwell, 1984), pp. 3–4.

12 例如，那些收录在汉斯·赖斯（Hans Reiss）的著名文集《康德的政治著作》（*Kant's Political Writings*, Cambridge: Cambridge University Press, 1970）之

中的: "Idea for a Universal History", "What Is Enlightenment?", "Theory and Practice", "Perpetual Peace" and "Doctrine of Right" from the *Metaphysics of Morals*。

13 Kant, *Metaphysics of Morals*, Ak. 6:230.[Das Recht ist also der Inbegriff der Bedingungen, unter denen die Willkür des einen mit der Willkür des andern nach einem allgemeinen Gesetze der Freiheit zusammen vereinigt werden kann.]

14 Kant, *Metaphysics of Morals*, Ak. 6:230.[Der Begriff des Rechts, sofern er sich auf eine ihm korrespondierende Verbindlichkeit bezieht (d.i. der moralische Begriff derselben), betrifft erstlich nur das äußere und zwar praktische Verhältnis einer Person gegen eine andere, sofern ihre Handlungen als Facta aufeinander (unmittelbar, oder mittelbar) Einfluß haben können. Aber zweitens bedeutet er nicht das Verhältnis der Willkür auf den *Wunsch* (folglich auch auf das bloße Bedürfnis) des anderen, wie etwa in den Handlungen der Wohltätigkeit oder Hartherzigkeit, sondern lediglich auf die *Willkür* des anderen. *Drittens* in diesem wechselseitigen Verhältnis der Willkür kommt auch gar nicht die *Materie* der Willkür, d.i. der Zweck, den ein jeder mit dem Objekt, was er will, zur Absicht hat, in Betrachtung, z.B. es wird nicht gefragt, ob jemand bei der Ware, die er zu seinem eigenen Handel von mir kauft, auch seinen Vorteil finden möge, oder nicht, sondern nur nach der Form im Verhältnis der beiderseitigen Willkür, sofern sie bloß als *frei* betrachtet wird, und ob durch die Handlung eines von beiden sich mit der Freiheit des andern nach einem allgemeinen Gesetze zusammen vereinigen lasse.]

15 Kant, *Moral Philosophy: Collins*, Ak. 27:470.[Die letzte Bestimmung des menschlichen Geschlechts ist die moralische Vollkommenheit, so fern sie durch die Freyheit des Menschen bewirkt wird, wodurch alsdenn der Mensch der größten Glückseligkeit fähig ist. Gott hätte die Menschen schon so vollkommen machen und jedem die Glückseligkeit haben austeilen können, allein alsdenn wäre es nicht aus dem innern principio der Welt entsprungen. Das innere principium der Welt aber ist die Freyheit. Die Bestimmung des Menschen ist also, seine größte

Vollkommenheit durch seine Freyheit zu erlangen. Gott will nicht allein, daß wir sollen glücklich seyn, sondern wir sollten uns glücklich machen, das ist die wahre Moralität. Der allgemeine Zweck der Menschheit ist die höchste moralische Vollkommenheit; wenn sich nun alle so verhalten möchten, daß ihr Verhalten mit dem allgemeinen Zweck übereinstimmen möchte, so wäre dadurch die höchste Vollkommenheit erreicht.]

16 Kant, *Religion within the Limits of Reason Alone*, Ak. 6:97–98.[das höchste sittliche Gut durch die Bestrebung der einzelnen Person zu ihrer eigenen moralischen Vollkommenheit allein nicht bewirkt wird, sondern eine Bereinigung derselben in ein Ganzes zu eben demselben Zwecke zu einem System wohlgesinnter Menschen erfordert . . . einer allgemeinen Republik nach Tugendgesetzen.]

17 Kant, *Religion within the Limits of Reason Alone*, Ak. 6:98.[daß diese Pflicht die Voraussetzung einer andern Idee, nämlich der eines höhern moralischen Wesens, bedürfen werde, durch dessen allgemeine Veranstaltung die für sich unzulänglichen Kräfte der Einzelnen zu einer gemeinsamen Wirkung vereinigt werden.]

18 Kant, *Religion within the Limits of Reason Alone*, Ak. 6:100–101.[Ein moralisches Volk Gottes zu stiften, ist also ein Werk dessen Ausführung nicht von Menschen, sondern nur von Gott selbst erwartet werden kann. Deswegen ist aber doch dem Menschen nicht erlaubt, in Ansehung dieses Geschäftes unthätig zu sein, und die Vorsehung walten zu lassen, als ob ein Jeder nur seiner moralischen Privatangelegenheit nachgehen, das Ganze der Angelegenheit des menschlichen Geschlechts aber (seiner moralischen Bestimmung nach) einer höhern Weisheit überlassen dürfe. Er muß vielmehr so verfahren, als ob Alles auf ihn ankomme, und nur unter dieser Bedingung darf er hoffen, daß hö here Weisheit seiner wohlgemeinten Bemühung die Vollendung werde angedeihen lassen.]

19 Kant, *Religion within the Limits of Reason Alone*, Ak. 6:101.[Ein ethisches gemeines Wesen unter der göttlichen moralischen Gesetzgebung ist eine Kirche, welche, sofern sie kein Gegenstand möglicher Erfahrung ist, die unsichtbare

Kirche heißt (eine bloße Idee von der Vereinigung aller Rechtschaffenen unter der göttlichen unmittelbaren aber moralischen Weltregierung, wie sie jeder von Menschen zu stiftenden zum Urbilde dient). Die sichtbare ist die wirkliche Vereinigung der Menschen zu einem Ganzen, das mit jenem Ideal zusammenstimmt.]

20 Kant, *Religion within the Limits of Reason Alone*, Ak. 6:98. [einer allgemeinen Republik nach Tugendgesetzen]

21 Friedrich Schiller, *Schiller's Works*, Vol. 1 (Philadelphia: George Barrie, 1883), p. 35.（中译本采用张玉书选编：《席勒文案》第一卷，人民文学出版社2015年。）

22 参阅 E. C. Wilm, "The Kantian Studies of Schiller", *Journal of En glish and Germanic Philology* 7, no.2 (April 1908), 126–33。

23 A. O. Lovejoy, *The Great Chain of Being* (Cambridge, MA: Harvard University Press, 1936), Ch. 9.

24 "人类生来就是为了无限扩展其灵魂的力量，不断扩张其感知和力量——事实上，生来就是为了将国家作为其物种的目标，而前几代人都是为最后一个人而造的，他将被安置在其余人的幸福的残破的脚手架上，这意味着什么呢？" J. G. Herder, *Ideas for a Philosophy of the History of Mankind (Ideen zur Philosophie der Geschichte der Menschheit), Werke 6* (Frankfurt am Main: Deutscher Klassiker Verlag, 1989), Bk. VIII, Ch. 5. [Was z.B. könnte es heißen, daß der Mensch, wie wir ihn hier kennen, zu einem unendlichen Wachstum seiner Seelen-kräfte zu einer fortgehenden Ausbreitung seiner Empfindungen und Wirkungen, ja gar, daß er für den Staat, als das Ziel seines Geschlechts, und alle Generationen desselben ei-gentlich nur für die letzte Generation gemacht sein, die auf dem zerfallenen Gerüst der Glückseligkeit aller vorhergehenden throne?]

25 Quoted in I. Berlin, *Russian Thinkers* (London: Penguin, 1994), p. 105.

26 尽管汉娜·阿伦特声称确实如此。艾伦·伍德在一个长长的脚注中讨论了阿伦特（以及其他提出类似反对意见的人）的反对意见和对其的适当回应。详阅：Allen Wood, *Kant's Ethical Thought*, pp. 389–90。关于康德，我与伍德在几个问题上存在着分歧，但我非常同意他在书中写的一段话："正如康德非常清楚地看到的那样，（利用前几代人的幸福作为后几代人幸福的手段的责任）取决于这样一种预设，即人类的幸福必须是上帝在历史中的最终目的。"本书的阐释，围绕着完全否定那种错误假设而展开。

27 Korsgaard, *Creating the Kingdom of Ends*, p.153.

28 Voltaire, *La Philosophie de l'histoire* (Paris, 1765).

29 Herder, *Ideas for a Philosophy of the History of Mankind*, Bk. 15, Ch. 5.[Die Fortpflanzung der Geschlechter und Traditionen knüpfte also auch die menschliche Vernunft aneinander, nicht als ob sie in jedem einzelnen nur ein Bruch des Ganzen wäre, eines Ganzen, das in einem Subjekt nirgend existieret, folglich auch nicht der Zweck des Schöpfers sein konnte, sondern weil es die Anlage und Kette des ganzen Geschlechts so mit sich führte. Wie sich die Menschen fortpflanzen, pflanzen die Tiere sich auch fort, ohne daß eine allgemeine Tiervernunft aus ihren Geschlechtern werde; aber weil Vernunft allein den Beharrungsstand der Menschheit bildet, mußte sie sich als Charakter des Geschlechts fortpflanzen; denn ohne sie war das Geschlecht nicht mehr.]

30 Herder, *Another Philosophy of History (Auch eine Philosophie der Geschichte zur Bildung der Menschheit), Werke* 4 (Frankfurt am Main: Deutscher Klassiker Verlag, 1989), p. 41.[Der Mensch] muss durch verschiedne Lebensalter hindurch! alle offenbar im Fortgange! Ein Streben aufeinander in Kontinuität! Zwischen jedem sind scheinbare Ruheplätze, Revolutionen! Veränderungen! und dennoch hat jedes ein Mittelpunkt seiner Glückseligkeit in sich selbst!]

31 Herder, *Ideas for a Philosophy of the History of Mankind*, Bk. XV, Ch. 1.[Der Zweck einer Sache, die nicht bloß ein totes Mittel ist, muss in ihr selbst liegen. Wären wir dazu geschaffen, um wie der Magnet sich nach den Norden kehrt, einen Punkt der Vollkommenheit, der außer uns ist und den wir nie erreichen könnten, mit ewig-vergeblicher Mühe nachzustreben: so würden wir als blinde Maschinen nicht nur uns, sondern selbst das Wesen bedauern dürfen, das uns zu einem Tantalischen Schicksal verdammte, indem es unser Geschlecht bloß zu seiner, einer Schadenfrohen, ungöttlichen Augenweide schuf.]

32 Herder, *Ideas for a Philosophy of the History of Mankind*, Bk. IX, Ch. 4.[...der natürlichste Staat ist also auch Ein Volk, mit einem Nationalcharakter. Jahrtausende lang erhält sich dieser in ihm und kann, wenn seinem mitgebornen Fürsten daran liegt, am natürlichsten ausgebildet werden: denn ein Volk ist sowohl eine Pflanze der Natur als eine Familie; nur jenes mit mehreren Zweigen. Nichts scheint also dem Zweck der Regierungen so offenbar entgegen, als die unnatürliche Vergrößerung der Staaten, die wilde Vermischung der Menschen-Gattungen und Nationen unter einem Szepter. Der Menschenszepter ist viel zu schwach und klein, daß so widersinnige Teile in ihn eingeimpft werden könnten; zusammengeleimt werden sie also in eine brechliche Maschiene, die man Staats-Maschiene nennet, ohne inneres Leben und Sympathie der Theile gegen einander.]

33 Herder, "On Human Immortality" ("Über die menschliche Unsterblichkeit: Eine Vorlesung"), in *Zerstreute Blätter: Vierte Sammlung* (Gotha: Carl Wilhelm Ettinger, 1792), p. 157.[Unsterblich nämlich und allein unsterblich ist, was in der Natur und Bestimmung des Menschengeschlechts, in seiner fortgehenden Tätigkeit, im unverrückten Gange desselben zu seinem Ziel, der möglichstbesten Ausarbeitung seiner Form wesentlich liegt; was also seiner Natur nach fortdauren, auch unterdrückt immer wiederkommen, und durch die fortgesetzte, vermehrte Tätigkeit der Menschen immer mehr Umfang, Haltung und Würksamkeit erlangen muß: das *rein-Wahre, Gute und Schöne*.]

34 Herder, "On Human Immortality", p. 165.[Zum Übergange dieses Beitrages in den gesammten ewigen Schatz der Menschheit gehört nothwendig eine *Ablegung unseres Ich*, d. i. eine Entäußerung seines Selbstes und der Vorurtheile, die an diesem Selbst haften. Wollten wir, wenn wirs auch könnten, Welt und Nachwelt mit unsern Schwächen beschenken? Nein! Der Nektar der Unsterblichkeit, der Lebenssaft, durch welchen das Wahre und Gute keimet, ist ein reiner Saft; alles mit Persönlichkeit Vermischte muß in den Abgrund; in den Gefässen und Triebwerken der großen Weltmaschine muß es so lange geläutert werden, bis der Bodensatz sinket.]

35 当然，Geist 这个词在德国哲学、神学和文学中已经有一段漫长而复杂的历史，但《哲学历史辞典》（Historisches Wörterbuch der Philosophie）上的文章指出，它作为"集体单数"的使用是莱因哈特·科泽勒克所称的"奇点大时代"的总体趋势的一部分，并将其使用追溯到"1800 年左右"。然而，正如我们所看到的，赫尔德在这里显然已经预示了它。Joachim Ritter, Karlfried Gründer and Gottfried Gabriel (eds.), *Historisches Wörter-buch der Philosophie* (Basel: Schwabe Verlag, 1971–2007).

36 Herder, "On Human Immortality", p. 175.[Wie also des Menschen eigenstes Vermögen mehr oder minder ein umfassender Geist ist, der mit Hülfe der Vorzeit aus seinem Jetzt auf die Zukunft wirket: so sind die *Mittel*, die er in Händen hat, oder die er, eben dieser seiner Natur nach, sich selbst erschaffet, *offenbare Werkzeuge und Symbole dieser thätigen Fortwirkung*. Ich rechne hiezu vorzüglich *Sprache, Schrift, Wissenschaft, Kunst*, und die Kunst der Künste, *Gesetzgebung und Staatseinrichtung*; sie sind die großen und kleinen Schiffe, mittelst welcher er den Ocean der Zeiten durchsegelt.]

37 Fichte, "Some Lectures concerning the Scholar's Vocation", in D. Breazeale (ed.), *Early Philosophical Writings* (Ithaca, NY: Cornell University Press, 1988), pp. 144–84.

38 Fichte, "Some Lectures concerning the Scholar's Vocation", p. 168.[Wenn wir die entwickelte Idee auch nur ohne alle Beziehung auf uns selbst betrachten, so erblicken wir doch wenigstens ausser uns eine Verbindung, in der keiner für sich selbst arbeiten kann, ohne für alle andere zu arbeiten, oder für den anderen arbeiten, ohne zugleich für sich selbst zu arbeiten— indem der glückliche Fortgang Eines Mitgliedes glücklicher Fortgang für Alle, und der Verlust des Einen Verlust für Alle ist: ein Anblick, der schon durch die Harmonie, die wir in dem allermannigfaltigsten erblicken, uns innig wohlthut und unseren Geist mächtig emporhebt.]

39 Fichte, "Some Lectures concerning the Scholar's Vocation", p. 168.[Das Gefühl unserer Würde und unserer Kraft steigt, wenn wir uns sagen, was jeder unter uns sich sagen kann: mein Daseyn ist nicht vergebens und zwecklos;

ich bin ein nothwendiges Glied der grossen Kette, die von Entwickelung des ersten Menschen zum vollen Bewusstseyn seiner Existenz bis in die Ewigkeit hinausgeht; alles, was jemals gross und weise und edel unter den Menschen war,— diejenigen Wohlthäter des Menschengeschlechts, deren Namen ich in der Weltgeschichte aufgezeichnet lese, und die mehreren, deren Verdienste ohne ihre Namen vorhanden sind,— sie alle haben für mich gearbeitet;— ich bin in ihre Ernte gekommen;— ich betrete auf der Erde, die sie bewohnten, ihre Segen verbreitenden Fusstapfen. Ich kann, sobald ich will, die erhabene Aufgabe, die sie sich aufgegeben hatten, ergreifen, unser gemeinsames Brudergeschlecht immer weiser und glücklicher zu machen; ich kann da fortbauen, wo sie aufhören mussten; ich kann den herrlichen Tempel, den sie unvollendet lassen mussten, seiner Vollendung näher bringen.]

40 Fichte, "Some Lectures concerning the Scholar's Vocation", pp. 168–69.["Aber ich werde aufhören müssen, wie sie"; dürfte sich jemand sagen.— O! es ist der erhabenste Gedanke unter allen: ich werde, wenn ich jene erhabene Aufgabe übernehme, nie vollendet haben; ich kann also, so gewiss die Übernehmung derselben meine Bestimmung ist, ich kann nie aufhören, *zu wirken* und mithin nie aufhören *zu seyn*. Das, was man Tod nennt, kann mein Werk nicht abbrechen; denn mein Werk soll vollendet werden, und es kann in keiner Zeit vollendet werden, mithin ist meinem Daseyn keine Zeit bestimmt,— und ich bin ewig. Ich habe zugleich mit der Übernehmung jener grossen Aufgabe die Ewigkeit an mich gerissen. Ich hebe mein Haupt kühn empor zu dem drohenden Felsengebirge, und zu dem tobenden Wassersturz, und zu den krachenden, in einem Feuermeere schwimmenden Wolken, und sage: ich bin ewig, und ich trotze eurer Macht! Brecht alle herab auf mich, und du Erde und du Himmel, vermischt euch im wilden Tumulte, und ihr Elemente alle,— schäumet und tobet, und zerreibet im wilden Kampfe das letzte Sonnenstäubchen des Körpers, den ich mein nenne;— mein Wille allein mit seinem festen Plane soll kühn und kalt über den Trümmern des Weltalls schweben; denn ich habe meine Bestimmung ergriffen, und die ist dauernder, als ihr; sie ist ewig, und ich bin ewig, wie sie.]

41 有关该主题的探讨，参见弗兰克·曼纽尔（Frank Manuel）的经典作品：*The Eighteenth Century Confronts the Gods* (Cambridge, MA: Harvard University Press, 1959).

42 J. G. Fichte, *Lectures on Logic and Metaphysics (Logik und Metaphysik nach Plat ners philosoph. Aphorismen)*, in *Gesamtausgabe der Bayerischen Akademie der Wissenschaften*, Vol. 4 (Munich: Frommann-Holzboog, 1962–2012), 3, p. 344. [Die Vorstellungen der meisten Menschen über das Leben jenseits des Grabes sind nicht viel anders— , Eine, die übelste von allen hat überhand genommen, die Vorstellung eines Concerts, wo nur Hal-leluja gesungen wird.— wobei ich wenigstens die unausstehlichste Langweile mir denke.]

43 丹尼尔·布雷泽尔（Daniel Breazeale）的这一著作给出一个简洁而明智的总结。Daniel Breazeale, "Editor's Introduction", in D. Breazeale (ed.), *Fichte: Early Philosophical Writings* (Ithaca, NY: Cornell University Press, 1993), pp. 40–45. 更为详尽的文献，请阅：W. Röhr (ed.), *Appellation an das Publikum* (Leipzig: Reclam, 1987)。也可参阅：M. Rosen, "Fichte's Way", *The Nation*, 2 September 2013, pp. 33–35。

44 Friedrich Karl Forberg, "*Entwickelung des Begriffs der Religion*", in W. Röhr (ed.), Appellation an das Publikum (Leipzig: Reclam, 1987), pp.23–36, 23.[Religion ist nichts anderes als ein *praktischer Glaube an eine moralische Weltregierung*; oder um denselben Begriff in einer bekannten geheiligten Sprache auszudrücken, ein *lebendiger Glaube an das Reich Gottes, welches kommen wird auf die Erde.*]

45 Forberg, "*Entwickelung des Begriffs der Religion*", p.35.[Glaube an die Unsterblich-keit der Tugend und Glaube an ein Reich Gottes auf Erden]

46 Kant, "Answer to the Question: What Is Enlightenment?" ("*Beantwortung der Frage: Was ist Aufklärung?*"), Ak. 8:37.

47 G. Eliot, "The Natural History of German Life", in *The Essays of George Eliot* (New York: Funk and Wagnalls, 1883), p. 176.

48 Hölderlin to Hegel, 26 January 1795, in Hegel, *Briefe von und an Hegel*.

49 Hegel to Schelling, end of January 1795, in Hegel, *Briefe von und an Hegel*.

50 Hegel to Schelling, end of January 1795, in Hegel, *Briefe von und an Hegel*. [Vernunft und Freiheit bleiben unsre Losung, und unser Vereinigungspunkt die unsichtbare Kirche.]
51 Jamme and Schneider, *The Oldest System-Programme of German Idealism*, p. 11.
52 Jamme and Schneider, *The Oldest System-Programme of German Idealism*, p. 11.[die Frage ist diese: Wie muß eine Welt für ein moralisches Wesen beschaffen sein? Ich möchte unserer langsamen, an Experimenten mühsam schreitenden Physik einmal wieder Flügel geben.]
53 Jamme and Schneider, *The Oldest System-Programme of German Idealism*, p. 11.[Ihr seht von selbst, daß hier alle die Ideen, vom ewigen Frieden u.s.w. nur *untergeordnete* Ideen einer höheren Idee sind: Zugleich will ich hier die Prinzipien für eine *Geschichte der Menschheit* niederlegen und das ganze elende Menschenwerk von Staat, Verfassung, Regierung, Gesetzgebung bis auf die Haut entblößen.]
54 Jamme and Schneider, *The Oldest System-Programme of German Idealism*, p. 11.[Endlich kommen die Ideen von einer moralischen Welt, Gottheit, Unsterblichkeit,— Umsturz alles Afterglaubens, Verfolgung des Priestertums, das neuerdings Vernunft heuchelt, durch die Vernunft selbst.]
55 Jamme and Schneider, *The Oldest System-Programme of German Idealism*, p. 11.[Absolute Freiheit aller Geister, die die intellektuelle Welt in sich tragen und weder Gott noch Unsterblichkeit *außer sich* suchen dürfen.]
56 Kant, *Critique of Pure Reason*, B395.[Die Metaphysik hat zum eigentlichen Zwecke ihrer Nachforschung nur drei Ideen: Gott, Freiheit und Unsterblichkeit, so daß der zweite Begriff, mit dem ersten verbunden, auf den dritten, als einen notwendigen Schlußsatz, führen soll.]
57 J. G. Fichte, *Addresses to the German Nation (Reden an die deutsche Nation)* (Hamburg: Felix Meiner, 2008).
58 J.G. Fichte, *Addresses to the German Nation*, 8th Address.[Der Glaube des edeln Menschen an die ewige Fortdauer seiner Wirksamkeit auch auf dieser Erde gründet sich demnach auf die Hoffnung der ewigen Fortdauer des Volkes,

aus dem er selber sich entwickelt hat, und der Eigenthümlichkeit desselben.]

59  F. Schiller, *Letters on the Aesthetic Education of Man* (1795), translated by E. Wilkinson and L. Willoughby (Oxford: Oxford University Press, 1967).

60  F. Schiller, *Letters on the Aesthetic Education of Man* (1795), Letter 6.[Jene Polypennatur der griechischen Staaten, wo jedes Individuum eines unabhängigen Lebens genoss und, wenn es Not tat, zum Ganzen werden konnte, machte jetzt einem kunstreichen Uhrwerk Platz, wo aus der Zusammenstückelung unendlich vieler, aber lebloser Teile ein mechanisches Leben im Ganzen sich bildet. Auseinandergerissen wurden jetzt der Staat und die Kirche, die Gesetze und die Sitten; der Genuß wurde von der Arbeit, das Mittel vom Zweck, die Anstrengung von der Belohnung geschieden.]

61  F. Schiller, *Letters on the Aesthetic Education of Man* (1795), Letter 6.[Zugleich voll Form und voll Fülle, zugleich philosophierend und bildend, zugleich zart und energisch sehen wir sie die Jugend der Phantasie mit der Männlichkeit der Vernunft in einer herrlichen Menschheit vereinigen.]

62  J. G. Fichte, *Addresses to the German Nation*, 8th Address. [ohne Einmischung und Verderbung durch irgend ein Fremdes und in das Ganze dieser Gesetzgebung nicht Gehöriges.]

63  J.G. Fichte, *Addresses to the German Nation*, 8th Address.[so muss hiebei zugleich erhellen, daß nur der Deutsche— der ursprüngliche, und nicht in einer willkürlichen Satzung erstorbene Mensch, wahrhaft ein Volk hat, und auf eins zu rechnen befugt ist, und daß nur er der eigentlichen und vernunftgemässen Liebe zu seiner Nation fähig ist.]

64  J. G. Fichte, *Addresses to the German Nation*, 14th Address.[Ist in dem, was in diesen Reden dargelegt worden, Wahrheit, so seid unter allen neueren Völkern ihr es, in denen der Keim der menschlichen Vervollkommnung am entschiedensten liegt, und denen der Vorschritt in der Entwickelung derselben aufgetragen ist. Gehet ihr in dieser eurer Wesenheit zu Grunde, so gehet mit euch zugleich alle Hoffnung, des gesamten Menschengeschlechtes auf Rettung aus der Tiefe seiner Übel zu Grunde. . . . Es ist daher kein Ausweg: wenn ihr versinkt, so ver-

sinkt die ganze Menschheit mit, ohne Hoffnung einer einstigen Wiederherstellung.]

65 J. G. Fichte, *Addresses to the German Nation*, 8th Address.[Wer nicht zuvörderst sich als ewig erblickt, der hat überhaupt keine Liebe, und kann auch nicht lieben ein Vaterland, dergleichen es für ihn nicht gibt. Wer zwar vielleicht sein unsichtbares Leben, nicht aber eben also sein sichtbares Leben, als ewig erblickt, der mag wohl einen Himmel haben, und in diesem sein Vaterland; aber hienieden hat er kein Vaterland, denn auch dieses wird nur unter dem Bilde der Ewigkeit, und zwar der sichtbaren und versinnlichten Ewigkeit erblickt, und er vermag daher auch nicht sein Vaterland zu lieben.]

66 J.G. Fichte, *Addresses to the German Nation*, 8th Address.[Die Verheissung eines Lebens auch hienieden über die Dauer des Lebens hienieden hinaus,— allein diese ist es, die bis zum Tode fürs Vaterland begeistern kann.]

67 Kant, *Metaphysics of Morals*, Ak. 6:490.[aus der Notwendigkeit der Bestrafung auf ein künftiges Leben die Folgerung gezogen wird]

68 Hegel, *Encyclopedia of the Philosophical Sciences I, Werke* 8, para. 20.[Der Unterschied von Vorstellung und von Gedanken hat die nä here Wichtigkeit, weil überhaupt gesagt werden kann, daß die Philosophie nichts anderes tue, als die Vorstellungen in Gedanken zu verwandeln.]

69 J. H. Stirling, *The Secret of Hegel* (London: Longman and Green, 1865); K. Marx, *Capital (Das Kapital)* I, "Afterword to the Second Edition" ("Nachwort zur zweiten Auflage"), in Karl Marx-Friedrich Engels, *Werke*, Vol. 23 (Berlin, GDR: Dietz, 1976), pp. 18–28.

70 请阅第一章。

71 尽管有神论解释在整个19世纪都很常见（参见J. H. Stirling），但在现代黑格尔学者中，这是一种少数派的解释路径。这样的例证请阅：Emil Fackenheim, *The Religious Dimension in Hegel's Thought* (Chicago: University of Chicago Press, 1982); Raymond Plant, *Hegel* (Oxford: Blackwell, 1983); Laurence Dickey, *Hegel: Religion, Economics and the Politics of Spirit, 1770–1807* (Cambridge: Cambridge University Press, 1987)。

72 我为这样的解释辩护。详阅：*Hegel's Dialectic and Its Criticism* (Cambridge: Cambridge University Press, 1982)。

73 T. Pinkard, *Hegel's Phenomenology: The Sociality of Reason* (Cambridge: Cambridge University Press, 2008).

74 在英语世界中，有三位当代诠释者是这种黑格尔解读的最重要倡导者：特里·平卡德、罗伯特·皮平（Robert Pippin）和罗伯特·布兰顿（Robert Brandom）。除了平卡德论《精神现象学》的著述之外，其他研究可参阅：R.Pippin, *Hegel's Idealism: The Satisfactions of Self-Consciousness* (Cambridge: Cambridge University Press, 1989) 以及 R. Brandom, *A Spirit of Trust* (Cambridge, MA: Harvard University Press, 2019)。然而，芬德利（J. N. Findlay）、威尔弗里德·塞拉斯（Wilfrid Sellars）和克劳斯·哈特曼（Klaus Hartmann）更是重要的理论先驱。对这种解释的反对意见的讨论，请阅：M. Rosen, "From *Vorstellung* to Thought: Is a 'Non-metaphysical' View of Hegel Possible?", in D. Henrich and R.-P. Horstmann (eds.), *Stuttgarter Hegelkongress 1987: Metaphysik nach Kant?* (Stuttgart: Klett-Cotta, 1988), pp. 248–62.

75 P. Redding, "Georg Wilhelm Friedrich Hegel".

76 Hegel, *The Science of Logic I, Werke 5*, p. 44.[Die Logik ist sonach als das System der reinen Vernunft, als das Reich des reinen Gedankens zu fassen. Dieses Reich ist die Wahrheit, wie sie ohne Hülle an und für sich selbst ist. Man kann sich deswegen ausdrücken, daß dieser Inhalt die Darstellung Gottes ist, wie er in seinem ewigen Wesen vor der Erschaffung der Natur und des endlichen Geistes ist. Anaxagoras wird als derjenige gepriesen, der zuerst den Gedanken ausgesprochen habe, daß der Nus, der Gedanke, das Princip der Welt, daß das Wesen der Welt als der Gedanke bestimmt ist. Er hat damit den Grund zu einer Intellektualansicht des Universums gelegt, deren reine Gestalt die Logik seyn muß.]

77 Hegel, *The Science of Logic I, Werke 5*, p. 43.[Die reine Wissenschaft setzt somit die Befreiung von dem Gegensatze des Bewußtseyns voraus. Sie enthält den Gedanken, insofern er eben so sehr die Sache an sich selbst ist, oder die Sache an sich selbst, insofern sie ebenso sehr der reine Gedanke ist.]

78 Hegel, *Lectures on the Philosophy of History, Werke 12*, pp. 27–28.[Ich habe de-shalb die Erwähnung, daß unser Satz, die Vernunft regiere die Welt und habe sie regiert, mit der Frage von der Möglichkeit der Erkenntnis Gottes zusammenhängt, nicht unterlassen wollen, um nicht den Verdacht zu vermeiden, als ob die Philosophie sich scheue oder zu scheuen habe, an die religiösen Wahrheiten zu erinnern, und denselben aus dem Wege ginge, und zwar, weil sie gegen dieselben, sozusagen, kein gutes Gewissen habe. Vielmehr ist es in neueren Zeiten so weit gekommen, daß die Philosophie sich des religiösen Inhalts gegen manche Art von Theologie anzunehmen hat. In der christlichen Religion hat Gott sich geoffenbart, das heißt, er hat dem Menschen zu erkennen gegeben, was er ist, so daß er nicht mehr ein Verschlossenes, Geheimes ist; es ist uns mit dieser Möglichkeit, Gott zu erkennen, die Pflicht dazu auferlegt. Gott will nicht engherzige Gemüter und leere Köpfe zu seinen Kindern, sondern solche, deren Geist von sich selbst arm, aber reich an Erkenntnis seiner ist, und die in diese Erkenntnis Gottes allein allen Wert setzen. Die Entwicklung des denkenden Geistes, welche aus dieser Grundlage der Offenbarung des göttlichen Wesens ausgegangen ist, muß dazu endlich gedeihen, das, was dem fühlenden und vorstellenden Geiste zunächst vorgelegt worden, auch mit dem Gedanken zu erfassen; es muß endlich an der Zeit sein, auch diese reiche Produktion der schöpferischen Vernunft zu begreifen, welche die Weltgeschichte ist.]

79 Hegel, *Lectures on the Philosophy of History, Werke 12*, p. 28.[Unsre Betrachtung ist insofern eine Theodizee, eine Rechtfertigung Gottes, welche Leibniz metaphysisch auf seine Weise in noch unbestimmten, abstrakten Kategorien versucht hat, so daß das Übel in der Welt begriffen, der denkende Geist mit dem Bösen versöhnt werden sollte. In der Tat liegt nirgend eine größere Aufforderung zu solcher versöhnenden Erkenntnis als in der Weltgeschichte. Diese Aussöhnung kann nur durch die Erkenntnis des Affirmativen erreicht werden, in welchem jenes Negative zu einem Untergeordneten und Überwundenen verschwindet, durch das Bewußtsein, teils was in Wahrheit der Endzweck der Welt sei, teils daß derselbe in ihr verwirklicht worden sei, und nicht das Böse neben

ihm sich letzlich geltend gemacht habe.]

80 "上帝想把亚当赶出去,这样他就不能永生了。这也表现在一个简单的、孩童般的形象中。对于人类的愿望,有两个'方向'。一条线路是指向不受干扰的幸福生活,与自身和外部自然和谐相处;各类动物保持着这种与外部自然的统一,而人类必须超越这种统一体。另一条线路则回应了不朽的愿望。而生命之树的表象就是遵照后一种愿望而形成的。当我们更仔细地考虑这个问题时,就可以直接看出,这只是一种孩子气的表象。人类作为一个单个的生命体,它单一的生命,它的自然生命,必有一死。如此一来,一方面,据说人在天堂里与罪恶无涉就会永生;他们将长生不老。因为,如果外在的死亡只是罪的结果,那么天堂里的人类就必然是不朽的;他们必将长生不老。然而,另一方面,也有人说,当人类第一次吃了生命树的果子,就会变得不朽——但这不能假设他们吃了生命树的果子却与罪恶无涉,因为吃生命树的果子是被禁止的。

"事实是,人类只有通过认知的知识才能不朽,因为只有在思想活动中,人类的灵魂才纯洁而自由,而不是必死的和兽性的。认识和思想是人类生命的根源,是人类自身之内作为整体而不朽的根源。动物的灵魂是浸没在肉体之中的,而精神则是在自身之内作为一个整体。这是第一个表象。" Hegel, *Vorlesungen über die Philosophie der Religion: Band 3: Die vollendete Religion* (Hamburg: Felix Meiner, 1984), pp. 227–28.

[Weiter wird vorgestellt, im Paradies habe noch ein zweiter Baum, der Baum des Lebens gestanden; Gott wollte Adam aus [dem Paradies] jagen, damit er nicht unsterblich wäre. Auch dies ist in einfacher, kindlicher Vorstellung gesprochen. Für die Wünsche des Menschen gibt es zwei Linien; die eine ist darauf gerichtet, in ungestörtem Glück, in Harmonie mit sich selbst und der äußeren Natur zu leben, und das Tier ist es, was in dieser Einheit bleibt, während der Mensch darüber hinauszugehen hat. Die andere Linie geht etwa auf den Wunsch, ewig zu leben. Und die Vorstellung vom Lebensbaum ist nach diesem letzten Wunsche geformt. Wenn wir es nun näher betrachten, so zeigt sich sogleich, daß dies nur eine kindliche Vorstellung ist. Der Mensch als einzelnes Lebendiges, seine einzelne Lebendigkeit, Natürlichkeit, muß sterben. Einerseits nämlich wird vorgestellt, der Mensch in Paradies ohne Sünde sei unsterblich; er würde leben können ewiglich. Denn wenn der äußerliche Tod nur eine Folge der Sünde wäre, so wäre der Mensch im Paradies an sich unsterblich. Auf der anderen Seite wird aber auch vorgestellt, der Mensch würde erst un-sterblich werden, wenn er vom Baumes des Lebens äße— aber ohne Sünde wäre der Fall nicht anzunehmen, daß er vom Baum des Lebens äße; denn dies war ihm verboten.— Die Sache nun ist überhaupt diese, daß der Mensch unsterblich ist nur durch das Erkennen; denn nur als denkend ist er keine sterbliche, tierische, sondern eine reine, freie Seele. Das Erkennen, Denken ist die Wurzel seines Lebens, seiner Unsterblichkeit als Totalität in sich selbst. Die tierische Seele ist in die Körperlichkeit versenkt, dagegen der Geist ist Totalität in sich selbst. Dies ist die erste Vorstellung.]

81 Hegel, *Lectures on the Philosophy of History, Werke 12*, p. 74.[Denn die Weltgeschichte ist die Darstellung des göttlichen, absoluten Prozesses des Geistes in seinen höchsten Gestalten, dieses Stufenganges, wodurch er seine Wahrheit, das Selbstbewußtsein über sich erlangt.]

82 Hegel, *Elements of the Philosophy of Right, Werke 7*, para. 343.[Die Geschichte des Geistes ist seine Tat, denn er ist nur, was er tut, und seine Tat ist, sich, und zwar hier als Geist, zum Gegenstande seines Bewußtseins zu machen, sich für sich selbst auslegend zu erfassen. Dies Erfassen ist sein Sein und Prinzip, und die *Vollendung* seines Erfassens ist zugleich seine Entäußerung und sein Obergang.]

83 Hegel, *Phenomenology of Spirit, Werke 3*, pp. 32–33.[Dies vergangene Dasein ist schon erworbnes Eigentum des allgemeinen Geistes, der die Substanz des Individuums oder seine unorganische Natur ausmacht.— Die Bildung des Individuums in dieser Rücksicht besteht, von seiner Seite aus betrachtet, darin, daß es dies Vorhandene erwerbe, seine unorganische Natur in sich zehre und für sich in Besitz nehme. Dies ist aber ebensosehr nichts anders, als daß der allgemeine Geist oder die Substanz sich ihr Selbstbe-wußtsein gibt, oder ihr Werden und Reflexion in sich.]

84 Hegel, *Lectures on the Philosophy of History, Werke 12*, pp. 86–87.[jede Stufe als verschieden von der andern ihr bestimmtes eigentümliches Prinzip hat. Solches Prinzip ist in der Geschichte Bestimmtheit des Geistes,— ein besonderer Volksgeist. In dieser drückt er als konkret alle Seiten seines Bewußtseins und Wollens, seiner ganzen Wirklichkeit aus; sie ist das gemeinschaftliche Gepräge seiner Religion, seiner politischen Verfassung, seiner Sittlichkeit, seines Rechtssystems, seiner Sitten, auch seiner Wissenschaft, Kunst und technischen Geschicklichkeit. Diese speziellen Eigentümlichkeiten sind aus jener allgemeinen Eigentümlichkeit, dem besonderen Prinzipe eines Volkes zu verstehen, sowie umgekehrt aus dem in der Geschichte vorliegenden faktischen Detail jenes Allgemeine der Besonderheit herauszufinden ist. Daß eine bestimmte Besonderheit in der Tat das eigentümliche Prinzip eines Volkes ausmacht, dies ist die Seite, welche empirisch auf-genommen und auf geschichtliche Weise erwiesen werden muß.]

85 Hegel, *Elements of the Philosophy of Right, Werke 7*, para. 133, *Zusatz*.[Das Wesentliche des Willens ist mir Pflicht: wenn ich nun nichts weiß, als daß das Gute mir Pflicht ist, so bleibe ich noch beim Abstrakten derselben stehen. Die Pflicht soll ich um ihrer selbst willen tun, und es ist meine eigene Objektivität im wahrhaften Sinne, die ich in der Pflicht vollbringe; indem ich sie tue, bin ich bei mir selbst und frei. Es ist das Verdienst und der hohe Standpunkt der Kantischen Philosophie im Praktischen gewesen, diese Bedeutung der Pflicht hervorgehoben zu haben.]

86 Hegel, *Elements of the Philosophy of Right, Werke 7*, para. 57.[Der Standpunkt des freien Willens, womit das Recht und die Rechtswissenschaft anfängt, ist über den unwahren Standpunkt, auf welchem der Mensch als Naturwesen und nur als an sich seiender Begriff, der Sklaverei daher fähig ist, schon hinaus...Die Sklaverei fällt in den Übergang von der Natürlichkeit der Menschen zum wahrhaft sittlichen Zustande: sie fällt in eine Welt, wo noch ein Unrecht Recht ist. Hier gilt das Unrecht und befindet sich ebenso notwendig an seinem Platz.]

87 Hegel, *Elements of the Philosophy of Right, Werke 7*, para. 57.[Hält man die

Seite fest, daß der Mensch an und für sich frei sei, so verdammt man damit die Sklaverei. Aber daß jemand Sklave ist, liegt in seinem eigenen Willen, so wie es im Willen eines Volkes liegt, wenn es unterjocht wird. Es ist somit nicht bloß ein Unrecht derer, welche Sklaven machen oder welche unterjochen, sondern der Sklaven und Unterjochten selbst.]

88 Hegel, *Elements of the Philosophy of Right*, Werke 7, para. 166.
89 L. Feuerbach, *Gedanken über Tod und Unsterblichkeit aus dem Papieren eines Denkers, nebst einem Anhang theologisch-satyrischer Xenien, herausgegeben von seiner Freunde* (Nürnberg: J.A. Stein, 1830).
90 F. Richter, *Die neue Unsterblichkeitslehehre. Gespräch einer Abendgesellschaft als Supplement zu Wielands Euthanasia* (Breslau: Georg Friedrich Aderholz, 1833).
91 Hegel, *Elements of the Philosophy of Right*, Werke 7, para. 342.[Die Weltgeschichte ist ferner nicht das bloße Gericht seiner Macht, d. i. die abstrakte und vernunftlose Notwendigkeit eines blinden Schicksals, sondern weil er an und für sich Vernunft, und ihr Fürsichsein im Geiste Wissen ist, ist sie die aus dem Begriffe nur seiner Freiheit notwendige Entwicklung der Momente der Vernunft und damit seines Selbstbewußtseins und seiner Freiheit, die Auslegung und Verwirklichung des allgemeinen Geistes.]
92 详阅: Adorno, *Negative Dialektik,* and Adorno, *Zur Lehre von der Geschichte und von der Freiheit (1964 / 65)* (Frankfurt am Main: Suhrkamp, 2001)。
93 Hegel, *Elements of the Philosophy of Right*, Werke 7, para. 258, *Zusatz.*[Der Staat an und für sich ist das sittliche Ganze, die Verwirklichung der Freiheit, und es ist absoluter Zweck der Vernunft, daß die Freiheit wirklich sei. Der Staat ist der Geist, der in der Welt steht und sich in derselben mit Bewußtsein realisiert.]
94 Hegel, *Elements of the Philosophy of Right*, Werke 7, para. 145, *Zusatz.*[Weil die sittlichen Bestimmungen den Begriff der Freiheit ausmachen, sind sie die Substantialität oder das allgemeine Wesen der Individuen, welche sich dazu nur als ein Accidentelles verhalten. Ob das Individuum sei, gilt der objektiven

Sittlichkeit gleich, welche allein das Bleibende und die Macht ist, durch welche das Leben der Individuen regiert wird.]

95 Hegel, *Elements of the Philosophy of Right, Werke 7*, para. 258.[Bei der Freiheit muß man nicht von der Einzelnheit, vom einzelnen Selbstbewußtsein ausgehen, sondern nur vom Wesen des Selbstbewußtseins; denn der Mensch mag es wissen oder nicht, dies Wesen realisiert sich als selbständige Gewalt, in der die einzelnen Individuen nur Momente sind. Es ist der Gang Gottes in der Welt, daß der Staat ist; sein Grund ist die Gewalt der sich als Wille verwirklichenden Vernunft.]

96 这篇短文的目的是帮助澄清利害攸关的问题,而不是提供一份与黑格尔诠释者论战的明细。然而,至少在要点上,它似乎符合特里·平卡德的观点。平卡德写道:"行为主体就是自我意识,他们的自我意识形而上地具有社会性;它们使这种抽象的能动性在不同的生命形式中变得真实和具体,而这些生命形式在历史中逐渐削弱自己。隐喻地说,*Geist*('我们')通过强迫自己进入一个所有人都是自由平等的自我概念来得出这个结论,而且它不能理性地从那里退回来。由于之前的一切都已经崩溃了,'我们'现在被迫将我们的思想转向我们如何很好地实现了这个想法,并且,随着我们对公正真理的新看法,'我们'发现我们的殖民主义,我们的种族主义,我们的性别歧视以及我们对自然环境的漠视,与我们认为自己已经成为的样子真的不一致。现在'我们'从哲学和实践中学到的是,从古希腊民主城邦所假定的政府形式,到近代欧洲早期自我异化的自我,一直到'所有人都是自由的'的后革命时代的观点,世界的历史无非是自由和平等的观念被'我们'自己强加给我们的方式,而世界的历史现要求成为现实。"详阅:T. Pinkard, *Does History Make Sense?* (Cambridge, MA: Harvard University Press, 2019)。

97 J. Rawls, *Lectures on the History of Moral Philosophy* (Cambridge, MA: Harvard University Press, 2000), p. 349.

98 Hegel, *Elements of the Philosophy of Right, Werke 7*, para. 324, *Zusatz*.[Ewiger Friede wird häufig als ein Ideal gefordert, worauf die Menschheit zugehen müsse. Kant hat so einen Fürstenbund vorgeschlagen, der die Streitigkeiten der

Staaten schlichten sollte, und die heilige Allianz hatte die Absicht, ungefähr ein solches Institut zu sein. Allein der Staat ist Individuum, und in der Individualität ist die Negation wesentlich enthalten. Wenn also auch eine Anzahl von Staaten sich zu einer Familie macht, so muß sich dieser Verein als Individualität einen Gegensatz kreieren und einen Feind erzeugen.]

99 Hegel, *Elements of the Philosophy of Right, Werke 7*, para. 324.[In dem Angegebenen liegt das sittliche Moment des Krieges, der nicht als absolutes Übel und als eine bloß äußerliche Zufälligkeit zu betrachten ist, welche, sei es in was es wolle, in den Leidenschaften der Machthabenden oder der Völker, in Ungerechtigkeiten u.s.f., überhaupt in solchem, das nicht sein soll, seinen somit selbst zufälligen Grund habe. Was von der Natur des Zufälligen ist, dem widerfährt das Zufällige, und dieses Schicksal eben ist somit die Notwendigkeit— wie überhaupt der Begriff und die Philosophie den Gesichtspunkt der bloßen Zufälligkeit verschwinden macht und in ihr, als dem Schein, ihr Wesen, die Not-wendigkeit, erkennt.]

100 Hegel, *Elements of the Philosophy of Right, Werke 7*, para. 324.[Es gibt eine sehr schiefe Berechnung, wenn bei der Forderung dieser Aufopferung der Staat nur als bürgerliche Gesellschaft, und als sein Endzweck nur die Sicherung des Lebens und Eigentums der Individuen betrachtet wird; denn diese Sicherheit wird nicht durch die Aufopferung dessen erreicht, was gesichert werden soll; im Gegenteil.]

101 Hegel, *Elements of the Philosophy of Right, Werke 7*, para. 345.[Gerechtigkeit und Tugend, Unrecht, Gewalt und Laster, Talente und ihre Taten, die kleinen und die großen Leidenschaften, Schuld und Unschuld, Herrlichkeit des individuellen und des Volkslebens, Selbständigkeit, Glück und Unglück der Staaten und der Einzelnen haben in der Sphäre der bewußten Wirklichkeit ihre bestimmte Bedeutung und Wert, und finden darin ihr Urteil und ihre, jedoch unvollkommene, Gerechtigkeit. Die Weltgeschichte fällt außer diesen Gesichtspunkten.]

102 Hegel, *Elements of the Philosophy of Right, Werke 7*, para. 351.[Aus derselben Bestimmung geschieht, daß zivilisierte Nationen andere, welche ihnen in

den substantiellen Momenten des Staates zurückstehen (Viehzuchttreibende die Jägervölker, die Ackerbauenden beide u. s. f.), als Barbaren mit dem Bewußtsein eines ungleichen Rechts, und deren Selbständigkeit als etwas Formelles betrachten und behandeln.]

103 Hegel, *Elements of the Philosophy of Right, Werke 7*, para. 324, *Zusatz*.[Im Frieden dehnt sich das bürgerliche Leben mehr aus, alle Sphären hausen sich ein, und es ist auf die Länge ein Versumpfen der Menschen; ihre Partikularitäten werden immer fester und verknöchern. Aber zur Gesundheit gehört die Einheit des Körpers, und wenn die Teile in sich hart werden, so ist der Tod da.]

104 Hegel, *Elements of the Philosophy of Right, Werke 7*, para. 328.[Der Gehalt der Tapferkeit als Gesinnung liegt in dem wahrhaften absoluten Endzweck, der Souveräne Tat des Staates; Wirklichkeit dieses Endzwecks als Werk der Tapferkeit hat das Hingeben der persönlichen Wirklichkeit zu ihrer Vermittlung. Diese Gestalt enthält daher die Härte der höchsten Gegensätze: die Entäußerung selbst, aber als Existenz der Freiheit; die höchste Selbständigkeit des Fürsichseins, deren Existenz zugleich in dem Mechanischen einer äußeren Ordnung und des Dienstes ist, gänzlichen Gehorsam und Abtun des eigenen Meinens und Räsonnierens, so Abwesenheit des eigenen Geistes, und intensivste und umfassende augenblickliche Gegenwart des Geistes und Entschlossenheit, das feindseligste und dabei persönlichste Handeln gegen Individuen, bei vollkommen gleichgültiger, ja guter Gesinnung gegen sie als Individuen.]

105 Hegel, *Elements of the Philosophy of Right, Werke 7*, para. 328.[Das Prinzip der modernen Welt, der Gedanke und das Allgemeine, hat der Tapferkeit die höhere Gestalt gegeben, daß ihre Äußerung mechanischer zu sein scheint und nicht als Tun dieser besonderen Person, sondern nur als Gliedes eines Ganzen, ebenso daß sie als nicht gegen einzelne Personen, sondern gegen ein feindseliges Ganze überhaupt gekehrt, somit der persönliche Mut als ein nicht persönlicher erscheint. Jenes Prinzip hat darum das Feuergewehr erfunden, und nicht eine zufällige Erfindung dieser Waffe hat die bloß persönliche Gestalt der Tapferkeit in die abstraktere verwandelt.]

106 Hegel, *Elements of the Philosophy of Right*, Werke 7, para. 29. 参见第八章。

107 T. Mann, *Betrachtungen eines Unpolitischen* (Berlin: S. Fischer Verlag, 1920).

## 第七章 自律与异化

1 Pascal, *Pensées,* 434.

2 Kant, *Critique of Pure Reason,* B779.

3 Kant, *Lectures on the Philosophical Doctrine of Religion,* Ak. 28:1114.[Gott ist der alleinige Weltbeherrscher; er regiert als Monarch, aber nicht als Despot. Denn er will seine Befehle aus Liebe, nicht aus knechtischer Furcht befolgt sehen.]

4 Murdoch, *The Sovereignty of Good,* pp. 79-81.

5 "因此，理性的真正使命必定是产生一个并非在其他意图中作为手段，而是就自身而言就是善的意志。……这个意志虽然不必是唯一的和完全的善，但它却必须是最高的善，而且是其余一切善，甚至对幸福的一切要求的条件。" Kant, *Groundwork to the Metaphysics of Morals,* Ak. 4:396. [so muss die wahre Bestimmung derselben sein, einen nicht etwa in anderer Absicht als Mittel, sondern an sich selbst guten Willen hervorzubringen . . . Dieser Wille darf also zwar nicht das einzige und das ganze, aber er muss doch das höchste Gut und zu allem Übrigen, selbst allem Verlangen nach Glückseligkeit, die Bedingung sein.]

6 Heinrich Heine, *On the History of Religion and Philosophy in Germany* (*Zur Geschichte der Religion und Philosophie in Deutschland*) (Halle: Otto Hendel, 1887).

7 因此，现代最著名的神正论的论述之一是《邪恶与爱之神》: John Hick, *Evil and the God of Love* (London: Macmillan, 1966)。

8 Kant, *Religion within the Limits of Reason Alone,* Ak. 6:79.

9 Kant, *Religion within the Limits of Reason Alone,* Ak. 6:79.[Der P. Charlevoix berichtet: daß da er seinem Irokesischen Katechismusschüler alles Böse vorerzählte, was der böse Geist in die zu Anfang gute Schöpfung hineingebracht habe, und wie er noch beständig die besten göttlichen Veranstaltungen

zu vereiteln suche, dieser mit Unwillen gefragt habe: aber warum schlägt Gott den Teufel nicht todt? auf welche Frage er treuherzig gesteht, daß er in der Eile keine Antwort habe finden können.]

10  Goethe, *Faust,* Part One, Scene III.
11  关于神意论的历史讨论，详阅：M. Rosen, *On Voluntary Servitude: False Consciousness and the Theory of Ideology* (Cambridge: Polity Press and Cambridge, MA: Harvard University Press, 1996)，尤其是第四章和第五章。
12  参阅 M. Rosen, *Hegel's Dialectic and Its Criticism*，特别是第二章；Hegel, *Lectures on the Philosophy of History, Werke* 12, p. 28. 请阅本书第六章。
13  William Cowper, "God Moves in a Mysterious Way" (1774).
14  I. Kant, "On Perpetual Peace", Ak. 8:363.[Daß in den kalten Wüsten am Eismeer noch das Moos wächst, welches das *Renntier* unter dem Schnee hervorscharrt, um selbst die Nahrung, oder auch das Angespann des Ostjaken oder Samojeden zu sein; oder daß die salzichten Sandwüsten doch noch dem *Kamel,* welches zu Bereisung derselben gleichsam geschaffen zu sein scheint, um sie nicht unbenutzt zu lassen, enthalten, ist schon bewundernswürdig.]
15  I. Kant, "On Perpetual Peace", Ak. 8:363. [Am meisten aber erregt die Vorsorge der Natur durch das Treibholz Bewunderung, was sie (ohne daß man recht weiß, wo es herkommt) diesen gewächslosen Gegenden zubringt, ohne welches Material sie weder ihre Fahrzeuge und Waffen, noch ihre Hütten zum Aufenthalt zurichten könnten.]
16  Kant, *Lectures on the Philosophical Doctrine of Religion,* Ak. 28:1097-98.[Aber auch selbst im Schmerze liegen Triebfedern zur Thätigkeit, und man könnte ihn selbst daher gar wohlthätig nennen. So sind die Stechfliegen an sumpfigen Orten für den Menschen ein Ruf der Natur, die Pfützen auszutrocknen und urbar zu machen, um jener unangene-hmen Gäste los zu werden.]
17  Hegel, *Phenomenology of Spirit,* "Die Verwirklichung des vernünftigen Selbstbe-wusstseins: Die Lust und die Notwendigkeit", *Werke* 3, p. 271.
18  Kant, "The Conflict of the Faculties", Ak. 7:63.[Daß es aber nicht Gott sein könne, dessen Stimme er zu hören glaubt, davon kann er sich wohl in einigen

Fällen überzeugen; denn wenn das was ihm durch sie geboten wird, dem moralischen Gesetz zuwider ist, so mag die Erscheinung ihm noch so majestätisch und die ganze Natur über-schreitend dünken: er muß sie doch für Täuschung halten. Zum Beispiel kann die Mythe von dem Opfer dienen, das Abraham auf göttlichen Befehl durch Abschlachtung und Ver-brennung seines einzigen Sohnes (das arme Kind trug unwissend noch das Holz hinzu)-bringen wollte. Abraham hätte auf diese vermeinte göttliche Stimme antworten müssen: "Daß ich meinen guten Sohn nicht tödten solle, ist ganz gewiß; daß aber du, der du mir erscheinst, Gott sei, davon bin ich nicht gewiß und kann es auch nicht werden", wenn sie auch vom (sichtbaren) Himmel herabschallte.]

19 Kant, *Lectures on the Philosophical Doctrine of Religion,* Ak. 28:1087. [aber dann wird auch seine Gerechtigkeit unerbittlich seyn. Denn ein Richter, der verzeihet, lässt sich gar nicht denken! Er muss vielmehr alles Verhalten streng nach Gesetzen der Heiligkeit abwägen, und einem jeden nur daß Maaß von Glückseligkeit zu Theil werden lassen, das seiner Würdigkeit proportioniert ist. . . . Gott kann uns selbst, als der Allgütige, seiner Wohlthaten würdig machen; aber ohne daß wir, vermöge unserer Moralität derselben würdig würden, uns dennoch der Glückseligkeit theilhaftig machen, das kann er, der Ge-rechte, nicht.]

20 关于对韦伯之追溯的探讨，详阅：Peter E. Gordon, *Metaphysics at the Moment of Its Fall: Secularization and Social Thought in the 20th Century,* Ch. 1, "Ex-cursus on Disenchantment"，即将出版。

21 Schiller, *Schiller's Poems and Plays* (London: George Routledge, 1889), p. 161. [Füh-llos selbst für ihres Künstlers Ehre,/Gleich dem todten Schlag der Pendeluhr,/Dient sie knechtisch dem Gesetz der Schwere,/Die entgötterte Natur.]

22 康德关于宗教的著作在18世纪90年代才出现，席勒在此之前对康德的相关著述知之甚少，尽管他确实参加过莱因霍尔德关于康德的讲座，而莱因霍尔德对康德的接受在很大程度上受到康德主义对宗教的影响。详阅：Wilm, "The Kantian Studies of Schiller"。

23 See W. Frühwald, "Die Auseinandersetzung um Schillers Gedicht Die Götter Griechenlandes", in *Jahrbuch der deutschen Schillergesellschaft,* 1969, 251–71.

24 歌德的滑稽诗《魔法师的学徒》("*Der Zauberlehrling*")是当代著名的例子。
25 莱纳·福斯特将康德解释为异化的批评家。福斯特写道："……异化（*Entfremdung*）应该被理解为一种特殊形式的个体和社会异质性，只有通过个体和集体自治的辩证结合才能克服，借此规范权威的义务论内蕴。如果我们用康德的术语来思考异化，异化的主要来源是否认自己的立场，或者在极端情况下，丧失了作为一个与所有其他人平等的理性规范权威的自我意识。" "Noumenal Alienation: Rousseau, Kant and Marx on the Dialectics of Self-Determination", *Kantian Review* 22, no. 4 (2017), 523. 然而，福斯特并没有考虑到令人不安的可能性，即康德用理性辩护取代他律的努力可能会带来不同类型的异化。
26 Kant, *Groundwork to the Metaphysics of Morals,* Ak. 4:446.[Der Wille ist eine Art von Kausalität lebender Wesen, so fern sie vernünftig sind, und Freiheit würde diejenige Eigenschaft dieser Kausalität sein, da sie unabhängig von fremden sie bestimmenden Ur-sachen wirkend sein kann: so wie Naturnotwendigkeit die Eigenschaft der Kausalität aller vernunftlosen Wesen, durch den Einfluss fremder Ursachen zur Tätigkeit bestimmt zu werden.]
27 K. Marx, "On the Jewish Question" ("Zur Judenfrage"), in Karl Marx-Friedrich Engels, *Werke,* Vol. 1 (Berlin, GDR: Dietz, 1976), p. 355.
28 Kant, "An Answer to the Question: What Is Enlightenment", Ak. 8:35.
29 Kant, *Groundwork to the Metaphysics of Morals,* Ak. 4:446–47. [was kann denn wohl die Freiheit des Willens sonst sein als Autonomie, d. i. die Eigenschaft des Willens, sich selbst ein Gesetz zu sein?]
30 T. H. Huxley, "On Descartes' 'Discourse Touching the Method of Using One's Reason Rightly and of Seeking Scientific Truth'" (1870), in *Collected Essays,* Vol. 1 (London: Macmillan, 1893–94), pp. 192–93.
31 Rawls, "Themes in Kant's Moral Philosophy", p. 97.
32 Kant, *Groundwork to the Metaphysics of Morals,* Ak. 4:435–36.
33 我尚未细查对这种解释的准确性，但在我看来，这确实是对柏拉图大量作品的最自然的解读——例如，《会饮篇》。
34 B. Russell, *Mysticism and Logic* (London: George Allen and Unwin, 1959), pp.

68–69.
35 Korsgaard, "Realism and Constructivism in Twentieth Century Moral Philosophy", *Journal of Philosophical Research* 28, supplement (2003), 114.
36 Korsgaard, *The Sources of Normativity* (Cambridge: Cambridge University Press, 1996), p. 102.
37 Korsgaard, *The Sources of Normativity*, pp. 129–30.
38 G. A. Cohen, "Reason, Humanity and the Moral Law", in C. Korsgaard, *The Sources of Normativity* (Cambridge: Cambridge University Press, 1996), p. 177.
39 Onora O'Neill's phrase. O'Neill, *Acting on Principle*, p. 2.
40 在众多关于康德道德所谓"抽象性"的讨论中,尤其值得关注的是: Bradley, *Ethical Studies* (1876); C. Taylor, *Hegel* (Cambridge: Cambridge University Press, 1976); A. Wood, "Hegel's Ethics", in F. Beiser (ed.), *The Cambridge Companion to Hegel* (Cambridge: Cambridge University Press, 1993), pp. 211–33。从他们在马克思主义中的思想遗产的角度对这些问题进行的描述,请阅: M. Rosen, "The Marxist Critique of Morality and the Theory of Ideology", in E. Harcourt (ed.), *Morality, Reflection and Ideology* (Oxford: Oxford University Press, 2000), pp. 21–43。
41 "谁能读到他最受称颂的作品……而不觉得自己身处疯人院,谁就有资格成为疯人院的囚犯。" Schopenhauer, *On the Basis of Morality*, pp. 16, 54.
42 Schopenhauer, *On the Basis of Morality*, p. 55.
43 Schopenhauer, *On the Basis of Morality*, p. 55.
44 Schopenhauer, *On the Basis of Morality*, p. 55.
45 F. Schiller, *On Grace and Dignity* (*Über Anmut und Würde*) (1793), in *Kallias oder über die Schönheit. Über Anmut und Würde* (Ditzingen: Reclam, 1971).
46 Kant, *Religion within the Limits of Reason Alone*, Ak. 6:23.[Ich gestehe gern: daß ich dem Pflichtbegriffe gerade um seiner Würde willen keine Anmut beigesellen kann. Denn er enthält unbedingte Nöthigung, womit Anmut in geradem Widerspruch steht. Die Majestät des Gesetzes (gleich dem auf Sinai) flößt Ehrfurcht ein (nicht Scheu, welche zurückstößt, auch nicht Reiz, der zur Vertrau-

lichkeit einladet), welche Achtung des Untergebenen gegen seinen Gebieter, in diesem Fall aber, da dieser in uns selbst liegt, ein Gefühl des Erhabenen unserer eigenen Bestimmung erweckt, was uns mehr hinreißt als alles Schöne.]

47 Kant, *Lectures on Ethics,* Ak. 27:490.[Gewiß ist es hiernach aber auch, daß jede Verpflichtung schlechthin mit einem moralischen Zwang vergesellschaften ist, und es der Natur der Pflicht widerspricht, gern Pflichten auf sich ruhen zu haben: vielmehr ist es nothwendig, daß die Triebe des Menschen ihm Abneigung gegen die Erfüllung der moralischen Gesetze machen und solche nur durch die Auctorität der letzteren überwunden werden, ohne daß man doch sagen kann, daß sie qualvollen oder despotischen Befehlen gleich zu achten wären. Es läßt sich daher, angenommen, daß die Erfüllung der moralischen Gesetze vom Menschen nur unter einer Nöthigung erreicht werden könne, nicht behaupten, daß solche auch mit einer Anmut verbunden sey, wie Schiller.]

48 Kant, *Critique of Practical Reason,* Ak. 5:86，着重号系我所加。[sondern bloß ein Gesetz aufstellst welches von selbst wider Willen Verehrung (wenngleich nicht immer Befol-gung) erwirbt, vor dem alle Neigungen verstummen, wenn sie gleich insgeheim ihm entgegenwirken.]

49 Kant, *Critique of Practical Reason,* Ak. 5:86."[Es kann nichts minderes sein, als was den Menschen über sich selbst (als einen Teil der Sinnenwelt) erhebt, was ihn an eine Ordnung der Dinge knüpft, die nur der Verstand denken kann, und die zugleich die ganze Sinnenwelt...unter sich hat.]

50 Hegel, *The Spirit of Christianity* (*Der Geist des Christentums*), in *Frühe Schriften, Werke* 1 (Frankfurt am Main: Suhrkamp, 1971), pp. 322–23.[Auf diese Art könnte man erwarten, daß Jesus gegen die Positivität moralischer Gebote, gegen bloße Legalität gearbeitet hätte, daß er gezeigt hätte, das Gesetzliche sei ein Allgemeines und seine ganze Verbindlichkeit liege in seiner Allgemeinheit, weil einesteils jedes Sollen, jedes Gebotene zwar als ein Fremdes sich ankündigt, anderenteils aber als Begriff (die Allgemeinheit) ein Subjektives ist, wodurch es als Produkt einer menschlichen Kraft, des Vermögens der Allgemeinheit, der Vernunft, seine Objektivität, seine Positivität, Heteronomie

verliert und das Gebotene [als] in einer Autonomie des menschlichen Willens gegründet sich darstellt.]

51 Hegel, *The Spirit of Christianity,* Werke 1, p. 323.[Durch diesen Gang ist aber die Positivität nur zum Teil weggenommen; und zwischen dem tungusischen Schamanen mit dem Kirche und Staat regierenden europäischen Prälaten oder dem Mogulitzen mit dem Puritaner und dem seinem Pflichtgebot Gehorchenden ist nicht der Unterschied, daß jene sich zu Knechten machen, dieser frei wäre; sondern daß jener den Herrn außer sich, dieser aber den Herrn in sich trägt, zugleich aber sein eigener Knecht ist.]

52 Hegel, *The Spirit of Christianity,* Werke 1, p. 331. [die Wiedervergeltung und die Gleichheit derselben ist das heilige Prinzip aller Gerechtigkeit, das Prinzip, auf dem jede Staatsverfassung ruhen muß. Aber Jesus fordert im allgemeine Aufgebung des Rechts, Erhebung über die ganze Sphäre der Gerechtigkeit oder Ungerechtigkeit durch Liebe, in welcher, mit dem Rechte, auch dies Gefühl der Ungleichheit und das Soll dieses Gefühls, das Gleichheit fordert, d.i. der Haß gegen Feinde verschwindet.]

53 B. Williams, *Ethics and the Limits of Philosophy* (London: Fontana, 1985), p. 7.

54 Gilbert and Sullivan's sub-title for *The Pirates of Penzance.*

55 B. Williams, *Ethics and the Limits of Philosophy,* p. 15.

56 W. Benjamin, "Unbekannte Anekdoten aus Kants Leben", in *Gesammelte Schriften,* Vol. 4 (Frankfurt am Main: Suhrkamp, 1976); R. Langton, "Duty and Desolation", *Philosophy* 67, no. 262 (October 1992), 481–505.

57 相关信息详阅：W. Baum, "Der Klagenfurter Herbert-Kreis zwischen Aufklärung und Romantik", *Revue Internationale de Philosophie* 50, no. 197 (3) (1996), 483–514。也可参阅：W. Berger and T. Macho (eds.), *Kant als Liebesratgeber: Eine Klagenfurter Episode* (Vienna: Verlag des Verbandes der wissenschaftli-chen Gesellschaften Österreichs, 1989)。

58 Karl Varnhagen (Rahel's husband) edited the papers of Johann Benjamin Erhard. K. A. Varnhagen von Ense (ed.), *Denkwürdigkeiten des Philosophen und Arztes Johann Benjamin Erhard* (Stuttgart: Cotta, 1830).

59 Letter from Maria von Herbert to Kant, August 1791, in I. Kant, *Briefwechsel* (Hamburg: Meiner, 1972).

60 Letter from Kant to Maria von Herbert (draft), Spring 1792, in Kant, *Briefwechsel.*[Wenn nun eine solche Umwandlung der Denkungsart Ihrem geliebtem Freunde offenbar geworden—wie denn Aufrichtigkeit ihre unverkennbare Sprache hat—so wird nur Zeit dazu erfordert, um die Spuren jenes rechtmässigen, selbst auf Tugendbegriffe gegründeten Unwillens desselben nach und nach auszulöschen und den Kaltsinn in eine noch fester gegründete Neigung zu verändern. Gelingt aber das letztere nicht, so war die vorige Wärme der Zuneigung desselben auch mehr physisch also moralisch und würde nach der flüchtigen Natur derselben auch ohne das mit der Zeit von selbst geschwunden sein; ein Unglück, dergleichen uns im Leben mancherlei aufstösst und wobei man sich mit Gelassenheit finden muss, da überhaupt der Wert des letzteren, sofern es in dem besteht, was wir Gutes geniessen können, von Menschen überhaupt viel zu hoch angeschlagen wird.]

61 "由于性冲动不是一个人对另一个人（作为人类）的偏好，而是对其性别的偏好，因此它是人性堕落的原则，是优先考虑一种性别而非另一种性别的根源，也是通过满足这种偏好来羞辱那另一种性别的根源。男人对女人的欲望并不是针对她这个人；相反，他丝毫不关心女人的人性，他欲望的唯一对象是她的性别。"Kant, *Moral Philosophy: Collins,* Ak. 27:381–82. [Weil die Geschlechts-Neigung keine Neigung ist, die ein Mensch gegen den andern als Menschen hat, sondern eine Neigung gegen das Geschlecht; so ist diese Neigung ein Principium der Erniedrigung der Menschheit, eine Quelle, ein Geschlecht dem andern vorzuziehen und es aus Befriedigung der Neigung zu entehren. Die Neigung die man zum Weibe hat, geht nicht auf es als auf einen Menschen; vielmehr ist einem Mann die Men-schheit am Weibe gleichgültig und nur das Geschlecht der Gegenstand seiner Neigung.]

62 Letter from Maria von Herbert to Kant, January 1793, in Kant, *Briefwechsel.*[ich möchte wiessen, zu welcher lebensweisse ihre philosophie sie führte, und ob es ihnen auch nicht der Muhe werth war, sich ein Weib zu nehmen oder sich irgend

wem vom ganzen Herzen zu widmen, noch ihr Ebenbild fortzupflanzen, ich hab ihr Porträt von Leibpzig bey Bause in Stich bekomen, in welchen ich wohl einen Moralischen Ruhigen Tiefen aber keinen Scharfen Sinn enteke, den mir die Kritik der reinen Vernunft doch Vor allen anderen versicherte, auch bin ich nicht zufrieden dass ich sie nicht in's mitte Gesicht sehen kann.]

63 参阅第三章。
64 Kant, *Metaphysics of Morals*, Ak. 6:332. 参阅第五章。
65 但是，正如它的崇拜者必须承认的那样，《魔笛》也包含了一些非常明显的种族主义和厌女症。
66 "在这些神圣的大门内／复仇是不得而知的，／如果一个人失足了，／爱会指引他重归正途。"（"In diesen heil'gen Hallen,/Kennt man die Rache nicht./Und ist ein Mensch gefallen,/Führt Liebe ihn zur Pflicht."）
67 Schelling, *On the Essence of Human Freedom*, p. 77. [Frei ist, was nur den Gesetzen seines eigenen Wesens gemäß handelt, und von nichts anderem weder in noch außer ihm bestimmt ist.]
68 Redding, "Georg Wilhelm Friedrich Hegel". 参阅第二章。
69 Hegel, *Lectures on the History of Philosophy I, Werke* 18, pp. 41–42.[Im Geiste ist es anders. Er ist Bewußtsein, frei, darum, daß in ihm Anfang und Ende zusammenfällt...Das, für welches das Andere ist, ist dasselbe als das Andere. Nur dadurch ist der Geist bei sich selbst in seinem Anderen. Die Entwicklung des Geistes ist Herausgehen, Sichauseinanderlegen und zugleich Zusichkommen.

Dies Beisichsein des Geistes, dies Zusichselbstkommen desselben kann als sein höchstes, absolutes Ziel ausgesprochen werden. Nur dies will er, und nichts anderes. Alles, was im Himmel und auf Erden geschieht—ewig geschieht—, das Leben Gottes und alles, was zeitlich getan wird, strebt nur danach hin, daß der Geist sich erkenne, sich selber gegenständlich mache, sich finde, für sich selber werde, sich mit sich zusammenschließe. Er ist Verdoppelung, Entfremdung, aber um sich selbst finden zu können, um zu sich selbst kommen zu können. Nur dies ist Freiheit; frei ist, was nicht auf ein Anderes sich bezieht, nicht von ihm abhängig ist. Der Geist, indem er zu sich selbst kommt, erreicht dies, [ein] freier zu sein. Nur hier tritt wahrhaftes Eigentum, nur hier wahrhafte eigene Überzeugung ein. In allem anderen als im Denken kommt der Geist nicht zu dieser Freiheit. So im Anschauen, den Gefühlen: ich finde mich bestimmt, bin nicht frei, sondern *bin so,* wenn ich auch ein Bewußtsein über diese meine Empfindung habe. Im Willen hat man bestimmte Zwecke, bestimmtes Interesse; ich bin zwar frei, indem dies das Meinige ist; diese Zwecke enthalten aber immer ein Anderes, oder ein solches, welches für mich ein Anderes ist, wie Triebe, Neigungen usw. Nur im Denken ist alle Fremdheit durchsichtig, verschwunden; der Geist ist hier auf absolute Weise frei. Damit ist das Interesse der Idee, der Philosophie zugleich ausgesprochen.]

70 Hegel, *Encyclopedia of the Philosophical Sciences,* I, *Werke* 8, para. 24, *Zusatz 2.*[In der Logik werden die Gedanken so gefaßt, daß sie keinen anderen Inhalt haben als einen dem Denken selbst angehörigen und durch daß elbe hervorgebrachten. So sind die Ge-danken *reine* Gedanken. So ist der Geist rein bei sich selbst und hiermit frei, denn die Freiheit ist eben dies, in seinem Anderen bei sich selbst zu sein, von sich abzuhängen, das Bestimmende seiner selbst zu sein.]

71 Hegel, *Lectures on the Philosophy of History, Werke* 12, p. 134.

72 Hegel, *Lectures on the Philosophy of History, Werke* 12, p. 30; Hegel, *Encyclopedia of the Philosophical Sciences,* III, *Werke* 10, para. 436; Hegel, *Lectures on Aesthetics* I, *Werke* 19, p. 93; Hegel, *Elements of the Philosophy of Right, Werke* 7, para. 7.

73 Hegel, *Elements of the Philosophy of Right, Werke* 7, para. 258, *Zusatz.*[Bei der Frei-heit muß man nicht von der Einzelheit, vom einzelnen Selbstbewußtsein ausgehen, sondern nur vom Wesen des Selbstbewußtseins, denn der Mensch mag es wissen oder nicht, dies Wesen realisiert sich als selbständige Gewalt, in der die einzelnen Individuen nur Momente sind: es ist der Gang Gottes in der Welt, daß der Staat ist, sein Grund ist die Gewalt der sich als Wille verwirklichenden Vernunft.]

74 Hegel, *Encyclopedia of the Philosophical Sciences*, III, *Werke* 10, para. 436, *Zusatz*. [Der dem Knecht gegenüberstehende Herr war noch nicht wahrhaft frei, denn er schaute im anderen noch nicht durchaus sich selber an. Erst durch das Freiwerden des Knechtes wird folglich auch der Herr vollkommen frei. In dem Zustande dieser allgemeinen Freiheit bin ich, indem ich in mich reflektiert bin, unmittelbar in den anderen reflektiert, und umgekehrt beziehe ich mich, indem ich mich auf den anderen beziehe, unmittelbar auf mich selber. Wir haben daher hier die gewaltige Diremtion des Geistes in verschiedene Selbste, die an und für sich und füreinander vollkommen frei, selbständig, absolut spröde, widerstandleistend—und doch zugleich miteinander identisch, somit nicht selbständig, nicht undurchdringlich, sondern gleichsam zusammengeflossen sind.]

75 Hegel, *Encyclopedia of the Philosophical Sciences*, III, *Werke* 10, para. 436, *Zusatz*. [Dies Verhältnis ist durchaus spekulativer Art; und wenn man meint, das Spekulative sei etwas Fernes und Unfaßbares, so braucht man nur den Inhalt jenes Verhältnisses zu betrachten, um sich von der Grundlosigkeit jener Meinung zu überzeugen. Das Spekulative oder Vernünftige und Wahre besteht in der Einheit des Begriffs oder des Subjektiven und der Objektivität. Diese Einheit ist auf dem fraglichen Standpunkt offenbar vorhanden. Sie bildet die Substanz der Sittlichkeit, namentlich der Familie, der geschlechtlichen Liebe (da hat jene Einheit die Form der Besonderheit), der Vaterlandsliebe, dieses Wollens der allgemeinen Zwecke und Interessen des Staats, der Liebe zu Gott, auch der Tapferkeit, wenn diese ein Daransetzen des Lebens an eine allgemeine Sache ist, und endlich auch der Ehre, falls dieselbe nicht die gleichgültige Einzelheit des Individuums, sondern etwas Substantielles, wahrhaft Allgemeines zu ihrem Inhalte hat.]

76 Hegel, *Elements of the Philosophy of Right*, *Werke* 7, para. 145, *Zusatz*. [Weil die sittlichen Bestimmungen den Begriff der Freiheit ausmachen, sind sie die Substantialität oder das allgemeine Wesen der Individuen, welche sich dazu nur als ein Accidentelles verhalten. Ob das Individuum sei, gilt der objektiven Sittlichkeit gleich, welche allein das Bleibende und die Macht ist, durch welche

das Leben der Individuen regiert wird.]

77 Hegel, *Phenomenology of Spirit, Werke* 3, Reason: B. The Actualization of Self-Consciousness, paras. 351–52, pp. 265–66.[Wie der Einzelne in seiner einzelnen Arbeit schon eine allgemeine Arbeit bewusstlos vollbringt, so vollbringt er auch wieder die allgemeine als seinen bewußten Gegenstand; das Ganze wird als Ganzes sein Werk, für das er sich aufopfert, und ebendadurch sich selbst von ihm zurückerhält.—Es ist hier nichts, das nicht gegenseitig wäre, nichts, woran nicht die Selbstständigkeit des Individuums in der Auflösung ihres Für-sich-seins, in der Negation ihrer selbst ihre positive Bedeutung, für sich zu sein, sich gäbe. Diese Einheit des Seins für Anderes oder des Sich-zum-Dingemachens und des Für-sich-seins, diese allgemeine Substanz redet ihre allgemeine Sprache in den Sitten und Gesetzen seines Volks.]

78 Hegel, *Phenomenology of Spirit, Werke* 3, Reason: B. The Actualization of Self-Consciousness, para. 352, p. 266.[...aber dies seiende unwandelbare Wesen ist nichts anders als der Ausdruck der ihr entgegengesetzt scheinenden einzelnen Individualität selbst; die Gesetze sprechen das aus, was jeder Einzelne ist und tut; das Individuum erkennt sie nicht nur als seine allgemeine gegenständliche Dingheit, sondern ebensosehr sich in ihr, oder als vereinzelt in seiner eignen Individualität und in jedem seiner Mitbürger. In dem allgemeinen Geiste hat daher jeder nur die Gewißheit seiner selbst, nichts anders in der seienden Wirklichkeit zu finden als sich selbst; er ist der andern so gewiß als seiner.— Ich schaue es in allen an, daß sie für sich selbst nur diese selbstständigen Wesen sind, als Ich es bin; Ich schaue die freie Einheit mit den andern in ihnen so an, daß sie wie durch Mich, so durch die andern selbst ist. Sie als Mich, Mich als Sie. In einem freien Volke ist darum in Wahrheit die Vernunft verwirklicht; sie ist gegenwärtiger lebendiger Geist, worin das Individuum seine Bestimmung, das heißt sein allgemeines und einzelnes Wesen, nicht nur ausgesprochen und als Dingheit vorhanden findet, sondern selbst dieses Wesen ist, und seine Bestimmung auch erreicht hat. Die weisesten Männer des Altertums haben darum den Ausspruch getan: daß die Weisheit und die Tugend darin bestehen, den Sitten seines Volks

gemäß zu leben.]

79 "我应该为义务本身而尽义务,而且我在尽义务时,我正在实现真实意义上的我自己的客观性。在尽义务时,我是自为的而且是自由的。着重指出义务的这种意义,乃是康德的实践哲学的功绩和它的高瞻远瞩。" Hegel, *Elements of the Philosophy of Right, Werke* 7, para. 133, *Zusatz*. [Die Pflicht soll ich um ihrer selbst willen tun, und es ist meine eigene Objektivität im wahrhaften Sinne, die ich in der Pflicht vollbringe: indem ich sie tue, bin ich bei mir selbst und frei. Es ist das Verdienst und der hohe Standpunkt der Kantischen Philosophie im Praktischen gewesen, diese Bedeutung der Pflicht hervorgehoben zu haben.]

80 Hegel, *Elements of the Philosophy of Right, Werke* 7, para. 317, *Zusatz*.[Das Prinzip der modernen Welt fordert, daß, was jeder anerkennen soll, sich ihm als ein Berechtigtes zeige.]

81 Hegel, *Elements of the Philosophy of Right, Werke* 7, Preface, p. 27.

82 Hegel, *Elements of the Philosophy of Right, Werke* 7, para. 270, *Zusatz*.[Sagt man nun, der Staat müsse auf Religion sich gründen, so kann dies heißen, derselbe solle auf Vernünftigkeit beruhen und aus ihr hervorgehen. Aber dieser Satz kann auch so mißver-standen werden, daß die Menschen, deren Geist durch eine unfreie Religion gebunden ist, dadurch zum Gehorsam am geschicktesten seien...Meint man, daß die Menschen Achtung vor dem Staat, vor diesem Ganzen, dessen Zweige sie sind, haben sollen, so geschieht dies freilich am besten durch die philosophische Einsicht in das Wesen desselben; aber es kann in Ermangelung dieser auch die religiöse Gesinnung dahin führen.]

83 Hegel, *Lectures on the Philosophy of History, Werke* 12, p. 65.[Die erste Produktion eines Staates ist herrisch und instinktartig. Aber auch Gehorsam und Gewalt, Furcht gegen einen Herrscher ist schon ein Zusammenhang des Willens. Schon in rohen Staaten findet dies statt, daß der besondere Wille der Individuen nicht gilt, daß auf die Partikularität Verzicht getan wird, daß der allgemeine Wille das Wesentliche ist.]

## 第八章 历史中的哲学

1 Kant, *Groundwork to the Metaphysics of Morals,* Ak. 4:404.[...und daß es also keiner Wissenschaft und Philosophie bedürfe, um zu wissen, was man zu tun habe, um ehrlich und gut, ja sogar um weise und tugendhaft zu sein.]

2 Schelling, *On the Essence of Human Freedom,* p. 77. [Frei ist, was nur den Gesetzen seines eigenen Wesens gemäß handelt, und von nichts anderem weder in noch außer ihm bestimmt ist.]

3 Hegel, *Lectures on the Philosophy of History, Werke* 12, p. 42.[Die Weltgeschichte ist nicht der Boden des Glücks. Die Perioden des Glücks sind leere Blätter in ihr.]

4 Hegel, *Elements of the Philosophy of Right, Werke* 7, Preface.

5 Hegel, *Lectures on the History of Philosophy I, Werke* 18, p. 73.[Sie ist die höchste Blüte,—sie, der Begriff er ganzen Gestalt des Geistes, das Bewusstsein und das geistige Wesen des ganzen Zustandes, der Geist der Zeit, als sich denkender Geist vorhanden.]

6 Marx and Engels, *The German Ideology* (*Die deutsche Ideologie*), in Karl Marx-Friedrich Engels, *Werke,* Vol. 3 (Berlin, GDR: Dietz, 1976), pp. 26–27. [Die Moral, Religion, Metaphysik und sonstige Ideologie und die ihnen entsprechenden Bewußtseins-formen...haben keine Geschichte, sie haben keine Entwicklung.]

7 Marx and Engels, *The German Ideology, Werke,* Vol. 3 (Berlin, GDR: Dietz, 1976), p. 46. [Die Gedanken der herrschenden Klasse sind in jeder Epoche die herrschenden Ge-danken, d.h. die Klasse, welche die herrschende *materielle* Macht der Gesellschaft ist, ist zugleich ihre herrschende *geistige* Macht.]

8 Hegel, *Lectures on the History of Philosophy, III, Werke* 20, pp. 331–32. [Das Wahrhafte der Kantischen Philosophie ist, daß das Denken als konkret in sich, sich selbst bestimmend aufgefaßt ist; so ist die Freiheit anerkannt. Rousseau hat so in der Freiheit schon das Absolute aufgestellt; Kant hat dasselbe Prinzip aufgestellt, nur mehr nach theoretischer Seite; Frankreich faßt dies nach der Seite des Willens auf. Die Franzosen sagen: *Il a la tête près du bonnet;* sie ha-

ben den Sinn der Wirklichkeit, des Handelns, Fertigwerdens,—die Vorstellung geht unmittelbarer in Handlung über. So haben sich die Menschen praktisch an die Wirklichkeit gewendet. Sosehr die Freiheit in sich konkret ist, so wurde sie doch als unentwickelt in ihrer Abstraktion an die Wirklichkeit gewendet; und Abstraktionen in der Wirklichkeit geltend machen, heißt Wirklichkeit zerstören. Der Fanatismus der Freiheit, dem Volke in die Hand gegeben, wurde fürchterlich. In Deutschland hat dasselbe Prinzip das Interesse des Bewußtseins für sich genommen; aber es ist theoretischerweise ausgebildet worden. *Wir* haben allerhand Rumor im Kopfe und auf dem Kopfe; dabei läßt der deutsche Kopf eher seine Schlafmütze ganz ruhig sitzen und operiert innerhalb seiner.]

9 Marx and Engels, *The German Ideology, Werke,* Vol. 3, pp. 177–78.[Der Zustand Deutschlands am Ende des vorigen Jahrhunderts spiegelt sich vollständig ab in Kants "Kritik der praktischen Vernunft". Während die französische Bourgeoisie sich durch die kolossalste Revolution, die die Geschichte kennt, zur Herrschaft aufschwang und den europäischen Kontinent eroberte, während die bereits politisch emanzipierte englische Bourgeoisie die Industrie revolutionierte und sich Indien politisch und die ganze andere Welt kommerziell unterwarf, brachten es die ohnmächtigen deutschen Burger nur zum "guten Willen". Kant beruhigte sich bei dem bloßen "guten Willen", selbst wenn er ohne alles Resultat bleibt, und setzte die Verwirklichung dieses guten Willens, die Harmonie zwischen ihm und den Bedürfnissen und Trieben der Individuen, ins Jenseits. Dieser gute Wille Kants entspricht vollständig der Ohnmacht, Gedrücktheit. und Misere der deutschen Burger, deren kleinliche Interessen nie fähig waren, sich zu gemeinschaftlichen, nationalen Interessen einer Klasse zu entwickeln, und die deshalb fortwährend von den Bourgeois aller andern Nationen exploitiert wurden. Diesen kleinlichen Lokalinteressen entsprach einerseits die wirkliche lokale und provinzielle Borniertheit, andrerseits die kosmopolitische Aufgeblähtheit der deutschen Bürger...Die charakteristische Form, die der auf wirklichen Klasseninteressen beruhende französische Liberalismus in Deutschland annahm, finden wir wieder bei Kant. Er sowohl wie die deutschen Burger, deren

beschönigender Wortführer er war, merkten nicht, daß diesen theoretischen Gedanken der Bourgeois materielle Interessen und ein durch die materiellen Produktionsverhältnisse bedingter und bestimmter Wille zugrunde lag; er trennte daher diesen theoretischen Ausdruck von den Interessen, die er ausdruckt, machte die materiell motivierten Bestimmungen des Willens der französischen Bourgeois zu reinen Selbstbestimmungen des "freien Willens", des Willens an und für sich, des menschlichen Willens, und verwandelte ihn so in rein ideologische Begriffsbestimmungen und moralische Postulate. Die deutschen Kleinbürger schauderten daher auch vor der Praxis dieses energischen Bourgeoisliberalismus zuruck, sobald diese sowohl in der Schreckensherrschaft als in dem unverschämten Bourgeoiserwerb hervortrat.]

10 如果读者怀疑我们所处理的实际上是一个笑话，而不是一个将哲学和政治联合在一起的社会学严肃的尝试，那么海涅（他肯定是马克思的来源）使用黑格尔的话作为一个详细讲据的类比基础，可以证实这一点：

奇怪的是，莱茵河对岸邻国的实际努力与我们在和平德国的哲学梦想有着选择性的亲和力。把法国大革命的历史和德国哲学的历史相提并论，会让人以为，法国人有那么多实际的事情要处理，他们必须保持清醒，他们要求我们德国人为他们睡觉和做梦，所以我们的德国哲学只不过是法国大革命的梦想。我们在思想领域打破了现有的秩序和传统，就像法国人在社会领域所做的那样。我们的哲学雅各宾派团结在《纯粹理性批判》周围，并说没有什么是经不起批判的。康德是我们的罗伯斯庇尔。在他之后是费希特和他的"自我"：哲学的拿破仑——至高无上的爱和至高无上的利己主义；思想的专制；君主会匆匆忙忙地即兴创造一个同样迅速消失的普世帝国；专制、可怕、孤独的理想主义。那些被康德式断头台饶恕而幸免于难的秘密之花，或者在此期间不为人知地绽放的秘密花朵，在他彻底地行进中凋零了。于是，被压抑的大地之灵被唤醒，大地颤抖，反革命爆发了。在谢林的领导下，过去及其传统利益被重新建立并获得了赔偿。在新的复辟时期,在自然哲学中,那些总是对理性和理念的统治充满阴谋的灰色移民再次掌权:神秘主义、虔诚主义、耶稣会主义、正统主义、浪漫主义、条顿主义、安逸主义。直到黑格尔——哲学界的奥尔良——建立了一个新政权（或者更确切地说,给它一个秩序）——一个折中主义的政权,在这个意义不大的政权中,他自己被置于首脑之位,但它为旧的康德式的雅各宾派、费希特式的波拿巴派和法国的谢林派的同龄人,以及他自己的创造提供了一种宪法地位。

H. Heine, Introduction to *"Kahldorf über den Adel, in Briefen an den Grafen M. von Moltke"* (Nuremberg: Hoffman & Campe, 1831).

11 参阅 Charles Taylor, *Modern Social Imaginaries* (Durham, NC: Duke University Press, 2004); and Skinner, "Motives, Intentions and Interpretation", Vol. 1, p. 102。
12 参阅 D. Garber, "What's Philosophical about the History of Philosophy?", in G. Rogers and T. Sorell (eds.), *Analytic Philosophy and History of Philosophy* (Oxford: Oxford University Press, 2005)。
13 Descartes, *Principles of Philosophy,* in The Philosophical Writings of Descartes, Vol. 1 (Cambridge: Cambridge University Press, 1985), p. 186 (AT IXB:14).
14 参阅 Plato, *Theaetetus,* 174a。
15 参阅 Plato, *Republic,* VI 510b–c。
16 参阅 Plato, *Gorgias,* 458a, 462a。
17 参阅 Plato, *Republic,* 394d。
18 参阅 Plato, *Meno,* 81e。
19 参阅 Plato, *Republic,* V 476d–480a。
20 参阅 Plato, *Republic,* V 472 b–d。
21 参阅 Plato, *Apology,* 30e。
22 参阅 Plato, *Republic,* VII 518 c–d。
23 参阅 Plato, *Crito,* 49 a–e。
24 F. Bacon, *The Advancement of Learning* (London: Cassell, 1893), 1:3.
25 Kant, *Critique of Pure Reason,* Axx.[Denn es ist nichts als das Inventarium aller

unserer Besitze durch reine Vernunft, systematisch geordnet. Es kann uns hier nichts entgehen, weil, was Vernunft gänzlich aus sich selbst hervorbringt, sich nicht verstecken kann, sondern selbst durch Vernunft ans Licht gebracht wird, sobald man nur das gemeinschaftliche Prinzip desselben entdeckt hat. Die vollkommene Einheit dieser Art Erkenntnisse, und zwar aus lauter reinen Begriffen, ohne daß irgend etwas von Erfahrung, oder auch nur besondere Anschauung, die zur bestimmten Erfahrung leiten sollte, auf sie ei-nigen Einfluß haben kann, sie zu erweitern und zu vermehren, machen diese unbedingte Vollständigkeit nicht allein tunlich, sondern auch notwendig.]

26 Hegel, *Phenomenology of Spirit, Werke* 3, para. 31, p. 35.

27 Marx and Engels, *The German Ideology*, *Werke*, Vol. 3, p. 27.[Da, wo die Spekulation aufhört, beim wirklichen Leben, beginnt also die wirkliche, positive Wissenschaft.]

28 "Consequent zu sein, ist die größte Obliegenheit eines Philosophen und wird doch am seltensten angetroffen." *Critique of Practical Reason,* Ak. 5, 24.

29 Putnam, "Realism without Absolutes", p. 180.

30 我认为，这是托马斯·内格尔漫长的哲学生涯所探究的基本主题。详阅：*Mortal Questions* (Cambridge: Cambridge University Press, 1979) 和 *The View from Nowhere* (Oxford: Oxford University Press, 1986)。

31 Nietzsche, *The Gay Science,* sect. 347.

32 Nietzsche, "The Intellectual Conscience", in *The Gay Science* (New York: Vintage Books, 1974), 2.

33 Nietzsche, *Beyond Good and Evil* (Harmondsworth: Penguin, 1969), p. 227.

34 Nietzsche, *On the Genealogy of Morals,* Essay III, 26.

35 David Hume, "A Dialogue", in *Enquiries concerning Human Understanding and concerning the Principles of Morals* (Oxford: Oxford University Press, 1963), p. 324.

36 参阅 S. Buck-Morss, *Hegel, Haiti and Universal History* (Pittsburgh: University of Pittsburgh Press, 2009)。

37 参阅 S. Buck-Morss, *Hegel, Haiti and Universal History* (Pittsburgh: University

of Pittsburgh Press, 2009)。

38 "本于上述同一规定，文明民族可以把那些在国家的实体性环节方面是落后的民族看作野蛮人（如游牧民对待狩猎民，以及农业民族对待前两者，等等）。文明民族意识到野蛮人所具有的权利与自己的是不相等的，因而把他们的独立当作某种形式的东西来处理。" Hegel, *Elements of the Philosophy of Right, Werke* 7, para. 351. [Aus derselben Bestimmung geschieht, daß zivilisierte Nationen andere, welche ihnen in den substantiellen Momenten des Staates zurückstehen (Viehzuchttreibende die Jägervölker, die Ackerbauenden beide u. s. f.), als Barbaren mit dem Bewußtsein eines ungleichen Rechts, und deren Selbstän-digkeit als etwas Formelles betrachten und behandeln.]

39 Hegel, *Lectures on the Philosophy of History, Werke* 12, p. 65. [Schon in rohen Staaten findet dies statt, daß der besondere Wille der Individuen nicht gilt, daß auf die Partikularität Verzicht getan wird, daß der allgemeine Wille das Wesentliche ist.]

40 Hegel, *Phenomenology of Spirit,* Reason: B. The Actualization of Self-Consciousness, *Werke* 3, p. 266.[In einem freien Volke ist darum in Wahrheit die Vernunft verwirklicht; sie ist gegenwärtiger lebendiger Geist, worin das Individuum seine *Bestimmung,* das heißt sein allgemeines und einzelnes Wesen, nicht nur ausgesprochen und als Dingheit vorhanden findet, sondern selbst dieses Wesen ist, und seine Bestimmung auch erreicht hat. Die weisesten Männer des Altertums haben darum den Ausspruch getan: *daß die Weisheit und die Tugend darin bestehen, den Sitten seines Volks gemäß zu leben.*] 参阅第七章。

41 *Capital,* 1, in Karl Marx-Friedrich Engels, *Werke,* Vol. 23 (Berlin, GDR: Dietz, 1976), p. 90.

42 *Capital,* 1, in Karl Marx-Friedrich Engels, *Werke,* Vol. 23, p. 91.[Trotz der Verschiedenheit seiner produktiven Funktionen weiß er, daß sie nur verschiedene Betätigungsformen desselben Robinson, also nur verschiedene Weisen menschlicher Arbeit sind. Die Not selbst zwingt ihn, seine Zeit genau zwischen seinen verschiedenen Funktionen zu verteilen. Ob die eine mehr, die andre weniger Raum in seiner Gesamttätigkeit einnimmt, hängt ab von der größeren

oder geringeren Schwierigkeit, die zur Erzielung des bezweckten Nutzeffekts zu überwinden ist. Die Erfahrung lehrt ihn das, und unser Robinson, der Uhr, Hauptbuch, Tinte und Feder aus dem Schiffbruch gerettet, beginnt als guter Engländer bald Buch über sich selbst zu führen. Sein Inventarium enthält ein Verzeichnis der Gebrauchsgegenstände, die er besitzt, der verschiednen Vorrichtungen, die zu ihrer Produktion erheischt sind, endlich der Arbeitszeit, die ihm bestimmte Quanta dieser verschiednen Produkte im Durchschnitt kosten. Alle Beziehungen zwischen Robinson und den Dingen, die seinen selbstgeschaffnen Reichtum bilden, sind hier so einfach und durchsichtig, daß selbst Herr M.Wirth sie ohne besondre Geistesanstrengung verstehn dürfte.]

43 *Capital,* 1, in Karl Marx-Friedrich Engels, *Werke,* Vol. 23, p. 91.

44 *Capital,* 1, in Karl Marx-Friedrich Engels, *Werke,* Vol. 23, p. 92.[Stellen wir uns endlich, zur Abwechslung, einen Verein freier Menschen vor, die mit gemeinschaftlichen Produktionsmitteln arbeiten und ihre vielen individuellen Arbeitskräfte selbstbewußt als eine gesellschaftliche Arbeitskraft verausgaben.]

45 *Capital,* 1, in Karl Marx-Friedrich Engels, *Werke,* Vol. 23, pp. 92–93.[Alle Bestimmungen von Robinsons Arbeit wiederholen sich hier, nur gesellschaftlich statt individuell. . . . Die gesellschaftlichen Beziehungen der Menschen zu ihren Arbeiten und ihren Arbeitsprodukten bleiben hier durchsichtig einfach in der Produktion sowohl als in der Distribution.]

46 Cohen, *Karl Marx's Theory of History,* p. 343.

47 See "Complete Bullshit" in G. A. Cohen, *Finding Oneself in the Other* (Princeton, NJ: Princeton University Press, 2012).

48 尤其要参阅 Kant's essay *Perpetual Peace*。

## 第九章 不朽之后

1 Diderot to Falconet, 4 December 1765, in *Le Pour et le Contre,* p. 49.

2 Falconet to Diderot, 25 December 1765, in *Le Pour et le Contre,* pp. 52–53.

3 Diderot to Falconet, 10 January 1766, in *Le Pour et le Contre,* p. 57.

4 Falconet to Diderot, 10 February 1766, in *Le Pour et le Contre,* p. 69.

5 Diderot to Falconet, 15 February 1766, in *Le Pour et le Contre,* p. 78.
6 Diderot to Falconet, 10 January 1766, in *Le Pour et le Contre,* p. 57.
7 Diderot to Falconet, 15 February 1766, in *Le Pour et le Contre,* p. 78. [Ô postérité sainte et sacrée! soutien du malheureux qu'on opprime, toi qui es juste, toi qu'on ne corrompt point, qui venges l'homme de bien, qui démasques l'hypocrite, qui traînes le tyran; idée sûre, idée consolante, ne m'abandonne jamais. La postérité pour le philosophe, c'est l'autre monde de l'homme religieux.]
8 Becker, *The Heavenly City of the Eighteenth-Century Philosophers.*
9 Peter Gay, *The Party of Humanity* (New York: Norton, 1971).
10 Becker, *The Heavenly City of the Eighteenth-Century Philosophers,* p. 149.
11 Quoted in Becker, *The Heavenly City of the Eighteenth-Century Philosophers,* p. 151.
12 Quoted in Becker, *The Heavenly City of the Eighteenth-Century Philosophers,* pp. 142–43.
13 Louis Antoine de Saint-Just, "Fragments sur les institutions républicaines", in Vellay (ed.), *Oeuvres Complètes de Saint-Just,* Vol. 2 (Paris: Charpentier et Fasquelle, 1908), 494.
14 Sergey Nechayev, "Revolutionary Catechism", http://www.marxists.org/subject/anarchism/nechayev/catechism.htm. Retrieved 23.vii.2020.
15 G. A. Cohen, *If You're an Egalitarian How Come You're So Rich?* (Cambridge, MA: Harvard University Press, 2001), p. 103.
16 Leon Trotsky, *I Stake My Life!* (New York: Pioneer Publishers, 1950), p. 24.
17 Mary Shelley, *The Last Man* (Ware: Wordsworth, 2004), pp. 181–82.
18 关于这一思想的出现和结构，及其与历史和社会中"意外后果"思想的关系，详阅：*On Voluntary Servitude*，特别是第四章。
19 E. Burke, *Reflections on the Revolution in France* (Indianapolis: Liberty Fund, 1999), pp. 169–71.
20 详阅第二章。
21 J. S. Mill, *Three Essays on Religion* (Amherst, NY: Prometheus Books, 1998), p. 115.

22 J. S. Mill, *Three Essays on Religion,* p. 114.

23 J. S. Mill, *Three Essays on Religion,* p. 105.

24 J. S. Mill, *Three Essays on Religion,* p. 106.

25 J. S. Mill, *Three Essays on Religion,* p. 106.

26 J. S. Mill, *Three Essays on Religion,* p. 107.

27 J. S. Mill, *Three Essays on Religion,* p. 107.

28 J. S. Mill, *Three Essays on Religion,* pp. 108–109.

29 G. Eliot, *O May I Join the Choir Invisible!* (New York: D. Lothrop, 1884).

30 Walt Whitman, "Oh Me! Oh Life!", in *Leaves of Grass* (The Floating Press, 2009).

31 F. Fanon, *The Wretched of the Earth* (Harmondsworth: Penguin, 1973), p. 314.

32 在如下作品中被提及：H. Blumenberg, *Schiffbruch mit Zuschauer* (Frankfurt am Main: Suhrkamp, 1979), p. 53。布鲁门伯格给出的引文是："畜生，你们想永生吗？"（*Ihr Hunde, wollt Ihr denn ewig Leben?*）但也被广泛记载为"你们这些混蛋！"（*Ihr verfluchten Racker*）亦可参阅：H. B. Nisbet, "Lucretius in Eighteenth-Century Germany", *Modern Language Review* 100 (2005), 115–33。

33 Frederick the Great, Épitre XVIII, *Au Maréchal Keith: Sur les vaines terreurs de la mort et les frayeurs d'une autre vie,* in *Œuvres de Frédéric le Grand: 10* (Berlin: Decker, 1856), p. 226. 凯斯（Keith）元帅是詹姆斯二世党人的流亡者，在为腓特烈服务时被杀。显然，元帅的最后贡献之一是警告他的总司令，在霍克齐村扎营就等于是邀请奥地利军队进攻。腓特烈不顾一切地这样做了，对凯斯来说，这造成致命的后果——但至少腓特烈写了一首诗来纪念他。

34 "Ne voyons dans la mort qu'un tranquille sommeil/À l'abri des malheurs, sans songe, sans reveil." Frederick the Great, *Au Maréchal Keith,* p. 274.

35 "Finissons sans trouble, et mourons sans regrets,/En laissant l'Univers comblé de nos bienfaits./Ainsi l'astre du jour au-bout de sa carrière,/Répand sur l'horizon une douce lumière;/Et les derniers rayons qu'il darde dans les airs,/ Sont les derniers soupirs qu'il donne a l'Univers." Frederick the Great, *Au Maréchal Keith,*

p. 286.

36 Parfit, *Reasons and Persons*, p. 281.

37 Parfit, *Reasons and Persons*, p. 281.

38 Nagel, *The View from Nowhere*, p. 25.

39 Martin Heidegger, *Sein und Zeit* (Tübingen: Max Niemeyer Verlag, 1967), p. 253.[Die Öffentliche Daseinsauslegung sagt: "man stirbt", weil damit jeder andere und man selbst sich einreden kann: je nicht gerade ich; denn dieses Man ist das *Niemand*.]

40 Heidegger, *Sein und Zeit,* p. 425.[Die Zeit ist öffentlich etwas, was sich jeder nimmt und nehmen kann. Die nivellierte Jetztfolge bleibt völlig unkenntlich bezüglich ihrer Herkunft aus der Zeitlichkeit des einzelnen Daseins im alltäglichen Miteinander. Wie soll das auch "die Zeit" im mindesten in ihrem Gang berühren, wenn ein "in der Zeit" vorhandener Mensch nicht mehr existiert? Die Zeit geht weiter, wie sie doch auch schon "war", als ein Mensch "ins Leben trat". Man kennt nur die öffentliche Zeit, die, nivelliert, jedermann und das heißt niemandem gehört.]

41 G. E. Moore, *Principia Ethica* (Cambridge: Cambridge University Press, 1959), sect. 50.

42 内格尔欣赏这个想法的矛盾性，这可以从他为《本然的观点》选择的封面纸套中看出：卡斯帕·大卫·弗里德里希( Caspar David Friedrich )怪异的《德累斯顿附近的大围场》（ *Das grosse Gehege bei Dresden* ）用的是奇怪的非透视视角。

43 Coleridge, *Anima Poetae*, p. 127.

44 A. E. Housman, *Letters,* ed. H. Maas (London: Hart-Davis, 1971), p. 390.

45 R. M. Hare, "Nothing Matters", in *Applications of Moral Philosophy* (London: Macmillan, 1972), p. 47.

46 R. M. Hare, "Nothing Matters", p. 39.

47 R. M. Hare, "Nothing Matters", p. 47.

48 塞缪尔·舍夫勒( Samuel Scheffler )在他广受赞誉的坦纳讲座《死亡与来世》（ *Death and the Afterlife*, Oxford: Oxford University Press, 2013 ）中提出了

人类灭绝的想法。舍夫勒将他的"主要论点"总结如下:"在某些非常重要的方面,我们实际上更关心我们死后他人的幸存,远甚于关心一种私人的来世之存在,而相较于我们自己死亡的实际前景,人类即将消失将对我们过上我所说的'充满价值的生活'的能力产生更大的破坏性作用。"(第80—81页)

为什么人类即将消失将是一场灾难,当然,这取决于为什么人们认为人类在未来的生存是有价值的,而对于这一点,正如我们所看到的,有许多不同的答案。未来的人类可能是:我们个人声誉的见证者(古罗马人);纠正目前的不公正判决(狄德罗、罗兰夫人、菲德尔·卡斯特罗)的准司法的角度;一个所有人都可以在其中发挥微小但重要作用的筹划(康德、赫尔德、费希特、乔治·艾略特);或者,在甚至可能是神之无所不在的全知之眼的某种虚构的超验替代品。

区分和判断这些可能性是困难的,因为在特定时间对某些人来说似乎是有说服力的,但对另一些人来说可能并非如此,因此,在我看来,从分析哲学家的客观的"我们"的非历史角度讨论这些问题,是无济于事的。(甚至说,"我们"实际上更关心的是我们死后他人的幸存,远甚于关心一种私人的来世,这是真的吗?对于像舍夫勒这样的非信徒来说,这可能是真的,但我想知道教皇或坎特伯雷大主教是否会说同样的话。当然,圣奥古斯丁不会。)

此外,将"他人的生存"和人类的毁灭"迫在眉睫"的问题提出来,也可能是无济于事的。想象一下,我在遗嘱中留下了钱,让我的孙子们能够在普林斯顿大学学习。如果在我死后,在我的孙子们开始接受教育之前,人类被一颗彗星消灭,我的筹划将无法得到实现。因此,它确实给了我一个理由,让我关心自己死后他人的生存。但是,哪怕只有我的孙子孙女——或者普林斯顿大学——遭受这种可怕的命运,它也会失败。因此,在我看来最重要的问题——关于作为一个整体的人类的消失可能导致价值的某种损失的问题——有可能遭到掩盖的危险。

49 H. D. Thoreau, *Walden* (Boston: Ticknor and Fields, 1854), p. 10.

50 例如,可参阅:Pinker, *Enlightenment Now* 和它的批评者。

51 参阅:Hubert Dreyfus and Sean Dorrance Kelly, *All Things Shining* (New York:

The Free Press, 2011) and Taylor, *Sources of the Self*。

52　K. Marx, *Critique of Hegel's Philosophy of Right: Introduction* (*Zur Kritik der Hegel-schen Rechtsphilosophie: Einleitung*), in Karl Marx-Friedrich Engels, *Werke,* Vol. 1 (Berlin, GDR: Dietz, 1976), pp. 378–79.[Das *religiöse* Elend ist in einem der *Ausdruck* des wirklichen Elendes und in einem die *Protestation* gegen das wirkliche Elend. . . . Die Aufhebung der Religion als des *illusorischen* Glücks des Volkes ist die Forderung seines *wirklichen* Glücks.]

53　G. Orwell, "Looking back on the Spanish War", in *The Collected Essays, Journalism and Letters of George Orwell,* Vol. 2 (Harmondsworth: Penguin, 1968), pp. 304–305.

54　A. Huxley, *Those Barren Leaves*(London: Triad Books, 1978), pp. 181–82.

55　Marx, *Critique of Hegel's Philosophy of Right,* p. 378. [das Gemüt einer herzlosen Welt]

56　参阅：Peter Singer, "Famine, Affluence and Morality", *Philosophy and Public Affairs* 1, no. 3 (Spring 1972), 229–43。

57　参阅：Martha Nussbaum, "Judging Other Cultures: The Case of Genital Mutilation", in *Sex and Social Justice* (Oxford: Oxford University Press, 2000)。

58　参阅：Samuel Moyn, *The Last Utopia* (Cambridge, MA: Harvard University Press, 2010), especially Ch. 1。

59　Scruton, "Memo to Hawking".

60　Taylor, *Sources of the Self,* p. 288.

61　"Pantheismus ist die verborgene Religion Deutschlands." Heinrich Heine, *Zur Geschichte der Religion und Philosophie in Deutschland* (Halle: Otto Hendel, 1887), p. 64.

62　Friedrich Schleiermacher, *On Religion: Speeches to Its Cultured Despisers* (*Über die Religion: Reden an die Gebildeten Unter Ihren Verächtern*) (London: Kegan Paul, 1893), p. 18. [Ich fordere also, daß Ihr von allem, was sonst Religion genannt wird absehend, Euer Augenmerk nur auf diese einzelne Andeutungen und Stimmungen richtet, die Ihr in allen Äußerungen und edlen Taten gottbegeisterter Menschen finden werdet.]

63 Schleiermacher, *On Religion,* p. 17.[Genau so ist Begriff und Wort nur das freilich notwendige und von dem Inneren unzertrennliche Hervorbrechen nach aussen, und als solches nur verständlich durch sein Inneres und mit ihm zugleich.]

64 Schleiermacher, *On Religion,* p. 20. [. . . ein schwaches, versuchtes Gemüt sich Hilfe suchen soll in dem Gedanken an eine künftige Welt? Wer aber einen Unterschied macht zwischen dieser und jener Welt, betört sich selbst; alle wenigstens, welche Religion haben, kennen nur Eine.]

65 K. Barth, *Protestant Theology in the Nineteenth Century* (Grand Rapids, MI: Eerdman, 2002), p. 411.

66 Friedrich Nietzsche, *Ecce Homo,* in *On the Genealogy of Morals and Ecce Homo* (New York: Vintage Books, 1967), Ch. 15, 3.

67 Ratzinger, Papal Address at the University of Regensburg.

68 Kant, *Metaphysics of Morals,* Ak. 6:490.[sondern vielmehr umgekehrt aus der Notwendigkeit der Bestrafung auf ein künftiges Leben die Folgerung gezogen wird]

69 Hilton, *The Age of Atonement,* p. 178.

70 Hilton, *The Age of Atonement,* p. 338.

71 https://weihnachten.tagesspiegel.de/knecht-ruprecht-von-theodor-storm/.

72 John Milton, *Paradise Lost,* Book I, quoted in Humphrey Jennings, *Pandaemo-nium: The Coming of the Machine as Seen by Contemporary Observers, 1660–1886* (New York: The Free Press, 1985), p. 3.（中译文采用朱维之版本。）

73 详阅第七章。

74 Alexander Pope, *An Essay on Man* (London: Cassell, 1891), Epistle 1, X.

75 详阅：Rosen, *On Voluntary Servitude,* Ch. 4。亦可阅：Rosen, "Die Geschichte", in H. Sandkühler et al., *Handbuch Deutscher Idealismus* (Stuttgart: J. B. Met-zler, 2005) 218–39; 以及 Rosen, "Fortschritt", in H. J. Sandkühler (ed.), *Enzyklopädie Philosophie* (Hamburg: Felix Meiner, 2010)。

76 Richard Hofstadter, "The Paranoid Style in American Politics", *Harper's Magazine* (November 1964).

77 Jürgen Habermas, "Introduction", *Ratio Juris* 12, no. 4 (December 1999), 332.

78 *Capital,* 1, in Karl Marx-Friedrich Engels, *Werke,* Vol. 23 (Berlin, GDR: Dietz, 1976), p. 562. [Auf dieser Erscheinungsform, die das wirkliche Verhältnis unsichtbar macht und grade sein Gegenteil zeigt, beruhn alle Rechtsvorstellungen des Arbeiters wie des Kapitalisten, alle Mystifikationen der kapitalistischen Produktionsweise, alle ihre Freiheitsil-lusionen, alle apologetischen Flausen der Vulgärökonomie.]

79 *Capital,* 1, in Karl Marx-Friedrich Engels, *Werke* 23, p. 87.[Den letzteren erscheinen daher die gesellschaftlichen Beziehungen ihrer Privatarbeiten als das, was sie sind, d.h. nicht als unmittelbar gesellschaftliche Verhältnisse der Personen in ihren Arbeiten selbst, sondern vielmehr als sachliche Verhältnisse der Personen und gesellschaftliche Verhältnisse der Sachen.]

80 Karl Marx, *Grundrisse der Kritik der politischen Ökonomie,* in Karl Marx-Friedrich Engels, *Werke,* Vol. 42 (Berlin, GDR: Dietz, 1976), p. 166.[In sich selbst betrachtet, ist sie die Vermittlung vorausgesetzter Extreme. Aber sie setzt diese Extreme nicht. Muß also doch nicht nur in jedem ihrer Momente, sondern als Ganzes der Vermittlung, als totaler Prozeß selbst vermittelt sein. Ihr unmittelbares Sein ist daher reiner Schein. Sie ist das Phänomen eines hinter ihr vorgehenden *Prozesses.*]

81 Hegel, *Lectures on the History of Philosophy* I, *Werke* 18, p. 41.

82 Karl Marx and Friedrich Engels, *The Holy Family,* in Karl Marx-Friedrich Engels, *Werke,* Vol. 2 (Berlin, GDR: Dietz, 1976), p. 37.[weil der Mensch in ihm sich selbst verloren, aber zugleich nicht nur das theoretische Bewußtsein dieses Verlustes gewonnen hat, sondern auch unmittelbar durch die nicht mehr abzuweisende, nicht mehr zu beschö-nigende, absolut gebieterische *Not*—den praktischen Ausdruck der *Notwendigkeit*—zur Empörung gegen diese Unmenschlichkeit gezwungen ist, darum kann und muß das Proletariat sich selbst befreien.]

83 Marx, *The Class Struggles in France,* in Karl Marx-Friedrich Engels, *Werke,* Vol. 7 (Berlin, GDR: Dietz, 1976), p. 79. Part III, "Consequences of June 13, 1849"[Das jetzige Geschlecht gleicht den Juden, die Moses durch die Wüste

führt. Es hat nicht nur eine neue Welt zu erobern, es muß untergehen, um den Menschen Platz zu machen, die einer neuen Welt gewachsen sind.]

84 Engels, *Anti-Dühring,* in Karl Marx-Friedrich Engels, *Werke,* Vol. 20 (Berlin, GDR: Dietz, 1976), p. 265. [Ihre geschichtlichen Bedingungen und damit ihre Natur selbst zu ergründen, und so der zur Aktion berufenen, heute unterdrückten Klasse die Bedingungen und die Natur ihrer eignen Aktion zum Bewußtsein zu bringen, ist die Aufgabe des theoretischen Ausdrucks der proletarischen Bewegung, des wissenschaftlichen Sozialismus.]

85 Marx, "Theses on Feuerbach", in Karl Marx-Friedrich Engels, *Werke,* Vol. 3 (Berlin, GDR: Dietz, 1976), p. 5. [Die materialistische Lehre von der Veränderung der Umstände und der Erziehung vergißt, daß die Umstände von den menschen verändert und der Erzieher selbst erzogen werden muß. Sie muß daher die Gesellschaft in zwei Teile—von denen der eine über ihr erhaben ist—sondieren.]

86 Adorno, *Negative Dialektik,* p. 354.

87 Adorno, *Negative Dialektik,* p. 354.

88 参阅：J. Schmidt, "Cabbage Heads and Gulps of Water: Hegel on the Terror", *Political Theory* 26, no. 1 (1998), 1–32。

89 Nietzsche, "The Greek State" ("*Der griechische Staat*"), in *Werke in 3 Bänden* (Munich: Hanser, 1954), pp. 281–83，强调为原文所示，下划线为我要强调之处。[Angesichts der politischen Welt der Hellenen will ich nicht verbergen, in welchen Erscheinungen der Gegenwart ich gefährliche, für Kunst und Gesellschaft gleich bedenkliche Verkümmerungen der politischen Sphäre zu erkennen glaube. Wenn es Menschen geben sollte, die durch Geburt gleichsam außerhalb der Volks-und Staatseninstinkte gestellt sind, die somit den Staat nur soweit gelten zu lassen haben, als sie ihn in ihrem eigenen Interesse begreifen: so werden derartige Menschen notwendig als das letzte staatliche Ziel sich das möglichst ungestörte Nebeneinanderleben großer politischer Gemeinsamkeiten vorstellen, in denen den eigenen Absichten nachzugehen *ihnen* vor allen ohne Beschränkung erlaubt sein dürfte. Mit dieser Vorstellung im Kopfe werden sie

*die* Politik fördern, die diesen Absichten die größte Sicherheit bietet, während es undenkbar ist, daß sie gegen ihre Absichten, etwa durch einen unbewußten Instinkt geleitet, der Staatstendenz sich zum Opfer bringen sollten, undenkbar, weil sie eben jenes Instinktes ermangeln. Alle anderen Bürger des Staates sind über das, was die Natur mit ihrem Staatsinstinkte bei ihnen beabsichtigt, im Dunkeln und folgen blindlings; nur jene außerhalb dieses Instinktes Stehenden wissen, was *sie* vom Staate wollen und was ihnen der Staat gewähren soll. Deshalb ist es geradezu unvermeidlich, daß solche Menschen einen großen Einfluß auf den Staat gewinnen, weil sie ihn als *Mittel* betrachten dürfen, während alle anderen unter der Macht jener unbewußten Absichten des Staates selbst nur Mittel des Staatszwecks sind. Um nun, durch das Mittel des Staates, höchste Förderung ihrer eigennützigen[282] Ziele zu erreichen, ist vor allem nötig, daß der Staat von jenen schrecklich unberechenbaren Kriegszuckungen gänzlich befreit werde, damit er rationell benutzt werden könne; und damit streben sie, so bewußt als möglich, einen Zustand an, in dem der Krieg eine Unmöglichkeit ist. Hierzu gilt es nun zuerst die politischen Sondertriebe möglichst zu beschneiden und abzuschwächen und durch Herstellung großer *gleichwiegender* Staatenkörper und gegenseitiger Sicherstellung derselben den günstigen Erfolg eines Angriffskriegs und damit den Krieg überhaupt zur größten Unwahrscheinlichkeit zu machen: wie sie andererseits die Frage über Krieg und Frieden der Entscheidung einzelner Machthaber zu entreißen suchen, um vielmehr an den Egoismus der Masse oder deren Vertreter appellieren zu können: wozu sie wiederum nötig haben, die monarchischen Instinkte der Völker langsam aufzulösen. Diesem Zwecke entsprechen sie durch die allgemeinste Verbreitung der liberal-optimistischen Weltbetrachtung, welche ihre Wurzeln in den Lehren der französischen Aufklärung und Revolution, das heißt in einer gänzlich ungermanischen, echt romanisch flachen und unmetaphysischen Philosophie hat. Ich kann nicht umhin, in der gegenwärtig herrschenden Nationalitätenbewegung und der gleichzeitigen Verbreitung des allgemeinen Stimmrechts vor allem die Wirkungen der *Kriegsfurcht* zu sehen, ja im Hintergrund dieser Bewegungen, als die eigentlich Fürchtenden, jene wahrhaft internationalen heimatlosen Geldeinsiedler zu erblicken, die, bei ihrem natürlichen Mangel des staatlichen Instinktes, es gelernt haben, die Politik zum Mittel der Börse, und Staat und Gesellschaft als Bereicherungsapparate ihrer selbst zu mißbrauchen. Gegen die von dieser Seite zu befürchtende Ablenkung der Staatstendenz zur Geldtendenz ist das einzige Gegenmittel der Krieg und wiederum der Krieg: in dessen Erregungen wenigstens doch so viel klar wird, daß der Staat nicht auf der Furcht vor dem Kriegsdämon, als Schutzanstalt egoistischer Einzelner, gegründet ist, sondern in Vaterlands-und Fürstenliebe einen ethischen Schwung aus sich erzeugt, der auf eine viel höhere Bestimmung hinweist. Wenn ich also als gefährliches Charakteristikum der politischen Gegenwart die Verwendung der Revolutionsgedanken im Dienste einer eigensüchtigen staatslosen Geldaristokratie bezeichne, wenn ich die ungeheure Verbreitung des liberalen Optimismus zugleich als Resultat der in sonderbare Hände geratenen modernen Geldwirtschaft begreife und alle Übel der sozialen Zustände, samt dem notwendigen Verfall der Künste, entweder aus jener Wurzel entkeimt oder mit ihr verwachsen sehe: so wird man mir einen gelegentlich anzustimmenden Päan auf den Krieg zugute halten müssen.]

90 Jeremy Waldron, *One Another's Equals: The Basis of Human Equality* (Cambridge, MA: Harvard University Press, 2017), p. 255.

91 Mill, *Three Essays on Religion,* p. 107.

92 George Orwell, *The Collected Essays, Journalism and Letters of George Orwell,* Vol. 1 (Harmondsworth: Penguin, 1968), p. 414.

# 后记

1 参阅：I. Berlin, "The Counter-Enlightenment", in P. Wiener (ed.), *Dictionary of the History of Ideas* (New York: Charles Scribner, 1973)。

2 M. Puder, *Kant: Stringenz und Ausdruck* (Freiburg: Rombach, 1974), p. 7.

3 A. Ryan, "Isaiah Berlin: A Biographical Memoir", *Proceedings of the British Academy* 130 (2005), 14.

4 Ryan, "Isaiah Berlin: A Biographical Memoir", p. 14.

5 Thus Ryan writes: "Berlin thought there was a plurality of genuine goods." Ryan, "Isaiah Berlin: A Biographical Memoir", p. 17.

6 Kant, *The Metaphysics of Morals*, Ak. 6:224.

7 "……当义务被正确地视为一种道德考量时，我们需要了解义务是什么。这种叙述将有助于引导我们摆脱德性所倚重的道德义务概念，最终彻底脱离德性理论。" B. Williams, *Ethics and the Limits of Philosophy,* p. 182.

8 B. Williams, *Ethics and the Limits of Philosophy,* pp. 182–91.

9 "一旦我们不再相信康德自己的奠基或类似的东西，我们就不能以这种方式解读这种经验（'敬畏法则'）。这是实践必然性的结论，不多也不少，而且它似乎是'来自外部'的，就像实践必然性结论似乎总是来自外部——来自内心至深处一样。" B. Williams, *Ethics and the Limits of Philosophy,* p. 191.

10 T. W. Adorno, *Minima Moralia* (Frankfurt am Main: Suhrkamp, 1975), p. 42.

11 Charles Taylor, "What's Wrong with Negative Liberty?", in A. Ryan (ed.), *The Idea of Freedom: Essays in Honour of Isaiah Berlin* (Oxford: Oxford University Press, 1979).

# 致谢

1 "Freedom in History", in G. Hindrichs and A. Honneth (eds.), *Freiheit: Stuttgarter Hegel-Kongress 2011* (Frankfurt am Main: Klostermann, 2013), pp. 535–51; "*Die Weltgeschichte ist das Weltgericht*", in F. Rush (ed.), *10. Internationales Jahrbuch des deutschen Ide-alismus* (Berlin: De Gruyter, 2014), pp. 256–72; "Beyond Naturalism: On Ronald Dworkin" (review of Ronald Dworkin, *Religion without God*), *The Nation,* 4 March 2014; "Whatever Happened to the Ontic Logos?", in D. M. Weinstock, J. T. Levy and J. Ma-clure (eds.), *Interpreting Modernity* (Montreal: McGill-Queen's University Press, 2020).

# 参考文献

Abrams, M. H., *The Mirror and the Lamp* (Oxford: Oxford University Press, 1953).

Adorno, T. W., *Minima Moralia* (Frankfurt am Main: Suhrkamp, 1975).

Adorno, T. W., *Negative Dialektik* (Frankfurt am Main: Suhrkamp, 1975).

Adorno, T. W., *Zur Lehre von der Geschichte und von der Freiheit* (1964/65) (Frankfurt am Main: Suhrkamp, 2001).

Arendt, Hannah, "Postscriptum to Thinking", in *Lectures on Kant's Political Philosophy* (Chicago: University of Chicago Press, 1982).

Ayer, A. J., "Freedom and Necessity", in *Philosophical Essays* (London: Macmillan, 1954).

Bacon, Francis, *The Advancement of Learning* (London: Cassell, 1893).

Barth, Karl, *Protestant Theology in the Nineteenth Century* ( Grand Rapids: Eerdman, 2002).

Baum, W., "Der Klagenfurter Herbert-Kreis zwischen Aufklärung und Romantik", *Revue Internationale de Philosophie* 50, no. 197 (3) (1996), 483–514.

Beck, L. W., "Kant's Two Conceptions of the Will in Their Political Context", in *Studies in the Philosophy of Kant* (Indianapolis: Bobbs-Merrill, 1965).

Becker, Carl, *The Heavenly City of the Eighteenth-Century Philosophers* (New Haven, CT: Yale University Press, 1932).

Beckett, Samuel, "ainsi a-t-on beau", in *Collected Poems in English and French* (New York: Grove Press, 1977).

Beiser, Frederick, *Enlightenment, Revolution and Romanticism* (Cambridge, MA: Harvard University Press, 1992).

Benjamin, Walter, *Briefe*, Vol. 1 (Frankfurt am Main: Suhrkamp, 1978).

Benjamin, Walter, "Unbekannte Anekdoten aus Kants Leben", in *Gesammelte Schriften*, Vol. 4 (Frankfurt am Main: Suhrkamp, 1976).

Bentham, Jeremy, *Introduction to the Princi ples of Morals and Legislation* (New York: Hafner Press, 1948).

Berger, W., and T. Macho (eds.), *Kant als Liebesratgeber: Eine Klagenfurter Episode* (Vienna: Verlag des Verbandes der wissenschaftlichen Gesellschaften Österreichs, 1989).

Berlin, Isaiah, "The Counter-Enlightenment", in P. Wiener (ed.), *Dictionary of the History of Ideas* (New York: Charles Scribner, 1973).

Berlin, Isaiah, *Russian Thinkers* (London: Penguin, 1994).

Blumenberg, Hans, *The Legitimacy of the Modern Age* (Cambridge, MA: MIT Press, 1985).

Blumenberg, Hans, *Schiffbruch mit Zuschauer* (Frankfurt am Main: Suhrkamp, 1979).

Bradley, F. H., *Ethical Studies* (Oxford: Oxford University Press, 1988).

Breazeale, Daniel, "Editor's Introduction", in D. Breazeale (ed.), *Fichte: Early Philosophical Writings* (Ithaca, NY: Cornell University Press, 1993).

Broad, C. D., *Five Types of Ethical Theory* (London: Kegan Paul, 1930).

Buck-Morss, Susan, *Hegel, Haiti and Universal History* (Pittsburgh: University of Pittsburgh Press, 2009).

Burckhardt, Jacob, *Die Kultur der Renaissance in Italien* (Basel: Schweighauser, 1860).

Burke, Edmund, *Reflections on the Revolution in France* (Indianapolis: Liberty Fund, 1999).

Caird, Edward, *The Critical Philosophy of Immanuel Kant* (New York: Macmillan,

1889).

Cohen, G. A., "Complete Bullshit", in *Finding Oneself in the Other* (Prince ton, NJ: Prince ton University Press, 2012).

Cohen, G. A., *If You're an Egalitarian How Come You're So Rich?* (Cambridge, MA: Harvard University Press, 2001).

Cohen, G. A., *Karl Marx's Theory of History: A Defence* (Oxford: Oxford University Press, 1978).

Cohen, G. A., "Reason, Humanity and the Moral Law", in C. Korsgaard, *The Sources of Normativity* (Cambridge: Cambridge University Press, 1996).

Cohen, G. A., *Rescuing Justice and Equality* (Cambridge, MA: Harvard University Press, 2008).

Coleridge, S. T., *Anima Poetae: From the Unpublished Note-books of Samuel Taylor Coleridge* (London: William Heinemann, 1845).

Cruft, R., S. M. Liao and M. Renzo (eds.), *Philosophical Foundations of Human Rights* (Oxford: Oxford University Press, 2015).

Della Rocca, Michael, "The Taming of Philosophy", in M. Lærke, J. E. H. Smith and E. Schliesser (eds.), *Philosophy and Its History: Aims and Methods in the Study of Early Modern Philosophy* (Oxford: Oxford University Press, 2013).

Dennett, Daniel, *Elbow Room: The Varieties of Free Will Worth Wanting* (Oxford: Oxford University Press, 1984).

Descartes, Rene, *Principles of Philosophy*, in *The Philosophical Writings of Descartes*, Vol. 1 (Cambridge: Cambridge University Press, 1985).

Dickey, Laurence, *Hegel: Religion, Economics and the Politics of Spirit, 1770–1807* (Cambridge: Cambridge University Press, 1987).

Diderot, Denis, and Étienne Falconet, *Le Pour et le Contre* (Paris: Éditeurs Français Réunis, 1958).

Dixon, Thomas, *The Invention of Altruism* (Oxford: Oxford University Press, 2008).

Dreyfus, Hubert, and Sean Dorrance Kelly, *All Things Shining* (New York: The Free Press, 2011).

Drury, M. O'C., "Conversations with Wittgenstein", in Rush Rhees (ed.), *Recollections of Wittgenstein* (Oxford: Oxford University Press, 1984).

Dummett, Michael, "Can Analytical Philosophy Be Systematic, and Ought It to Be?", in *Truth and Other Enigmas* (London: Duckworth, 1978).

Duncan, A. R. C., *Practical Reason and Morality* (Edinburgh: Nelson, 1957).

Dworkin, Ronald, *Religion without God* (Cambridge, MA: Harvard University Press, 2013).

Eliot, George, "The Natural History of German Life", in *The Essays of George Eliot* (New York: Funk and Wagnalls, 1883).

Eliot, George, *O May I Join the Choir Invisible!* (New York: D. Lothrop, 1884).

Erhard, J. B., *Denkwürdigkeiten des Philosophen und Arztes Johann Benjamin Erhard*, ed. K. A. Varnhagen von Ense (Stuttgart: Cotta, 1830).

Fackenheim, Emil, *The Religious Dimension in Hegel's Thought* (Chicago: University of Chicago Press, 1982).

Falk, J. D., *Goethe aus näherm persönlichen Umgange dargestellt* (Leipzig: Brockhaus, 1856).

Fanon, Frantz, *The Wretched of the Earth* (Harmondsworth: Penguin, 1973).

Feuerbach, L., *Gedanken über Tod und Unsterblichkeit aus dem Papieren eines Denkers, nebst einem Anhang theologisch-satyrischer Xenien, herausgegeben von seiner Freunde* (Nürnberg: J. A. Stein, 1830).

Fichte, J. G., *Lectures on Logic and Metaphysics (Logik und Metaphysik nach Platners philosoph. Aphorismen)*, in *Gesamtausgabe der Bayerischen Akademie der Wissenschaften*, Vol. 3 (Munich: Frommann-Holzboog, 1962–2012).

Fichte, J. G., Letter to Karl Leonhard Reinhold, 8 January 1800, in H. Schulz (ed.), *Briefwechsel* (Leipzig, 1925).

Fichte, J. G., "Outline of the Distinctive Character of the *Wissenschaftslehre*", in D. Breazeale (ed.), *Early Philosophical Writings* (Ithaca, NY: Cornell University Press, 1988).

Fichte, J. G., *Reden an die deutsche Nation* (Hamburg: Felix Meiner, 2008).

Fichte, J. G., "Review of *Aenesidemus*", in D. Breazeale (ed.), *Early Philosophical*

*Writings* (Ithaca, NY: Cornell University Press, 1988).

Fichte, J. G., "Some Lectures Concerning the Scholar's Vocation", in D. Breazeale (ed.), *Early Philosophical Writings* (Ithaca, NY: Cornell University Press, 1988).

Forberg, Friedrich Karl, "*Entwickelung des Begriffs der Religion*", in W. Röhr (ed.), *Appellation an das Publikum* (Leipzig: Reclam, 1987).

Forst, Rainer, "Noumenal Alienation: Rousseau, Kant and Marx on the Dialectics of Self-Determination", *Kantian Review* 22, no. 4 (2017), 523–51.

Foucault, Michel, "Two Lectures," in C. Gordon (ed.), *Power / Knowledge* (Brighton: Harvester, 1980).

Frederick the Great, "Épitre XVIII. Au Maréchal Keith: Sur les vaines terreurs de la mort et les frayeurs d'une autre vie.", in *Œuvres de Frédéric le Grand: 10* (Berlin: Decker, 1856).

Freud, Sigmund, *Das Unbehagen in der Kultur* (Vienna: Internationaler Psychoanalytischer Verlag, 1930).

Frick, Johann, "Contractualism and Social Risk", *Philosophy & Public Affairs* 43, no. 3 (Summer 2015), 175–223.

Frühwald, W., "Die Auseinandersetzung um Schillers Gedicht Die Götter Griechenlandes", in *Jahrbuch der deutschen Schillergesellschaft*, 1969, 251–71.

Garber, Daniel, "What's Philosophical about the History of Philosophy?", in G. Rogers and T. Sorell (eds.), *Analytic Philosophy and History of Philosophy* (Oxford: Oxford University Press, 2005).

Gay, Peter, *The Party of Humanity* (New York: Norton, 1971).

Gombrich, E. H., *In Search of Cultural History* (Oxford: Oxford University Press, 1969).

Gordon, Peter E., *Metaphysics at the Moment of Its Fall: Secularization and Social Thought in the 20th Century* (Forthcoming).

Greene, T. M., "The Historical Context and Religious Significance of Kant's Religion", in I. Kant, *Religion within the Limits of Reason Alone* (New York: Harper, 1960).

Habermas, Jürgen, "Introduction", *Ratio Juris* 12, no. 4 (December 1999), 329–35.

Hardimon, Michael, *Hegel's Social Philosophy: The Project of Reconciliation* (Cambridge: Cambridge University Press, 1994).

Hare, R. M., "Nothing Matters", in *Applications of Moral Philosophy* (London: Macmillan, 1972).

Hegel, G. W. F., *Briefe von und an Hegel* (Hamburg: Felix Meiner, 1952).

Hegel, G. W. F., *Vorlesungen über die Philosophie der Religion: Band 3: Die vollendete Religion* (Hamburg: Felix Meiner, 1984).

Hegel, G. W. F., *Werke*, ed. K.-M. Michel and E. Moldenhauer, 20 Volumes (Frankfurt am Main: Suhrkamp, 1971).

Heidegger, Martin, *Sein und Zeit* (Tübingen: Max Niemeyer Verlag, 1967).

Heine, Heinrich, *Geständnisse*, in *Vermischte Schriften* (Hamburg: Hoffmann und Campe, 1854).

Heine, Heinrich, Introduction to *Kahldorf über den Adel, in Briefen an den Grafen M. von Moltke* (Nuremberg: Hoffman & Campe, 1831).

Heine, Heinrich, "Lutezia II: Berichte über Politik, Kunst und Volksleben LX", in *Sämtliche Werke*, Vol. 14, part 1 (Leipzig and Vienna: Bibliographisches Institut, 1898).

Heine, Heinrich, *On the History of Religion and Philosophy in Germany (Zur Geschichte der Religion und Philosophie in Deutschland)* (Halle: Otto Hendel, 1887).

Herder, J. G., *Another Philosophy of History (Auch eine Philosophie der Geschichte zur Bildung der Menschheit)*, *Werke* 4 (Frankfurt am Main: Deutscher Klassiker Verlag, 1989).

Herder, J. G., *Ideas for a Philosophy of the History of Mankind (Ideen zur Philosophie der Geschichte der Menschheit)*, *Werke* 6 (Frankfurt am Main: Deutscher Klassiker Verlag, 1989).

Herder, J. G., "On Human Immortality" ("Über die menschliche Unsterblichkeit: Eine Vorlesung"), in *Zerstreute Blätter: Vierte Sammlung* (Gotha: Carl Wilhelm Ettinger, 1792).

Herman, Barbara, *The Practice of Moral Judgment* (Cambridge, MA: Harvard University Press, 1993).

Hick, John, *Evil and the God of Love* (London: Macmillan, 1966).

Hilton, Boyd, *The Age of Atonement: The Influence of Evangelicalism on Social and Economic Thought, 1785–1865* (Oxford: Oxford University Press, 1986).

Hofstadter, Richard, "The Paranoid Style in American Politics", *Harper's Magazine* (November 1964).

Housman, A. E., *Letters*, ed. H. Maas (London: Hart-Davis, 1971).

Hume, David, "A Dialogue", in *Enquiries Concerning Human Understanding and Concerning the Principles of Morals* (Oxford: Oxford University Press, 1975).

Hume, David, *Dialogues Concerning Natural Religion* (London, 1779).

Hume, David, "Of the Academical or Sceptical Philosophy", in *Enquiries Concerning Human Understanding and Concerning the Principles of Morals* (Oxford: Oxford University Press, 1975).

Hume, David, *A Treatise of Human Nature* (Oxford: Oxford University Press, 1968).

Huxley, Aldous, *Those Barren Leaves* (London: Triad Books, 1978).

Huxley, T. H., "On Descartes' 'Discourse Touching the Method of Using One's Reason Rightly and of Seeking Scientific Truth' ", in *Collected Essays*, Vol. 1 (London: Macmillan, 1893–94).

Inglehart, R. F., and Pippa Norris, *Sacred and Secular: Religion and Politics Worldwide* (Cambridge: Cambridge University Press, 2004).

James, William, "The Will to Believe", in *The Will to Believe and Other Essays in Popular Philosophy* (New York: Dover, 1956).

James, William, *Writings 1902–1910* (New York: Library of Amer i ca, 1987).

Jamme, Cristoph, and Helmut Schneider, *The Oldest System-Programme of German Idealism* (Das "älteste Systemprogramm des deutschen Idealismus"), in C. Jamme and H. Schneider (eds.), *Mythologie der Vernunft* (Frankfurt am Main: Suhrkamp, 1984).

Jennings, Humphrey, *Pandaemonium: The Coming of the Machine as Seen by Contemporary Observers, 1660–1886* (New York: The Free Press, 1985).

Kant, Immanuel, *Briefwechsel* (Hamburg: Meiner, 1972).

Kant, Immanuel, *Kant's gesammelte Schriften* (Akademie-Ausgabe) (Berlin: Berlin-Brandenburgische Akademie der Wissenschaften, 1900–).

Kant, Immanuel, *Religion within the Limits of Reason Alone* (New York: Harper and Row, 1960).

Kelly, T. "Following the Argument Where It Leads", *Philosophical Studies* 154, no. 1 (2011), 105–24.

Korsgaard, Christine, *Creating the Kingdom of Ends* (Cambridge: Cambridge University Press, 1996).

Korsgaard, Christine, Editor's Preface to the *Groundwork to the Metaphysics of Morals*, (Cambridge: Cambridge University Press, 1997).

Korsgaard, Christine, "Morality as Freedom", in *Creating the Kingdom of Ends* (Cambridge: Cambridge University Press, 1996), 157–87.

Korsgaard, Christine, "Realism and Constructivism in Twentieth Century Moral Philosophy", *Journal of Philosophical Research* 28, supplement (2003), 99–122.

Korsgaard, Christine, *The Sources of Normativity* (Cambridge: Cambridge University Press, 1996).

Kroeber, A. L., and C. Kluckhohn, *Culture: A Critical Review of Concepts and Definitions. Papers of the Peabody Museum of Archaeology & Ethnology, Harvard University*, 1952.

Langton, Rae, "Duty and Desolation", *Philosophy* 67, no. 262 (October 1992), 481–505.

Leighton, Denys, *The Greenian Moment* (Charlottesville, VA: Imprint Academic, 2004).

Lovejoy, A. O., *The Great Chain of Being* (Cambridge, MA: Harvard University Press, 1936).

Macaulay, T. B., "Review of The Ecclesiastical and Po liti cal History of the Popes of Rome, during the Sixteenth and Seventeenth Centuries, by Leopold Ranke", in *Critical and Historical Essays Contributed to the Edinburgh Review*, Vol. 3 (London: Longmans, 1848).

MacDonald, George, *David Elginbrod* (London: Hurst and Blackett,1863).

MacIntyre, Alasdair, *After Virtue* (London: Duckworth, 1981).

MacIntyre, Alasdair, "The Relationship of Philosophy to Its Past", in R. Rorty, J. Schneewind, and Q. Skinner (eds.), *Philosophy in History* (Cambridge: Cambridge University Press, 1984).

Mann, Thomas, *Betrachtungen eines Unpolitischen* (Berlin: S. Fischer Verlag, 1920).

Mansbridge, Jane (ed.), *Beyond Self-Interest* (Chicago: Chicago University Press, 1990).

Manuel, Frank, *The Eighteenth Century Confronts the Gods* (Cambridge, MA: Harvard University Press, 1959).

Marx, Karl, and Friedrich Engels, *Werke*, 44 Volumes (Berlin: Dietz Verlag, 1976).

Mill, J. S., *An Examination of Sir William Hamilton's Philosophy*, in *The Collected Works of John Stuart Mill: Volume IX* (Cambridge: Cambridge University Press, 1981).

Mill, J. S., *Three Essays on Religion* (Amherst, NY: Prometheus Books, 1998).

Mill, J. S., *Utilitarianism, in Collected Works of John Stuart Mill: Volume X-Essays on Ethics, Religion and Society* (Toronto: University of Toronto Press, 1969).

Moore, G. E., *Principia Ethica* (Cambridge: Cambridge University Press, 1959).

Moyn, Samuel, *The Last Utopia* (Cambridge, MA: Harvard University Press, 2010).

Murdoch, Iris, *The Sovereignty of Good* (London: Routledge & Kegan Paul, 1970).

Nagel, Thomas, *Mortal Questions* (Cambridge: Cambridge University Press, 1979).

Nagel, Thomas, *The View from Nowhere* (Oxford: Oxford University Press, 1986).

Nechayev, Sergey, "Revolutionary Catechism", <http:// www . marxists . org / subject / anarchism / nechayev / catechism . htm> Retrieved 23.vii.2020.

Nietzsche, Friedrich, *Beyond Good and Evil* (Harmonds worth: Penguin, 1969).

Nietzsche, Friedrich, *The Birth of Tragedy* (New York: Vintage Books, 1967).

Nietzsche, Friedrich, Ecce Homo, in *On the Genealogy of Morals and Ecce Homo* (New York: Vintage Books, 1967).

Nietzsche, Friedrich, *The Gay Science* (New York: Vintage Books, 1974).

Nietzsche, Friedrich, *The Genealogy of Morals*, in *On the Genealogy of Morals and Ecce Homo* (New York: Vintage Books, 1967).

Nietzsche, Friedrich, "The Greek State" ("Der griechische Staat"), in *Werke in 3 Bänden* (Munich: Hanser, 1954).

Nietzsche, Friedrich, *Human, All Too Human (Menschliches Allzumenschliches)* (Munich: DTV, 1988).

Nisbet, H. B., "Lucretius in Eighteenth-Century Germany". *The Modern Language Review* 100 (2005), 115–33.

Nussbaum, Martha, "Judging Other Cultures: The Case of Genital Mutilation", in *Sex and Social Justice* (Oxford: Oxford University Press, 2000).

O'Neill, Onora (Nell), *Acting on Principle: An Essay on Kantian Ethics* (New York: Columbia University Press, 1975).

O'Neill, Onora, *Constructions of Reason* (Cambridge: Cambridge University Press, 1989).

Orwell, George, *The Collected Essays, Journalism and Letters of George Orwell* (Harmondsworth: Penguin, 1968).

Orwell, George, "Looking back on the Spanish War", in *The Collected Essays, Journalism and Letters of George Orwell*, Vol. 2 (Harmondsworth: Penguin, 1968).

Parfit, Derek, *On What Matters*, Vol. 1 (Oxford: Oxford University Press, 2011).

Parfit, Derek, *Reasons and Persons* (Oxford: Oxford University Press, 1984).

Pascal, *Pensées* (New York: E. P. Dutton, 1958).

Paton, H. J., *The Categorical Imperative* (London: Hutchinson, 1947).

Pinkard, Terry, *Does History Make Sense?* (Cambridge, MA: Harvard University Press, 2019).

Pinkard, Terry, "The Spirit of History", *Aeon*, 13 June 2019, <https:// aeon . co / essays / what-is-history-nobody-gave-a-deeper-answer-than-hegel> Retrieved 25.vi.2021.

Pinker, Steven, *Enlightenment Now: The Case for Reason, Science, Humanism and Progress* (London: Penguin, 2018).

Plant, Raymond, *Hegel* (Oxford: Blackwell, 1983).

Plato, *Complete Works*, ed. John M. Cooper (Indianapolis: Hackett, 1997).

Pope, Alexander, *An Essay on Man* (London: Cassell, 1891).

Priestley, J., *The Doctrine of Philosophical Necessity Illustrated* (London: J. Johnson, 1777).

Puder, Martin, *Kant: Stringenz und Ausdruck* (Freiburg: Rombach, 1974).

Putnam, Hilary, "Realism without Absolutes", *International Journal of Philosophical Studies* 1, no. 2 (2008), 179–92.

Ratzinger, Josef (Pope Benedict XVI), Papal Address at the University of Regensburg, "Three Stages in the Program of De-Hellenization", original version, 12 September 2006, <https:// zenit . org / articles / papal-address-at-university-of-regensburg / > Retrieved 10.xi.2017.

Rawls, John, "A Kantian Conception of Equality", in *Collected Papers* (Cambridge, MA: Harvard University Press, 1999).

Rawls, John, *Lectures on the History of Moral Philosophy* (Cambridge, MA: Harvard University Press, 2000).

Rawls, John, *Political Liberalism* (New York: Columbia University Press, 1993).

Rawls, John, "Themes in Kant's Moral Philosophy", in E. Förster (ed.), *Kant's Transcendental Deductions* (Stanford, CA: Stanford University Press, 1989).

Rawls, John, *A Theory of Justice* (Cambridge, MA: Harvard University Press, 1971).

Redding, Paul, "Georg Wilhelm Friedrich Hegel", in *The Stanford Encyclopedia of Philosophy*, <https:// plato . stanford . edu / archives / sum2018 / entries / hegel / > Retrieved 25.vi.2021.

Reeves, Richard, *John Stuart Mill: Victorian Firebrand* (New York: Atlantic Books, 1990).

Richter, F., *Die neue Unsterblichkeitslehehre. Gespräch einer Abendgesellschaft als Supplement zu Wielands Euthanasia* (Breslau: Georg Friedrich Aderholz, 1833).

Ritter, Joachim, Karlfried Gründer, and Gottfried Gabriel (eds.), *Historisches Wörterbuch der Philosophie* (Basel: Schwabe Verlag, 1971–2007).

Rodrik, Dani, "When Ideas Trump Interests". *Journal of Economic Perspectives* 28, no. 1 (Winter 2014), 189–208.

Röhr, W., (ed.), *Appellation an das Publikum* (Leipzig: Reclam, 1987).

Rosen, Michael, "Die Geschichte", in H. Sandkühler et al., *Handbuch Deutscher Idealismus* (Stuttgart: J. B. Metzler, 2005).

Rosen, Michael, *Dignity: Its History and Meaning* (Cambridge, MA: Harvard University Press, 2012).

Rosen, Michael, "Fortschritt", in H. J. Sandkühler (ed.), *Enzyklopädie Philosophie* (Hamburg: Felix Meiner, 2010).

Rosen, Michael, "From *Vorstellung* to Thought: Is a 'Non-metaphysical' View of Hegel Pos si ble?", in D. Henrich and R.-P. Horstmann (eds.), *Stuttgarter Hegel-kongress 1987: Metaphysik nach Kant?* (Stuttgart: Klett-Cotta, 1988).

Rosen, Michael, *Hegel's Dialectic and Its Criticism* (Cambridge: Cambridge University Press, 1982).

Rosen, Michael, "The History of Philosophy as Philosophy", in M. Rosen and B. Leiter (eds.), *The Oxford Handbook of Continental Philosophy* (Oxford: Oxford University Press, 2007).

Rosen, Michael, "The Marxist Critique of Morality and the Theory of Ideology", in E. Harcourt (ed.) *Morality, Reflection and Ideology* (Oxford: Oxford University Press, 2000).

Rosen, Michael, "Modernism and the Two Traditions in Philosophy", in D. Bell and W. Vossenkuhl (eds.), *Science and Subjectivity* (Berlin: Akademie Verlag, 1992).

Rosen, Michael, *On Voluntary Servitude: False Consciousness and the Theory of Ideology* (Cambridge: Polity Press and Cambridge, MA: Harvard University Press, 1996).

Rousseau, Jean-Jacques, *Émile*, in *Œuvres complètes de J.-J. Rousseau,* Vol. 2 (Paris: A. Houssiaux, 1852–53).

Rousseau, Jean-Jacques, *Letter to D'Alembert (Lettre à d'Alembert)*, in *Collection complète des œuvres de J. J. Rousseau* (Geneva: 1782–89).

Rousseau, Jean-Jacques, *The Social Contract* (Du Contrat Social) (Paris: Garnier-Flammarion, 1966).

Russell, Bertrand, *My Philosophical Development* (London: Allen and Unwin, 1959).

Russell, Bertrand, *Mysticism and Logic* (London: George Allen and Unwin, 1959).

Ryan, Alan, "Isaiah Berlin: A Biographical Memoir", *Proceedings of the British Academy* 130 (2005), 3–20.

Saint-Just, Louis Antoine de, "Fragments sur les institutions républicaines", in *Oeuvres Complètes de Saint-Just,* ed. Vellay, Vol. 2 (Paris: Charpentier et Fasquelle, 1908).

Sandel, Michael, "Introduction", in M. Sandel (ed.), *Liberalism and Its Critics* (Oxford: Basil Blackwell, 1984).

Scheffler, Samuel, *Death and the Afterlife* (Oxford: Oxford University Press, 2013).

Schelling, F. W. J., *On the Essence of Human Freedom (Philosophische Untersuchungen über das Wesen der menschlichen Freiheit und die damit zusammenhängenden Gegenständen)* (Frankfurt am Main: Suhrkamp, 1977).

Schiller, Friedrich, "Die Götter Griechenlands", in C. M. Wieland (ed.), *Der Deutsche Merkur* (1788).

Schiller, Friedrich, *Letters on the Aesthetic Education of Man (Briefe über die ästhetische Erziehung des Menschen)* (Oxford: Oxford University Press, 1967).

Schiller, Friedrich, *On Grace and Dignity (Über Anmut und Würde) in Kallias oder über die Schönheit. Über Anmut und Würde* (Ditzingen: Reclam, 1971).

Schiller, Friedrich, "Resignation: Eine Phantasie", *Thalia* (1786).

Schiller, Friedrich, *Schiller's Poems and Plays* (London: George Routledge, 1889).

Schiller, Friedrich, *Schillers Werke Nationalausgabe: Erster Band, Gedichte: in der reihenfolge ihres Erscheinens, 1776–1799* (Weimar: Hermann Böhlaus Nachfolger, 1943).

Schiller, Friedrich, *Schiller's Works*, Vol. 1, ed. J. G. Fischer (Philadelphia: George Barrie, 1883).

Schleiermacher, Friedrich, *On Religion: Speeches to Its Cultured Despisers (Über die Religion: Reden an die Gebildeten Unter Ihren Verächtern)* (London: Kegan

Paul, 1893).

Schmidt, James, "Cabbage Heads and Gulps of Water: Hegel on the Terror", *Political Theory* 26, no. 1 (1998), 1–32.

Schmitt, Carl, *Politische Theologie: Vier Kapitel zur Lehre von der Souveränität* (Berlin: Duncker & Humblot, 2015).

Schopenhauer, Arthur, *On the Basis of Morality* (Indianapolis: Hackett, 1995).

Schneewind, J. B., *The Invention of Autonomy* (Cambridge: Cambridge University Press, 1998).

Schneewind, J. B., "Kant and Natural Law Ethics", *Ethics* 104, no. 1 (Oct., 1993), 53–74.

Scott, James C., *Domination and the Arts of Resistance* (New Haven, CT: Yale University Press, 1990).

Scruton, Roger, *Kant* (Oxford: Oxford University Press, 1982).

Scruton, Roger, "Memo to Hawking: There Is Still Room for God", *Wall Street Journal* (24 September 2010).

Sen, Amartya, "Rational Fools", *Philosophy & Public Affairs* 6, no. 4 (Summer 1977), 317–44.

Shelley, Mary, *The Last Man* (Ware: Words Worth, 2004).

Sidgwick, Henry, *Lectures on the Ethics of T. H. Green, Mr. Herbert Spencer, and J. Martineau* (London: Macmillan, 1902).

Silber, J. R., "The Ethical Significance of Kant's Religion", in I. Kant, *Religion within the Limits of Reason Alone*, trans. by T. M. Greene and H. H. Hudson (New York: Harper and Row, 1960).

Singer, Peter, "Famine, Affluence and Morality", *Philosophy and Public Affairs* 1, no. 3 (Spring 1972), 229–43.

Skinner, Quentin, "Language and Social Change", in James Tully (ed.), *Meaning and Context: Quentin Skinner and His Critics* (Prince ton, NJ: Princeton University Press, 1989).

Skinner, Quentin, "Moral Principles and Social Change", in *Visions of Politics,* Vol. 1 (Cambridge: Cambridge University Press, 2002).

Skinner, Quentin, "Motives, Intentions and Interpretation", in *Visions of Politics*, Vol. 1 (Cambridge: Cambridge University Press, 2002).

Skinner, Quentin, "Retrospect: Studying Rhetoric and Conceptual Change", in *Visions of Politics*, Vol. 1 (Cambridge: Cambridge University Press, 2002).

Skinner, Quentin, "Some Problems in the Analysis of Political Thought and Action", in James Tully (ed.), *Meaning and Context: Quentin Skinner and His Critics* (Princeton, NJ: Prince ton University Press, 1989).

Smith, Adam, *The Wealth of Nations* (Chicago: University of Chicago Press, 1976).

Spinoza, Baruch, Letter to Schuller, October 1674, in *The Correspondence of Spinoza* (London: Frank Cass, 1966).

St Augustine, *City of God* (Harmonds worth: Penguin, 1972).

Stirling, J. H., *The Secret of Hegel* (London: Longman and Green, 1865).

Storm, Theodor, "Knecht Ruprecht", <https:// weihnachten . tagesspiegel . de / knecht-ruprecht-von-theodor-storm / > Retrieved 25.vi.2021.

Strawson, P. F., *The Bounds of Sense* (London: Methuen, 1966).

Strawson, P. F., "Freedom and Resentment", in *Freedom and Resentment and Other Essays* (London: Methuen, 1974).

Taylor, Charles, *Hegel* (Cambridge: Cambridge University Press, 1976).

Taylor, Charles, *Modern Social Imaginaries* (Durham, NC: Duke University Press, 2004).

Taylor, Charles, *A Secular Age* (Cambridge, MA: Harvard University Press, 2007).

Taylor, Charles, *Sources of the Self* (Cambridge, MA: Harvard University Press, 1989).

Taylor, Charles, "What's Wrong with Negative Liberty?", in A. Ryan (ed.), *The Idea of Freedom: Essays in Honour of Isaiah Berlin* (Oxford: Oxford University Press, 1979).

Thompson, E. P., *The Making of the English Working Class* (Harmonds Worth: Penguin, 1968).

Thoreau, H. D., *Walden* (Boston: Ticknor and Fields, 1854).

Trotsky, Leon, *I Stake My Life!* (New York: Pioneer Publishers, 1950).

Tully, James (ed.), *Meaning and Context: Quentin Skinner and His Critics* (Princeton, NJ: Princeton University Press, 1989).

Turner, Bryan, Nicholas Abercrombie, and Stephen Hill, *The Dominant Ideology Thesis* (London: George Allen and Unwin, 1980).

Voltaire, *La Philosophie de l'histoire* (Paris, 1765).

Waldron, Jeremy, *One Another's Equals: The Basis of Human Equality* (Cambridge, MA: Harvard University Press, 2017).

Weber, Max, "Wissenschaft als Beruf" (München und Leipzig: Duncker & Humblot, 1919).

Whitman, Walt, "Oh Me! Oh Life!", in *Leaves of Grass* (The Floating Press, 2009).

Williams, Bernard, *Descartes: The Project of Pure Enquiry* (Harmondsworth: Penguin, 1978).

Williams, Bernard, *Ethics and the Limits of Philosophy* (London: Fontana, 1985).

Williams, T. C., *The Concept of the Categorical Imperative* (Oxford: Oxford University Press, 1968).

Wilm, E. C., "The Kantian Studies of Schiller", *Journal of English and Germanic Philology* 7, no. 2 (April 1908), 126–33.

Wolff, Jonathan, "Academic Writing", *The Guardian* (4 September 2007).

Wood, Allen, "Hegel's Ethics", in F. Beiser (ed.), *The Cambridge Companion to Hegel* (Cambridge: Cambridge University Press, 1993).

Wood, Allen, *Kantian Ethics* (Cambridge: Cambridge University Press, 2008).

Wood, Allen, *Kant's Ethical Thought* (Cambridge: Cambridge University Press, 1999).

Wood, Allen, *Kant's Moral Religion* (Ithaca, NY: Cornell University Press, 1970).

Wood, Allen, *Kant's Rational Theology* (Ithaca, NY: Cornell University Press, 1978).

Zöller, Günter, "Die Bestimmung der Bestimmung des Menschen bei Mendelssohn und Kant", in V. Gerhardt, R.-P. Horstmann, and R. Schumacher (eds.), *Kant und die Berliner Aufklärung: Akten des IX. Internationalen Kant-Kongresses* (Berlin: de Gruyter, 2001).

# 索 引

索引中的页码为本书边码

Abrams, M.H., M. H. 艾布拉姆斯, 18
Absolute, 绝对, 39, 131, 198, 236, 259. 亦可参阅：Geist（精神）
absolute subject, 绝对主体, 166, 168, 181
absolute value, 绝对价值, 133, 134, 138, 139, 205, 227
Acceptance Problem, 接受问题, 28–32, 33, 35–36, 41
*Acting on Principle*(O'Neill),《按原则行事》（奥尼尔）, 104, 105
Actions, 行为: 由我们的性格决定的 determined by our characters, 77, 81; 描述 explanations for 81–82; 被视为一系列表象的始因 as initiating series of appearances, 82–84; 先验唯心主义的观点 transcendental idealist view of, 80–81
*Addresses to the German Nation (Reden an die deutsche Nation)* (Fichte),《对德意志民族的演讲》（费希特）, 168, 234, 269
Adorno, Theodor, 西奥多·阿多诺, 19, 311–312; 论奥斯维辛集中营 on Auschwitz, 20, 303, 307; 与黑格尔的比照 Hegel and, 310–311; 将奥斯维辛比作里斯本地震 on Lisbon Earthquake and Auschwitz, 303; 论多元主义 on pluralism, 314
Afterlife, 来世. 参阅: personal immortality（个人不朽）
*After Virtue*(MacIntyre),《追寻美德》（麦金泰尔）, 106
agency 能动性: 与巴特勒主教的报应主义 Butler's retributivism and, 296; 与因果性 causality and, 89; 属神的 divine, 99; 与信念 doxa and, 248; 与罪恶 evil and, 55; 费希特之论 Fichte on, 97–98; 德国唯心主义者之论 German Idealists on, 97, 99; 与黑格尔的关联 Hegel and, 100, 227, 251; 与人权的相关性 human rights and, 257; 康德之论 Kant on, 70–71, 84, 131, 237, 248–249, 298; 与康德道德理论的关联 Kant's moral theory and, 108, 140,

206, 257; 与里斯本地震的相关性 Lisbon Earthquake and, 20; 被视为在客观上是有价值的 as objectively valuable, 132; 平卡德之论 Pinkard on, 357n96; 与神正论问题的关联 problem of theodicy and, 22; 与责任的相关性 responsibility and, 141; 与斯宾诺莎主义的关联 Spinozism and, 70; 与各种系统性的关联 systematic connections and, 81; 与价值的关联 value and, 267

*Age of Atonement* (The Hilton),《赎罪时代》（希尔顿）, 65, 295

alienation, 异化, 191–194; 任性的 of arbitrariness, 23–24, 194, 202–203, 216, 249, 254, 256–257, 258, 290; 非人格的 of impersonality, 194, 203, 216, 232, 249, 256, 257, 258; 与康德主义的关联 Kantianism and, 232, 360n25; 孤独的 of loneliness, 232, 254, 290; 与马克思的关联 Marx and, 254; 默多克之论 Murdoch on, 192; 默多克论康德主义与异化 Murdoch on Kantianism and, 192, 194; 与透明性的关联 transparency and, 255

*Analogy of Religion*(Butler),《宗教的类比》巴特勒, 295–296, 古代世界 ancient world, 60, 244, 262; 赫尔德之论 Herder on, 158–159; 希腊城邦的有机性质 polyp-nature of Greek states in, 169–170; 关于惩罚与正义 on retribution and justice, 57–58; 古罗马历史不朽观念 Roman idea of historical immortality in, 229; 与奴隶制的关联 slavery and, 233, 250, 291. 亦可参阅:Rome（罗马）、Stoicism（斯多亚主义）

Another Philosophy of History for the Education of Mankind (*Auch eine Philosophie der Geschichte zur Bildung der Menschheit*)(Herder),《关于人类教育的另一种历史哲学》（赫尔德）, 156

Anscombe, Elizabeth, 伊丽莎白·安斯科姆, 108–109, 217

anthropocentric ethics, 人类中心主义伦理学, 49, 51, 59, 107, 174

anti-hedonism, of Kant, 康德的反享乐主义, 55

anti-semitism, 反犹主义, 304–306

Apollonianism, 日神主义, 43, 191, 206, 223, 232

appearances, 表象: 行动作为一系列表象的始因 actions as initiating a series of, 82–84; 与物自体之间的区别 distinction between things in themselves and, 68, 72, 77; 与先验唯心主义的关联 transcendental idealism and, 72, 76, 77, 80

a priori, 先验: 与康德哲学 Kantian philosophy and, 241; 知识 knowledge, 242; 对我们有约束力的法则 law(s) binding us, 86, 103; 理性直觉主义 rational intuitionism and, 60; 可认识的现实 reality knowable, 173; 综合 synthetic, 60, 96, 241

arbitrariness, 任性, 23; 与异化 alienation and, 194, 202–203, 216, 249, 254, 256–257, 258, 290; 与神圣自由 divine freedom and, 93; 与自由 freedom and, 249; 自由作为对任性的克服 freedom as overcoming of, 23–24; 与唯心主义者的自由概念 Idealist conception of freedom and, 88–89; 自由意志主义 libertarianism, 88; 任性的含义 meaning of, 88; 对任性的反对 opposition to, 202; 与任性 *Willkür* and, 91, 100

Arnold, Matthew, 马修·阿诺德, 4, 287,

292–293

art, 艺术, 18, 44, 47, 261–263, 307

atheism, 无神论, 70, 163, 201

*Atheismusstreit* (dispute over atheism), 无神论之争, 163

Auden, W. H., 威斯坦·休·奥登, 283–284

*Aufhebung* (elevation, preservation, removal), 扬弃(提升、保留、去除), 13, 26, 216

Augustinianism, 奥古斯丁主义, 9

Auschwitz, 奥斯维辛集中营, 20, 303

authority, 权威: 立宪君主制的权威 in constitutional monarchy, 191; 从直接权威中获取道德规范 ethics taken from direct, 215; 康德的上帝 of Kantian God, 194; 康德论不合理的、武断的权威 Kant on unjustified and arbitrary, 232; 负责任的状态 *Mündigkeit* and, 203; 与神意论 providentialism and, 198; 宗教权威 in religion, 176; 国家机器的权威 state machines and, 169;

automaton, 沃康松式的自动机, 71

autonomy, 自治, 203–207; 与建构主义 constructivism and, 60; 与自由 freedom and, 167, 248; 神的 of God, 167–168; 唯心主义者的自由概念 Idealist conception of freedom as, 84, 86, 87–88, 101; 与个体 the individual and, 216–217; 与康德伦理学 Kantian ethics and, 108, 128; 康德的权威概念 Kant's conception of, 49; 权威的悖论 paradox of, 11, 12, 49, 87, 204; 叔本华之论权威 Schopenhauer on, 212; 意志的权威 of the will, 207, 208

*autos* (self), 自我、自己, 87, 88, 101, 205, 209, 210, 212, 222

awe and reverence, 敬畏和崇敬, 133–134, 200, 207, 212–213, 232, 294

Ayer, A. J., A.J. 艾耶尔, 88

background beliefs, 背景信仰, 311. 亦可参阅: *doxa / doxai* (信念/种种信念)

Bacon, Francis, 弗朗西斯·培根, 240–241

Baltic, Eastern, 东波罗的海, 310

barbarism (and savagery), 野蛮(和残暴), 41–42, 170, 289

base and superstructure, 基础和上层建筑, 38, 41

beauty, 美: 日神主义 Apollonianism and, 44, 206, 232; 未被感知的世界 world of unperceived, 281

Becker, Carl, 卡尔·贝克尔, 4, 263–266, 299

*Begriff* (notion), 概念, 11, 26, 39, 42, 235

Beiser, Frederick, 弗雷德里克·拜泽尔, 25, 49, 50, 51, 59

*bei sich /Beisichsein* (being at home), 自身/在自身中存在, 26, 100, 223, 224

belief(s), 信念: 关于权利 about rights, 6; 背景 background, 311; 与宗教基础的联系 connecting to religious sources, 5–6; 体验式宗教 experiential conception of religious, 24, 45–46, 294; 上帝之中的 in God, 142, 148; 人类自由之中的 in human freedom, 70–71; 不相容的 incompatible, 17; 个人不朽之中的 in personal immortality, 7–8, 171, 176, 288; 与哲学 philosophy and, 16–17, 240, 242–243; 在后人之中的信念 in posterity, 262; 理性与宗教的 reason and religious, 292–294. 亦可参阅: *doxa / doxai* (信念/种种信念)

Benedict XVI, Pope, 本笃十六世, 教皇 45, 46

benevolence (divine), 仁慈(属神的), 7; 与罪恶 evil and, 20, 259; 与人类堕落

fallenness of humanity and, 65; 与格雷琴之问 Gretchenfrage and, 259; 与历史进步 historical progress and, 264; 与幸福的希望 hope for happiness and, 56–57; 与历史(正在走向正义)的观点 idea of history and, 154; 与正义 justice and, 151; 与康德的上帝 Kant's God and, 172, 199; 与乐观主义 optimism and, 48; 与神意论 providentialism and, 196, 197; 与苏格拉底主义 Socratism and, 44

Benjamin, Walter, 瓦尔特·本雅明, 171, 181, 218

Berlin (city), 柏林(城市), 14, 168, 218

Berlin, Isaiah, 以赛亚·伯林, 308–310, 311, 312–313, 314, 315

*Bestimmung* (determination, vocation, destiny), 规定(天职、天命、使命), 26, 115, 120, 140, 150, 159, 182, 193, 226, 231, 340n39

*Bildung* (education, development, formation, culture), 教化(教育、发展、形成、文化), 26, 41, 42, 178, 187

binding force, of morality, 约束力量, 德性的: 与游叙弗伦困境 Euthyphro dilemma and, 22, 59; 与上帝的关联 on God, 48, 167, 231; 黑尔之论 Hare on, 284; 与唯心主义的自由概念 Idealist conception of freedom and, 95; 康德之论 Kant on, 63; 与诺亚律法 Noachide Commandments and, 143; 与自主性的悖论 paradox of autonomy and, 12, 87–88, 204; 叔本华之论 Schopenhauer on, 78; 与价值观 values and, 285

*Birth of Tragedy, The* (Nietzsche),《悲剧的诞生》(尼采), 43, 191, 201

Blake, William, 威廉·布莱克, 297

bliss, eternal, 永恒幸福, 262

Bloom, Allan, 艾伦·布鲁姆, 4

Blumenberg, Hans, 汉斯·布鲁门伯格, 47, 195–196, 299

body politic, 政治体, 270

Bourdieu, Pierre, 皮埃尔·布尔迪厄, 17–18

bourgeoisie, 资产阶级, 236–238, 245, 301

Broad, C. D., C.D. 布罗德, 84

Buddha, 佛陀, 3

Burke, Edmund, 埃德蒙·伯克, 24, 269–272

Butler, Bishop, 巴特勒主教, 65, 295–296

Calvin, John, 约翰·加尔文, 9

Cambridge School, 剑桥学派, 32–33, 61

capitalism, 资本主义, 65–66, 187, 254, 256, 288, 290, 300–302

Castoriadis, Cornelius, 柯奈留斯·卡斯托里亚蒂斯, 34, 35

categorical imperative, 绝对律令, 23, 103; 概念上的矛盾 contradictions in conception, 113–114, 118, 134; 对它的批评 criticism of, 99, 210; 被视为道德选择的一种限定程序 as a determinate procedure for moral choice, 124–125; 利己主义的准则 Egoistic Maxim, 115, 138; 人性公式 Formula of Humanity, 110, 120–124; 普遍法则公式 Formula of Universal Law, 109, 110, 111, 113–119; 康德的总公式 Kant's formulations of, 109, 110; 目的王国 kingdom of ends, 110; 开放性问题异议 Open Question Objection, 114; 客观存在的矛盾解读 Practical Contradiction Interpretation of, 114–115; 与惩罚 punishment and, 112–113; 与任性 *Willkür* and, 91

Catholic Church, 天主教会, 64, 187–188, 203, 295

Catholicism, 天主教, 66, 173, 295

causal necessity, 因果必然性, 96

cause/causation, 原因／因果关系: 与自由 freedom and, 71–72, 86, 89, 202, 204, 208–209; 与各种表象 series of appearances and, 82–83; 与先验唯心主义 transcendental idealism and, 80

character(s), 性格: 被我们的性格决定的种种行为 actions determined by our, 78–79, 81; 变化 changes of, 83–84; 被固定的 as fixed, 79, 81, 82; 由之决定的人类行为 human actions determined by, 77–78, 83; 选择我们的性格的想法 idea of choosing our, 78–79; 与康德之论完善 Kant on perfection and, 140; 红心武士 knave of hearts, 81–82

Cherniss, Joshua, 约书亚·切尼斯, 311

children, good and bad, 好孩子与坏孩子, 296

choice(s), 选择: 与能动性 agency and, 141; 与任意 arbitrariness and, 88, 90, 202; 与绝对律令 categorical imperative and, 124, 125; 种种性格的 of characters, 78–79; 与游叙弗伦困境 Euthyphro dilemma and, 59, 61; 与不相容的信念 incompatible beliefs and, 17; 与康德伦理学 Kantian ethics and, 50; 道德建构主义 moral constructivism and, 61; 与道德法则 moral law and, 204; 与"道德损失" "moral loss" and, 314; 与道德责任 moral responsibility and, 190; 默多克之论 Murdoch on, 192; 与多元主义 pluralism and, 312, 313; 与法权 Recht and, 149–150; 与价值观 values and, 106, 137, 192. 亦可参阅: *Willkür* (power of choice)（任性）

choir invisible, 无形的唱诗班, 274–275

Christianity, 基督教: 历史之终结 end of history in, 267; 其中的善与恶 good and evil in, 189, 258–259, 297, 298, 299; 与黑格尔主义 Hegelianism and, 12–15, 180–181, 216; 与伊斯兰教 Islam and, 45; 与康德主义 Kantianism and, 214–216, 290–291; 穆勒的反对 Mill's opposition to, 273; 与现代世界 modern world and, 297, 298; 与道德法则 moral law in, 142–143; 尼采之论 Nietzsche on, 246; 基督再临 Second Coming, 268, 299; 与奴隶制 slavery and, 250; 与苏格拉底主义 Socratism and, 44, 45–46

Church, the, 教会: 奥古斯丁的思想 Augustinian idea of, 9, 143; 教会的神秘主体 corpus mysticum of the, 9, 10; 天主恩宠 divine grace through, 259; 与改革运动 the Reformation and, 9. 亦可参阅: Christianity（基督教）;church invisible（无形的教会）

church invisible, 无形的教会, 9–10, 155, 168, 232, 237, 256; 无形的唱诗班 choir invisible and, 274; 与精神 *Geist* and, 39, 183, 222; 与黑格尔 Hegel and, 237; 康德的描述 Kant's description of, 152; 与后人 posterity and, 263

civil society, 市民社会, 184, 190, 202

*Class Struggles in France* (Marx),《法兰西阶级斗争》（马克思）, 301

cockroach, sense of taste of, 蟑螂的味觉, 279

coercion, 胁迫, Kant's Formula of Humanity and, 与康德的人性公式 122, 123

Cohen, G. A. (Jerry), 杰瑞·科恩, 18, 209, 218, 255, 311, 314

Cohen, Morris Raphael, 莫里斯·拉斐尔·科恩, 18–19

Coleridge, Samuel Taylor, 塞缪尔·泰勒·柯勒律治, 8, 281–282

comet, 彗星, 261–263, 267

commodity, 商品, labour process and, 与劳动过程, 300

common human reason (*die gemeine Menschenvernunft*) (Kant), 普通的人类理性（康德）, 126–127, 128, 129, 143, 230–231

communism, 共产主义, 64, 284, 300

*Communist Manifesto* (Marx),《共产党宣言》（马克思）, 245

Community, 共同体: 教会作为一个团体 Church as a, 9; 与无形的教会 church invisible and, 152, 155, 222; 人类历史体现了一个不断发展的道德共同体 human history and development of a moral, 229; 与康德的"法权" Kantian *Recht* and, 150–151; 道德共同体的理想形式 Kant's ideal form of moral, 10; 政治共同体 political, 300, 304–305; 与价值观 values and, 267, 285, 286

comparative freedom, 相对性的自由, 71, 72

compatibilism, 相容主义, 71

conscience, 良知, 143, 175, 192, 291, 299

Consciousness, 意识: 主体的自发意识 of agent's own spontaneity, 71, 73; 错误的 false, 307, 311; 与精神 *Geist* and, 42, 178, 179, 222, 223, 235

consent, 同意, 121–122

consent-based interpretations of Kant, 基于同意的对康德解释, 122–124

*consequent*, 一以贯之, duty of philosopher to be, 哲学家的责任, 243

consequentialism, 后果主义, 104, 113, 210, 282, 313

conservatism, 保守主义, 269–272

consistency, 一致性, 240, 243, 244

constructivism, 建构主义, 60–61, 62

contingency, 偶然性, 11, 92, 98, 100, 107

*Conversations with Goethe* (Eckermann),《歌德谈话录》（埃克曼）, 15–16

*corpus mysticum*, 神秘主体, of the Church, 教会的, 10

counterpurposiveness (of justice), 反合目的性（正义的）, 55–57

courage, 勇气, 185–186

Cowper, William, 威廉·柯珀, 196

creation from nothing, 从无到有的创造, 99

*Critique of Practical Reason* (Kant),《实践理性批判》（康德）, 54, 56, 70, 72, 146, 213

*Critique of Pure Reason* (Kant),《纯粹理性批判》（康德）, 10, 27, 70, 76, 79, 127–128, 241

culture(s), 文化: 其中的多样性 diversity in, 250; 其中的种种信念 *doxai* in, 248; 与黑格尔的唯心主义 Hegelian idealism and, 40–42; 赫尔德的思想 Herder's thought on, 156, 157, 159–160, 169; 历史不朽的观点与西方文化 idea of historical immortality and Western, 275–276; 其中的统一的内在原则 inner principle of unity in, 228–229

*Das Kapital* (Marx),《资本论》（马克思）, 254

*das Man* (they), 常人, 280

Death, 死亡: 与个人不朽的信念 belief about personal immortality and, 278–279; 海德格尔之论 Heidegger on, 279–280; 个体性 individuality of, 303–304

deception, 欺骗, 122, 259, 298, 299, 300–301, 314

decision procedure, for ethics, 伦理学的裁决程序, 25, 104, 109, 134, 139, 210. 亦可参阅: Rawls, John (约翰·罗尔斯)

deductive reasoning, 演绎推理, 96

*Denken* (Thought), 思想. 参阅: Thought (*Denken*) (思想)

Dennett, Daniel, 丹尼尔·丹尼特, 88

Descartes, Rene, 勒内·笛卡尔, 239

desert, 应得的赏罚, 56, 63, 113, 152, 220, 292; 个人化原则 personal, principle of, 295–296

detective novel, 侦探小说, 1–2

determinate negation, 确定性否定, 196, 298

Determination, 规定: 任意的 arbitrary, 202; 与沃康松式的自动机 automaton and, 71; 唯心主义者论两种规定 Idealists on two kinds of, 95; 与内在必然性/外在必然性 internal/ external necessity and, 101–102; 依照自然法则的规定 by laws of nature, 75; 与预先决定论 predeterminism and, 83; 与先验唯心主义 transcendental idealism on, 80–81. 亦可参阅:) *Bestimmung* (determination, vocation, destiny) (规定〔天职、天命、使命〕); cause/causation (原因/因果关系); determinate negation (确定性否定); determinism (决定论); self-determination (自决)

Determinism, 决定论: 反对因果决定论 argument against causal, 92; 与自律 autonomy and, 204; 德国唯心主义者之论 German Idealists on, 88–89; 康德之论 Kant on, 68, 83; 反对任性与决定论 opposition to arbitrariness and, 202

development. 发展, 请阅: *Bildung* (education, development, formation, culture) (教化〔教育、发展、形成、文化〕)

devil/Satan, 恶魔/撒旦, 24, 195–196, 258, 259, 297–298, 299

dialectic/ dialectical, 辩证法/辩证的, 216; 哲学概念 conception of philosophy, 21, 243; 黑格尔的 of Hegel, 145, 173; 康德论自然辩证法 Kant on natural, 127–128; 主奴辩证法 of master and slave, 225; 与哲学论证 philosophical argument and, 240; 怀疑主义和理性主义之间的辩证法 between scepticism and rationalism, 106

Diderot, Denis, 丹尼斯·狄德罗, 8, 261–263, 267, 270

"*Die Götter Griechenlandes*" (Schiller),《希腊诸神》(席勒), 200

dignity, 尊严, 130–132

Dionysianism, 酒神主义, 43–44, 191, 229, 245

disagreement, moral, 道德分歧, 143, 198, 251

discourses of truth, 真理话语, 35–36

Discursive Transcendentalism, 话语先验主义, 22, 34–37, 66, 238

distinction between persons, 每个个体的独立性, 104

diversity, moral, 道德多样性, 143, 290–291

divine benevolence, 神之仁爱, 196–197

divine freedom, 上帝的自由, 83, 86, 93–95, 101, 204

divine grace, 神的恩典, 9–10, 51, 196–197, 222, 259, 273, 296

divine justice, 神圣正义, 7, 23, 162, 292; 与世界之善 goodness of the world and, 189; 最终的审判之中的 in Last Judgement, 144; 马尔萨斯之论 Malthus on, 65; 与神

正论 theodicy and, 189–190

divine omnipresence, 神的无所不在, 281–282

divine reason, 神的理性, 45

divine will, 神意: 与神的自由 divine freedom and, 93, 95; 康德之论 Kant on, 193; 独立于神意的道德法则 moral law as independent of, 63, 86, 199; 与道德理性 moral reasoning and, 96; 与撒旦 Satan and, 298; 与唯意志论 voluntarism and, 285

dog-cart, 狗车, 26

"Dover Beach" (Arnold),《多佛海滩》(阿诺德), 4

*doxa / doxai,* 信念/种种信念, 17–18, 21, 311; 文化包含了种种信念 cultures containing sets of, 248; 历史不朽的信念 of historical immortality, 248, 256; 规范性的信念 normative, 248; 个人不朽的信念 of personal immortality, 248; 把哲学看作种种信念的冲突 philosophy as the conflict of, 243–244; 哲学从普通信念走向知识 philosophy moving from *episteme* to, 240; 与潮流的转向 turning of the tide and, 251–252

dualism(s), 二元论, 107, 212–213, 214

Duncan, A. R. C., A.R.C. 邓肯, 108, 125

duty(ies), 义务: 与人权 human rights and, 257; 康德伦理学之中的 in Kantian ethics, 155, 211, 212–214; 对自己的 to oneself, 134–135, 136; 哲学家的 of philosopher, 243; 自尊义务 self-regarding, 134–135, 136; 伦理作为义务之源泉 *Sittlichkeit* as source of, 179; 严格义务和不宽纵的义务 strict and narrow, 109, 110, 115, 128; 宽泛的义务 wide, 109–110, 119–120, 123, 141. 亦可参阅: moral duty (道德义务)

Eastern Baltic, 东波罗的海, 310

echo (reflex), 回声（反射）, ideological, 意识形态, 28, 29, 235, 239

Eckermann, Johann Peter, 约翰·彼得·埃克曼, 15

economics, 经济学, 30, 31, 256–257

education, 教育. 请阅: *Bildung* (education, development, formation, culture)（教化[教育、发展、形成、文化]）

egoism, 利己主义, 30, 31, 306

Eliot, George, 乔治·艾略特, 24, 164, 274–275

*Émile* (Rousseau),《爱弥儿》(卢梭), 53–54

*Eminent Victorians* (Strachey),《维多利亚名人传》(斯特雷奇), 64

empirical character/self, 经验性性质/自我, 77, 78, 79, 207, 212, 222

empirical world, 经验世界, 133, 142, 206

empiricism, 经验主义, 17, 46, 206

*Encyclopedia of the Philosophical Sciences* (Hegel),《哲学百科全书》(黑格尔), 223, 225

ends, 目的, treating others as, 将他人视为目的, 120–124

Enlightenment, 启蒙运动, 4, 106, 156, 157, 190, 220, 239, 264, 309

*Enquiry concerning the Principles of Morals* (Hume),《道德原则研究》(休谟), 250

*entgötterte* (gods-less)/*entgötterte Welt,* 无神化/神话世界, 4, 200–201

*Entzauberung* (disenchantment), 祛魅, 4, 200

Epicureanism, 伊壁鸠鲁主义, 54–55, 273, 276–278, 282

*episteme.* 知识. 参阅: *doxa / doxai*（信仰/

种种信念）

epistemic authority/superiority, 认识权威, 37, 292, 302–303

epistemological materialism, 认识论唯物主义, 29

epistemology, 认识论, 49, 240

*Essay on Man, An* (Pope),《论人》(蒲柏), 20, 298

eternal bliss, 永恒幸福, 262

ethical community, 伦理共同体, 151–152

Ethics, 伦理学: 人类中心主义 anthropocentric, 49, 51, 59, 107, 174; 希腊 Greek, 54–55; 黑格尔之论 Hegel on, 178, 179–180; 康德之前的 before Kant, 142–143; 自然法传统之中的 in natural law tradition, 49; 非宗教伦理 non-religious, 142; 与多元主义 pluralism and, 313; 从直接权威中获取的 taken from direct authority, 215; 与价值观 values and, 285. 亦可参阅: Kantian ethics（康德伦理学）

Eton, boys of, 伊顿公学的男孩们, 268

Euthyphro Dilemma, 游叙弗伦困境, 22, 47, 48, 58–63, 205

evil, 罪恶, 20; 与基督教 Christianity and, 258–259, 297, 298, 299; 与神圣的善 divine goodness and, 195–196; 康德之论 Kant on, 51–52, 54, 55, 258, 297–298; 里斯本地震 Lisbon Earthquake and, 52; 弥尔顿的描绘 Milton's depiction of, 195; 与现代世界 modern world and, 297; 自然的 natural, 20, 51, 54, 55; 罪恶的问题 problem of, 47–48, 51–58; 与神意论 providentialism and, 196; 卢梭之论 Rousseau on, 52–54. 亦可参阅: devil/Satan（恶魔/撒旦）; theodicy（神正论）

existential discontent, 存在的不满, 272, 287–291

existentialism, 存在主义, 191, 247, 280, 287

existential loneliness, 存在的孤独, 194, 200–202, 272

experience(s), 经验: 与此在（海德格尔）Dasein (Heidegger) and, 280; 与伊壁鸠鲁主义 Epicureanism and, 277, 278; 与康德的哲学 Kant's philosophy and, 241; 柏拉图将哲学视为回忆概念 Platonic conception of philosophy, 240, 241; 公共世界的 public world of, 281, 282; 宗教的 religious, 294; 与先验唯心主义 transcendental idealism and, 76

experiential conception of religious belief, 宗教信仰的经验概念, 24, 45–46, 293–294

Explanation, 解释: 行动的 of actions, 79–80, 89, 90; 对罪恶的解释 for evil, 51–52; 上帝之善及其自由 of God's goodness and freedom, 204; 康德的解释观 Kant's conception of, 75; 里斯本地震 Lisbon Earthquake, 54; 与和解 reconciliation and, 245, 253; 与苏格拉底主义 Socratism and, 232, 243, 292; 与先验唯心主义 transcendental idealism and, 76, 81–82

expressivism, 表现主义, 106

external necessity, 外在必然性, 11, 95, 101–102, 248

Extinction, 消亡: 人类 human, 267–269, 285, 372–373n48; 价值的消亡 of value, 282–287

Faith, 信仰: 福尔伯格之论 Forberg on, 163; 黑格尔之论 Hegel on, 14, 175; 与理性 reason and, 6–7, 14, 45, 46, 176, 295; 施莱尔马赫之论 Schleiermacher on, 293–294

Falconet, Étienne, 埃蒂安·法尔科内, 261–

262, 264
Falk, Johann David, 约翰·大卫·法尔克, 15, 26
Fall, the, 堕落, 48, 195
false consciousness, 虚假意识, 307, 311
Fanon, Franz, 弗朗茨·法农, 276
fatalism, 宿命论, 70–73, 76, 84, 148, 177, 220
fatherland, 祖国, 171
*Faust* (Goethe),《浮士德》(歌德), 196, 197, 198
fetishism, 盲目崇拜, 217, 254
Feuerbach, Ludwig, 路德维希·费尔巴哈, 180
Fichte, Johann Gottlieb, 约翰·戈特利布·费希特, 23, 256;《对德意志民族的演讲》*Addresses to the German Nation*, 168–171, 269; 关于自由的概念 on concept of freedom, 86; 荷尔德林之论 Hölderin on, 165; 主体性思想 idea of agency and, 97–98; 在柏林大学的油画 painting of, at Berlin University, 168; 社会和政治哲学 social and political philosophy of, 160–163; 知识学 *Wissenschaftslehre*, 165
Forberg, Friedrich Karl, 弗里德里希·卡尔·福尔伯格, 163, 166–167, 176, 218
forgiveness (divine), 宽恕（上帝的）, 51, 143, 199
formation. 形成. 请阅:*Bildung* (education, development, formation, culture)（教化［教育、发展、形成、文化］）
form of life, 生活方式, philosophy as a, 哲学作为一种"生活方式", 15–19
Formula of Humanity, 人性公式, 120–124
Formula of Universal Law, 普遍法则公式, 109, 111, 113–119, 126

Forst, Rainer, 莱纳·福斯特, 360n25
Foucault, Michel, 米歇尔·福柯, 35–37
free decision, 不受阻碍的决定, free necessity and, 与受准许的必然性, 12, 94
freedom, 自由, 10–12; 根据自身本质法则行事的自由 acting according to one's essence and, 98; 在自由的理念下的行动 acting under the idea of, 69, 73, 74; 与任性 arbitrariness and, 23–24, 88–89, 249; 与任性规定 arbitrary determination and, 202; 与自律 autonomy and, 84, 86, 87–88, 101, 167, 248; 与性格 character and, 77–78, 79; 相对性的概念 comparative conception of, 71; 与相容主义 compatibilism and, 71; 其辩护 defence of, 22–23, 75, 84, 105; 上帝的自由 divine, 83, 86, 93–95, 101, 204; 与义务 duty and, 179; 与精神 *Geist* and, 182, 223–224, 249; 德国唯心主义者的自由 German Idealists on, 86–87, 95, 202; 与上帝、不朽 God, immortality and, 167; 上帝创生之善 God's goodness in creating, 54; 黑格尔之论 Hegel on, 99–102, 188, 222, 232, 249; 将道德与自由等同起来 identification of morality with, 209–210; 康德伦理学之中的 in Kantian ethics, 108; 与康德的上帝 Kantian God and, 231–232; 与康德的道德观 Kantian morality and, 214; 与康德的法权 Kantian *Recht* and, 150; 康德对围绕自由的问题的论述 Kant's issues surrounding, 70–73; 康德自由论述的两个阶段 Kant's two-stage account of, 89–92; 与形而上学 metaphysics and, 96–99; 与道德.morality and, 214, 221–222; 默多克之论 Murdoch on, 192; 与必然 necessity and, 74–75, 98; 消极自由

negative, 85–86, 91; 本体自由 noumenal, 68–69, 73, 106–107, 172;《最古老的体系-纲领》Oldest System-Programme and, 166; 积极的自由概念 positive concept of, 85–86, 91; 实践 practical, 74, 75; 心理的 psychological, 72; 理性洞察力 with rational insight, 97–98; 叔本华之论 Schopenhauer on, 77–79; 作为自决 as self-determination, 90, 98, 221, 235, 248; 与奴隶制 slavery and, 179–180; 作为其自身法则的源泉 as the source of its own law, 208–209; 理论的 theoretical, 73–74; 先验的 transcendental, 72, 231; 与先验唯心主义 transcendental idealism and, 22–23, 72, 76–82. 亦可参阅:agency（能动性）

freedom of choice, 自由选择, 请阅:choice(s)（选择）

free necessity, 自由的必然性, 11–12, 94, 99–102, 166, 167, 204, 223, 249

free will, 自由意志, 请阅:will（意志）

French Revolution, 法国大革命, 64, 169, 187, 235–237

games, 游戏, 118

Garve, Christian, 克里斯蒂安·加尔夫, 147

Gay, Peter, 彼得·盖伊, 263–264

Gay Science, The (Nietzsche),《快乐的科学》（尼采）, 3–4, 246

Gedanke (thought), 思想, 26, 235

Geist (Spirit), 精神, 19, 26, 27, 174; 与来世 afterlife and, 292; 与在自身中存在 being with itself and, 222–224; 与无形的教会 church invisible and, 39, 183, 222; 集体的认同对象 collective object of identification, 229; 发展主义观点的 developmentalist view of, 180; 进行解释 explained, 38–42, 40; 与自由 freedom and, 182, 223–224, 249; 与自由必然性 free necessity and, 249; 与上帝 God and, 175, 222; 赫尔德所用之术语 Herder's use of term, 159; 历史的和发展的 as historical and developmental, 177–178; 与历史 history and, 39, 64, 181, 198, 235; 与人类历史 human history and, 39; 与个体/个体性 individual/individuality and, 181–188, 222, 225–227; 康德的神 Kant's deity leading to, 259; 形而上学的解释 metaphysical interpretation of, 174; 与自然 nature and, 39–40; 与推理 reasoning and, 292; 与国家之间的关系 relationship between states and, 145; 自我实现的 selfrealization of, 224, 232–233; 有神论解释 theistic interpretation of, 175; 和解的类型 types of reconciliation through, 301; 与价值观 values and, 181–182

Genealogy of Morals (Nietzsche),《道德的谱系》（尼采）, 43

General Will, 普遍意志, 41–42, 181, 228–229, 233–234, 253

German Idealism/Idealists, 德国唯心主义/唯心主义者:关于决定论 on determinism, 89; 论自由 on freedom, 86–87, 95, 202, 248; 免于任性的自由 freedom without arbitrariness and, 88; 与"内在必然性" "inner necessity" and, 249; 与柏拉图主义 Platonism and, 241–242; 后康德德国唯心主义 post-Kantian, 97; 神正论问题 on problem of theodicy, 242; 宗教的 religion of, 241; 论科学 on science, 309; 与苏格拉底主义 Socratism and, 241, 242. 亦可参阅:Idealism/Idealist（唯心主义/唯心主义者）

*German Ideology, The*(Marx),《德意志意识形态》(马克思), 29, 30, 32

German nationalism, 德意志民族主义, 168, 187, 306

*Gesammelte Werke*,《黑格尔全集》, 27

*Geständnisse* (Heine),《告白》(海涅), 14

glass tunnel, living in a, 玻璃隧道里的生活, 278

Gnosticism, 诺斯替主义, 47, 195–196

God, 上帝：自主的 autonomy of, 167–168; 与角色的变化 changes of character and, 84; 作为立宪君主 as constitutional monarch, 190–191, 231; 被道德法则所规定的 determined by the moral law, 204; 神圣自由 divine freedom and, 86, 93; 与伦理共同体 ethical community and, 151–152; 与罪恶 evil and, 299; 自由存在的 existing freely, 94; 天上的父 as father, 194, 196; 与受准许的必然性 free necessity and, 11–12; 增进幸福 furthering happiness, 56–57; 与精神 Geist and, 39, 175, 222; 德国唯心主义者之论 German Idealists on, 242; 上帝之善 goodness of, 292; 与历史 history and, 151, 154; 与正义 justice and, 58; 康德废除了上帝 Kant abolishing, 191–192, 193; of 康德主义的 Kantianism, 193–194; 康德论上帝 Kant on, 198–200, 199, 230, 231; 康德论自由、不朽与上帝 Kant on freedom, immortality and, 167; 康德论上帝与人类之间的联系 Kant on relationship between man and, 49–50; 作为世界的立法者、统治者和审判者 as lawgiver, governor and judge of the world, 67; 爱 as loving, 194; 与《最古老的体系-纲领》*Oldest System-Programme* and, 167; 全能 omnipotence of, 48, 94, 195; 与罪恶的问题 problem of evil and, 51, 52, 54; 与神正论问题 problem of theodicy and, 48; 与人类之间的关系 relationship between human beings and, 203; 施莱尔马赫之论 Schleiermacher on, 293; 与自决 self-determination and, 221; 上帝的阴影 shadow of, 3–4, 5; 苏格拉底式上帝 Socratic, 44, 48, 51, 63, 193; 三位一体的上帝 Trinitarian, 175; 三位一体 as Trinity, 39. 亦可参阅：*Geist* (Spirit)(精神)

Gods, 诸神, 191, 203; 希腊的日神主义 Apollonianism of Greek, 44;《希腊诸神》(席勒) "Die Götter Griechenlandes" (Schiller), 200–201; 与游叙弗伦困境 Euthyphro dilemma and, 22, 48; 希腊 Greek, 247; 罗马 Roman, 142

gods-less universe, 无神的宇宙, 200–201, 247

Goethe, Johann Wolfgang von, 约翰·沃尔夫冈·冯·歌德, 15–16, 196, 197, 198

*Goethe aus näherm persönlichen Umgange dargestellt* (Falk)《亲密的私人交往中的歌德》, 15–16

good/ goodness, 善：与自律 autonomy and, 204; 基督教传统中对善恶的理解 Christian tradition on evil and, 258–259; 与魔鬼 the devil and, 195–196; 与游叙弗伦困境 Euthyphro Dilemma and, 58–59, 61; 恶作为善之化身 evil as personification of, 258; 康德主义论善 Kantianism on, 190, 292; 康德论人类自由善 Kant on human freedom and, 167; 康德的至善 Kant's concept of the highest moral, 56, 151, 152; 默多克论善 Murdoch on, 192; 罪恶的问题与上帝之善 problem of evil and God's, 52, 54; 与

神正论 theodicy and, 189
good will, 善良意志, 130, 132; 德国市民 German burghers and, 237; 与幸福 happiness and, 145–146; 至善 as "highest good", 131, 139; 与康德的词汇 Kant's vocabulary and, 130–131; 被无限制地视为善 unrestricted goodness of the, 110, 132, 145; 与价值 value and, 193, 267, 282
grace, 恩典, 203, 212–213, 231. 亦可参阅: divine grace（神的恩典）; kingdom of ends（目的王国）; as kingdom of grace（恩典的王国）
gravedigger, 掘墓人, bourgeoisie as its own, 把资产阶级描述为"自己的掘墓人", 245
Greece/Greeks, 希腊/希腊人:《希腊诸神》（席勒）"Die Götter Griechenlandes" (Schiller), 200–201; 与多元主义 pluralism and, 291; 希腊城邦的有机性质 polyp-nature of states, 169–170; 与神正论的问题 problem of theodicy and, 191; 宗教 religion, 201, 203; 奴隶制 slavery, 286; 悲剧 tragedy, 43–44
Greek ethics, 希腊伦理学, 54–55. 亦可参阅: Epicureanism（伊壁鸠鲁主义）
Greek gods, 希腊诸神, 44, 200, 206, 247
Greek *logos,* 希腊的逻各斯, 173, 175
"Greek State, The" (Nietzsche),《希腊城邦》（尼采）, 304–306
Greene, T. M., T. M. 格林, 108, 125, 129
*Groundwork to the Metaphysics of Morals* (Kant),《道德形而上学探本》（康德）, 10, 69, 70, 73, 85, 89, 109, 126, 130
Growth, 生长: 文化的 of cultures, 40; 历史作为一个生长的过程 history as a process of, 157

Happiness, 幸福: 伊壁鸠鲁派之论 Epicureans on, 55; 与神的善行 God's benevolence and, 56–57; 上帝创生之善 God's goodness in creating, 54; 与善良意志 good will and, 145–146; 与至善 the highest good and, 55, 56, 146–147; 与历史进步 historical progress and, 157; 与康德的法权 Kantian *Recht* and, 150; 与康德的道德观 Kant's morality and, 55–56, 145–148; 斯多亚主义者之论 Stoics on, 55; 与神正论 theodicy and, 190
Hare, R. M., R.M. 黑尔, 25, 283, 284, 287
harmony, 和谐, 123–124, 180
heaven, 天堂, 15, 29, 44, 171
*Heavenly City of the Eighteenth-Century Philosophers, The* (Becker),《18世纪哲学家的天城》（贝克尔）, 4–5, 263–264
hedonism, 享乐主义, 104, 139
Hegel, Georg Wilhelm Friedrich, 格奥尔格·威廉·弗里德里希·黑格尔: 与阿多诺 Adorno and, 310–311; 与基督教 Christianity and, 12–15, 216; 认为社会是一个阶段性发展 conceiving society as a staged development, 178–179; 论社会中存在的冲突 on conflict in societies, 253; 对康德的批判 criticism of Kant, 99; 辩证法 dialectic of, 145, 173; 世界历史是最终的审判 "Die Welgeschichte ist das Weltgericht" and, 144–145, 171; 论伦理 on ethics, 178, 179–180; 论信仰 on faith, 14, 175; 论自由 on freedom, 99–102, 188, 232, 249; 作为一个"暴力的人"（*Gewaltmensch*）as a *Gewaltmensch,* 171, 181; 论历史 on history, 176, 198, 235; 其唯心主义 Idealism of, 38–43; 种种解释 interpretations of, 173–174, 353n74; 论

康德的道德观 on Kantian morality, 210–211, 214–216; 论知识 on knowledge, 198, 233; 论语言/术语 language/ terminology of, 172; 与谢林和荷尔德林的通信 letters with Schelling and Hölderin, 164–165; 与活选项 live options and, 17, 19, 37, 252; 与马克思主义 Marxism and, 255; 《最古老的体系-纲领》*Oldest System-Programme,* 165–168; 纵览 overview, 232–234; 与家长式的神意论 paternalist providentialism and, 198; 论个人不朽 on personal immortality, 176–177, 354n80; 《精神现象学》*Phenomenology of Spirit,* 2–3; 论柏拉图主义 Platonism and, 242; 对哲学著作的序言或引言发表的言论 on prefaces in works of philosophy, 2; 论罪恶的问题 on problem of evil, 52; 人道主义进步主义视角的解读 reading from humanitarian progressivism perspective, 187–188; 论哲学与社会的关系 on relationship between philosophy and society, 234–235; 论宗教 on religion, 175, 228, 242; 与奴隶制 slavery and, 251; 社会的解释 social interpretations of, 173–174; 后继者 successors to, 245–248; 论战争 on war, 183–186. 亦可参阅: *Geist* (Spirit)(精神); Hegelianism(黑格尔主义)

Hegelianism, 黑格尔主义: "基础"和"上层建筑" "base" and "superstructure" in, 41; 与基督教 Christianity and, 12–15, 13; 不受阻碍的必然性 free necessity in, 99–102; 上帝 God in, 292; 唯心主义 idealism, 38–43; 最终的审判之中的 Last Judgement in, 144; "黑格尔左派和黑格尔右派 Left and Right, 12; 与多元主义 pluralism and, 312; 青年黑格尔派和老年黑格尔派 Young and Old, 12

Hegelians, 黑格尔派: 黑格尔左派 Left, 12, 14; 老年黑格尔派 Old, 12; 黑格尔右派 Right, 12; 青年黑格尔派 Young, 12

*Hegel's Dialectic and Its Criticism* (Rosen),《黑格尔的辩证法及其批判》(罗森), 310

Heidegger, Martin, 马丁·海德格尔, 279–280

Heine, Heinrich, 海因里希·海涅, 14–15, 42–43, 193, 368n10

hell, 地狱, 44, 273, 297

Herder, Johann Gottfried, 约翰·戈特弗里德·赫尔德, 23, 62, 83, 156–160, 169, 183, 187, 256

Herman, Barbara, 芭芭拉·赫尔曼, 124

hermeneutic circle, 解释的循环, 172, 234

heterocosm, 异质宇宙, 18

Heteronomy, 他律: 与任性/异化 arbitrariness/ alienation and, 202; 与自律 autonomy and, 203; 与自由的概念 conception of freedom and, 86; 与康德的道德建构主义 Kant's moral constructivism and, 60; 与理性直觉主义 rational intuitionism and, 60

highest good, 至善: 其含义的变化 change in meaning, 146; 与伦理共同体 ethical community and, 151; 作为至善的善良意志 good will as the, 131, 146; 与幸福 happiness and, 55, 56, 146–147; 作为至善的正义 justice as the, 152; 康德的至善概念 Kant's conception of, 151. 亦可参阅: good will(善良意志)

Hilton, Boyd, 博伊德·希尔顿, 65–66, 295

historical idealism, 历史唯心主义, 38, 238

historical immortality, 历史不朽, 23, 24, 145, 181, 303; 保守版本的 conservative version of, 269–272; 信念 doxa of, 248, 256; 乔治·艾略特之论 George Eliot on, 274–275; 排他性的概念 exclusionary conception of, 307; 与费希特 Fichte and, 169, 171; 与德国唯心主义 German Idealism and, 242; 与人类进步 human progress and, 275; 与个人主义 individualism and, 272–273; 与康德 Kant and, 242; 穆勒之论 Mill on, 272–274; 与现代 modern age and, 256; 民族主义观点 nationalistic idea of, 234; 与进步 progress and, 275; 古罗马历史不朽观念 Roman idea of, 229; 与托洛茨基 Trotsky and, 266; 与西方 the West and, 275–277

historical materialism, 历史唯物主义, 29, 38, 41

History, 历史: 历史终结 end of, 人类灭绝 through human extinction, 267–269; 将历史进程比作《出埃及记》Exodus from Egypt compared to course of, 301–302; 与自由 freedom and, 188; 与精神 Geist and, 39, 64, 181, 198; 与上帝旨意 God's providence and, 154; 黑格尔之论 Hegel on, 176, 182–183, 198, 235; 赫尔德之论 Herder on, 157–160; 与历史唯物主义 historical materialism and, 38; 唯心主义者的历史理论 idealist theory of, 38–39, 63–64; 观念的 of ideas, 30, 37, 308, 309; 意识形态的 ideological, 63–66; 康德与黑格尔的历史概念 Kant vs. Hegel's conception of, 227, 229; 与最终的审判 Last Judgement and, 144, 145; 唯物主义者的历史概念 materialist conception of, 30; 走向正义的历史 as moving toward justice, 154; 与哲学 philosophy and, 62–63; 作为进步 as progress, 154, 264, 298–299; 作为自我理解 as self-understanding; 与社会解释 social interpretations and, 173–174. 亦可参阅: historical immortality（历史不朽）

history of philosophy, 历史哲学, 3; 与方向性 directionality and, 21; 与种种信念 doxai and, 244; 与精神 Geist and, 42; 黑格尔之论 Hegel on, 42, 235; 马克思之论 Marx on, 28

Hobhouse, L. T., L.T. 霍布豪斯, 19

Hofstadter, Richard, 理查德·霍夫施塔特, 299–300

Hölderlin, Friedrich, 弗里德里希·荷尔德林, 164–165

Holy Spirit, Christian doctrine of, 基督教的圣灵教义, 38

*Homage to Catalonia* (Orwell),《向加泰罗尼亚致敬》(奥威尔), 288

honesty, 诚实, 247

honour, 荣誉, 135, 137–138

Hope, 希望: 对未来生活的希望（席勒）in an afterlife (Schiller), 154; 费希特之论 Fichte on, 169; 为了幸福（康德）for happiness (Kant), 56, 57, 146–147; 对卓越的个体的期盼 for noble individuals, 169; 席勒之论 Schiller on, 170

household tutors, 家庭教师, 164

Housman, A. E., A．E．豪斯曼, 282

human agency, 人类能动性. 请阅: agency（能动性）

human extinction, 人类灭绝, 285, 372–373n48

human immortality, 人类不朽. 请阅: personal immortality（个人不朽）

Humanity, 人性: 与尊严 dignity and, 131; 受到道德法则的约束 moral law as binding on, 204; 自杀与权利 suicide and right of, 136; 被视为目的 treating as an end, 120–124, 133, 134, 139

human rights, 人权, 6, 257–258, 291

Hume, David, 大卫·休谟, 2, 250

Huxley, Aldous, 奥尔德斯·赫胥黎, 288–289

Huxley, Thomas Henry, 托马斯·亨利·赫胥黎, 205

"Idea for a Universal History with a Cosmopolitan Purpose" (Kant),《世界公民观点之下的普遍历史观念》(康德), 155

Idealism/Idealist, 唯心主义/唯心主义者: 意识形态的方法 approaches to ideologies, 19; 自由概念 conception of freedom, 95, 238; 自由即自律的概念 on freedom as autonomy, 84, 86, 87–88, 101; 黑格尔的 of Hegel, 38–43; 历史理论 theory of history, 38–39, 63–64; 先验唯心主义 transcendental idealism, 22–23, 70, 72, 76–82, 84, 286. 亦可参阅: German Idealism/Idealists (德国唯心主义/唯心主义者)

Ideas, 思想: 接受问题 the Acceptance Problem and, 32, 37; 黑格尔之论 Hegel on, 41; 基于利益的种种理论 interest-based theories of, 30–31, 32, 37; 马克思之论 Marx on, 28, 29, 30, 32; 作为利益的产物 as products of interests, 19

*Ideas for the Philosophy of the History of Mankind* (Herder),《人类历史哲学观念》(赫尔德), 156

*Ideen zur Philosophe der Geschichte der Menschheit* (Ideas for: the Philosophy of the History of Mankind) (Herder),《人类历史哲学观念》(赫尔德), 156

identity, morality as, 作为同一性的道德, 207–210

identity, normative, 规范的同一性, 209

Ideology, 意识形态:《赎罪时代》(希尔顿) *Age of Atonement, The* (Hilton), 65–66; 与话语先验主义 Discursive Transcendentalism and, 66; 唯心主义者的方法 Idealist approaches to, 19; 意识形态史 ideological history, 63–66; 基于利益的方法 interest-based approach to, 43; 马克思之论 Marx on, 28, 29, 30; 唯物主义者的种种理论 materialist theories of, 19; 作为意识形态的哲学 philosophy as, 28; 作为一种"反射"或"回声" as a "reflex" or "echo", 28, 29

imagination, 想象, 281

immanent frame, 无处不在的构架, 201. 亦可参阅: Taylor, Charles (查尔斯·泰勒)

immortality, 不朽, 永生, 5; 与黑格尔 Hegel and, 14–15, 171–181; 康德论上帝 Kant on God, 与自由 freedom and, 167; 与《最古老的体系-纲领》*Oldest System-Programme* and, 167. 亦可参阅: historical immortality (历史不朽); personal immortality (个人不朽)

*Impartial Appeal to Posterity, An* (Roland),《对后辈之公正的呼吁》(罗兰), 265

impartial spectator, 公正的旁观者, 56, 62, 139, 145–146

impotence, of German bourgeoisie, 德国资产阶级的软弱, 237

inclinations, 偏好, 83, 92, 111–112, 136, 208, 209, 212–213, 258, 259

individual/individualism, 个体/个人主义: 与奥斯维辛集中营 Auschwitz and, 303; 与精神 *Geist* and, 181–188, 222,

225–227; 黑格尔的人类历史概念 in Hegel's concept of human history, 229; 康德之论 Kant on, 227; 与穆勒 Mill and, 272–273; 还原论的个人主义 reductive individualism, 31; 与伦理 Sittlichkeit and, 226, 227; 与国家 the state and, 228

individual rights, 个人权利, 257–258

inner necessity, 内在的必然性, 98, 221, 249

Institutions, 制度：上层建筑的 superstructures of, 38; 与普遍法则 universal law and, 114; 与战争 war and, 185

Interests, 利益：作为其产物的思想 ideas as product of, 19, 30; 与意识形态 ideology and, 43; 与思想理论 theories of ideas and, 30–31, 32, 37

internal necessity, 内在的必然性, 11–12, 95, 101–102, 248, 249

Interpretation, 解释：与黑格尔 Hegel and, 173–174, 353n74; 与解释的循环 hermeneutic circle and, 172; 与康德伦理学 Kantian ethics and, 105; 与重构 reconstruction and, 173

intrinsic value, 内在价值, 55, 139, 140, 206, 233, 257, 272, 307

intuition, 直觉, 60, 108, 129, 206, 210; 道德 moral, 129

intuitionist reading of Kant, 对康德的直觉主义解读, 61, 128, 134

*Invention of Autonomy, The* (Schneewind),《自律的发明》(施尼温德), 96

invisible church, 无形的教会, 请阅：church invisible（无形的教会）

Islam, 伊斯兰教, 250, 300

Jacobins, 雅各宾派, 265

Jaeschke, Walter, 瓦尔特·耶施克, 177

James, William, 威廉·詹姆斯, 17, 247, 295

Jennings, Humphrey, 汉弗莱·詹宁斯, 296–297

Jews/Judaism, 犹太人/犹太教：黑格尔之论 Hegel on, 214, 215; 与康德 Kant and, 290–291; 与纳粹的种族灭绝 Nazi genocide and, 304; 尼采的描述 Nietzsche's depiction of, 306; 诺亚律法 Noachide Commandments, 142–143; 与奴隶制 slavery and, 250. 亦可参阅：anti-semitism（反犹主义）

judgement(s), 判断：与巧合的一致 Einstimmung and, 122; 一阶道德判断 first-order moral, 17, 129; 上帝的 God's, 142, 143, 148, 167, 168; 道德判断 moral, 105, 108, 126–129; 后人的 of posterity, 263–264, 270

Justice, 正义：反目的论的 counterpurposiveness of, 55–57; 上帝指定了一个正义的世界 God ordaining a world of, 151; 走向正义的历史 history as moving toward, 154; 与个人权利/平等 individual rights/equality and, 257–258; 康德之论 Kant on, 148–149; 与后人 posterity and, 263; 报应主义的观点 retributive view of, 57–58, 112–113, 162, 220. 亦可参阅：divine justice（神圣正义）

Justification, 正当性, 16, 21, 228, 232, 242; 与上帝的审判 God's judgement and, 67, 68; 与法则 laws and, 272; 与宗教 religion and, 292, 294, 295; 西方哲学的辩护动力 Western philosophy's drive for, 243, 245–246, 260. 亦可参阅：theodicy（神正论）

Kamm, Frances, 弗朗西斯·卡姆, 121, 230

Kampf, Arthur, 阿瑟·坎普夫, 168

Kant, Immanuel, 伊曼努尔·康德：论能动性

on agency, 70–71, 86, 131, 237, 248–249, 298; 反享乐主义 anti-hedonism of, 55; 论自律 on autonomy, 49; 与弥尔顿的比较 compared with Milton, 194–195; 上帝的概念 conception of God, 199–200; 论自由与法则的关系 on the connection between freedom and concept of law, 89–90; 论反目的论的正义 on the counterpurposiveness of justice, 55–57; 决定论与预先决定论的比较 determinism vs. pre-determinism contrast by, 83; 论魔鬼 on the devil, 195–196; 论上帝的自由 on divine freedom, 93–94; 论游叙弗伦困境 on Euthyphro dilemma, 61–62; 论罪恶 on evil, 51–52, 54, 55, 258, 297–298; 论信仰与理性 on faith and reason, 6–7; 人性公式 Formula of Humanity, 120–124; 论自由 on freedom, 68–76, 89–90, 221–222; on God, 199, 231; 论善与恶 on good and evil, 258, 259; 与解释的循环 hermeneutic circle and, 172; 论历史的进步 on history as progress, 264; 论人类能动性 on human agency, 84, 248–249, 298; 论人权 on human rights, 257; 道德共同体的理想形式 on the ideal form of moral community, 10; 论正义 on justice, 148–149; 与里斯本地震 Lisbon Earthquake and, 54; 与形而上的自由 metaphysical freedom and, 96–97; 与形而上学 metaphysics and, 241; 道德建构主义 moral constructivism (claimed) of, 60–61; 论道德 on morality, 22, 50–51, 61, 62–63, 230–231; 自然法传统之中的 in natural law tradition, 49; 尼采之论 Nietzsche on, 46–47; 论罪恶问题 on the problem of evil, 51–52, 54; 与神意论 providentialism and, 197; 论惩罚 on punishment, 57–58, 112–113, 199; 论上帝与人类之间的关系 on the relationship between God and human beings, 50; 报应主义 retributivism of, 57–58, 65–66, 112–113, 148; 与卢梭 Rousseau and, 125–126; 学术 scholarship on, 68–69, 84; 斯克鲁顿的误引 Scruton misquote of, 6–7; "第二类比" "Second Analogy", 76; 论一系列表象 on the series of appearances, 82–83; 与苏格拉底式宗教 Socratic religion and, 292; 与斯多亚主义 Stoicism and, 54–55; 致力于完成一项继承而来的事业 taking inherited projects to their conclusion, 48–49; 论先验自由 on transcendental freedom, 22–23, 72; 与先验唯心主义 transcendental idealism and, 76–82; 论意志和任性 on *Wille* and *Willkür*, 90–92

Kantian ethics, 康德伦理学: 人类中心主义 anthropocentric, 51, 59; 诉求 appeal of, 103–105; 人类的共同理性与道德知识 common human reason and moral knowledge, 126–128; 与义务的冲突 conflict of obligation and, 313; 批判与倡导 critics and advocates of, 103–109, 313–314; 作为一种确定的行为指南 as a determinate guide to conduct, 124–125; 不同于前辈 differing from predecessors, 143, 178; 其中的二元性 duality in, 212, 213, 214; 其中的义务 duty in, 155, 211, 212–214; 与康德的伦理学 ethics of Kant and, 105, 111; Formula of Humanity, 120–124; 普遍法则公式 Formula of Universal Law, 109, 111, 113–119; 康德伦理学的倡导者面临四个问题 four issues faced by advocates of, 111; 四种不同类型的道德

义务 four types of moral duties, 109; 黑格尔之论 Hegel on, 210–211, 214–215; 与内在的价值,（尊严）inner value (dignity) and, 130–133, 135; 直觉主义解读 intuitionist reading of, 61, 128, 134; 与爱 love and, 218–221; 与撒谎 lying and, 112, 115–116, 138, 219; 与德国唯心主义者形而上学体系 metaphysical systems of German Idealists and, 249; 与道德规范的系统性症候 morality as systematic and, 139–141; 与道德判断／普通的人类理性 moral judgement/common human reason and, 126–129; 与道德理性 moral reason and, 216–217; 与道德一致主义 moral unanimism and, 126, 141, 249–250; 与道德价值 moral value and, 129–133; 本体自由之中的 noumenal freedom in, 68, 73, 106–107; 关于承诺 on promises, 114, 116; "对唯心主义的反驳" "Refutation of Idealism, The", 76; 叔本华之论 Schopenhauer on, 210–212; 关于性关系 on sexuality, 111–112; 关于自杀 on suicide, 112, 115; 与自杀 suicide and, 135–136, 136–138; 普遍法则准则 Universal Law maxim, 109; 与功利主义 utilitarianism and, 104; 与唯意志论 voluntarism and, 217; 宽泛的义务 wide duty, 119–120. 亦可参阅：categorical imperative（绝对律令）

Kantianism, 康德主义：与异化 alienation and, 192, 194, 232, 360n25; 其中的日神主义 Apollonianism in, 232; 其中的任性 arbitrariness in, 202–203; 论自律 on autonomy, 203–207; 与基督教 Christianity and, 214–216, 290–291; 无形的教会 church invisible in, 152; 自由的概念 concept of freedom, 92; 对康德主义的批判 criticism of, 210; 与法国大革命 French Revolution and, 235–236; 康德主义的上帝 God of, 193–194; 论至善 on the highest good, 145–146; 与人权 human rights and, 257; 与犹太教 Judaism and, 214; 论道德 on morality, 230–231; 与道德普遍主义 moral universalism and, 291; 其中的道德价值和幸福 moral worth and happiness in, 146–148; 默多克的表象 Murdoch's representation of, 191–193; 论进步 on progress, 155; 其中的法权 Recht (right) in, 149–150; 与苏格拉底主义 Socratism and, 232; 与神正论 theodicy and, 190–191; 先验唯心主义 transcendental idealism, 286. 亦可参阅：Kantian ethics（康德伦理学）

Kantian morality. 康德的道德观，请阅：Kantian ethics（康德伦理学）

Kierkegaard, Søren, 索伦·克尔凯郭尔, 245

kingdom of ends, 目的王国, 110, 130, 132, 155, 269; 作为恩典的王国 as kingdom of grace, 10, 263

knave of hearts, 红心武士, 77–78, 81–82, 83, 89–90

Knowledge, 知识：表象的 of appearances, 76; 先验 a priori, 242; 精神走向自我认识的戏剧性旅程 Geist's progress toward self-knowledge, 40, 64, 196; 上帝的 of God, 175; 黑格尔之论 Hegel on, 198, 233; 非完备性／完备性的 incompleteness/completeness of, 258; 道德 moral, 126, 128, 142, 149, 165, 206; 难题 problem of, 244; 是非的 of right and wrong, 199, 231; 与科学 sciences and, 244; 来自哲学的知识 through philosophy, 240 konsequent/Konsequenz (consistency, thoroughness), 一以贯之, 243, 247

Korsgaard, Christine, 克里斯蒂娜·科斯嘉德, 25, 84, 102, 108, 217, 285; 对价值的描述 account of value, 136–137; 对自己的义务 on duties to oneself, 134–135; 论人性公式 on Formula of Humanity, 121, 122; 论自由与意志 on freedom and the will, 208; 论康德伦理学 on Kantian ethics, 117, 155; 论康德的自由理论 on Kant's theory of freedom, 68–69; 论作为同一性的道德 on morality as identity, 209–210; 与客观存在的矛盾解读 Practical Contradiction Interpretation and, 114

Koselleck, Reinhart, 莱因哈特·科泽勒克, 35

Kuhn, Thomas, 托马斯·库恩, 3

labour, 劳动, 254–256, 290, 300–301

Lang, Fritz, 弗里茨·朗, 300

Langton, Rae, 雷·兰顿, 218, 219

Language, 语言: 话语先验主义 Discursive Transcendentalism and, 34–35; 黑格尔的 of Hegel, 172; 黑格尔论自由与语言 Hegel on freedom and, 224; 解释的循环 hermeneutic circle, 172; 康德的 of Kant, 172; 与康德的人性公式 Kant's Formula of Humanity and, 123–124. 亦可参阅: translation(s)（转译）

language-games, 语言游戏, 286

Last Judgement, 最终的审判, 14, 15, 144, 145, 152, 154, 229, 233

Last Man, The (Shelley),《最后一个人》(雪莱), 268–269

law(s), 法则: 有约束力的 as binding, 86, 88, 95, 103; 伯克之论 Burke on, 271, 272; 与因果有效的主体 causally effective agency and, 89; 与自由 freedom and, 88, 89, 232; 领悟到的法则 into which one has insight, 95; 对我们的自由的某种限制 as a limitation on our freedom, 95; 自然法传统 natural law tradition, 49, 51, 178; 诺亚律法 Noachide Commandments, 142–143; 与自主性的悖论 paradox of autonomy and, 11, 87; 法权 Recht, 149–150; 对法则的敬重 respect for, 133–134; 罗马人 Roman, 142; 自我赋予的 self-given, 11, 87, 95, 193, 204, 216, 221, 248; 普遍的 universal, 74, 109, 110, 113–119; 与意志 the will and, 208. 亦可参阅: moral law（道德法则）law of freedom, 自由的法则, 95

law of reason, 理性的法则, 79

laws of physics, 物理法则, 76, 77

Lectures on Ethics (Kant),《伦理学讲义》(康德), 10, 61, 70, 135, 137, 150, 213

Lectures on the Philosophy of Religion (Hegel),《宗教哲学讲座》(黑格尔), 13, 14, 175, 176, 196, 222

Legitimation, 合法化: 工具性-输入-合法化-输出 (IILO) 方法 Instrumentality-In-Legitimation-Out (IILO) approach, 22, 37; 合法化-输入-合法化-输出 (LILO) 方法 LegitimationIn-Legitimation-Out (LILO) approach, 22, 37–38, 63, 238

Leibniz, Gottfried Wilhelm, 戈特弗里德·威廉·莱布尼茨, 10, 60, 263

Letters on the Aesthetic Education of Mankind (Schiller),《审美教育书简》(席勒), 169

liberalism, 自由主义, 228, 236, 237

Life, 生命: 现代生命的贫乏 impoverishment in modern, 287–291; 哲学作为一种生活方式 philosophy as a form of, 15–19; 宗教与经济之间的联系 relationship between religious and economic, 65–66

Lisbon Earthquake (1755), 里斯本地震, 7, 20, 48, 52, 54, 303

live options, 活选项, 17, 19, 37, 252

logic, 逻辑, 16, 128, 174, 223

*logos,* 逻各斯, 42, 45, 46, 173, 175

Loneliness, 孤独: 异化的 alienation of, 232, 254, 272, 290; 存在的孤独 existential, 194, 200–202

lordship, 领主, 41, 229–230

love, 爱, 58, 171, 194, 218–221, 226

Lovejoy, A. O., A.O. 洛夫乔伊, 154

lying, 撒谎, 79, 112, 115–116, 138, 219

machine(s), 机器: 国家机器 state-machine, 158, 169; 把他人视为机器上的许多齿轮 treating others as cogs in a, 166, 170

MacIntyre, Alasdair, 阿拉斯代尔·麦金泰尔, 106, 107, 108, 217

*Magic Flute, The* (Mozart),《魔笛》(莫扎特), 221, 363n65

*Making of the English Working Class, The* (Thompson),《英国工人阶级的形成》(汤普森), 64–65

malaise, 不安感, of modern life, 现代生活的, 287–289

Malthus, Thomas Robert, 托马斯·罗伯特·马尔萨斯, 65, 295–296

market society, 市场社会, 290

Marx, Karl, 卡尔·马克思, 202, 210, 245; 论资本主义 on capitalism, 290, 300–302; 论人类关系 on human relations, 257–258; 论康德哲学 on Kantian philosophy, 236–237; 来自宗教的遗产 legacy from religion, 245; 论哲学与意识形态 on philosophy and ideology, 28, 29, 30, 235; 论宗教 on religion, 288; 与透明性 transparency and, 254–255

Marxism, 马克思主义: 与接受问题 Acceptance Problem and, 32–38; 与黑格尔主义 Hegelianism and, 255, 311, 314; 意识形态理论 theory of ideology, 32; 与普遍主义 universalism and, 291; 马克思主义版本的历史唯物主义 version of historical materialism in, 38; 与西方力量 Western power and, 276

materialism, 唯物主义, 19, 29, 30, 246, 277, 288–289, 311. 亦可参阅: historical materialism（历史唯物主义）

mathematics, 数学 59, 96, 128, 206–207

maxims (categorical imperative), 准则(绝对律令), 83–84; 康德伦理学之中 in Kantian ethics, 210; 关于撒谎 on lying, 115–116; 关于自杀 on suicide, 115; 其普遍性 universalization of, 116–118; 普遍法则 Universal Law, 109, 119

meaning(s), 意义: 与话语先验主义 Discursive Transcendentalism and, 34; 与受苦 suffering and, 43, 44

means, 手段, using others as a, 利用他人作为一种手段, 120–124

mechanism, 机制, 80–81, 166

mechanism, actions determined by, 由机制决定的行为, 80, 81

metaphysical interpretations, 形而上学的解释, 173, 174

metaphysical materialism, 形而上学唯物主义, 29

Metaphysics, 形而上学: 与自治 autonomy and, 49; 与决定论 determinism and, 68; 与自由 freedom and, 96–99; 与精神 *Geist* and, 182, 249; 与黑格尔 Hegel and, 42, 64, 177, 228; 与历史 history and, 158; 黑格尔的解读 interpretations of Hegel, 173,

174, 175; 康德之论 Kant on, 167, 232, 241; 形而上学这个词的来源 origin of term, 239; 与柏拉图 Plato and, 240

Metaphysics of Morals, The (Kant),《道德形而上学》(康德), 57, 86, 90, 113, 131, 138, 140, 149

Method, 方法: 与自然科学 natural sciences and, 309; 哲学的 of philosophy, 21

Metropolis (film),《大都会》(电影), 300

militarism, 尚武精神, 188

Mill, John Stuart, 约翰·斯图亚特·穆勒, 24, 52, 272–274, 312

Milton, John, 约翰·弥尔顿, 192, 195–196, 297

mimesis, 摹仿, 18

Mirror and the Lamp, The (Abrams),《镜与灯》(艾布拉姆斯), 18

Modernity, 现代性: 与异化 alienation and, 249; 与任性 arbitrariness and, 88; 与基督教 Christianity and, 297, 298; 与历史不朽的信念 doxa of historical immortality and, 256; 其中生命的贫乏 impoverishment of life in, 287–291; 与康德的解读 Kant's interpretation and, 59–60, 68, 109, 125–126; 与康德的道德哲学 Kant's moral philosophy and, 104, 105–106; 与康德关于性道德问题的观点 Kant's views on sexual morality and, 111; 道德分歧 moral disagreements in, 251; 政治自由主义 political liberalism, 228; 与失落感 sense of loss and, 253–254; 与神正论 theodicy and, 189–190; 与战争 warfare and, 186

modus tollens/modus ponens, 逆分离规则/分离规则, 16, 244

Monotheism, 一神论: 与《希腊诸神》(席勒)"Die Götter Griechenlandes" (Schiller) and, 201; 人类的生活在监视之下 human lives under observation in, 8; 共同人性的信念 idea of common humanity and, 291; 与个人不朽 personal immortality and, 44; 与奴隶制 slavery and, 250; 长期存在的问题 standing problem of, 6; 与神正论 theodicy and, 189. 亦可参阅: Christianity (基督教)

moral constructivism, 道德建构主义, 60–61, 62

moral duty, 道德义务, 108–109, 112, 134–135, 155, 219

Moralität (morality), 道德, 178, 182, 210, 233, 291

morality: autonomy and, 道德, 205; 与游叙弗伦困境 Euthyphro Dilemma and, 48, 59, 61; 与价值湮灭 extinction of values and, 284–285; 与自由 freedom and, 69, 207–208, 209–210, 221–222; 与上帝的意志 God's will and, 62–63; 与幸福 happiness and, 146–148; 黑格尔之论 Hegel on, 178; 作为同一性 as identity, 207–210; 康德之论 Kant on, 22, 50–51, 61, 62–63, 230–231; 目的王国/恩典的王国 kingdom of ends/ kingdom of grace, 10; 作为人类共享的财产 as shared property of mankind, 142–143, 178. 亦可参阅: ethics (伦理学); Kantian ethics (康德伦理学); value(s) (价值观)

moral law, the, 道德法则, 103, 126, 131; 与自律 autonomy and, 204; 与二元论 dualism and, 212–214; 与自由 freedom and, 87–88, 90, 214, 222; 受制于道德法则的上帝 God as bound to, 167, 204, 231; 上帝遵循道德法则的自由 God's freedom in following, 231–232; 与上帝的

审判 God's judgement and, 148; 与黑格尔对康德伦理学的批判 Hegel's criticism on Kantian ethics and, 215–216; 与至善 highest good and, 146; 不受神意的约束 as independent of divine will, 86; 与理性 reason and, 204; 对道德法则的敬重 respect for, 133–134, 213. 亦可参阅: categorical imperative（绝对律令）

moral pluralism, 道德多元主义, 142, 150, 178, 291. 亦可参阅: pluralism（多元主义）

moral realism, 道德实在论, 206, 285–287

moral reason(ing), 道德理性, 96, 128, 193, 230; 康德之论 Kant on, 230–231; 与宗教 religion and, 216

moral theory, 道德理论: 反思的平衡 reflective equilibrium in, 17; 道德要求 requirements of, 104–105. 亦可参阅: Kantian ethics（康德伦理学）

moral unanimism, 道德一致主义, 126, 141, 178, 249–250

moral will, 道德意志, 50–51

Moyn, Samuel, 塞缪尔·莫恩, 291

Mozart, Wolfgang Amadeus, 沃尔夫冈·阿马多伊斯·莫扎特, 220–221

*mündig/Mündigkeit* (maturity), 达到法定年龄/负责任的状态 203, 290

Murdoch, Iris, 艾瑞斯·默多克, 25, 59, 105–106, 107, 108–109, 191–193, 216, 217, 232, 287, 297–298

myth, 神话, 5, 199

Nagel, Thomas, 托马斯·内格尔, 279, 281

nationalism (German), 民族主义（德国）, 186, 187, 234, 247, 306–307

naturalism, 自然主义, 285

natural law tradition, 自然法传统, 49, 51, 178

natural necessity, 自然必然性, 74, 75, 76, 80, 85, 86

natural religion, 自然宗教, 62, 162, 299

Nature, 自然界: 既是必然的也是偶然的 as both necessary and contingent, 100; 自然界的发展 development in, 222; 和历史之间的相异 dissimilarities between history and, 156–157; 与自由 freedom and, 11; 与精神 *Geist* and, 39–40; 与康德的神意论 Kant's providentialism and, 197; 目的论 teleology in, 197, 222

Nazis/Nazism, 纳粹/纳粹主义, 304, 306–307

Necessity, 必然性: 因果的 causal, 96; 演绎的 deductive, 96; 外在的 external, 95, 101–102, 248; 与自由 freedom and, 11, 74–75, 98; 内部的 inner, 98, 221, 249; 内在的 internal, 95, 101–102, 248; 先验综合 synthetic a priori, 96

negation, 请阅: determinate negation（确定性否定）

*Negative Dialektik* (Adorno),《否定的辩证法》（阿多诺）, 20

Neo-Platonism, 新柏拉图主义, 181

New Left, 新左派, 309

Nietzsche, Friedrich, 弗里德里希·尼采: 反犹主义 anti-semitism of, 304–306; 论日神主义 on Apollonianism, 206; 论希腊悲剧 on Greek tragedy, 43–44; 论诚实 on honesty, 247; 与神正论的问题 problem of theodicy and, 191; 对《快乐的科学》的引用 quote from *The Gay Science*, 3–4; 与理性主义 rationalism and, 245–246; 与席勒 Schiller and, 201; 论叔本华 on Schleiermacher, 295; 与世俗化 secularization and, 3–4, 5; 与上帝的

阴影 shadow of God and, 3–4, 5, 12; 与苏格拉底主义 Socratism and, 44, 47–48

Noachide Commandments, 诺亚律法, 142–143, 178

*nomos* (law), 规范, 87–88, 101, 204, 205, 209, 210, 212, 222

noumenal freedom, 本体自由. 请阅: freedom: noumenal（自由: 本体的）

Objectivity, 客观性: 与精神 *Geist* and, 198, 249; 与道德法则 moral law and, 215, 216–217, 223; 与哲学 philosophy and, 235, 240; 与宗教经验 religious experience and, 294; 人格性和能动性的价值 value of personhood and agency and, 132; 价值观的 of values, 284–285, 286

obligation(s), 义务: 与上帝的专断权 *arbitrium* of God and, 61, 62; 相互冲突的义务 conflicting, 313; 与康德伦理学 Kantian ethics and, 128, 149, 211, 213, 313; 与道德同一性 moral identity and, 209; 与道德普遍主义 moral universalism and, 291

Oldest System-Programme of German Idealism,《德国唯心主义最古老的体系-纲领》, 87, 99, 164–168, 170, 176

omnipotent God, 全能的上帝, 6, 20; 与神圣自由 divine freedom and, 93; 与罪恶 evil and, 195, 259; 与历史的观念 idea of history and, 154; 与康德式道德 Kantian morality and, 50, 211; 与乐观主义 optimism and, 48; 与神正论的问题 problem of theodicy and, 22; 与苏格拉底主义 Socratism and, 44

O'Neill, Onora, 奥诺拉·奥尼尔, 25, 107, 230; 康德道德哲学的吸引 appeal of Kant's moral philosophy to, 104; 论人性的公式 on Formula of Humanity, 121–122; 与康德伦理学 Kantian ethics and, 105, 108, 116–118; 理性意图原则 Principle of Rational Intending, 119–120; 效用原则 Principle of Utility, 124–125

*On Grace and Dignity* (Schiller),《论优雅与尊严》(席勒), 212

"On Human Immortality" (Herder),《论人类的不朽的声名》(赫尔德), 158

"On Perpetual Peace" (Kant),《论永久和平》(康德), 197

*On the Essence of Human Freedom* (Schelling),《论人类自由的本质》(谢林), 98

"On the Failure of All Philosophical Attempts at Theodicy" (Kant),《论神义论一切哲学试探的失败》(康德), 55, 148

"On the Jewish Question" (Marx),《论犹太人问题》(马克思), 257–258

Ontology, 本体论: 与自由 freedom and, 68, 72; 黑格尔的 Hegelian, 311

*On Voluntary Servitude* (Rosen),《论自愿奴役》(罗森), 311

Open Question Objection, 开放性问题异议, 114

optimism, 乐观主义, 46, 48, 305

organism, mechanism contrasted with, 有机体和机械装置之间的对比, 156–157, 166, 270

Original Sin, 原罪, 9, 48, 296, 303

Orwell, George, 乔治·奥威尔, 288

Paleologos, Manuel II, 拜占庭皇帝曼努埃尔二世, 45

Pandaemonium, 万魔殿, 297, 314

pantheism, 泛神论, 70, 181, 293; 泛神论之争 *Pantheismusstreit* (dispute over pantheism), 70, 154 papacy, 教皇, 64

*Paradise Lost* (Milton),《失乐园》(弥尔顿), 297

Paradox, 悖论: 自主性的悖论 of autonomy, 11, 12, 49, 87, 204; 与哲学 philosophy and, 242–243; 悖论的方式 ways of, 243–245

Parfit, Derek, 德里克·帕菲特, 25, 113, 142, 251, 278–279, 286, 304

Pascal, Blaise, 布莱士·帕斯卡尔, 190, 280

Paton, H. J., H.J. 佩顿, 108, 125

personal immortality, 个人不朽: 信念 belief in, 7–8, 171, 176, 288; 与基督教 Christianity and, 44–45; 个人不朽思想的消退 decline in idea of, 289; 与伊壁鸠鲁主义 Epicureanism and, 277–278; 费希特之论 Fichte on, 161–162; 与黑格尔 Hegel and, 176–177, 354n80; 赫尔德的"人的不朽"思想作为个人不朽信仰的替代品 Herder's "human immortality" as an alternative to, 158–160; 与历史不朽 historical immortality and, 275; 人类历史作为一个替代方案 human history as an alternative to, 273; 不相信个人不朽时的死亡观念 ideas about death when not believing in, 278–279; 一神论 monotheism and, 44;《最古老的体系-纲领》*Oldest System-Programme* on, 166–167; 德里克·帕菲特之论 Parfit, Derek on, 278

personhood (*Persönlichkeit*), 人格, 27, 130–131, 132, 133, 136, 137, 206, 210, 218, 231

phenomenology, 现象学, 239, 280

*Phenomenology of Spirit* (Hegel),《精神现象学》(黑格尔), 2–3, 12, 18–19, 172, 196, 198, 226, 242

Philosophy, 哲学: 旨在改变我们的想法 as aiming to change our minds, 2, 20–21; 与种种信念之间的冲突 conflict of *doxai* and, 243–244; 与宗教之间的比照 contrasting religion with, 239; 辩证概念 dialectical conception of, 21; 作为有方向性的 as directional, 21; 学科独立性 disciplinary independence of, 239–240; 其中的"说明""explanation" in, 75; 作为一种生活方式 as a form of life, 15–19; 精神在其中得以表达 *Geist* coming to expression in, 42, 63–64; 黑格尔之论 Hegel on, 234–235; 与哲学史 history of philosophy and, 3; 作为整体的 as holistic, 21; 从中得到的知识 knowledge from, 233; 作为一种生活方式 as a *Lebensform*, 238–243; 马克思之论 Marx on, 28, 235; 柏拉图式概念 Platonic conception of, 240–241; 实践中的 in practice, 314–315; 与社会的关系 relationship between society and, 238–239. 亦可参阅: history of philosophy (哲学史); problems, philosophical (哲学的问题)

philosophy of history, 哲学史: 与赫尔德 Herder and, 156–160; 作为一种神正论(黑格尔)as a theodicy (Hegel), 233–234. 亦可参阅: history (历史)

*Philosophy of Right* (Hegel),《法哲学原理》(黑格尔), 144–145

Pinkard, Terry, 特里·平卡德, 174, 357n96

Plato(nism), 柏拉图(主义): 哲学的概念 conception of philosophy, 240–241; 哲学的辩证概念 dialectic conception of philosophy, 21; 与游叙弗伦困境 Euthyphro dilemma and, 48, 58–59, 87,

93, 205; 与黑格尔 Hegel and, 242; 与康德式道德 Kant's morality and, 62; 论道德知识 on moral knowledge, 133, 206; 论哲学冲突 on philosophical conflict, 16; 与康德主义的解读 reading of Kantianism and, 207; 理念王国 realm of forms, 60, 205; 与苏格拉底式的辩驳术 Socratic elenchus and, 243–244; 知识论 view of knowledge, 233

"plaything of alien forces", "异己力量的玩物多元主义", 202, 232

pluralism, 多元主义, 142, 150, 178, 295, 312–314; 道德多元主义作者的政治 moral, 142, 150, 178, 291

plurality of goods, 善之多元性, 313

*Political Theology* (Schmitt),《政治神学》(施密特), 4

Politics, 政治: 作者自己的政治念想 of author, 309; 与自治 autonomy and, 49; 伯克的保守主义 Burke's conservatism, 269–271; 与人权 human rights and, 257–258; 与康德伦理学 Kantian ethics and, 49; 自由民主政治 liberal-democratic, 294; 尼采的《希腊城邦》Nietzsche's "The Greek State" on, 304–305; 美国政治中的偏执风格 paranoid style in American, 299; 康德的政治哲学 political philosophy of Kant, 149–151; 利益在其中的作用 role of interests in, 30; 与世俗化 secularization and, 4–5

Pope, Alexander, 亚历山大·蒲柏, 20, 298

Popper, Karl, 卡尔·波普尔, 19

positive freedom, 积极自由, 85–86

positive political economy, 实证的政治经济学, 30

posterity, 子孙后代, 7–8, 261–267, 263–264, 270

post-Socratic religion, 后苏格拉底宗教, 24, 294–295

Power, 权力: 与真理话语 discourses of truth and, 35–36; 与神圣自由 divine freedom and, 93–94; 与游叙弗伦困境 Euthyphro dilemma and, 59; 与福柯的话语先验主义 Foucault's Discursive Transcendentalism and, 36–37; 与黑格尔对历史的描述 Hegel's account of history and, 182–183; 道德与上帝的 morality and God's, 63; 与自治的悖论 paradox of autonomy and, 87

power of choice. 选择的权力. 请阅 *Willkür* (power of choice)（任性）

Practical Contradiction Interpretation (categorical imperative), 客观存在的矛盾解读（绝对律令）, 114–115

practical freedom, 实践自由, 74, 75

pre-determinism, 预先决定论, 83, 93

primacy of the practical, 实践至上, 99

*Principia Ethica* (Moore),《伦理学原理》(摩尔), 281

Principle of Rational Intending, 理性意图原则, 119–120

Principle of Utility, 效用原则, 124–125

*Principles of Philosophy* (Descartes),《哲学原理》(笛卡尔), 239

Problems, 困境, 哲学的 philosophical, 16; 接受问题 Acceptance Problem, 28–32, 33, 35–36, 41; 与游叙弗伦困境 Euthyphro dilemma, 48, 58–63, 205; 罪恶的问题 problem of evil, 47–48, 51–58; 知识问题 problem of knowledge, 244; 神正论的问题 problem of theodicy, 22, 47–48, 242

procedural reasoning, 程序性理性, 143

Procedure, 程序: 绝对律令程序 CI (categorical imperative) procedure, 108, 124, 231; 伦理决择程序 decision procedure for ethics, 25, 104, 109, 134, 139, 210. 亦可参阅: Rawls, John（约翰·罗尔斯）

Progress, 进步: 经济的 economic, 117; 赫尔德之论 Herder on, 157, 169; 与历史不朽 historical immortality and, 275; 作为人类历史 human history as, 154, 264, 298–299; 康德关于进步的信条 Kant having a doctrine of, 155; 朝向正义社会的进步 toward society of justice, 154

proletariat, 无产阶级 164, 301, 302

promises, 承诺, keeping, 信守 113–114, 116

Protestantism, 新教, 9, 13, 176, 203, 296

Providence/providentialism, 神意论, 65, 151, 152, 154, 155, 196–198, 282, 298, 299; 家长式的 paternalist, 198

Puder, Martin, 马丁·普德, 312

Punishment, 惩罚: 在来世 in an afterlife, 7; 一位公正的上帝所施行的 by a just God, 67, 85; 黑格尔之论 Hegel on, 233; 康德之论 Kant on, 112–113, 139, 141, 199, 230; 与神正论 theodicy and, 189–190. 亦可参阅: retribution/retributivism（报应/报应主义）

Puritans, 清教徒, 215, 300

Putnam, Hilary, 希拉里·普特南, 16

Quine, W. V., W.V. 蒯因, 3, 243

rational intuitionism, 理性直觉主义, 60, 61, 206

Rationalism, 理性主义: 与异化 alienation and, 194; 与黑格尔 Hegel and, 227–228; 与康德伦理学 Kantian ethics and, 68, 69, 106; 与克尔凯郭尔 Kierkegaard and, 245;

尼采之论 Nietzsche on, 245–246, 247; 与和解 reconciliation and, 194, 245; 与宗教 religion and, 176, 245; 与西方思想 Western thought and, 245–246. 亦可参阅: reason（理性）

Rawls, John, 约翰·罗尔斯, 18, 25, 104, 124, 183, 285; 与建构主义 constructivism and, 60; 与游叙弗伦困境 and Euthyphro dilemma, 60–61, 62, 205; 论黑格尔 on Hegel, 183; "反思的平衡" 思想 idea of "reflective equilibrium," 17; 论康德伦理学 on Kantian ethics, 107; 论道德实在论 on moral realism, 206; 与理性直觉主义 rational intuitionism and, 60

Realism, 实在论: 与异质宇宙 heterocosm and, 18; 道德的 moral, 206, 285–287; 尼采之论 Nietzsche on, 46–47

Reason, 理性: 人的理性和神的理性之间的联结 connection between divine and human, 45; 神必须被人类理性所认识 divine knowable by human, 14; 与信仰 faith and, 6–7, 14, 45, 46; 与自由 freedom and, 12; 与上帝的本性 God's nature and, 167; 黑格尔之论 Hegel on, 253; 与黑格尔论宗教 Hegel on religion and, 175; 与康德论宗教 Kant on religion and, 6–7; 与马克思主义 Marxism and, 255; 与形而上学解释 metaphysical interpretations and, 173;《最古老的体系–纲领》 *Oldest System-Programme* on, 166; 与宗教 religion and, 7, 292–293; 与上帝的阴影 the shadow of God and, 5. 亦可参阅: moral reason(ing)（道德理性）; rationalism（理性主义）

*Reasons and Persons* (Parfit),《理与人》（帕菲特）, 142

*Recht* (right, law), 法权, 148–150, 257

Recognition, 承认: 黑格尔之论 Hegel on, 228; 产生个人之间的平等 producing equality between individuals, 225; 互惠的 reciprocal, 38, 174

reflection, 反思, philosophy and, 与哲学, 238, 241

*Reflections on the Revolution in France* (Burke),《法国革命论》(伯克), 269

reflective equilibrium, 反思平衡, 17, 244

reflex. 反思. 请阅: echo (reflex)(回声/反射), ideological (意识形态)

Reformation, 宗教改革运动, 9

Reinhold, Karl Leonhard, 卡尔·莱昂哈德·莱因霍尔德, 97, 160, 218

Religion, 宗教: 与异化困境 alienation dilemma and, 194; 反苏格拉底式的 anti-Socratic, 299–300; 哲学与宗教之间的比照 contrasting philosophy and, 239; 与《希腊诸神》(席勒) "Die Götter Griechenlandes" (Schiller) and, 201; 与经济生活 economic life and, 65–66; 体验式概念 experiential conception of, 24, 45–46, 293–294; 福尔伯格之论 Forberg on, 163; 黑格尔之论 Hegel on, 175, 228, 242; 不道德行为 immoral practices and, 250–251; 与康德 Kant and, 190, 193, 232; 现代的 modern, 290; 与道德理性 moral reason and, 215–216; 自然的 natural, 62, 162, 299; 纯然理性之外的宗教 outside the limits of reason alone, 292–296; 后苏格拉底式概念 post-Socratic concept of, 24, 294–295; 与神意论 providentialism and, 197–198; 与理性主义 rationalism and, 245; 与理性 reason and, 6–7, 292–293; 信仰的宗教来源 religious sources of beliefs, 5–6; 与科学 science and, 45; 与世俗化 secularization and, 3–6; 与上帝的阴影 shadow of God and, 5; 苏格拉底式 Socratic, 24, 51, 177, 200, 242, 259, 292, 295, 299; 幸存 survival of, 259–260; 与有神论解释 theistic interpretation and, 173; 从康德到黑格尔的转变 transition from Kant to Hegel and, 245; 与维多利亚风尚 Victorianism and, 64–65; 西方的 Western, 6, 47. 亦可参阅: Christianity (基督教); theodicy (神正论)

*Religion within the Limits of Reason Alone* (Kant),《纯然理性界限内的宗教》(康德), 70, 90, 129, 151, 162, 195, 212–213, 215

representation(s), 表象, 21, 34, 72, 97, 147. 亦可参阅: *Vorstellung* (common conception, representation, idea)(表象[日常概念、表象、观念])

*Republic, The* (Plato),《理想国》(柏拉图), 16

*Resignation: A Fantasy* (Schiller),《忍从: 一种幻想》(席勒), 144

retribution/retributivism, 报应主义, 162, 252;《赎罪时代》(希尔顿)之中的 in *The Age of Atonement* (Hilton), 65–66; 巴特勒之论 Butler on, 295–296; 黑格尔之论 Hegel on, 216, 220; 与康德 Kant and, 57–58, 112–113, 148, 295; 马尔萨斯之论 Malthus on, 296

reverence, 崇敬, 请阅: awe and reverence (敬畏和崇敬)

revolution, 83–84. 亦可参阅: French Revolution (法国大革命)

Richter, Friedrich, 弗里德里希·里希特, 180–181

Rights, 权利: 相关信念 beliefs about, 6; 人权 human, 6, 257–258, 291; 个人的权利 individual, 258; 财产权 property, 77, 117; 与奴隶制 slavery and, 117

Roland, Marie-Jeanne, 玛丽-珍妮·罗兰, 265

Romans, 罗马人: 对他们自己国家的态度 attitude toward their country, 274; 论后人 on posterity, 8; 罗马法 Roman law, 142, 178; 与奴隶制 slavery and, 179

Romanticism, 浪漫主义, 66

Rome, ancient, 古罗马, 179, 274, 287

Rousseau, Jean-Jacques, 让-雅克·卢梭, 11, 228; 与康德的伦理学 Kantian ethics and, 125–126, 127; 论罪恶的问题 on problem of evil, 52–54

ruling class, 统治阶级, 32, 64, 235

Russell, Bertrand, 伯特兰·罗素, 19, 206–207

Ryan, Alan, 艾伦·瑞安, 312

Sandel, Michael, 迈克尔·桑德尔, 149

Satan, 撒旦, 请阅: devil/ Satan（魔鬼/撒旦）

scepticism, 怀疑主义, 106, 244, 309

Scheffler, Samuel, 塞缪尔·舍夫勒, 372–373n48

Schelling, Friedrich William Joseph, 弗里德里希·威廉·约瑟夫·谢林, 242, 293; 与任性 arbitrariness and, 202; 与无形的教会 church invisible and, 9–10, 299; 与自由 freedom and, 10, 23, 86–87, 98, 221; 将自由视为自决 on freedom as self-determination, 221; 与黑格尔 Hegel and, 9; 与赫尔德 Herder and, 156; 与黑格尔和荷尔德林的通信 letters with Hegel and Hölderin, 164–166; 论自然 on nature, 40; 与《最古老的体系–纲领》*Oldest System-Programme* and, 165

Schikaneder, Emanuel, 伊曼纽尔·施坎德尔, 221

Schiller, Friedrich, 弗里德里希·席勒, 4, 15, 23, 165, 176, 287;《希腊诸神》*"Die Götter Griechenlandes,"* 200–201; 与存在的孤独 existential loneliness and, 200; 与费希特 Fichte and, 160; 论希腊宗教 on Greek religion, 203; 论希望 on hope, 154, 170; 康德的回应 Kant's response to, 212–213, 232;《审美教育书简》*Letters on the Aesthetic Education of Mankind*, 169–170;《忍从：一种幻想》*Resignation: A Fantasy*, 144, 152–154

Schleiermacher, Friedrich, 弗里德里希·施莱尔马赫, 168, 293–294, 295

Schmitt, Carl, 卡尔·施密特, 4

Schneewind, J. B., J. B. 施尼温德, 96

*schöne Seelen* (beautiful souls), 美丽的灵魂, 218

Schopenhauer, Arthur, 亚瑟·叔本华: 论自由 on freedom, 77–79; 论康德式道德 on Kantian morality, 210–211; 尼采之论 Nietzsche on, 46–47

Science, 科学: 与基督教 Christian religion and, 45; 与解释 explanation and, 75; 德国唯心主义者之论 German Idealists on, 309; 与尼采 Nietzsche and, 246; 与宗教 religion and, 45

*Science of Logic* (Hegel),《逻辑学》(黑格尔), 174

scientific-positivist world-view, "科学实证主义"世界观, 246

Scruton, Roger, 罗杰·斯克鲁顿, 6–7, 69, 84, 292

secularism/secularization, 世俗主义/世俗化, 3–6, 68, 145, 200, 231, 234, 245–246, 287

self-determination, 自决: 视自由为自决 freedom as, 90, 98, 221, 235, 248; 与法国资产阶级 French bourgeois and, 237; 精神的 of Geist, 224, 232–233; 与康德哲学的解读 interpretations of Kantian philosophy and, 237

self-given law, 自我赋予的法则, 11, 87, 95, 193, 204, 216

self-realization (of Geist), 自我实现(精神的), 42, 177–178, 182, 228, 233

semi-particularism, 半截子-特殊主义, 188, 233, 251, 286, 309

Sen, Amartya, 阿玛蒂亚·森, 30–31

Sermon on the Mount,《登山宝训》, 214

sex/sexuality, 性/性行为, 65, 111–112, 219, 363n61

shadow of God, 上帝的阴影, 3–4, 5, 258–259

shamans, Tungu, 通古斯人的萨满教徒, 215

Shelley, Mary, 玛丽·雪莱, 268

"Shield of Achilles, The" (Auden), "阿喀琉斯之盾" (奥登), 283–284

Sidgwick, Henry, 亨利·西季威克, 30, 60

Sittlichkeit (ethics, the ethical order, ethical substance), 伦理(伦理学、伦理秩序、伦理实体), 1, 24, 40, 41, 101, 178, 182, 226, 253, 291

Skinner, Quentin, 昆廷·斯金纳, 25, 32–33, 34, 35

slavery, 奴隶制, 121, 179, 233, 250; in ancient world, 古代世界中的, 291

smoke and mirrors, 烟雾和反光镜, 请阅: Foucault, Michel (米歇尔·福柯)

Social Contract (Rousseau),《社会契约论》(卢梭), 87

social imaginary, 社会想象, 34, 35, 238

social change, diachronic theory of, 社会变化的历时理论, 38

society(ies), 社会: 作为一个欺骗系统 as a deceptive system, 300–303; 费希特论理想的社会 Fichte on ideal, 160–163; 普遍意志(内在结构) general will (inner structure) of, 233–234; 与历史进步 historical progress and, 156, 157–158; 被"虚假意识"所维系在一起 kept together by false consciousness, 311; 与道德普遍主义 moral universalism and, 291; 哲学与社会之间的联系 relationship between philosophy and, 238–239; 作为一个阶段性的发展 as a staged development, 39, 178–179

sociological idealism, 社会学唯心主义, 228

Socratic God, 苏格拉底式的上帝, 44, 48, 51, 63, 193

Socratic religion, 苏格拉底式宗教, 45, 51, 177, 200, 245, 259, 292, 295, 299

Socratism, 苏格拉底主义: 异化困境 Alienation Dilemma and, 194; 与日神主义 Apollonianism and, 206; 与解释性explanation and, 232, 243, 292; 与德国唯心主义者 German Idealists and, 241, 242; 在尼采的作品之中 in Nietzsche, 44, 47–48, 247; 与宗教 religion and, 45; 论苦难 on suffering, 44

sovereignty, 主权, 87, 169, 185, 191, 257

Sovereignty of Good, The (Murdoch),《善的主权》(默多克), 105–106, 191–192

speculation/speculative philosophy, 思辨/思辨哲学: 与思想的自由 freedom of Thought and, 223; 与精神 Geist and, 24, 198, 225–226, 292, 293, 298; 与黑格尔 Hegel and, 13, 24, 172–173, 223, 310,

311; 与康德论自然辩证法 Kant on a natural dialectic and, 127–128; 与康德对自由的辩护 Kant's defence of freedom and, 75

spider's web (and human knowledge), 蜘蛛织网（与人类知识）, 241

Spinoza, Baruch/ Spinozism, 巴鲁克·斯宾诺莎/斯宾诺莎主义, 148, 154; 内在必然性与外在必然性的比照 contrast between internal and external necessity, 11–12, 101–102; 论不受阻碍的必然性 on free necessity, 94, 204, 221, 223; 论上帝 on God, 204; 与黑格尔 Hegel and, 177; 实体思想 idea of Substance, 165, 168, 175, 181; 与康德 Kant and, 70, 76, 220; 与谢林 Schelling and, 98; 论自决 on self-determination, 221

Spirit, 精神. 请阅: Geist (Spirit)（精神）

Spirit of Christianity, The (Hegel),《基督教的精神》(黑格尔), 214–215

spleen, 脾脏/愤怒, 288–289

spontaneity, 自发性, 71, 82, 91, 93–94, 95, 99, 158, 204

state(s), 国家: 古希腊的城邦 of Ancient Greece, 169–170; 与普遍意志 the general will and, 228–229; 黑格尔讨论不同国家之间的关系 Hegel on relationship between different, 145; 正当性 justification of the, 228; 通过国家实现精神 realization of Geist through the, 182; 与战争 war and, 183–185

state machine, 国家机器, 158, 169

Stoicism, 斯多亚主义, 54–55, 146, 291

Storm, Theodor, 西奥多·施笃姆, 296

St Paul, 圣保罗, 143, 178, 189, 210, 287, 298

Strachey, Lytton, 利顿·斯特雷奇, 64

Subject, 主体: 绝对的 absolute, 166, 168, 181; 与因果关系 causality and, 72; 先验的 transcendental, 166

sublime (erhaben), 崇高的（出类拔萃的）, 131, 133, 213

Suffering, 苦难: 酒神主义和日神主义的态度 Apollonian and Dionysian approaches to, 43–44; 苏格拉底式反应 Socratic response to, 44; 与自杀 suicide and, 136

suicide, 自杀, 110, 112, 115, 117, 135–138

superstructure, base and, 基础和上层建筑, 38, 41

Taylor, Charles, 查尔斯·泰勒, 293, 310, 314, 315

Teleology, 目的论: 与康德的人性公式 Kant's Formula of Humanity and, 120, 123–124; 与康德的道德理论 Kant's moral theory and, 134, 193, 197, 231; 与半截子-特殊主义 semi-particularism and, 188; 与普遍法则 universal law and, 115

theft (of tarts), 偷馅饼, 77, 78. 亦可参阅: knave of hearts（红心武士）

theodicy, 神正论, 189–191; 与启蒙运动 Enlightenment and, 190; 与宗教信仰的经验概念 experiential conception of religious belief and, 294; 德国唯心主义者论神正论 German Idealists on problem of, 242; 与黑格尔 Hegel and, 176, 233, 242; 与历史进步 historical progress and, 264; 康德之论 Kant on, 190–191, 256; 康德的"后里斯本" Kant's "post-Lisbon," 167; 康德与黑格尔之比照 of Kant vs. Hegel, 292; 与现代性 modernity and, 189–190; 与一神论 monotheism and, 189; 尼采之论 Nietzsche on, 191; 与哲学作为一种

生活方式 philosophy as *Lebensform* and, 238; 其困难 problem of, 22, 47–48, 242; 与和解计划 project of reconciliation and, 191, 252, 254; 与神意论 providentialism and, 196. 亦可参阅: evil（罪恶）

theoretical freedom, 理论自由, 73–74

"Theory and Practice" (Kant),《理论与实践》（康德）, 147

*Theory of Justice, A* (Rawls),《正义论》（罗尔斯）, 18, 60, 107

Thompson, E. P., E. P. 汤普森, 64–65

Thomson, Judith Jarvis, 朱迪斯·贾维斯·汤姆森, 230

*Those Barren Leaves* (Huxley),《那些光秃秃的叶子》（赫胥黎）288–289

Thought (*Denken*), 思想: 与精神 *Geist* and, 223, 292, 293, 301; 黑格尔论哲学与思想 Hegel on philosophy and, 234–235; 思想中的人类不朽 human immortality consisting in, 177; 被思想认识的现实 reality knowable by, 174–175; 与表象 *Vorstellung* and, 13, 21, 173, 223

*Thoughts on Death and Immortality* (Feuerbach),《关于死亡和不朽的思考》（费尔巴哈）, 180

tradition(s), 传统: 文化与传统的联系 connection of cultures by, 156–157; 与黑格尔 Hegel and, 233–234; 自然法 natural law, 49, 51. 亦可参阅: Burke, Edmund（埃德蒙·伯克）; conservatism（保守主义）

transcendental idealism, 先验唯心主义, 22–23, 70, 72, 76–82, 84, 286

transcendental subject, 先验主体, 166

translation(s), 转译, 27; 与康德的人性公式 Kant's Formula of Humanity and, 122–123

transparency, 透明性, 198, 254, 255, 256–257, 290

Trinity, 与精神 *Geist* and, 39, 175

Truth, 真理: 话语的 discourses of, 35–36; 客观道德的 objective moral, 251, 307

Tübinger Stift, 图宾根神学院, 9, 164

Tungu shamans, 通古斯人的萨满教徒, 215

unanimism, 一致主义. 请阅: moral unanimism（道德一致主义）

understanding (*Verstand*), 知性, 253, 255, 309

universalism, 普遍主义, 106; 与历史不朽学说 doctrine of historical immortality and, 171; 与黑格尔 Hegel and, 180, 183, 188, 233; 与赫尔德 Herder and, 169, 183; 与康德主义 Kantianism and, 291; 与马克思主义 Marxism and, 291; 道德普遍主义 moral, 291; 与奴隶制 slavery and, 250

universalizability test, 普遍性测试, 129

universal law(s), 普遍法则, 74, 110, 113–119

Utilitarianism, 功利主义: 与伊壁鸠鲁主义 Epicureanism and, 282; 与普遍法则的公式 Formula of Universal Law and, 114; 与享乐主义 hedonism and, 139; 与公正 impartiality and, 118–119; 与康德的道德哲学 Kant's moral philosophy and, 104, 124; 与多元主义 pluralism and, 312

Utilitarian Maxim, 功利主义准则, 115, 138

value(s), 价值（观）: 绝对的 absolute, 133, 134, 137, 138, 139; 价值的湮灭 annihilation of, 283, 284–285; 与理性主体的选择 choices of rational agents and, 137; 价值观的冲突 conflict of values, 312, 313; 价值湮灭 extinction of, 267, 282–287, 303; 与精神 *Geist* and, 181–182; 善良意志的 of the good will,

132, 267; 与人权 human rights and, 257; 创造道德价值的人类意志 human will creating moral, 49, 51; 内在无条件的 inner, unconditional, 130–133; 内在的 intrinsic, 137, 139, 140, 257; 价值的失落 loss of, 220; 与自尊的义务 self-regarding duties and, 135; 附属价值 subsidiary, 140, 141; 作为价值创造者的意志 will as creator of, 192, 193; 无限 without limitation (*ohne Einschränkung*), 131–132, 145, 193, 218

*Varieties of Religious Experiences, The* (James),《宗教经验之种种》(詹姆斯), 295

*Vernunft* (Reason), 理性, 253, 255, 309

*Verstand* (understanding), 知性, 253, 255, 309

*Versuch einer Kritik aller Offenbarung* (An Attempt at a Critique of All Revelation) (Fichte),《对所有启示之批判的尝试》(费希特), 162

Victorians, 维多利亚人, 64–65, 274, 295

*View from Nowhere, The* (Nagel),《本然的观点》(内格尔), 279, 281

Virtue, 美德, 德性: 巴特勒之论 Butler on, 65; 伊壁鸠鲁派与斯多亚派之论 Epicureans and Stoicism on, 55; 对美德不朽的信仰 faith in immortality of, 163; 与最高的道德善 highest moral good and, 151, 152; 诚实的 of honesty, 247; 与康德的法权 Kantian *Recht* and, 150; 与罗马人 Romans and, 8

voluntarism, 唯意志论, 62, 106, 137, 205, 217, 257, 285

von Herbert, Maria, 玛丽亚·冯·赫伯特, 218, 220

*Vorstellung* (common conception, representation, idea), 表象(日常概念、表象、观念), 13, 21, 173, 177, 198, 223, 242

Wagner, Cosima, 科西玛·瓦格纳, 304

War, 战争: 黑格尔的观点 Hegel's views on, 183–186, 188; 尼采之论 Nietzsche on, 305–306

Weber, Max, 马克斯·韦伯, 4, 200

West, the, 西方, 47–48, 142–143, 243, 245–246, 260, 275–277, 290–291

Western religion(s), 西方宗教, 6, 47. 亦可参阅: religion(宗教)

Whitman, Walt, 沃尔特·惠特曼, 275

Will, 意志: 自律 autonomy of, 207, 208; 作为价值观的创造者 as creator of values, 105–106, 192, 193; 与罪恶 evil and, 51; 黑格尔之论 Hegel on, 99, 100–101; 康德论自由意志 Kant on freedom of the, 70, 202, 204; 康德论神正论问题 Kant on theodicy problem and, 51; 康德的辩护 Kant's defence of, 81–84; 马克思论康德的善良意志 Marx on Kant's pure, 237; 成为普遍法则的准则 maxim to become universal law, 109, 119; 与道德价值 moral values and, 49, 51, 59; 与罪恶的问题 problem of evil and, 51. 亦可参阅: divine will(神意); *Wille* (rational will)(意志[理性意志]); *Willkür* (power of choice)(选择[选择的权力])

*Wille* (rational will), 意志(理性意志), 70, 90–91, 100, 237, 248

Williams, Bernard, 伯纳德·威廉斯, 25, 108–109, 217, 232, 285, 291, 313–314

Williams, T. C., T. C. 威廉斯, 108, 125, 128–129

*Willkür* (power of choice), 任性(选择的权力), 20, 23, 70, 84, 90–92, 100, 131,

149–150, 248
"Will to Believe, The" (James),《相信的意志》（詹姆斯）, 17
*Wissenschaft* (Hegel), 科学（黑格尔）, 21, 172, 228, 242
*Wissenschaftslehre* (Fichte), 知识学（费希特）98, 165

Wittgenstein, Ludwig, 路德维希·维特根斯坦, 59, 239, 284, 286
Wolff, Jonathan, 乔纳森·沃尔夫, 2, 49
Wood, Allen, 艾伦·伍德, 68, 84, 105, 106–107, 124

**图书在版编目（CIP）数据**

康德、黑格尔与从天堂到历史之路 /（英）迈克尔·罗森著；李仙飞译 . -- 北京：商务印书馆，2025.（社会思想丛书）. -- ISBN 978-7-100-25345-1

Ⅰ . B516.31；B82

中国国家版本馆 CIP 数据核字第 2025PM8269 号

**权利保留，侵权必究。**

社会思想丛书
**康德、黑格尔与从天堂到历史之路**
〔英〕迈克尔·罗森 著
李仙飞 译

商 务 印 书 馆 出 版
（北京王府井大街 36 号　邮政编码 100710）
商 务 印 书 馆 发 行
北京盛通印刷股份有限公司印刷
ISBN 978-7-100-25345-1

| 2025 年 8 月第 1 版 | 开本 880×1240 1/32 |
|---|---|
| 2025 年 8 月第 1 次印刷 | 印张 17 3/8 |

定价：128.00 元